불교와 유교의 철학 논쟁사

중국과 한국에서의 배불론과 호불론

불교와 유교의 철학 논쟁사

· 도웅 지음 ·

운주사

책머리에

한국인은 예로부터 배움의 가치를 소중히 여기고 학문을 숭상하는 전통을 가진 민족이었다. 그 결과 불교와 유교를 도입하여 독자적으로 발전시킨 원효, 의상, 이황, 이이 등과 같은 세계적 학자를 배출하였으며, 일반 국민들의 생활과 심성에도 불법佛法과 예법禮法의 인문학적인 소양이 깊이 뿌리내릴 수 있었다. 그런데 한국인의 지성사와 삶의 양식의 두 근간이 되는 불교와 유교는 시대의 흐름에 따라 비판과 융합의 이중주를 내며 상호관계를 유지해 왔다. 또한 불교와 유교는 한국인의 삶의 원천에 내재하는 존재론적 심층 양식이 되었으며, 따라서 한국인은 삶 속에서 의식적이든 무의식적이든 이 둘의 영향을 직·간접적으로 받아왔다.

삼국 시대에 전래된 불교는 고려 시대에 이르기까지 사상적으로 거의 절대적인 영향을 끼쳤다. 단순히 종교적인 측면에서뿐만 아니라 정치와 문화, 그리고 사상에 이르기까지 전 분야에 걸쳐 불교는 한국인의 삶의 양식과 정신적 근간이 되었던 것이다. 그리고 유교가 이 땅에 전래되어 불교와 유교는 서로 갈등과 대립, 조화의 관계를 유지하며 발전적으로 전개되어 왔다. 그렇기 때문에 한국 지성사와 한국인의 삶의 양식과 심성을 규명하기 위해서는 무엇보다 한국불교와 한국유교에 대한 탐구가 필요하며, 특히 신유학 전래 이후 유교와 불교가 가장 치열하게 대론을 벌였던 여말선초의 유·불 논쟁과 전개에 대한 이해가 필수적이다.

더욱이 불교와 유교는 한국 고유의 사상이 아니라 인도와 중국에서 전래된 것이므로, 사상적 원류가 되는 인도와 중국에서의 불교와 유교가 이 땅에 전래되어 어떻게 변용되어 정착하는지, 또 우리 역사에 앞서 불교를 받아들였던 중국에서는 유교와 불교의 대론과 융합이 어떻게 이루어졌는지를 고찰해야 할 것이다. 왜냐하면 이러한 고찰과 이해가 전제되어야만 인도나 중국과는 다른 한국 고유의 불교와 유교의 독자성을 밝힐 수 있으며, 그때 비로소 한국의 불교, 한국의 유교가 무엇 때문에 서로 갈등하고 비판하며 또 조화를 시도하였는지 알 수 있기 때문이다. 이 책은 이러한 문제의식 속에 한국 사상사에서 가장 중요한 대론 중의 하나인, 유교와 불교 간에 치러진 배불과 호불의 사상적 배경과 전개 과정, 그리고 그 핵심 내용과 의미에 대해 근본적이고 종합적으로 살펴보고자 한다.

이제 이 책을 출간하면서 지난 시절을 돌이켜 보면 많은 상념과 회한이 밀려든다. 학문에 뜻을 세우고 배움의 길에 나섰지만 그 과정은 쉽지 않았다. 대학원에 입학하여 박사학위를 마칠 때까지 마치 주경야독과 같이 출가자의 생활을 하며 학업을 병행하였다. 참으로 고단하고 지난한 시간이었지만, 결코 배움을 중단할 수 없었다. 그 이유 중 하나는, 필자가 연구하는 주제가 바로 고난과 억압 속에서도 불교의 참다운 가르침을 지키기 위해 심혈을 바쳤던 이 땅의 고승들로서, 그들이 제시한 혜안이 오늘날 한국불교가 맞닥뜨린 여러 문제를 해결할 수 있는 실마리가 될 수 있다는 확신 때문이었다.

현대사회는 그 어느 시대보다 이념과 종교, 그리고 세대 간에 갈등이 심하다. 이와 더불어 고도로 발전한 과학기술과 첨단 정보로 인하여 모든 것이 전산화되었으며, 심지어 AI 인간이 등장하여 사회를 통제하기 시작하였다. 이와 같은 다문화, 다종교, 그리고 첨단 과학기술 시대에 요구되는 덕목은 무엇보다 갈등과 대립을 극복해 나갈 수 있는 상호 이해와 열린 시각이다. 여말선초에 이루어진 유·불 대론은 갈등과 대립을 지혜롭게 해결할 수 있는 하나의 답을 제시해 줄 것이다.

과거와는 달리 오늘날의 사회는 이념과 종교, 국가 간의 경계와 대립을 초월해 서로 화합하고 공생하는 글로벌 사회이다. 그러함에도 불구하고 어느 하나만에 집착하여 다른 것을 차별하고 배제하게 되면 갈등과 충돌은 끊임없이 이어질 것이다. 따라서 타자의 비판을 오히려 화해와 상생의 미덕으로 전환시키는 자비의 윤리가 절실한 시대이다. 이 책을 읽는 독자들에게 그러한 자비의 윤리가 전달되어 오늘날 우리가 직면한 숱한 종교적·정치적·문화적 갈등을 슬기롭게 해결할 수 있는 시금석이 되었으면 한다.

출가자로서 학문의 길은 또 다른 수행의 길이었다. 이 길을 중단하지 않고 계속 정진할 수 있었던 것은 주위 많은 분들의 도움과 가르침 덕분이었다. 먼저 삼보전에 합장 예경올리며, 스승이신 도용 종정 예하께 감사드립니다. 이 책이 나올 수 있도록 세심하게 지도해 주신 부산대학교 김용환 명예교수님과 여러모로 도움을 주었던 동아대학교 윤종갑 교수님께도 감사의 말씀을 드린다. 이 외에도 여기에 일일이 적지는 못하지만 많은 분들께 은혜를 입었으며, 그분들께 다시 한 번 진심으로 감사의 인사를 드린다. 끝으로 혹독한 배불 시대에도 불교의 명맥을 유지하기 위해 온몸을 바쳐 치열하게 불교 연구에 전념했던 함허당 기화己和 스님을 비롯한 여러 대덕 고승들께 깊은 감사의 말씀을 올리면서, 그 뜻을 이어 앞으로도 더욱 심기일전心機一轉하여 탁마·정진할 것을 스스로 다짐해 본다.

2020년 가을날, 소백산에서 도웅

I. 들어가는 글

한국 사상사와 사회문화사에 있어 고려 말 조선 초는 역사상 보기 드문 변혁의 시기였다. 삼국 시대부터 외래 사상과 문화인 불교와 유교가 전래되면서 양자는 한국 사상과 문화의 중추가 되어 각자의 역할과 기능을 담당하면서 공존해 왔다. 이러한 흐름은 고려 말 성리학性理學이 전래되고 고려의 멸망과 함께 조선이 건국되는 과정을 거치면서 큰 변화를 가져왔다.

이와 같은 변화의 원인과 바탕에는 한반도라는 지리적·문화적 특성도 있지만 중국의 정치와 사상, 그리고 문화적 영향이 매우 중요한 변수로서 작용했음을 부인하기 어렵다. 근대 이전의 동아시아 지역 문화는 중국문화를 전범典範으로 형성되었다 해도 과언이 아니다. 특히 유교와 불교가 중국에서 한반도에 유입됨으로써 한국의 사상과 사회·문화에 큰 영향을 주었고, 한국인의 가치관과 세계관 형성에도 지대한 영향을 끼쳤다.

한국에서 불교와 유교는 4세기 중반 삼국 시대에 거의 비슷하게 전래되었다. 고구려 소수림왕小獸林王 2년(372년)에 처음 불교가 들어왔고, 대략 이 무렵에 또한 공자孔子의 경학사상經學思想이 들어와 정착한 것으로 보인다. 불교가 한국에 전래된 것은 한국 사상사에서 획기적인 사건이다. 한국인은 불교를 통해 비로소 윤리적 의식과 인문학적 소양을 함양할 수 있는 토양을 마련할 수 있게 되었기 때문이다. 이처럼 한국인에게 인문학적 사유의 길을 처음으로 제시해 준 불교는 한국 지성사의 시원이 되는 것이다. 그리고 유교가 정착함으로써 도덕적인 삶을 일상생활 속에서 영위할 수 있게 됨과 동시에 인간의 심성과 우주자연의 근본 이치를 살피는 형이상학적 철학을 구축할 수 있었다. 그 결과 한국의 불교와 유교는 세계 지성사의 한 축을 차지할 수 있게 되었다.

불교와 유교는 한국 사상사의 두 근간이 되지만, 그 전개 과정은 확연히 다르다. 불교는 삼국 시대에 전래되자마자 융성하였지만, 유교는 조선 시대에 이르러서야 꽃 피울 수 있었다. 불교가 전래된 이후에 일반 민중들은 삶 속에서 윤리적 자각을 할 수 있게 되었으며, 사상적으로도 인문학적인 사유와 논리의 틀을 형성할 수 있게 되었다. 불교는 무속巫俗이 지배하던 한국인의 심층의식에 윤리적이고 논리적인 인문학적 사유를 배양시키며 지배계층과 서민 대중에 이르기까지 전방위적으로 한국인의 정신세계에 뿌리내리기 시작했던 것이다. 이처럼 불교는 전래와 동시에 한국인의 삶과 정신세계에 큰 영향을 끼치며 환영을 받았지만, 유교는 도입 초기에 국가의 관학 및 교육제도의 일부로서 역할을 했을 뿐 그다지 큰 영향력을 보이지는 못했다.

불교와 유교의 기능과 위상은 고려 말기의 성리학 도입으로부터 점차 변화하기 시작한다. 삼국 시대 이래 사상적·문화적 중추로서 확고하게 자리매김해 온 불교는 여말선초에 성리학이 도입되고 세력화되면서 권위와 세력이 눈에 띄게 약화되었다. 그리고 이러한 추세는 마침내 조선 초 유儒·불佛 사상의 교체로 나타난다. 불교 대신 유교가 사상적 중심을 차지하게 된 것은 단지 학문적 교체로 끝나는 것이 아니라 새롭게 출발한 조선의 건국이념과 정치권력의 대이동을 의미하는 시대와 사회, 사상과 종교의 대전환이었다. 따라서 여말선초의 유·불 교체 현상과 관련하여, 특히 그 과정에서 나타나는 유교와 불교의 상호대응 문제를 시대적·사회적 배경과 사상적·종교적 관점, 그리고 국가이념과 정치권력의 변화 등과 연관시켜 총체적이고도 심층적으로 살펴보아야 한다. 건국이념으로 내세운 '유교'라는 범주에는 정치·경제·문화·사상·종교 등 조선이 지향하고자 하는 모든 가치체계와 삶의 양식이 담보되어 있기 때문이다.

그동안 여말선초의 유·불 교체에 관해서는 적지 않은 연구가 이루어졌는데, 이들 연구는 대체로 다음 세 가지 관점과 경향으로 분류할 수 있다.

첫째, 역사적·정치적 관점에서 불교 사원의 폐해와 유교를 국가이념으로 하려는 새로운 정치세력가인 신흥 사대부의 출현에 관한 연구다. 이러한 접근 방법은 불교에서 유교로 전환하는 배경과 원인에 대해서는 총괄적으로 잘 설명하고 있지만, 사상적·문화적 정황과 맥락을 읽어내는 데는 한계가 있다.

둘째, 현실적·경제적 입장에서 사원 토지와 노비 등에 대한 경제활동을 다루고 있다. 여기에서는 주로 불교의 타락상과 함께 그 결과로 사원경제가 어떻게 제재를 받고 변모하는지에 주력하고 있다.

셋째, 사상적·문화적인 입장에서 접근한 연구다. 이는 신유학의 유입으로 인해 불교가 쇠퇴하고 신유학을 바탕으로 한 새로운 사상가의 출현 및 그 사회적 영향력에 대해 분석하고 있다.

이와 같은 연구들 대부분은 유교 또는 불교의 관점 중 어느 한 쪽의 입장을 부각시켜 상대방을 비판하는 경향이 강하게 드러난다. 그러다보니 유·불 교체의 근본 원인과 배경에 대한 심층적이고 균형 잡힌 사상적 논의가 제대로 이루어지지 않았다. 특히 불교에 대한 논란의 경우에는 사상적인 측면을 논하면서도 당시 불교가 끼친 사회적 폐해 내지 불교의 타락상을 더 앞세우는 데 초점을 두고 있다. 따라서 이 책에서는 불교와 유교의 교체 원인에 대한 사상적인 검토를 하면서, 기존에 제대로 다루어지지 않았던 '이단異端'과 '진호국가설鎭護國家說'을 중심으로 살펴볼 것이다.

이단이란 정통 이론에서 벗어난 교리나 주장 등을 말하며, 주로 유교의 입장에서 불교를 비판할 때 사용했다. 이단은 시대와 장소, 그리고 맥락에 따라 그 함의를 달리하지만, 일반적으로 유교와는 다르다는 이학異學의 의미에 가까운 것으로, 경우에 따라서는 외도外道 또는 좌도左道로 불리기도 한다. 이단이라는 용어는 원래 『논어論語』 「위정爲政」의 "이단을 공부하는 것은 해로울 뿐이다(攻乎異端, 斯害也已)"라는 말에서 유래하는 것으로, 공자는 그 의미와 대상을 분명하게 제시하고 있지는 않지만, 맹자孟子가 사설음사邪說淫辭로서 양주楊朱와 묵적墨翟을 거론하며 배척한 것으로 보아 당시 유가의 사상에서 벗어나는 학설과 학문 방법을 통칭하여 이단이라고 한 듯하다.

그러므로 『논어』에 나타난 이단이라는 용어가 어떠한 과정을 거쳐 불교 비판의 핵심 개념으로 자리잡게 되었으며, 그 정확한 의미가 무엇인지에 대한 고찰이 필요하다. 특히 여말선초 배불론排佛論의 근거로서 이단이라는 개념이 누구에 의해, 어떤 배경에서, 어떤 목적으로 사용되는지에 대한 연구가 필수적이다. 왜냐하면 이러한 연구가 이루어질 때 공자에게서 시작되어 한유韓愈를 거쳐 주자에게서 체계화된 중국 유교의 이단 개념이 여말선초에 쓰인 이단 개념과 어떠한 차별성을 지니는지를 알 수 있으며, 그것이 제대로 드러날 때 중국의 배불론과 차별화된 여말선초 배불론의 특징이 분명해질 것이기 때문이다.

또한 이 책이 목표로 하는 진호국가설을 중심으로 불교와 유교의 상호 교체를 제대로 알기 위해서는 무엇보다 당시 유학자들의 배불론과 도통론, 그리고 불교에 대한 이해와 관점에 대한 연구가 중요하다. 불교 배척을 자신들의 학문적 사명으로 삼고, 단편적인 비난이 아니라 체계적으로 불교를 비판함으로써 불교에 바탕한 구체제를 허물고 유학에 바탕한 새로운 체제를 구현하려고 했던, 당시 유학자들의 유불관에 대한 이해가 필수적인 것이다.

당시 불교 비판의 선봉에 섰던 배불론의 대표자 정도전이 배불을 주장한 가장 큰 이유는 불교를 멸륜해국滅倫害國으로 보았기 때문인데, 이러한 관점은 불교가 지향해 왔던 진호국가설과 완전히 배치되는 것이다. 따라서 정도전의 불교 비판의 근원은 단순히 표층으로 드러난 승려와 사찰의 폐습 그 자체에 있기보다는 불교가 지향하는 세계관과 그 세계관의 바탕이 되는 불교의 교리와 학문적 체계였던 것이다.

그러한 불교적 세계관 중에서도 불타佛陀의 법력으로 국가를 보호한다는 진호국가설이 주된 비판의 대상이 되었으며, 그러한 진호국가설을 떠받치고 있는 불교의 교리를 부정해야만 했다. 그러기 위해서는 불교는 이단이며 유교는 정통 학설이라는 도통설에 기반하여 불교를 비판할 수밖에 없었던 것이다.

인仁과 예禮에 기반하여 현세 지향적인 인간학과 사회·국가·인류에 대한 투철한 질서의식과 윤리적 가치를 중시하였던 유교적 입장에서는, 내세와 윤회를 주장하며 비현실적으로 여겨지는 불타의 법력에 기대고자 하는 불교의 교리는 당연히 이단으로 간주되었던 것이다.

불교를 이단시하며 성리학으로 무장한 신흥 사대부들은 조선왕조의 개창과 함께 성리학을 국가의 통치이념으로 내세웠으며, 이후 성리학을 조선왕조 500년 동안 정치·경제·사회·문화 등 다방면에 걸쳐 지배적인 수단으로 사용하며 불교를 척결하고자 하였다. 그 결과 성리학자들의 배불에 관한 기존의 연구들은 주로 신흥 사대부들의 활동을 중심으로 이루어져 왔다. 즉 대개 성리학의 도입 시기와 초기 학자들을 중심으로 그 시대적 배경·사회적 역할·사상적 특징 등으로 연구되거나, 혹은 성리학자 개인에 초점을 맞추어 그 생애나 학문적 배경과 특징을 중심으로 연구가 진행되었다.

그러나 앞서 언급하였듯이 여말선초의 유교와 불교의 철학 논쟁은 단순히 그 당시의 정치적·사회적 배경 속에서만 나온 것은 아니고, 이미 중국이 불교를 수용하던 초기부터 시작된 갈등과 대립의 영향을 받았던 것이다. 중국에서 배불론의 중심에는 유교를 통해 표방되는 중화사상中華思想을 드높이고, 불법佛法으로 국가를 수호한다는 진호국가설에 대한 부정이 배태되어 있었던 것이다. 따라서 배불론을 둘러싸고 전개된 여말선초의 불교와 유교의 관계를 심도 있게 파악하기 위해서는 불교의 진호국가설에 기반한 신불信佛의 전통과 신불이 국가수호의 필수적인 요인이라는 믿음과 이러한 신불 행위에 대해 비판한 유교의 이단설과 도통관에 대한 전반적인 고찰이 필요하다.

이를 위해 이 책에서는 성리학이 전래된 고려 말에서 조선 초기에 걸친 여말선초를 연구 범위로 하여 시대적인 배경과 사상적 변화를 염두에 두고서 배불의 근본적인 원인이라고 할 수 있는 진호국가설과 이에 따른 이단론과 도통설道統說 등에 관한 체계적이고도 종합적인 논의를 전개해 나갈 것이다.

주지하다시피 진호국가사상鎭護國家思想이란 난리와 외세를 진압하고 나라를 지킨다는 의미로, 호국불교護國佛教라고도 한다. 이 책에서는 불교 교법으로 국가의 액운과 재앙을 물리치고 진압하여 나라를 보호한다는 호국의 의미를 강조하는 종교적 의미를 부각시켜 진호국가라는 용어를 사용하며, 이에 관한 논의를 진호국가설로 표현했다. 그러한 의미에서 여말선초 배불론의 가장 근간이 되는 중요한 문제는 바로 이단과 진호국가설이다. 이처럼 이단과 진호국가설은 배불론의 핵심 쟁점이 됨에도 불구하고 이에 대한 연구가 지금까지 제대로 이루어지지 않았다. 특히 불교가 인도에서 발생하였기 때문에 이러한 문제를 다루기 위해서는 이와 관련된 인도불교의 사상적 연원을 고찰할 필요가 있다. 그런데 기존의 연구는 대부분 인도불교와의 연관성을 간과하고 있다. 이 책에서는 이와 같은 문제의식에 입각하여 다음과 같이 다섯 가지의 주된 연구 목표를 제시한다.

첫째, 배불론의 핵심 쟁점이 되는 이단과 진호국가설의 사상적·종교적 시원을 알기 위해서 이와 관련된 인도불교의 내용들을 검토할 것이다. 불교는 인도에서 중국으로, 또 중국에서 한국으로 전래되면서 각 지역의 전통사상과 갈등 또는 융합의 과정을 거쳐 토착화되었다. 그러므로 토착화되기 이전의 인도불교에 나타난 진호국가설과 관련 내용은 배불론과 관련된 사상적 원형을 밝혀낼 수 있다는 점에서 매우 의미 있는 작업이다. 이와 같은 접근은 불교가 전래됨으로써 야기된 이단 및 진호호국설과 관련된 각 나라의 사상적 배경과 차이점을 비교론적으로 고찰할 수 있고, 이는 배불론에 대한 근원적이고 총체적인 이해를 가능하게 할 것이다.

둘째, 여말선초 유·불 교체 과정에 내재된 사상적 근거와 배경을 규명한다. 한국 사상사에 있어 여말선초 유교와 불교의 철학 논쟁은 사상적·문화적인 면은 물론 정치·사회·경제 등에 이르는 다양한 분야에도 크게 영향을 끼친 매우 중대한 사건이다. 이른바 성리학자들의 배불排佛과 이에 대한 불교 측에서의 호불護佛, 그리고 유·불 상호간의 극단적인 대립을 지양하며 조화를 이루고자 하는 유·불 회통 등 유교와 불교의 상호대응에 대한 고찰은 한국 사상사에 관한 연구에 있어 매우 중요한 의미를 지닌다. 따라서 당시에 이루어진 유교와 불교가 서로 대립하게 된 근본적 이유와 배경이 무엇인지 고찰하여 유·불이 어떻게 영향을 주고받으며 변모하는지 살펴보고자 한다.

셋째, 여말선초 유·불 교체의 사상적 토대가 되었던 중국의 유·불 관계에 대해 살펴본다. 여말선초의 배불론은 중국의 배불론적 전통과 연계되어 있다. 따라서 중국의 배불론과의 공통점 내지 차이점을 살피기 위해서는 중국에서의 유·불 상호대응에 대한 이해가 필요하다. 또한 여말선초 이전 삼국 시대와 고려 초·중기의 유·불 관계에 대해서도 전면적으로 고찰해야 할 것이다. 이는 유·불 대응이 갑작스레 나타난 사상적 경향이 아니라, 중국에서부터 이어져 온 유교와 불교의 상호교섭 및 대응 과정의 총체적 결과이기 때문이다. 중국에서 배불론은 유교 이념을 전통으로 하는 도통론에 입각한 것으로, 그 심층적 근원은 바로 타민족을 경시·배제하는 중화사상中華思想이다. 따라서 중국만의 특수한 사항을 고려하여 중국에서 전개된 유·불 관계를 살펴보아야 한다. 이는 여말선초의 유·불 논쟁에 있어서 분명 중국사상계의 영향을 받았지만 같은 배불 사상을 펼치더라도 중국과는 역사·문화·지리적 배경은 물론이고 시대·정치·사회적 현실 여건이 서로 다르다는 점을 고려한 것이다.

넷째, 여말선초 유·불 간의 철학 논쟁에 있어 대표성을 띠고 있는 인물인 정도전鄭道傳과 기화己和를 중심으로 배불과 호불에 대해 규명한다. 특히 정도전의 『불씨잡변佛氏雜辨』에 나타난 배불론과 주희의 불교 비판과의 차이점에 대해 사상적으로 비교하여 명료하게 제시하고, 당시 배불에 대한 기화의 대응을 심도 있게 고찰하고자 한다. 여말선초에 신흥 사대부들이 성리학을 정치이념으로 삼아 불교를 배척하자, 불교인들은 유불도儒佛道 삼교가 근본적으로 서로 다른 것이 아니라는 삼교일치론 내지 불교는 내적 정신수양, 유교는 외적 통치이념이라는 서로 다른 역할을 담당하며 병존해야 한다는 유·불 조화론을 제시했다. 이에 그 대표적 인물인 기화의 『현정론顯正論』과 『유석질의론儒釋質疑論』에 나타난 유·불관의 특징과 내용을 바탕으로, 유·불의 상호대응을 통해 유교와 불교를 어떻게 상생적인 입장에서 회통시키는지에 대해 자세히 살펴볼 것이다.

다섯째, 여말선초 유·불 대론의 독자성과 그 의미 파악이다. 여말선초 유·불 논쟁은 여러 면에서 사상적 특징이 엿보이는데, 중국의 유·불 논쟁을 사상적 기반으로 하고 있으면서도 그 논리와 내용이 보다 구체적이며 철저해지고 있다. 같은 유·불 논쟁이 이루어졌더라도 중국과는 다른 여말선초 유·불 논쟁의 특징이 무엇이며, 어떤 점에서 독자성을 갖는지 의의를 살펴볼 필요가 있다. 나아가 정도전을 비롯한 조선초 유학자들의 유·불 논쟁이 후대에 끼친 영향이 무엇이며, 그 의의가 무엇인지에 대해서도 살펴볼 것이다. 이러한 고찰을 통하여 여말선초 유·불 논쟁의 사상적 특징이 보다 구체적으로 드러날 것이다.

이에 대한 연구방법으로는 여말선초에 이루어진 유·불 철학 논쟁의 전체적 맥락과 사상적 추이에 바탕을 두고 각 학자의 관점과 저술을 연속적이고 비교론적으로 접근하고자 한다. 그리하여 그동안 유·불 대론 연구의 주류를 형성해 왔던 특정 학자와 저서에 한정된 지엽적·부분적 연구를 지양하고, 그것을 보충할 수 있는 통일적·심층적 연구를 모색하고자 했다. 따라서 이 책에서는 여말선초 유·불 철학 논쟁의 발단과 사상적 전개 과정, 그리고 각 학자와 저서의 상관관계와 사상적 쟁점이 무엇인지를 밝히는 데 역점을 둘 것이다. 특히 유·불 논쟁의 사상적 토대로서 '이단'과 '진호국가설'이 어떻게 수용되며 비판되는지를 중점적으로 살펴볼 것이다.

Ⅱ. 중국의 불교 수용-유·불 간의 교섭과 대립

1. 중국의 불교 수용과 중화사상

동아시아 불교는 중국을 중심으로 시작되었으며, 그런 면에서 한국불교는 중국불교의 절대적인 영향을 받아 왔다. 물론 한국 고유의 독자적인 측면도 가지고 있지만, 한국불교가 시작에서부터 중국불교의 큰 흐름 안에서 전래되고 형성되었으므로 여말선초[1]의 유·불 철학 논쟁 또한 중국의 영향이 컸던 것으로 보인다.

1 여말선초는 일반적으로 고려 말기에서 조선 초기까지의 기간을 말하며, 주로 고려 공민왕부터 조선 태종 때까지를 말한다. 그러나 아직까지도 학계에서는 완전히 일치된 학설이 없다. 고려의 시대 구분에 대해 학자들 사이에 큰 이견은 없지만, 조선의 시대 구분에 대해서는 전기와 후기로 구분하는 경우와 중기를 설정해야 한다는 등 의견이 일치하지 않고 있다. 본 연구에서는 고려 공민왕 때부터 조선 세종 때까지를 조선 초기로 구분했다. 국사편찬위원회, 『한국사』 30, 1998, p.2 참조.

불교가 처음 중국에 전해진 시기는 대략 전한前漢 시기(B.C. 2세기경)부터다. 이때 인도불교는 아쇼카(Ashoka Maurya, B.C. 265~B.C. 238 재위) 왕의 적극적인 불사가 마침내 국제적인 포교로 이어지는 시기이기도 하였다. 전래 초기 중국인들의 불교관이나 불교 신앙을 자세히 알 수 있는 객관적 사료史料로는 『후한서後漢書』를 효시로 삼고 있다.[2] 이 『후한서』의 기록에 의하면, 최초로 불교를 신앙했던 사람은 한漢 명제(明帝: 후한의 제2대 황제)의 이복형제인 초왕楚王 영英(?~71)이다.

당시 왕이 믿고 실천했던 불교는 황로黃老와 불타佛陀를 함께 숭상했다고 한다. 왕이 이해한 불타는 황로와 같은 신선의 한 사람이거나, 적어도 신선적인 능력을 충분히 갖춘 사람이었을 것이다.[3] 역사적으로 확증할 수 있는 중국 황제 가문에서 최초의 불교 신자인 초왕 영은 불타를 신으로 생각하여 모시고 복을 바라면서 현세 이익과 불로장생을 주된 내용으로 하는 종교로서 불교를 신봉했던 것이다.[4]

이와 같이 전래 당시 불교는 아직 '열반과 해탈을 위한 가르침'이라기보다 '현실 세계의 복과 즐거움을 가져오는 신앙'으로 받아들여져 점차 토착화되어 갔던 것이다. 이러한 불교 이해는 인도불교를 전해준 사람들이 중국인들에게 불교에 대해 쉽게 알리고자 했던 측면이 있었

---

2 전한前漢의 무제武帝 시대에 장건張騫이 서역원정(西域遠征, B.C. 139~126)을 감행함으로써 중국과 서역 지방과의 교통로가 본격적으로 열렸으며, 이러한 상황에서 중국인들은 당시의 동서 무역을 담당한 상인들로부터 불교를 보고 들을 기회를 자주 가졌을 것으로 추측하고 있다. 木村清孝, 장휘옥 옮김, 『중국불교사상사』, 민족사, 1989, pp.14~15 참조.

3 木村清孝, 장휘옥 옮김, 앞의 책, p.16.

4 鎌田茂雄 저, 정순일 역, 『中國佛敎史』, 경서원, 1985, p.37.

고, 또한 현실생활을 중시하는 중국인들의 종교적 정서에 부합하고자 했기 때문이다.

중국에서 불교를 신봉한 최초의 황제는 환제(桓帝, 146~165년 재위)이다. 그는 현세적인 즐거움의 연장선상에서 황로黃老를 신봉했으며, 동시에 황로신앙과 함께 불타신앙을 받아들였다. 이 기간 동안 사서史書에는 불교가 별도로 언급되지 않을 정도로 전래 초기 중국의 불교는 도교와 거의 혼합되어 있었다.[5]

이처럼 전래 초기의 불교는 중국인들에게 불교 본연의 모습대로 온전하게 이해되어 받아들여지지 않았다. 그 이유는 중국과 인도라는 두 문화권의 차이가 너무 컸고, 타민족의 종교를 순순히 인정하고 수용하기에는 중국인들의 자기 문화에 대한 의식이 너무 강했기 때문이다. 아울러 당시에는 불교의 진리를 전해 줄 수 있는 주요 경전들의 소개도 아직 미흡한 상황이었으니, 중국인들이 불교 본래의 세계관과 그 안에 담긴 근본 진리를 정확하게 이해하기 시작하는 데에는 많은 시간이 필요했다.

중국에서 처음 불교를 적극적으로 수용한 사람은 착융笮融이다. 후한 말 영제靈帝의 광화光和 7년(184년)에 황건黃巾의 난이 났을 때 서주徐州의 자사刺史로 활약했던 이가 도겸(陶謙, 132~194년)이었는데, 착융은 단양군 출신으로서 수백 명의 사람들을 모아 도겸의 부하가 되었다. 착융은 양곡糧穀을 운반하는 감독관으로서 광릉廣陵·하비下邳·팽성彭城의 3군郡을 담당했고, 그 지위를 이용하여 많은 재산을

5 K.S. 케네쓰 첸 저, 박해당 옮김, 『중국불교(*Buddhism in China, A Historical Survey*)』, 민족사, 1991, p.62.

모으게 된다. 그는 그 재산으로 여러 불교사원을 건립했는데, 대표적인 사찰이 부도사浮圖寺이다. 그는 동銅으로 불상을 만들고 금을 몸에 칠하며 아름다운 비단옷을 입혔다. 또한 동 쟁반을 9층으로 늘어뜨리고 그 아래 중루重樓와 각도閣道를 지었는데, 크기가 3천여 명이나 수용할 수 있었다고 전한다.

또한 모든 사람들에게 불경佛經을 읽도록 했으며, 하비군下邳郡이나 주위의 군郡 사람 중에서 불교를 좋아하는 이가 있으면 부역을 면제하여 절로 받아들였다. 이로 인하여 각처에서 모여든 자가 5천여 명이나 되었고 집집마다 욕불浴佛을 했으며, 풍부하게 술과 밥을 마련하여 자리를 길게 펴니 수십 리에 이르렀다 한다. 사람들이 와서 견학하거나 식사에 참여하는 수가 또한 1만 명이었으며, 이들을 위해 거액의 비용이 들었다[6]고 한다.

이처럼 착융이 벼슬의 권세를 이용한 자금으로 불사를 적극적으로 수용한 결과, 불교는 차츰 중국문화에 습합되어 사원의 건립이나 법회의 봉행 등이 성행하고, 불교는 팽성 지방에서 광릉과 예장에까지 전해지게 되었다.

불교가 신앙적인 측면에서뿐만 아니라 교리적인 측면에서 본격적으로 중국에 수용된 것은 서역에서 건너온 인도 승려들에 의해 경전이 번역되기 시작하면서부터이다. 불교가 전해진 초기부터 중국에 이주한 서역 출신 사람들과 불교를 신앙한 중국인들에 의하여 초보적인 사상이나 경전 구절들이 한문으로 전해지게 된 것으로 보이며,

---

6 「劉繇傳」, 『吳志』 4, 『三國志』 49.

본격적인 한역漢譯 작업이 시작된 것은 안세고安世高와 지루가참支婁迦讖에 의해서였다.

중국에서 본격적으로 번역을 시작한 안세고

안세고는 안식국(安息國: 파르티아)의 태자였는데, 출가한 뒤 148년경 중국에 들어와 20여 년간 34부 40권의 불교 경전을 번역해 중국에 소개했다. 그가 번역한 경전들은 초기불교에 해당하는 선관禪觀과 아함, 아비달마 등과 관련되었다. 이는 설일체유부 경향이 강했던 당시 안식국 불교계의 동향을 반영한 것으로 생각되며, 특히 그의 역경 중 불교 수행의 구체적 내용을 알려주는 『안반수의경安般守意經』은 선과 교를 자세히 설명하고 있어 대중에게 널리 읽혔으며 중국 선사상의 기초를 형성했다. 특히 노장사상老莊思想에서 설해지던 태식법胎息法 등과의 유사성은 중국이 불교를 수용하는 데 있어 큰 힘이 되었다.[7] 안세고의 일대기에는 그가 전생의 업보를 갚기 위하여 중국에 들어와 활동했다고 나타나 있는데, 이는 그가 불교의 인과응보 사상을 널리 강조하고자 한 것으로 추측된다.

그리고 대월지국大月支國에서 중국에 들어온 지루가참(支婁迦讖, Lokaksema)은 수행과 계율에 엄격했으며 많은 경전을 암송하여 불법을 펴는 데 노력했다. 대승불교가 성행했던 시대에 활동한 그는 안세고

7 鎌田茂雄 저, 정순일 역, 앞의 책, p.40.

중국에 처음으로 반야 계통 경전과 정토 경전을 번역 소개한 지루가참

와 달리 반야사상에 입각한 대승불교의 경전들을 다수 번역했다. 그가 번역한 『도행반야경道行般若經』을 통하여 반야사상이 중국에 소개되었으며, 또한 『반주삼매경般舟三昧經』과 『무량청정평등각경無量清淨平等覺經』·『아촉불국경阿閦佛國經』 등의 번역을 통해 아미타불과 아촉불 등 여러 세계의 불보살에 대한 인식이 알려졌다. 이 외 삼국 시대의 오나라에서 활약한 지겸支謙과 강승회康僧會 등도 인도의 여러 경전을 한문으로 번역하여 중국불교 토착화에 큰 기여를 했다.

이렇게 작업된 역경들은 크게 두 계열로 나누어지는데, 안세고와 강승회 등에 의해 번역된 선경禪經류 경전(선 수행을 중심으로 기술한 아비다르마 계통의 경전)과 지루가참 및 지겸 등에 의해 번역된 반야사상 계통의 경전으로 구분된다. 이는 두 계열의 역경가들이 각기 공부한 지역의 불교계 특색을 반영한 것인데, 당시 인도 및 서역에서는 지역에 따라 주류적인 불교 경향이 서로 달랐다. 이에 따라 서역의 여러 나라와 교류하던 중국에는 여러 계통의 불교 교학들이 동시에 수용되었다. 이렇게 인도 및 서역에서 시기와 지역, 문화적으로 각기 다르게 발전했던 다양한 불교가 중국에 함께 수용되면서 거대한 용광로와 같은 중국불교의 기반을 이루며 상호 영향 속에 발전해 갔다. 이렇게 후한 후기부터 삼국 시대에 걸쳐 한문으로 번역된 경전들이 소개되면서 불교는 단순한 현세 기복적 신앙을 넘어 마침내 체계적인 종교 사상으로 자리매김할 수 있었다.

중국인들이 불교를 정확하게 이해하기 시작한 것은 구마라집(鳩摩羅什, Kumārajīva)의 경전 번역이 결정적인 기점이 되었다. 구마라집이 경전을 번역하기 전까지는 '공空'에 대한 정확한 이해가 없어 '무無'로 번역했었다. 구마라집의 생몰 연대는 정확하지 않으나 최근 일본학자 츠카모토 젠류(塚本善隆)에 의해 제시된 350~409년이 신뢰할 만한 것으로 받아들여지고 있다. 이렇게 본다면 불교가 전래되고 약 300여 년이 지나서야 중국불교가 불교 본래의 가르침을 비로소 이해하게 되었다고 할 수 있을 것이다.[8]

번역을 통해 중국불교의 토착화에 결정적 기여를 한 구마라집 삼장법사

불교가 중국에 토착화하는 과정에 자연스레 나타난 것이 격의불교格義佛教와 위경僞經의 편찬, 그리고 왕즉불王卽佛 사상의 출현이다. 불교가 초기번역 시대를 완전히 벗어나지 못하고 사상적인 확립을 하지 못한 서진西晉 말에서 동진東晉 초에 이르는 시기에는 한문으로 번역된 경전의 용어나 개념, 내용 등을 이해하는 데에 주로 노장사상이나 중국 고전을 빌려와서 설명하는 풍조가 생겼다. 이를 격의불교라고

8 呂徵 지음, 각소 옮김, 『중국불교학 강의』, 민족사, 1992, pp.140~142.

한다. 이러한 격의불교가 나타난 배경으로는, 첫째로 후한 말 이후 신도가新道家에 의한 현학玄學의 발전이 있었고, 둘째로 불교 경전의 번역에 어려움이 있었으며, 셋째로는 반야般若의 공空사상이 유행했기 때문이다.

불교 교리가 중국 전통사상과 서로 달라 갈등을 빚게 되자, 중국에서는 석가모니가 직접 교설한 것처럼 '불설佛說'을 빌린 경전이 많이 만들어졌는데 이를 위경僞經이라 한다. 도안道安이 374년에 편찬한 『종리중경목록綜理衆經目錄』에 위경 목록이 수록된 것으로 보아 불경의 한문 번역이 성행하기 시작하면서부터 이미 위경이 유포되었다는 사실을 알 수 있다. 중국의 토속신앙을 흡수하여 만든 위경으로는 『시왕경十王經』과 『고왕관세음경高王觀世音經』 등이 있다. 위정자를 권계勸誡할 목적으로 만들어진 위경으로는 『인왕반야경仁王般若經』이 대표적이며, 유교와 도교를 습합할 목적으로 만든 것은 『수미사역경須彌四域經』과 『청정법행경清淨法行經』 등이 있다. 그리고 유교에서 불교가 부모권속을 버리고 출가하는 것을 불효라 비난하자 불교에서도 효孝사상을 중요시한다며 위경으로 만들어 널리 유행한 경전으로는 『불설대목련경佛說大目連經』과 『불설대보부모은중경佛說大報父母恩重經』이 있다.

또한 불교가 왕실의 협조와 후원을 받기 위해 나타난 것이 '왕은 곧 부처(王卽佛)'라는 사상이었는데, 왕은 왕권강화와 체제안정이라는 정치적 욕망을 충족시킬 수 있었기에 이를 적극적으로 받아들였다. 북위北魏 시대 법과法果는 "태조는 명예明叡하여 도를 좋아하니 곧 오늘날 여래다. 사문은 널리 예를 다해야 한다"라고 말했다. 천자를 우러러보는 것과 부처를 예배하는 것이 동일하다고 주장한 것이다. 법과가 주장한 왕즉불 사상은 북조의 불교계에 널리 계승되어 북조불교의 국가적 성격을 강하게 하는 사상적 배경이 되었다. 북조불교는 북위 이후에 국가적 색채를 강하게 띠었고, 주술적·실천적·민중적 경향을 강하게 가지게 되었다.[9]

인도에서 전래된 불교가 중국에서 토착화되는 데에는 전래 이후 오랜 기간 동안의 역경 사업과 승려들의 노력과 시행착오가 그 바탕에 있었다. 중국에서 유·불 대립의 발생 과정은 이러한 전래 초기의 토착화 과정에서 과도기적 상황이 빚어낸 대립과 정착을 위한 노력의 과정에서 비롯되었다고 할 수 있다. 다시 말해 중국의 유·불 대립은 중국과 인도라는 두 문화의 이질성으로 인해 그 초기부터 잠재되어 있었던 것으로, 어느 한쪽의 일방적 관점이 아닌 서로 대립 또는 이해를 바탕으로 점차 습합되었다. 특히 불교를 수용하는 중국의 입장에서는 중화의식이 강하게 작용했기 때문에 인도불교는 중국식으로 변용되어 수용될 수밖에 없었다.

예로부터 중국(한족漢族)은 중화사상中華思想을 통해 자기 민족의 우월성을 자랑해 왔었다. 중국 민족이 세상의 가장 중심이 된다는 문화적 우월성을 강조한 결과 나타난 것이 '중화中華'라는 개념이다. 중中은 지리·문화적으로 세상의 '중심'이라는 뜻이며, 화華는 '뛰어난 문화'를 의미한다. 이 말은 『삼국지三國志』 등에서 처음으로 나타나지만 중화사상의 배경은 그 이전부터 시작되었다. 과거 한민족이 황하黃

9 鎌田茂雄 저, 정순일 역, 앞의 책, p.103.

河 유역에서 정착하면서 자신들만의 문명을 개척해 나갈 무렵, 그 주위에는 여러 민족이 살고 있었다. 한민족은 다른 민족들과 접촉하면서 자신들의 문화를 발달시켰는데, 문화가 무르익은 서주西周 시대에 이르면서 주위의 민족들에 대한 문화적 우월의식을 가지고 스스로를 선민選民이라고 믿으면서 그때부터 중화사상이 강하게 형성되었다. 이렇게 시작된 중화사상은 그 배타성이 강해 다른 민족을 천시하는 관념을 낳았는데, 이를 '화이사상華夷思想'이라고 한다.

춘추 전국 시대에는 다른 민족과 전쟁이 잦았는데, 그들을 한족 공동의 적으로 삼고, 중화의 문화와 제도를 보존하고자 양이攘夷를 내세워 타민족을 오랑캐로 치부했다. 춘추 전국 시대부터 진秦·한漢 시대에 걸쳐 유학儒學의 발달과 함께 중화사상은 예의禮義와 교육의 유무에 의해 인간을 구별하고, 이것이 없는 타민족을 성인의 도에서 벗어난 금수禽獸로 여겼으며, 나아가 천하天下는 덕이 높은 중국의 천자가 모든 민족을 덕화하고 다스려야 한다는 관념으로 나타났다.

세계의 중앙에 위치하고 있다는 중국에서 보면 불교가 발생한 인도는 서쪽이고, 자신들의 문화에서 보면 불교는 오랑캐의 가르침일 수밖에 없었다. 유교와 도교는 중국 민족 자신들의 종교이지만 불교는 서쪽 오랑캐의 법이므로 도교처럼 중국에 전파될 수 없다고 단언했다. 남조南朝의 유명한 도사 고환(顧歡, 5세기 중반)은 「이하론夷夏論」에서 "중국은 단정한 예복을 입지만 오랑캐는 머리를 밀어버리고 넓은 옷을 입으며, 공례하는 것도 중국은 무릎을 꿇고 예를 다하여 받드는데 오랑캐는 여우나 개처럼 웅크리며, 습속도 중국은 관에 묻어 장사지내지만 오랑캐는 불로 태우고 물에 가라앉히며, 교학에 있어서도 중국은 몸을 완전히 보전하여 예를 지키지만 오랑캐는 몸을 훼손시키고 성을 바꾸며, 중국은 아주 온화한 것에 비해 오랑캐는 대단히 잔혹하다"라고 했다.[10]

이처럼 불교 교리에 대한 비판보다는 오랑캐라는, 외형으로 드러나는 세속적 예의범절이 다르다는 것을 들어 불교를 배척했다. 3세기경 모자牟子의 「이혹론理惑論」에서도 "오랑캐의 가르침을 배우려 하니 너무 현혹된 게 아닌가?"[11]라고 나오는데, 이를 통해서도 불교가 '서쪽 오랑캐의 가르침이다'라는 주장이 일찍부터 있었다는 사실을 알 수 있다. 중국인들은 중화사상을 기저로 해 불교를 받아들이며 변화시켜 왔고, 후일 그 결과로 나타난 가장 대표적인 것이 노장사상을 바탕으로 한 선불교이다. 중국의 유·불 대론은 이러한 독자적인 중국불교를 형성케 한 사상적 토대가 된 것이다.

그렇다면 불교사상이 중국 사회를 비롯한 동아시아에 어떠한 목적으로 수용되었을까? 중국은 천자를 중심으로 한 왕권에 의해 국가를 유지하고자 하는 세계관을 지니고 있었다. 그런데 불법에 의해 국가의 보호와 평안을 유지하고자 하는 것은 분명 처음에는 낯설었을 것이다. 특히 인도의 정교政教 분리와는 달리 국가적 통치 속에 포함된 중국불교는 왕실과 국가 운영에의 목적에 부합되면 국가적 정책에 의해 교단이 급성장하였고, 그렇지 못할 때는 권력이나 유교에 의해 배불을 겪기도 했다.

불교에서 진호국가설[12]의 색채는 중국을 비롯한 동아시아 전역에

---

10 구보타 료온 지음, 최준식 옮김, 『中國儒佛道 三教의 만남』, 민족사, 1990, p.94.

11 『弘明集』 권1, 「理惑論」(『大正藏』 52, p.3c), "更學夷狄之術 不已惑乎."

농후하였는데, 특히 우리나라에서는 호국불교 성격이 강한 신라불교를 만들어 냈으며, 또한 일본에서도 왕권과 결합된 나라불교 형성에 영향을 미쳤다. 이와 같이 고대 국가의 왕실에서는 권력을 유지하고 발전시키기 위한 측면에서 불교가 수용되었다. 원래 불교 교리는 보편적 성격을 가진 초국가적 종교로서 특정한 국가나 민족을 초월한 것이지만, 중국으로 수용되면서 진호국가적 성격을 강하게 가지게 된 것이다.

종교와 국가의 관계에 있어, 인도불교에서는 교주왕종(教主王從: 종교가 주가 되고 왕이 종교를 받들어 예경한다는 고대 인도인의 사유방식), 중국불교에서는 왕주교종(王主教從: 왕이 주가 되고 종교적 가르침은 부수적으로 따라야 한다는 중국의 사유방식)의 양식을 따랐으며, 일본에서는 국가와 불교가 완전히 결합되어 왕권과 교단의 대립조차 거의 없었다.

인도의 아쇼카 왕[13]이 국가적으로 실시한 불교 보호정책이 불교가

12 진호국가설, 즉 부처의 법력으로 국가를 외호外護한다는 용어에 해당하는 산스크리트 단어는 pālanā이다. 이 단어는 아쇼카 왕의 칙령에도 나타나는 것으로, 관리가 인민을 보호할 때와 같은 의미의 외호로 사용되었다. 中村 元, 『宗教と社會倫理: 古代宗教の社會理想』, 東京: 岩波書店, p.186 참조. 그리고 불교의 힘으로 국가를 보호한다는 의미의 진호鎭護에 해당하는 단어는 pari－√trā에서 온 parittā이다. 이 단어 역시 후에 국가나 인민에게 베풀어지는 "보호의 방책을 제공하는 부처님 말씀"이나 "보호의 방책을 제공하는 경전"을 의미하는 말로 사용되었다. 하지만 원래는 보호(保護, protection, safeguard)를 의미하는 일반적인 용어였다. T.W. Rhys Davids and William Stede, 『The Pali Text Society's Pali－English dictionary』, Corrected reprint/ by K.R. Norman, William Pruitt and Peter Jackson, 2015, p.426 참조.

13 아쇼카(Ashoka Maurya, B.C.304~232)는 인도 마가다국 제3왕조인 마우리아 제국의

추구하는 진리의 가르침을 통해 국가를 이상 세계로 만드는 '법(法, dharma)에 의한 통치'였다면, 중국의 국가적 불교정책은 '불교를 국가 통치를 위한 중심체 역할로써 활용'한 강력한 대국 건설이 그 목적이었다.

불교에서는 정법正法에 의한 통치를 하는 가장 이상적인 왕을 전륜성왕이라고 하며, 왕이 통치할 정법의 내용을 담은 경전으로는 『인왕반야경仁王般若經』, 『법화경法華經』, 『금광명경金光明經』 등이 있는데 이를 '호국삼부경護國三部經'이라 한다. 이들 경전에서 말하는 호국은 불교의 가치를 세간에서 이루기 위한 방편으로 제창한 것으로, 중생이 겪는 외침과 재앙으로부터 보호받기 위해 반야바라밀을 실천하는 일이었다. 왕은 불교의 위력을 빌어 왕실과 국가의 안녕을 보장받고, 불교계는 왕이 불교를 믿음으로써 재정적·정치적 후원과 협조를 받아 불교의 존립을 보장받고자 했던 것이다.

역사적으로 5호16국 시대(316~439년)를 전후해서 진호국가 사상이 시작되었는데, 호족의 지배하에 있던 북조北朝는 물론 남조南朝에서도 그러한 사례가 나타난다. 5호16국 이래 왕조의 흥망이 잇따른 화북華北에서는 국가의 존속, 예언, 전쟁의 승리, 민중 통치의 일환으로 불교사상이 필요했다. 그 가운데에서도 특히 5호 시대에 활약한 불도징(佛圖澄, 232~348년)은 뛰어난 도술가로서 특수한 방법으로 병을 고치기도

세 번째 임금으로, 인도 역사상 최초의 통일국가를 이룬 왕이다. 찬드라굽타 마우리아의 손자이며, 인도에서 가장 위대한 황제의 하나이자 황제 중의 황제인 전륜성왕(samrāṭ Chakravartin)으로 인용된다. 나라 야스아키 지음, 정호영 옮김, 『인도불교』, 민족사, 1990, p.61 참조.

하고, 기우제祈雨祭를 지내 가뭄이나 화재 등을 막아 현실적 이익으로써 불교의 존재감을 나타내기도 했다. 불도징의 영험과 신통력은 후조後趙의 왕 석륵石勒과 석호石虎로부터 스승의 존경과 신임을 받았으며, 왕권 강화 및 백성들의 민심 수습에 큰 역할을 했다.

중국불교가 왕실과 결합하여 본격적인 진호국가의 색채를 띠기 시작한 것은 북위 시대부터다. 국가권력이 비교적 미약했던 남조에서는 왕권에 대한 교단의 독립성을 주장할 수 있었으나, 상대적으로 국가권력이 강했던 북조에서는 교단과 왕권이 결속하여 상호 필요의 관계를 맺었다. 이렇게 북조의 왕실이 불교를 가까이한 이유를 살펴보면 다음과 같다. 첫째, 호족의 왕이 불도징, 도안道安, 구마라집鳩摩羅什, 담무참曇無讖 등과 같은 고승들을 정치에 참여시킴으로서 교단과 권력이 밀접한 관계를 맺었다. 둘째, 북조의 호족은 유교를 그들의 고유사상이라 여기지 않았기 때문에 외래의 가르침인 불교를 쉽게 수용할 수 있었다. 이것은 왕도王度가 후조後趙의 석륵에게 한인漢人들의 불교 신앙을 금지시켜야 한다고 했을 때, 석륵은 자신은 한족의 자손이 아니기 때문에 한족의 전통을 지킬 필요가 없다고 거부했다고 기록되어 있다. 이로 보아[14] 이민족이 외래종교인 불교를 받아들인 것은 한편으로 한족에 대한 거부감의 일환이었음도 알 수 있다. 통치자는 왕권 강화의 목적으로 불교를 수용했다면, 백성들은 현세 이익적인 측면에서 불교를 수용했다고 볼 수 있는데, 이것은 나라의 안정과 통합이라는 진호국가적 의미를 담고 있다.

---

14 高雄義堅, 『中國佛敎史論』, 平樂寺書店, 昭和 27年, pp.37~53.

중국인들의 지극히 현실적인 사고방식은 현세 이익을 추구하는 전통 민간신앙에서도 매우 잘 나타난다. 고대로부터 중국인들은 복福·록祿·수壽를 인생의 3대 행복으로 믿었는데, '복'은 가정이 번영하기 위해서 자식을 두는 것, '록'은 재산이나 부를 소유하는 것, '수'는 오래 사는 것이다. 중국인들은 신앙에 있어서도 이 세 가지를 성취할 수 있도록 기원했다. 이러한 기원을 바탕으로 불교는 중국인들에게 현세 이익적인 역할을 하였고, 백성들의 민심을 모으는 데도 큰 역할을 하였다.

한편 승려나 학자들에 의해 불교가 교학적으로 깊이 연구되더라도 이는 일반 백성과는 전혀 무관했다. 백성들은 신神적인 존재로서 불타를 믿었으며, 불타나 보살은 백성의 현세 이익을 들어주는 초월적 존재로서 숭배의 대상이 되었다. 곧 민간신앙의 수준에 있어서는 중국불교의 각 종파에서 교학적으로 심화된 불타의 관념 등은 사실 민중들에게는 무관한 존재에 지나지 않았다.[15]

중국에서 도교의 사당이든 불교의 사찰이든, 현세 이익의 측면으로 가장 존중받고 있는 존재는 관세음보살이다. 이를 신앙하는 사람들은 매일 『관음경觀音經』을 독송할 뿐만 아니라, 어떠한 재난을 만나도 피할 수 있다는 믿음으로 경을 몸에 지니기도 하였다. 『법화경』「관세음보살보문품觀世音菩薩普門品」에는 인간이 실제생활에서 겪게 되는 절망적인 극한 상황이 나열되는데, 이는 당시 인간사회의 큰 재난을 당하더라도 관세음보살을 일심으로 부르면 모든 고통으로부터 벗어나

---

15 鎌田茂雄 저, 정순일 역, 앞의 책, p.43.

게 된다고 기록되어 있다. 또한 관세음보살 대비다라니(신묘장구대다라니)를 외우는 공덕으로 살아서는 온갖 소원이 다 이뤄지고 죽은 이후에는 극락세계까지 갈 수 있도록 보장해 준다고 했다.[16] 이처럼 관세음보살은 일반 백성들의 현실적인 삶의 애환과 고통을 해결해주고, 불안한 내생에 대한 두려움을 소멸시켜 준다고 인식되었던 것이다.

더불어 현세 이익의 기능만이 아니라 사후에 있어서도 이익을 주는 아미타불阿彌陀佛의 정토사상이 자리하면서 중국인들에게 불타란 현세와 내세의 이익을 가져다주는 신으로서 인식되었다. 이와 같이 불교가 중국 사회에 본격적으로 받아들여진 것은 최고 권력자인 왕권의 안정과 백성들의 현세 이익 때문이었다.

왕권과 관련하여 보면, 전국 시대로부터 출현했던 중국의 전통사상(법가·도가·유가 등)만으로는 대국을 통치함에 있어 한계가 있었으며, 결국 전래 초기의 불교는 왕권과 불가분의 관계를 형성할 수밖에 없었다. 중국불교는 권력의 후원 속에서 교단의 발전이 이루어졌으며, 자연스럽게 진호국가 사상과 밀접한 관계를 가지면서 발전이 이루어졌다.

---

16 「천수천안관세음보살광대원만무애대비심다라니경」, 『일자불정륜왕경一字佛頂輪王經』 외, 『한글대장경』 권197, "세존이시여, 저에게 대비심다라니 주문이 있어…… 중생들이 안락을 얻고, 모든 병을 제거하고, 수명을 얻고, 풍요함을 얻으며, 모든 죄를 없애고, 장애와 어려움을 멀리 여의게 하고, 온갖 선을 성취하게 하고, 온갖 두려움을 멀리 여의게 하고…… 임종할 때에 시방세계의 부처님들께서 모두 오셔서 손을 잡아주시고, 어느 국토든 태어나게 하고 그 원에 따라 모두 왕생하게 할 것입니다."

2. 불교의 토착화 과정에서의 유·불 논쟁

고대 인도인들은 세상을 움직이는 초월적 의지와 우주의 창조적 실체에 대한 탐구 경향이 강했다. 그 결과로 우주적 본체와 인간과의 합일을 통한 생과 사, 선과 악, 지혜와 무지 등 이원성에 관한 초월적 지혜와 의지가 종교적·사상적 주류를 형성해 왔다. 이에 반해 중국인들의 사유 관념은 현재의 삶에서 경험하는 것을 중심으로 하는 세계관으로, 사람과 사람 사이의 올바른 인간관계 형성, 사회와 국가에 대한 현실 참여 등을 중시했다. 두 나라 모두 인생에 대한 근본적인 물음과 인간 내면의 심성 구조에 대한 관심은 공통적이었지만, 초월적 이상주의와 구체적 현실주의라는 전혀 다른 문화적 사유구조 아래에서 초창기에는 불교의 전래가 쉽지 않았으며, 불교가 토착화되는 과정에서는 심지어 큰 마찰을 빚게 되었다.

토착화 초기 단계에서의 주된 논쟁 과정은 모자牟子[17]의 「이혹론理惑論」에 잘 나타나 있는데, 여기에는 서로 다른 2가지 입장(중국 전통사상과 인도 불교사상)에서 당시 불교에 대한 이해가 어떠했는지 잘 드러나고

---

17 생몰 연대는 알 수 없으나 한漢나라 헌제獻帝 때 인물이라는 설이 있다. 또 송나라 치성사治城寺의 승려 혜통慧通이라는 설도 있고, 동진東晋과 송대宋代 사이의 인물이라는 주장도 있다. 「이혹론」 서문에 실린 모융의 전기에 따르면, 그는 젊은 시절에 경학經學과 신선의 책을 배웠다. 모친과 함께 창오蒼悟에서 살았는데, 여러 차례 관직에 오르라는 권유를 받았지만 사양했다. 그가 불교에 심취한 것은 모친상을 당하고 인생무상을 느낀 이후다. 그는 비록 출가한 것은 아니지만 사람들에게 불교의 진리를 밝히고, 불교를 비방하는 사람들에게 도움이 되도록 노력하였다.

있다.

「이혹론」은 중국의 전통사상인 유교와 도교를 인용하여 불교 교리를 설하고, 이를 통해 당시 사회에 불교의 영향력을 확대시키고자 한 것이다. 물론 「이혹론」에서의 주장은, 유교적 입장에서는 다소 지나친 해석이라는 부분과 답변 과정에서 무리한 부분도 있어서 인도불교의 본래적 의미와 일치하지 않는 면도 있지만, 이러한 과정을 거쳐 비로소 중국화된 불교의 첫걸음으로 발전할 수 있었다.

1) 사상적 논쟁

중국 전통사상과 인도 사상의 주된 논쟁 주제는 '윤회輪廻'의 인정 여부였다. 인도인들의 고대사상은 영혼이 영원히 존속한다고 믿는 데 대해, 중국인들의 전통사상은 "삶도 모르는데 어찌 죽음을 논하랴(未知生 焉知死)"라는 『논어論語』의 구절처럼 죽음 이후의 일은 깊게 인식하지 않았다.

중국에서 죽음이 문제가 되고 사후에 대해 깊은 관심을 갖게 된 것은 불교의 영향이다. 불교의 윤회설과 인과응보설은 사람들을 현혹시켜 사회적 병폐를 조장한다는 이유로 배불론의 근거가 되었음에도 불구하고 많은 중국인들의 가치관 속에 자리잡기 시작했다. 윤회를 논할 때 그 전제가 되는 것은 윤회하면서 보응을 받는 '영혼의 주체'다. 이러한 존재를 부정한 것이 신멸론神滅論(유가의 입장)이고, 이에 대해 영혼의 주체를 긍정하는 것은 신불멸론神不滅論(불교의 입장)인데, 이러한 입장 차이에서 '영혼은 멸하는가, 멸하지 않는가'라는 '신멸신불멸神滅神不滅 논쟁'이 일어났다.

먼저 신멸론을 주장하는 유가의 입장은 다음과 같다. 첫째, 공자의 주장처럼 인간은 사후 문제를 알 수 없다고 한다. 둘째, 인간의 삶과 죽음을 '기의 취산聚散'으로 설명하는 '자연주의적 입장'[18]에서 신불멸론을 비판한다. 셋째, 중국 전통적인 성인의 권위와 기존 사상에 의존하여 외래사상인 불교를 비판한다. 기의 취산으로 설명하는 기일원적 인간관(유가의 입장)은 인간을 일회적·현세적 존재로 이해하면서, 인간은 죽음으로 끝나는 존재이지, 불교에서 주장하는 것처럼 윤회적 삶을 인정하지 않는다. 따라서 단지 우연적이고 운명론적 인생관으로 본다.

불교는 생사윤회를 벗어나는 것이 수행의 목적이며 인생의 최대 행복이라 할 수 있다. 그리하여 유교인들은 "도를 닦아도 죽고, 닦지 않아도 죽는다면 무슨 차이가 있는가?"[19]라고 질문을 한다. 이에 대해 모자牟子는 "도를 얻으면 신체는 없어지더라도 영혼은 천당으로 가지만, 악한 일을 행하고 죽었다면 영혼은 그 재앙을 받게 된다"[20]라고 답한다. 이는 모자가 불교의 윤회론을 설한 것인데, 여기서는 윤회의 주체로서 영혼을 상정하고 있다. 그러나 인도불교에서는 영혼을 따로 상정하지 않고 무아이면서 윤회한다고 말한다. 이를 통해 볼 때 중국불교 초기에는 윤회와 무아의 관계에 대한 불교 교리적인 정체성이

---

18 박해당, 「중국 초기 불교의 인간 이해」, 『백련불교논집』 제1집, 1991, p.107. 여기서 자연주의란 그것을 운명으로 받아들이는 입장인데, 곧 기일원적 존재론을 전제로 한 것이다.

19 「理惑論」, 『弘明集』 권1(『大正藏』 52, p.3b), "爲道亦死 不爲亦死 有何異乎."

20 「理惑論」, 『弘明集』 권1(『大正藏』 52, p.3b), "有道雖死神歸福堂 爲惡旣死神當其殃."

아직 확립되지 않았음을 알 수 있다.

정도자鄭道子는 「신불멸론神不滅論」을 저술하여 다음과 같이 주장한다.

태극은 음양이라는 양의의 모체고, 양의는 만물의 근본이다. 그 태극은 혼원의 기에 지나지 않지만, 그러면서도 이 모든 변화의 근원을 다스리며 하나임은 변화하지 않는다. 하물며 신명은 영의 극치로서 유와 무가 다한 경지에 있는 것이니, 그것이 소멸되지 않음을 알 수 있지 않은가.[21]

그는 만물의 근본인 태극의 바깥에 영혼이 존재한다고 주장하며 영혼을 태극의 상위개념으로 설정하여 영혼의 불멸설을 제기했다. 승함僧含도 또한 「신불멸론神不滅論」을 저술하여 당시의 「무삼세론無三世論」을 반론했다. 영혼 존멸론存滅論에 대한 또 하나의 논쟁에서 범진范縝은 「신멸론神滅論」을 통해 영혼과 육체의 관계를 불이일체不異一體로 보고 "육체의 소멸과 함께 영혼도 반드시 소멸된다"[22]라고 주장했다. 이 주장에 대해 소침蕭琛은 혼이 머물면 육체는 존재하고 혼이 떠나면 육체는 없어진다고 반박한다.

---

21 「神不滅論」, 『弘明集』 권5(『大正藏』 52, p.28b), "太極爲兩儀之母 兩儀爲萬物之本 彼太極者渾元之氣而已 猶能總此化根不變其一 矧神明靈極有無兼盡者耶 其爲不滅可以悟乎."

22 「難范中書神滅論」, 『弘明集』 권9(『大正藏』 52, p.58a), "神卽形也 形卽神也 是以形存則神存 形謝則神滅也."

정신이 사라지더라도 육체는 존재하는 것이다. …… 혼신이 머물면 육체가 온전하고 혼신이 떠나면 육체는 어그러진다.[23]

또한 조사문曹思文도 살아 있을 때는 혼과 육체는 합쳐져 작용하므로 죽으면 혼이 떠난다고 주장한다.

육체가 바로 혼은 아니다. 혼도 바로 육체는 아니다. 이것들이 합쳐져서 작용이 된다. 그래서 합쳐지는 것이지 상즉하는 것은 아니다. 살아 있을 때에는 합쳐져 작용하지만 죽으면 육체는 머물고 혼신은 떠나간다.[24]

그리고 심약沈約도 신멸론의 주장에 대해 이는 억지 주장이라고 분명히 말하면서, 지각이 있는 혼신은 육체의 죽음과 함께 없어지지만 지각이 없는 혼신은 그대로 존재한다고 보았다.

만약 형체가 바로 혼신이고 혼신이 바로 형체라면 두 가지가 서로 충당하되 이치에 편중되게 시들지 않아야 한다. 그러나 몸이 없어지는 날에 형체는 사라진다. 지금 지각이 있는 혼신이 망하고 지각이 없는 형체만 남아 있으니, 이처럼 혼신의 근본은 형체가 아니고

---

23 「難神滅論」, 『弘明集』 권9(『大正藏』 52, p.55b), "卽是神亡而形在 …… 神留則形立 神去則形廢."

24 「難范中書神滅論」, 『弘明集』 권9(『大正藏』 52, p.58c), "形非卽神也 神非卽形也 是合而爲用者也 而合非卽矣 生則合而爲用 死則形留而神逝也."

형체의 근본도 혼신이 아니다. 또 억지로 하나라고도 할 수 없다.[25]

결국 소침과 조사문, 그리고 심약의 내용을 종합해 보면, 육체와 영혼은 합해질 수는 있지만 하나가 되는 것은 아니요, 인간이 태어나면 서로 합하여 생기지만 죽으면 육체는 남고 영혼은 떠난다는 주장을 하면서 신멸론을 부정한다. 후일 영혼존멸에 대한 시각의 차이가 좁혀지지 않게 되자, 결국 양무제가 불교적 관점으로서 직접 정리하게 된다.

세 분의 성인이 설하신 가르침을 보면 모두 혼신이 사라지지 않는다고 하셨다. …… 『제의』에는 "다만 효자만이 부모를 제사지낼 수 있다"고 하고, 『예운』에는 "삼일을 재계하면 반드시 제사 올리는 조상신을 본다"고 말하고 있다. 만일 제사지내는 곳이 제사지내려고 한 곳이 아니며, 뵙는 이가 뵙고자 하는 이가 아니라고 말한다면 경위가 다르고 부모를 배반하는 것으로 참으로 언어도단이다. 신멸의 논은 납득하기가 어렵다.[26]

위와 같이 그는 제사와 성인들의 가르침을 예로 들면서 영혼이

25 「難范縝神滅論」, 『廣弘明集』 권22(『大正藏』 52, p.254a), "若形卽是神神卽是形 二者相資理無偏謝 則身亡之日形亦應消 而今有知之神亡無知之形在 此則神本非形形本非神 又不可得强令如一也."

26 「大梁皇帝勅答臣下神滅論」, 『弘明集』 권10(『大正藏』 52, p.60b), "觀三聖設教 皆云不滅 …… 祭義云 惟孝子爲能饗親 禮運云 三日齋必見所祭 若謂饗非所饗 見非所見 違經背親言誠可息. 神滅之論朕所未詳."

불멸한다는 논리로 윤회론을 인정했다. 신불멸론과 더불어 중국 전통사상과 인도불교의 또 다른 논쟁은 '인과응보因果應報'에 관한 것이다. 중국(유교)에서는 인간 세상의 행복과 불행, 천도天道의 순환, 우주의 생멸 등은 천명天命이라고 믿고 있었으나, 인도(불교)에서는 '내가 짓고 내가 받는다'는 인과응보설을 주장하였다.

신멸·신불멸 논쟁에서 신불멸론의 입장에 손을 들어준 호불 군주 양무제

결국 영혼의 주체 문제에 있어, 유가적 생사관과 도가적 자연주의의 결합체인 신멸론은 일회적이고 현세적인 인간론인 반면, 신불멸론은 본질적이고 영원한 존재로서의 인간관을 나타내고 있다. 여기에 인과응보 사상도 결합되어 인도불교와 중국 전통사상은 사상적 논쟁을 하게 된다.

2) 사회·문화적 논쟁

고대 인도인들은 출세간적 삶을 소중한 가치로 여겼기에 많은 사람들이 출가하여 우주와 인생에 대한 사유의 시간을 가졌다. 여기에 비해 중국인들은 현실 위주의 삶에 가치를 두고 있었고, 이는 '출가'에 대해서 사회적 논쟁을 하게 된 배경이 된다.

북위 시대에는 출가 승려가 2백만 명에 달하여 당시 유교 측 사람들에게 논쟁거리를 주었는데, 이것이 승니들의 사태沙汰[27] 논쟁이며, 후일 배불의 원인이 된다. 당시 위정자들의 눈에 비친 승려들은 부역을 피해 숨어 있으면서 비행까지 저지르는 존재였으므로, 이것을 막기 위해 국가에서 시험을 보아 승려를 제도화시키고자 했던 것이다. 시간이 지나 동진의 환현(桓玄, 369~404)은 근원적으로 문제를 막고자 출가에 대한 과감한 개혁방안을 시도한다.

> 각지의 승려 중에 경전의 가르침을 설명해 표현할 수 있고 불교의 교의를 말로 설명할 수 있는 사람, 또는 정해진 행을 바르게 행하고 계율을 어김이 없고 항상 청정한 지역에 살고 있는 사람, 또는 산림에 살면서 자기의 뜻을 기르고 세속의 일을 꾀하지 않는 사람, 이들은 모두 큰 교화를 맡겨서 넓힐 수 있는 사람들이고, 또 그 때문에 천하의 사람들에게 도란 무엇인가를 제시하며 가르침을 넓혀 세상의 모범이 되고, 다행히도 내적인 불도와 외적인 제왕의 교화를 겸하는 사람들이다. 이에 해당되지 않는 승려가 있다면 모두 추방하라.[28]

위의 내용에 따르면 올바른 수행자는 ① 경전과 의리義理에 대해

---

27 가려서 택하고 남은 것은 버린다는 뜻. 원래 사금沙金 중에서 모래를 버리고 금을 취한다는 뜻으로, 이용할 수 있는 것만 취하고 유용하지 않은 것은 버린다는 의미이다. 고대 중국에서 승려고시에 의해 승려다운 이만 머물게 하고 그 외는 속세로 돌려보낸 것을 말한다.

28 「廬山慧遠法師與桓玄論料簡沙門書」, 『弘明集』 권12(『大正藏』 52, p.85a), "在所諸沙門有能申述經誥暢說義理者 或禁行修整奉戒無虧 恒爲阿練者 或山居養志不營流俗者 皆足以宣寄大化 亦所以示物以道弘訓作範幸兼內外 其有違於此者皆悉罷遣."

설명할 수 있는 자, ②계를 지키고 수행을 열심히 하는 자, ③산속에서 본래의 참뜻을 키우고 속세에는 뜻을 두지 않는 자를 말한다. 그래서 이를 제외하고는 모두 승단에서 강제 추방을 시켰다. 송宋의 효무제(孝武帝, 362~396)도 조칙을 통해 출가에 대한 개혁을 강구했다.

> "불법이 그릇되고 승려는 번잡스러워졌으니 홍교를 부촉하기에 미흡하고 오로지 조세를 피해 도망친 무리의 보금자리가 되었다. 게다가 마음을 어지럽게 하는 일이 빈발하여 상서롭지 못한 모양을 누차 듣게 되니, 마침내 도법을 망치고 속세를 어지럽히기에 사람과 신이 노여워하는 바다. 그러므로 어진 이만을 남기고 사태시키되, 나중에라도 계율을 어기게 되면 그 연좌된 이까지 엄히 주살하라. 여러 조항의 금법을 갖추어 계행이 엄하지 않은 이는 환속시키라"고 했다. 조칙이 비록 엄중했지만 끝내 시행되지는 않았다.[29]

승려가 난잡하여 세상의 도를 어지럽히고 혼란시키며 간악하고 흉악하다는 보고가 들어왔기 때문에 금법 조항을 만들고, 이를 어겼을 땐 강제로 환속시키라는 내용이다. 하지만 현실적인 문제에 직면하면서 시행이 되지는 못했다. 그리고 북위 태무제(太武帝, 408~452)는 기존 정책보다도 더욱 강력한 사태沙汰를 실시하면서 다음과 같이

---

29 「列代王臣滯惑解」, 『廣弘明集』 권6(『大正藏』 52, p.125c), "下詔曰 佛法訛替沙門混雜 未足扶濟鴻教而專成逋藪 加以姦心頻發凶狀屢聞 敗道亂俗人神交忿 可付所在精加沙汰 後有違犯嚴其誅坐遂設諸條禁 自非戒行精苦 並使還俗 詔雖嚴重竟不施行."

주장했다.

> 정법이 옮겨 상법이 유행했으나 말대에 이르러 점차로 지리멸렬하여 갈수록 어그러지고 넘쳤다. 이에 난잡한 무리들이 있으니 존귀함과 규범에 게으른 사람들이 구차하게 요역을 피하고자 망령되이 머리를 깎고서 출가란 이름에 의탁하여 탐욕을 즐기고 부끄럼 없이 추구하되 그치지 않는다. 마을에 출입하고 거리를 돌아다니며 축산을 획책하여 재물만 쌓는다. …… 요언을 지어내며 무뢰배들과 서로 통하면서 매번 법망에 걸리는 죄만 지으며 스스로 중형에 빠지니, 진여를 어지럽히고 묘법을 훼손시키는 것이, 비유하자면 이 같은 돌피가 가묘를 더럽히고 흙탕물이 맑은 물에 섞이는 것과 같다. 또 가람의 땅은 본래 정거라 부르며 이는 마음이 깃드는 장소인지라 이치적으로 유적함을 숭상하는 곳이어야 하는데, 근래 이래로 사찰이 많이 들어섰으나 한결같이 조용한 경계를 구하지 않고 오직 시끄럽고 잡스러운 쪽으로만 나아간다. 꾸미고 짓기를 드높고도 우뚝하기만 한 것이 맹우가 어긋나면서 은닉을 초래하고 간사함을 받아들인다. 혹 여염집과 이웃하고 푸줏간과 마주하는 곳도 있는데, 먼지만이 방안에 자욱하고 비린내만이 길에 가득하면서도 헛되이 거만한 마음만 길러서 존중하는 이치를 이지러지게 한다.[30]

---

30 「出沙汰佛道詔」, 『廣弘明集』 권25(『大正藏』 52, p.283b), "自正覺遷謝像法流行末代陵遲漸以虧濫 乃有猥旋之侶 規自尊高 浮惰之人 苟避徭役 妄爲剃落託號出家 嗜慾無厭營求不息 出入閭里周旋闤闠 驅策畜産聚積貨財 …… 造作妖訛交通豪猾 每罹憲網自陷重刑 黷亂眞如傾毀妙法 譬玆稂莠有穢嘉苗 類彼淤泥混夫清

정리해 보면 ①타락한 사람이 부역을 피하여 출가한다, ②출가자들이 욕심을 내고 재화를 축적하고 남의 재산을 빼앗는다, ③요사스러운 술수를 부려 불법을 훼손한다, ④절을 짓는데 고요한 데보다는 요란한 곳을 택해서 나쁜 일을 저지른다, ⑤간사한 일을 행하며 자만을 가지는 승려들이 숭고한 뜻을 훼손하고 있다는 것이다. 그리하여 태무제는 이러한 자들을 환속시켰는데, 이는 비록 승단 내부의 문제에서 비롯되었다고 하겠지만 외부의 배불론자들의 입김이 작용했을 것이다.

그 외 중국의 전통 예의의 관점에서 승려의 삭발과 처자를 돌보지 않는다는 점, 후손이 없다는 점 등은 윤리적으로 불효의 행위며 사회적 도리를 다하지 않는 것으로 비판받았다. 이러한 비판 중에서 승려들의 왕에 대한 예경禮敬 문제가 주요 정치적 쟁점이 되었다.

동진 시대 상국相國이던 유빙庾氷에게서 시작된 왕에 대한 예경 문제는 유교(중국사상)와 불교(인도종교)의 가장 예민한 논쟁이라 할 수 있다. 앞서 살펴본 대로 중국은 왕주교종王主敎從의 관념인 데 비해, 고대 인도에서는 이와는 반대로 교주왕종敎主王從을 지향하였기에, 예경에 대한 문제는 불교가 중국에 토착화되는 과정에서 이미 예견된 충돌이었다. 유빙은 승려가 왕에게 예를 표할 것을 요구하면서 다음과 같이 주장한다.

부자간의 공경으로 인해 군신의 서열을 세우고 법도를 제정하여

水 又伽藍之地本曰淨居 栖心之所理尙幽寂 近代以來多立寺舍 不求閑曠之境 唯趣喧雜之方 繕築崎嶇甍宇舛錯 招來隱匿誘納姦邪 或有接近廛邸隣邇屠酤 埃塵滿室羶腥盈道 徒長輕慢之心 有虧崇敬之義."

> 예절과 차례를 숭상한 것이니, 어찌 부질없이 그렇게 했겠는가. 진실로 까닭이 있다. 이미 이유가 있었다면 무엇 때문에 바꾸겠는가. …… 이러한 무리(승려)들도 모두 진나라의 국민이며 그 재지才智에 대해 말한다면 또한 평범한 사람일 뿐이다.[31]

그는 유교의 예경법은 오랜 세월 계속된 것으로 이것이 사라지면 나라가 어지러워지고, 승려도 결국 진나라 백성이므로 왕에게 예경을 해야 한다고 주장했다. 또 그는 "왕과 종교의 높낮이가 명확하지 않으면 왕과 종교를 통합할 수 없고 분리되어 국가가 어지러워진다"[32]고 우려했다. 이러한 우려에 대해 하충何充은 다음과 같이 반론한다.

> 오계의 금지는 실로 제왕의 정치를 돕는다. …… 세상은 한·위·진의 3대를 거쳤고 성명의 천자도 차례차례 이어져 온다. 지금 새롭게 예경의 제도를 만들지 않아도 왕법을 이지러지게 함도 없을 것이고, 죽음의 격식을 막음도 없을 것이다.[33]

그는 불교의 오계五戒는 왕을 위한 것이기도 하므로 왕에게 굳이 예를 표하지 않아도 왕의 정치는 보존된다고 보았다. 그리고 승려는

---

31 「尙書令何充奏沙門不應盡此等敬」, 『弘明集』 권12(『大正藏』 52, p.79c), "因父子之敬 建君臣之序 制法度崇禮秩 豈徒然哉 良有以矣 旣其有以 將何以易之 …… 凡此等類皆晉民也 論其才智又常人也."

32 앞의 책(『大正藏』 52, p.80a), "而卑尊不陳王教不得不一 二之則亂."

33 앞의 책(『大正藏』 52, p.80a), "五戒之禁實助王化 …… 直謂世經三代人更明聖今不爲之制無虧王法而幽冥之格可無壅滯."

몸으로 왕에게 예를 표하지 않더라도 "축원할 때 진호국가를 기원하므로 그 복은 국가(왕)를 위한 것이다"[34]라고 보았다. 하지만 환현桓玄은 진경설盡敬說을 주장하며, 승려들은 일정한 형식을 귀중하게 여기면서 '왕에 대한 예경에만 왜 소홀히 하는가'라고 비판을 한다.

> 승려들은 공경함에 있어서 어찌 몸으로는 간략하게 하고 마음으로는 존중한다 하는가. 참회나 예배 등을 보아도 몸으로 하는 일에 대해 독실하게 하고 있지 않은가. 예경에 대해서는 스승으로부터 상좌에 이르기까지 세인의 읍궤의 예와 그 규정이 약간 다를 뿐이다. 저쪽에서는 이미 몸을 잊을 수가 없는데 어째서 이쪽에서만 의례를 소홀히 할 수 있겠는가.[35]

또 그는 스승이 되는 이치보다 군주의 도리가 더 중요한 근본임을 내세우며 왕의 도道는 지극한 이치로 자연스러운 정情에서 생겨남을 강조한다.

> (불교에서) 스승이 되는 이치는 깨달음을 도와주는 것으로 덕을 삼기 때문이며, 군주의 도는 천지의 생성화육을 멈추지 않게 하는 것이기 때문에 그 도리가 보다 근본적이라 할 수 있다. 그러므로

---

34 앞의 책(『大正藏』 52, p.80b), "每見燒香呪願 必先國家欲福祐之隆 情無極已."

35 「桓玄與王令書論道人應敬王事」, 『弘明集』 권12(『大正藏』 52, p.81b), "沙門之敬豈皆略形存心 懺悔禮拜亦篤於事 爰暨之師逮于上座與世人揖跪 但爲小異其制耳 既不能忘形於彼 何爲忽儀於此."

> 중국의 재삼(君·師·父)의 뜻이 그 속에 스승과 군주를 포함하기에 어찌 정리情理의 지극함이 아니라 하겠는가.[36]

결국 그는 군신君臣 간에 공경의 예(유교)를 돈독히 하는 것은 사도師道의 예(불교)보다 더 중함을 주장했다.

후일 안제安帝 시대에 헌정이 중단되는 시기가 있었는데, 혜원慧遠은 『사문불경왕자론沙門不敬王者論』 5편(재가在家, 출가出家, 구종불순화求宗不順化, 체극불겸응體極不兼應, 형진신불멸形盡神不滅)을 저술하여 환현에게 주었다. 그 내용은 출가의 뜻을 분명히 하면서도 출가의 국가·사회적 의미를 보여주며, 출가승은 여기에 항상 초연해야 한다고 주장하고 있다.

수양제隋煬帝 3년(613)에 율령으로 모든 승려들이 임금에게 공경의 예를 갖출 것을 명령했지만, 승려들은 단체로 거부한다.

> 수양제가 대업 3년에 새로 율령과 격식을 하교하면서 "무릇 여러 승려들과 도사들로서 계청하는 바가 있으면, 먼저 절하고 난 후에 이치를 개진해야 한다"라고 했다. 비록 이와 같이 영을 내렸으나 승려들은 끝내 따르지 않았다.[37]

---

36 「桓玄與王令書論道人應敬王事」, 『弘明集』 권12(『大正藏』 52, p.81a), "且師之爲理以資悟爲德 君道通生則理宜在本 在三之義豈非情理之極哉."

37 「沙門不應拜俗總論」, 『廣弘明集』 권25(『大正藏』 52, p.280c), "隋煬帝大業三年新下律令格式令云 諸僧道士等有所啓請者 並先須致敬然後陳理 雖有此令僧竟不行."

승려들은 "폐하가 반드시 승려들에게 절을 시켜야 한다면, 마땅히 법복을 벗기고 속인의 옷을 입힌 후에 절을 시켜도 늦지 않다"라고 대답했다.[38]

동진 시기 『사문불경왕자론』을 지어 국가권력에 대한 출가승의 독립성을 주장한 여산 혜원

승려에게 강제로 경배를 시키려면 차라리 환속시킬 것을 주장하며 단호히 거부의사를 밝힌 것이다.

이후 당唐 고종高宗도 칙령을 발표해 임금에 대한 의義를 중요시하면서 임금에게 경배하게 했다.[39] 이에 위수威秀 등 전국의 승려 2백여 명은 임금에게 글을 올려 "임금에게 절하면 경전의 가르침과 어긋난다"[40]라며 경배하지 않겠다는 뜻을 분명히 했다. 이 후에도 왕이 승려들에게 강제로 경배하도록 노력했으나 실행되지 않았다. 하지만 이러한 갈등의 모습도 남송南宋 시대 이후부터는 서서히 사라지고, 원元나라 때부터는 모든 승려들이 왕에게 경배를 했다.

---

38 앞의 책(『大正藏』 52, p.281a), "僧曰 陛下必令僧拜 當脫法服著俗衣此拜不晩帝夷然無何而止."

39 「今上制沙門等致拜君親勅」, 『廣弘明集』 권25(『大正藏』 52, p.284a), "今欲令道士女官僧尼於君皇后及皇太子其父母所致拜."

40 「大莊嚴寺僧威秀等上沙門不合拜俗表」, 『廣弘明集』 권25(『大正藏』 52, p.284b), "今若返拜君父乖異群經."

앞서 중국인은 세계의 중심이 중국이라는 중화사상에 기반하여 자기 민족의 우월성을 내세웠음을 살펴보았다. 따라서 중국을 제외한 다른 지역을 오랑캐로 폄하하면서 타 지역의 문화를 폄하했는데, 이에 따라 인도에서 발생한 불교 역시 오랑캐의 종교로 간주하여 이른바 '화이론華夷論' 논쟁이 나타난다.

화이론의 발단은 원래 도교 측이 불교를 공격할 때 쓴 것인데, 나중에는 유교 측에서도 함께 이를 주장했다. 모자의 「이혹론」에서는 이러한 논쟁에 대해 불교를 배우는 것은 그 나라의 형식적인 예절이나 제도보다는 실질적인 도덕을 취하기 때문이라고 했다.

"나와 당신은 젊었을 때 요·순·주공·공자의 가르침을 배웠는데, 지금 와서 그것을 버리고 다시 오랑캐의 가르침을 배우려고 하니 너무 미혹하지 않은가." 모자가 말하기를 "이는 내가 아직 위대한 도를 몰랐을 때 한 쓸데없는 말에 지나지 않는다. 그대와 같은 사람은 예절과 제도의 화려함만 보고 도덕의 실질에는 어둡다 하겠다."[41]

그리고 후일 후조後趙의 태원왕太原王이 화이론을 들고 나와 다시 논쟁한다.

41 「理惑論」, 『弘明集』 권1(『大正藏』 52, p.3c), "吾子弱冠學堯舜周孔之道 而今捨之更學夷狄之術 不已惑乎 牟子曰 此吾未解大道時之餘語耳 若子可謂見禮制之華而闇道德之實."

왕자가 천지를 교사하고 백신百神을 받들어 제사지내는 것은 오래 된 예법이나, 부처는 서역에서 태어났기에 중화에서 받들던 것이 아니다. 한 씨가 처음 그 도를 얻어 서역의 오랑캐가 도읍에 절을 세우는 것을 허락했는데, 위나라가 한나라의 제도를 이었으나 조나라는 도리어 중국의 옛 법을 본받고자 했다. 마침내 조나라 사람이 절에 참배하는 것을 허락하지 말고 이미 승려가 된 이는 되돌리고자 주청했다.[42]

위의 주장은 불타는 서역 지방의 신이기 때문에 중국인들이 모실 필요가 없고, 조나라 사람은 절에 가더라도 예배하지 말라는 것이다. 즉 불타는 서쪽의 오랑캐의 신이므로 조나라 사람들이 신봉할 필요가 없다는 중화사상의 표현이다. 그리고 동진의 현종顯宗 때 채모蔡謨도 화이론을 강력히 주장한다.

불타는 오랑캐다. 실로 듣자오니 오랑캐를 변화시켜 중화에 따르게 했음은 일찍이 들었으나, 중화를 변화시켜 오랑캐를 따르게 한 것은 듣지 못했다.[43]

이러한 주장에 대해 불교계에서는 적극적으로 반론을 제기한다.

---

42 「列代王臣滯惑解」, 『廣弘明集』 권6(『大正藏』 52, p.126b), "以王者郊祀天地祭奉百神 故禮有恒饗 佛生西域 非中華所奉 漢氏初得其道 惟聽西域胡人立寺都邑 魏承漢制 趙由舊章請趙人不聽詣寺 已爲沙門者遣還初服."

43 앞의 책(『大正藏』 52, p.126c), "佛者夷人 惟聞變夷從夏 不聞變夏從夷."

채모가 중화를 한 구역에 국한해 중심국가(中國)라고 하지만, 불교는 염부제閻浮提의 입장에서 중화를 변방으로 보고 인도를 그 중심으로 한다고 주장하면서 지리적으로 응수를 한다. 불교의 세계관에서는 염부제란 수미산을 중심으로 인간세계를 동서남북 4주로 나눈 가운데 남주에 해당한다.

또 도선道宣은 화이론에 나타난 중국과 변방의 지리적 구역 차이에 대해 다음과 같은 견해를 밝힌다.

> 중원의 숭산과 낙토의 규표로 별을 헤아려 보고 중앙이라고 하나, 이는 신주에서의 또 다른 중앙일 뿐으로 시간과 여타의 분초에 이르러서는 이를 산정해 내지 못한다.[44]

도선은 지리적으로 중화와 오랑캐로 구별하는 것은 잘못이라고 주장한 것이다.

또한 명승소明僧紹는 「정이교론正二教論」을 통해 화華와 이夷의 조화를 시도하는데, 내용은 다음과 같다.

> 오전五典(유교)을 밝히거나 삼승三乘(불교)을 펴며, 중국에서는 중국말로 하고 오랑캐를 교화하는 데는 오랑캐말로 한다. 또 불교와 도교는 교화에서는 같지만 오랑캐와 중국이라는 차이가 있다.[45]

---

44 앞의 책(『大正藏』 52, p.126c), "中原嵩洛土圭 測景以爲中也 乃是神州之別中耳 至時餘分不能定之."

45 「正二教論」, 『弘明集』 권6(『大正藏』 52, p.37c), "或照五典 或布三乘 在華而華言

고요하게 감득하면 마침내 통하고 모든 것에 반드시 미친다. 불타는 하나의 소리를 내지만 중생은 근기에 따라 깨달음을 받는다. 오랑캐 나라를 교화하는 데 어찌 반드시 삼승에 한정했겠는가. 중국의 도를 어찌 꼭 오교五教에만 얽어매었겠는가. 사람들이 충허를 느끼게 하는 것에는 오랑캐와 중국이 다르지 않다. 풍속이 다르지만 그 어느 것이 성인의 법에 어긋나겠는가. 그러므로 도에 들어가는 방법이 동일하지 않더라도 그 가르침은 저절로 같아진다.[46]

이는 화이론에서 제기하는 8가지 문제에 대한 답변이라 할 수 있다. 명승소는 중화에서 화언華言으로 5가지 경전을 쓰는 데 비해 오랑캐 나라에서는 그들의 언어로 삼승교三乘教를 설하기 때문에 중국과 인도(夷夏)에 다름이 있다고 한다. 하지만 불교는 근기에 맞춰 삼승교를 설하기도 하고 오교五教를 설하기도 하기 때문에 중화와 오랑캐의 근본적 차별은 없다고 설명하면서, 궁극적 진리에 나아가기 위해서는 형식에 얽매일 필요가 없다고 주장했다.

승려들의 복장에 대해서도 다시 논쟁이 일어나는데 그것이 '사문단복론沙門袒服論'이다. 중국은 전통적으로 예법을 중시하여 의복의 모양과 차림을 인간의 기본 예법을 나타내는 것으로 여겼을 뿐 아니라 인간의 길흉과도 연관되는 것으로 생각했다. 이러한 중국인들의 관점

化夷而夷語 又曰 佛道齊乎達化而有夷夏之別."

46 앞의 책(『大正藏』 52, p.37c), "寂感遂通在物必暢 佛以一音隨類受悟 在夷之化豈必三乘教 華之道何拘五教 冲用因感旣夷華未殊 而俗之所異孰乖聖 則雖其入不同 然其教自均也."

에서 편단우견(偏袒右肩: 오른쪽 어깨를 드러낸 착의)을 하는 승려의 복장은 비판의 대상이 되었다. 이에 대해 중국인(유교)들은 예의를 모르는 무리라고 비판을 가하게 되는데, 그 대표적인 논쟁이 혜원과 하무기何無忌 간의 논쟁이다. 혜원은 승려가 단복하는 이유에 대해 다음과 같이 밝히고 있다.

> 인도의 국법(禮制)으로는 존귀한 사람에게 예경을 다하고 신명에게 정성을 표시하는 경우에 모두 단복을 한다. 이것이 『예기』에서 수식을 지나치게 제거한다고 한 말의 의미다.[47]

> 일반적으로 인간은 오른손잡이이므로 동작을 할 경우, 오른쪽에 따르지 않으면 무슨 일을 하든지 지장을 초래한다.[48]

그는 첫째 인용문에서 단복은 높은 분에게 공경을 다하고 신神에게 정성을 표하는 인도의 전통 예법으로 예禮의 극치라고 한다. 둘째 인용문에서는 사람이 활동을 하는데 오른손이 왼손보다 쉽게 쓸 수 있으므로 오른쪽을 드러내는 것이 인체에서 합리적라고 주장했다. 여기에 하무기는 「난단복론難袒服論」을 통해 다음과 같이 반론을 하게 된다.

---

47 「沙門袒服論」, 『弘明集』 권5(『大正藏』 52, p.32b), "是以天竺國法 盡敬於所尊 表誠於神明 率皆袒服 所謂去飾之甚者也."

48 앞의 책(『大正藏』 52, p.32b), "又人之所能 皆在於右 若動不以順則觸事生累."

노자·석가와 주공·공자의 관계는 속세에 머무는 것과 속세를 버리는 것의 차이이다. 두 입장이 따르는 방식이 동일하지는 않지만, 거스르거나 따르는 차이는 없는 것이 분명하다. 그러므로 노자는 군례와 흉례에는 우측을 높인다는 것을 분명히 했고, 상례에는 좌측을 쓰지 않는다고 했다. …… (불교는) 어찌 흉사에서 길함을 표시하고 상례의 의용에서 정성을 나타내는가.[49]

노자·석가와 주공·공자의 좌우에 대해 길흉을 나타내는데, 노자가 오른쪽을 흉함으로 말한 바 있고 또 상제喪制를 오른쪽으로 하고 있는데 비해, 불교에서는 오른쪽을 오히려 길사吉事로 표현하므로 전통적인 관습에 어긋난다고 주장한 것이다. 그러자 혜원은 인간의 자연스러운 감정을 얘기하면서 반론한다.

생명을 좋아하고 죽음을 두려워하며, 나아감을 좋아하고 물러남을 싫어하는 것은 사람의 자연스러운 감정이다. 따라서 선왕은 백성들의 본성을 그대로 따르고 그 자연스러운 마음에 응하여 길례와 흉례로 구별하여 좌측이나 우측을 존중하는 구별을 설정했다. 그러므로 길한 일은 좌측을 상위로 하고 작위를 진급시키며 그로써 생활을 풍족하게 했다. 흉한 일은 우측을 높여서 죽은 자에 대한 슬픔을 얼굴에 나타내고 그 본성을 상하게 했다. …… 승려의 경우는

49 「難袒服論」, 『弘明集』 권5(『大正藏』 52, p.33b), "李釋之與周孔 漸世之與遺俗 在於因循不同 必無逆順之殊明矣 故老明兵凶處右禮以喪制不左 …… 於凶事表吉 誠於喪容哉."

이와 다르다. …… 모든 출가자들은 인간의 고뇌가 육체가 있어서 생기는 것임을 깨닫고 육체를 보존하지 않음으로써 고뇌를 그치게 하려고 한다. 생성하고 또 생성하는 것은 육체를 품부 받아 변화하는 데서 비롯되므로 변화를 그대로 따르지 않음으로써 궁극의 도를 구하게 된다. …… 그렇다면 앞에서 말했듯이 길흉을 따라서 예를 설정하는 것과 부모를 섬기고 임금을 받드는 것은 한정된 세계의 교설에 지나지 않는다.[50]

위의 인용문에서 인간은 삶을 즐겨했고 죽음을 싫어했기 때문에 길사를 왼쪽으로 하고 흉사를 오른쪽으로 표현했지만, 출가 승려들은 육신을 고통의 근원으로 보았기에 생사를 초연히 했고 오히려 세속과는 길사·흉사를 반대로 여길 수 있다고 주장했다. 이와 같은 논쟁은 후생(厚生: 생生을 돈독히 하는 것)에 대한 시각의 차이로서, 유교(중국인의 사유방식)는 후생을 길사로 여기는 관점인 데 반해, 불교(인도인의 사유방식)는 후생을 고통의 근원으로 보는 관점에서 기인한 것이다.

지금까지 살펴본 인도와 중국 전통의 두 관점은 '신불멸론 대 신멸론', '인과응보론 대 천명론'이라는 팽팽한 사상적 대립을 낳았고, 그 외 문화적인 차이에서 비롯된 '승려 사태沙汰 문제', '예경 문제', '화이론', '사문단복론' 등의 논쟁을 발생시켰다. 이러한 논쟁이 후일 유·불

---

50 「沙門袒服論」, 『弘明集』 권5(『大正藏』 52, p.33a), "人情咸悅生而懼死 好進而惡退 是故先王卽順民性撫其自然 令吉凶殊制左右異位 由是吉事尙左 進爵以厚其生 凶事尙右 哀容以毁其性 …… 沙門則不然 …… 凡在出家者 達患累緣於有身 不存身以息患 知生生由於稟化 不順化以求宗 …… 然則向之所謂吉凶成禮奉親事君者 蓋是一域之言耳."

간의 사상적 대론 및 배불 사상으로 발전하게 된다.

3. 당·송대의 불교 비판과 유·불 조화론

선진유학先秦儒學 또는 근본유학이라고 일컬어지는 공맹孔孟 사상은 진나라 때 잠시 혹독한 탄압을 받았지만 한나라에 들어와 국교로 인정되어 국가통치의 원리로서 중시되었다. 그 결과 유교 경전의 정비와 해석이 활발해졌는데, 이 시기의 유학을 '훈고학訓詁學'이라 한다.

그러나 한나라 후반기 이후와 수·당 시대에는 노장사상의 현학과 도교가 일어나고 불교의 여러 종파가 부흥하면서 유교가 침체하고 유학자들이 문학에 심취하였는데, 이를 '사장학詞章學'이라 한다. 따라서 수·당 시대에는 유학이 일상적 도덕규범이나 국가경영의 제도로 기능하는 형식적인 측면에 머물고, 인간존재의 근원적 문제의식이나 형이상학적 세계관은 불교와 도교에 의해 제공되었다.[51] 이러한 흐름에 당시 유학 내부에서는 자체적 반성으로서 불교를 극복하려는 도학道學이 형성되고, 이는 무엇보다 공자와 맹자의 전통 유학을 계승·발전시키는 데 역점을 두고 있었다. 도학이 공맹의 근본이념과 전통성을 철저히 추구하는 과정을 거쳐 송대에 들어서면 성리학자들이 도교와 불교를 배격하고 이단시하며, 불교의 진호국가설에 대한 부정이 나타난다.

---

51 금장태, 『한국유교의 인성론 연구』, 서울대출판부, 2011, p.43.

이러한 불교와 유교의 위상 변화에 대해 도올 김용옥은 당唐과 송宋의 문명적인 차이로 설명한다. 곧 "당은 외래에서 들어온 불교 문명이었는 데 반해, 송은 그 외래 문명에 대한 반발로 철저히 반불교적인 유교 문명이었다"[52]라는 것이다. 즉 중국인들이 인도의 불교를 처음 받아들일 때에는 중국 전통사상인 유가나 도가를 바탕으로 한 시각으로 불교를 해석했는데, 시간이 지남에 따라 불교의 영향으로 유교에도 점차 변화가 일어나 심성론心性論과 본체론本體論이 본격적으로 나오게 되었고, 송宋과 명明대에 이르러서는 굳이 외래사상인 불교가 필요 없을 정도로 유교의 심학心學과 리학理學이 발전했다는 것이다. 그래서 송과 명대에는 중국 전통사상인 유학을 치켜세우고, 외래사상인 불교를 적극적으로 배척하기에 이르렀다는 것이다.

중국 남경대학 뢰영해賴永海 교수는 그의 저서 『불교와 유학』의 서문에 다음과 같이 말하고 있다.

> 불교가 중국에 전래된 이후 중국 사회의 역사적 조건과 사상, 문화적 배경에 영향을 받아 불교는 점차 중국화의 길을 걷게 된다. 불교의 중국화는 불교학의 유학화를 표명하는 것이라고 말할 수 있다. 이와 함께 중국에 불교가 전래되고 나서 중국 고대의 전통적인 학술과 사상에도 점차 변화가 일어나게 된다. 그중 유가 사상에 가장 크게 영향을 미친 것은 불교의 본체론적本體論的인 사유양식이라고 말할 수 있다.[53]

52 김용옥, 『도올 선생 중용 강의』, 통나무, 1995, p.36.

53 賴永海, 김진무 역, 『불교와 유학』, 운주사, 2010, p.5.

불교가 중국에 전래된 이후 중국 전통의 학술 분위기 아래 불교는 점차 유학화되는 결과를 낳았다.[54]

유교는 불교의 영향으로 심성론心性論을 더욱 깊이 있게 발전시키고, 불교 내에서도 유교와 도교의 영향으로 중국의 독자적인 불교인 선불교를 내놓게 된 것이다. 당(唐, 618~907년)이 시작된 지 170년쯤 지났을 무렵, 기존 불교에 대한 극복으로 나온 것이 중국의 선불교인데, 이것은 유교와 노장老莊에 통달한 하택신회(荷澤神會, 684~758년)[55]가 『육조단경六祖壇經』을 저술함으로써 본격적으로 시작되었다.

이러한 중국 사상사 속에서 불교 비판의 사상적 토대가 된 유가의 이단론과 도통론을 살펴보자.

1) 이단론異端論·도통론道統論 형성

유학자들에게 있어 정통의 본질은 인仁, 인의지도仁義之道, 공맹지도孔孟之道, 성현지도聖賢之道, 선왕지도先王之道, 요순지도堯舜之道로서 사도斯道, 사문斯文, 도학道學을 뜻한다.[56] 여말선초 성리학자들이 주장하는 '이단異端'은 시대와 장소에 따라 그 의미가 달리 사용되지만, 대체로 공맹의 학문과는 다른 학문(異學)을 뜻하며 외도外道 또는

54 賴永海, 김진무 역, 앞의 책, p.11.

55 신회는 14세에 출가하여, 유교와 노장老莊에도 통달하고, 육조혜능(638~674)을 수년간 모셨다. 김승동 편저, 『불교·인도사상사전』, 부산대학교 출판부, 2001.

56 황의동, 「정통正統과 이단異端, 그 역사와 본질 - 율곡을 중심으로」, 『율곡사상연구』 제21집, 2010, p.5.

좌도左道로 불리기도 한다. 그리고 그 기원은 중국 유교사에 따르면 순舜임금에까지 이른다.

『중용中庸』에서는 상고의 성왕으로서 순임금을 들고 있는데, 이유는 그가 지니고 있는 덕이 "양쪽 극단을 장악하고서 그 중용의 도를 백성들에게 쓰기 때문이다"[57]라고 한다. 여기서 말하는 두 극단이란 유교의 참된 도(正道)에서 벗어난 이단적 요소를 의미한다. 따라서 유교에서 말하는 '이단異端'이란 원래 지나친 것이나 모자란 것[58]을 뜻한다. 순임금은 이처럼 지나치거나 모자람이 없는 중용의 덕을 발휘했기 때문에 성인으로 간주된다는 것이다.

공자는 『논어論語』에서 "이단을 공부하면 해로울 따름이다"[59]라고 하며 이단에 대한 거부의식을 나타내고 있다. 여기에서 나타나는 이단은 어떤 종교적인 문제나 자기와 다른 생각과 사상을 말하는 것이라기보다는 춘추 전국 시대에 난무했던 제자백가諸子百家의 여러 학문·사상을 일컫는 것으로 보는 것이 옳을 것 같다. 따라서 공자가 이단을 언급한 것은 다른 학문에 대한 배척보다는 '경서經書'의 정통성을 배워 덕행德行을 닦고 군자君子가 되도록 하는 것이 목적이었다. 다시 말하면, 전적으로 유학에만 집중하여 다른 학설로 인해 방해를 받지 않게 하기 위해서였던 것이다.

유학사에서 정통과 이단에 대한 자신의 견해를 가장 뚜렷하게 밝힌 최초의 인물은 맹자다. 그는 자신의 저서 가장 마지막을 요·순으로부

---

57 「中庸章句」 제6장, 『中庸』, "執其兩端, 用其中於民."

58 금장태, 앞의 책, p.58.

59 「爲政」, 『論語』, "攻乎異端, 斯害也已."

터 전해지는 도통의 계통을 제시하고, 공자의 도를 계승하여 전달하고자 하는 역사적 책임의식을 서술하고 있다.[60] 이러한 주장은 마침내 '도학道學' 또는 '도통道統'이라는 개념으로 발전하여 필연적으로 정통과 비정통의 시비를 불러일으킬 수 있는 갈등의 싹을 내재하게 되었다.

유학의 창시자 공자

자신의 학문을 '도학'이라고 부른 것은 다른 학파와 사상에 비해 자신의 학문이 '도덕적 우월성'과 '참된 진리'를 담보하고 있다는 절대 우위적 태도를 반영한다. 도학이라는 개념도 그렇지만, '도통'이라는 개념에도 이런 태도가 깃들어 있다. 그들은 오직 자신들의 학문만이 '도덕적 순수성'을 내재하고 있으며, 이외의 학파나 사상적 조류에는 도학과 같은 '도덕적 순수성'이 결여되었다고 믿었다. 따라서 유교에서는 다른 교학을 이단으로 내칠 수밖에 없었으며, 자신의 정통성을 지키기 위해서 도통론을 적극적으로 주장하게 된 것이다. 이러한 태도는 끊임없는 이단의 생성과 더욱 강화된 도통론을 등장시키는 결과를 가져오게 된다.

맹자는 전국시대의 대표적인 이단으로 양주楊朱와 묵적墨翟을 들고 있다. 즉 양주의 개인주의 내지 자기중심적인 '위아설爲我說'은 국가적

60 한정길, 「유학에서의 정통과 이단」, 『율곡학연구』 21, (사)율곡연구원, 2010, pp.69~70.

유교에서 이단론의 기초를 세운 맹자

통치 질서를 외면한 '무군無君의 도道'로서 자신만을 내세워 임금을 임금으로 여기지 않는 병폐가 있으며, 사회 전체의 이익을 지향하는 묵적의 '겸애설兼愛說'은 '무부無父의 도'로서 부모를 부모로 여기지 않는 병폐가 있다고 비판했다.[61] 맹자는 양주와 묵적을 이단으로 간주하여 "양주와 묵적의 도가 그치지 않으면 공자의 도가 드러나지 않는다"[62]라고 하여 적극적으로 배척하고자 했다.

맹자가 사설음사邪說淫辭로서 양楊·묵墨을 거론하며 배척한 것은 공자가 언급한 이단보다 더욱 구체적 대상을 지칭한 것으로, 당시 유가의 교리에서 벗어난 학설과 학문 방법을 통칭하여 이단이라고 한 듯하다. 이러한 맹자의 이단 비판은 양·묵에 대한 비판과 배척에 그치지 않고, 허행許行·진상陣相 등의 농가農家, 공손연公孫衍·장의張儀 등의 종횡가縱橫家에까지 이어졌다. 따라서 유학 이외의 모든 학설을 이단으로 간주한 것이다. 이러한 의미에서 맹자는 유학사에 있어

---

61 맹자는 양주의 위아주의爲我主義는 유교의 기본 규범인 군신의 의義를 부정하는 '무군無君의 논리'이며, 묵적의 겸애는 그 사랑의 무차별성으로 인해 부모를 저버리는 '무부無父의 논리'라고 단정하며, 그들의 이론은 사람들로 하여금 인륜을 저버리게 하고 금수의 세계로 이끄는 이단사설이라고 비판하였다. 「藤文公下」, 『孟子』 참조.

62 「夫子好辯」, 『孟子』, "楊氏爲我 是無君也 墨氏兼愛 是無父也 無父無君 是禽獸也 …… 楊墨之道不息 孔子之道不著."

변론을 통한 벽이단론闢異端論의 시초라고 할 수 있다.[63]

맹자는 또한 묵자를 다음과 같이 비판했다. 즉 예의 관점에서 보자면 '간소하게 장례를 치르는 것(節葬)'은 『주례』에 어긋난 것으로 상하 질서를 무너뜨려 체제를 부정하는 것으로 여겼다.[64] 곧 묵자가 인간의 신분을 무시하고 평등(齊)만을 강조한다는 것이다. 따라서 전통 유교는 혈연적 상하 구분, 이에 매개된 군신 간의 상하 질서인 신분(分), 곧 구체적으로 오륜五倫에 도전하는 것을 이단으로 여겼음을 알 수 있다.[65] 다시 말해 군신과 붕우 관계는 직접적인 혈연관계가 아닌 것 같지만 사실은 부모 형제 관계의 연장선상에서 이러한 관계가 확대된 것이기 때문에 모든 인간사회는 혈연관계로 이루어졌다는 것이다. 따라서 전통 유가의 입장에서 보면, 인간의 기본 도리(禮)를 부정하는 주장은 모두 이단으로 규정하였다.

유학자들은 맹자 이후 북송의 도학에 이르는 천년의 역사 동안 '도'를 실천해야 하는 인간의 올바른 정신이 파괴되었다고 보고, 그 이유를 이민족의 종교인 불교가 들어왔기 때문이라고 주장했다. 유교

---

63 벽이단闢異端이란 '이단을 물리친다'는 뜻으로, 유학 이외의 모든 이단사설을 배척함으로써 유학의 순수성과 전통성을 확보하려는 학문 경향을 말한다. 이러한 경향을 주도한 대표적인 유학자로 한유韓愈, 이고李翺, 유우석劉禹錫 등을 들 수 있는데, 이들이 바로 송대 성리학의 선구이다. 한정길, 「儒學에서의 正統과 異端 - 朱子學的 道統論에 대한 陽明學의 대응을 중심으로」, 『율곡사상연구』 제21집, 2010, p.65 참조.

64 이운구, 『중국의 비판사상』, 여강출판사, 1987, pp.104~105.

65 민혜진, 「朝鮮 前期의 異端觀과 陽明學 비판 연구」, 『한국민족문화』 21, 2003, p.5.

의 도학이 쇠퇴하고, 당唐대를 거치면서 불교가 중국문화를 지배해 왔으므로 도통론에 입각해서 불교를 이단이라 하며 배척하고자 한 것이다.

이러한 분위기 속에 한유(韓愈, 768~824)가 등장하여 스스로 '도'의 계승자임을 자부하며 맹자의 정신을 올바르게 이해하였다고 주장했는데, 이를 북송 초기 도통론자들은 그대로 받아들여 인정하였다.[66]

한유가 활동하던 시기는 당 중엽 이후로, 사회적으로나 정치적으로 혼란이 극심하여 농민 봉기가 빈번하게 발생하고 윤리와 강상이 무너져 내리던 시기였다. 이러한 상황은 일종의 사회적 위기의식을 일깨웠고, 동시에 그 위기에 대처할 수 있는 대안을 요구했다.

당대 이전 중국불교는 왕실의 보호 속에서 때로는 유학자의 배불, 그리고 불교에서의 호불 및 유·불 간의 갈등과 조화를 반복하며 역사 속에서 전개되어 왔다. 하지만 당 중기가 되면서부터 당시 사상계와 종교계의 정세에 분개한 유교 측에서 반발을 시작했다. 이러한 새로운 움직임은 한편으로는 유교 내부의 반성을 촉구하면서 유교 본연의 가치와 의미를 다시 세우려는 노력으로 이어졌고, 또 한편으로는 유교 외부의 세력인 불교와 도교를 폐지해야 한다는 적극적인 주장이 제기되었다.

한편 한유의 주장은 당시 불교 교단의 환경과도 밀접한 관련이 있다. 한유의 유교 부흥론이 불교에 대한 강한 대결 의식을 내포하게 된 배경은, 남북조 이후로 사원경제寺院經濟가 나날이 발전하면서

66 이용주, 「朱熹의 문화적 정통의식 연구」, 서울대학교 박사학위논문, 1999, p.25.

도통론과 이단론을 내세워 불교를 적극 배척하고 유교의 부활을 도모한 한유

불교가 사회 전반에 영향을 주는 중요한 토대가 된 데 있다. 더욱이 당의 통치자들은 유·불·도 삼교 병행 방침을 세워 불교를 정치권력에 이용하는 정책을 취했다.

이러한 분위기에 편승하여 일부 승려들은 고급 관료가 되고자 했으며, 명리를 추구하며 사치하고 부패했기 때문에 점차 종교적 기능을 상실하고 사회적 모순을 초래했다. 당 무종武宗은 이러한 불교의 폐단을 없애고자 26만의 승려를 환속시키고, 15만 명의 사원노비와 양전良田 수십만을 몰수하고, 사원 수천 개를 철폐하여 불교에 막대한 타격을 주었다. 이를 회창폐불(會昌廢佛, 840~846년)이라 한다.

그렇지만 당조는 대체로 불교와 도교를 숭상하여 승려들은 면세와 면역의 특권을 향유했고, 평민들은 과도한 병역과 부세를 피해 사원의 소작인이 되거나 승려가 되는 사람들이 적지 않았다. 더욱이 안사의 난[67] 이후 승려들은 경제적 세력을 확장하면서 정치적으로 조정에 큰 영향력을 행사했다. 이러한 사회적 분위기 속에 많은 이들이 불교적 삶에 젖어 있었다. 한유는 그러한 시대 상황 속에서도 홀로 당당하게 유교의 본령을 발휘하며 제왕帝王의 위용에도 굴하지 않고 불교를 비판한 인물이었다. 그는 당시 사회 전반을 풍미하고 있던 불교와

67 안록산安祿山이 일으키고 사사명史思明이 그 뒤를 이은 안사의 난(安史亂, 755~763)은 당나라의 최전성기에 종지부를 찍고, 절도사들의 지방 군벌화를 가속화시켜 당이 쇠퇴하는 데 결정적 역할을 하였다.

도교 사상을 비판하면서 유교의 전통적인 가르침을 높임으로써 침체한 유교의 부활을 도모했던 것이다.

한유는 스스로 맹자의 도를 계승했다고 하는 도통道統의 입장을 제시하면서, 자신이 말하는 도를 다음과 같이 설명한다.

> 이 도道는 무슨 도인가? 내가 말하는 이 도는 전에 도교와 불교가 말하는 도가 아니다.[68]

> 그들이 말하는 도는 자기네들이 도로 삼는 것을 도로 여긴 것이지 내가 말하는 도가 아니다. 그들이 말하는 덕德은 자기네들이 덕으로 삼은 것을 덕으로 여기는 것이지 내가 말하는 덕이 아니다. 무릇 내가 말하는 도덕이란 인과 의를 합하여 말한 것이다.[69]

한유가 유교의 가르침을 불교나 도교의 가르침과는 전적으로 다른 것으로 전제하고 있음을 확인할 수 있다. 불교와 도교가 도덕을 말하지만 그들의 도덕은 유학에서 긍정하는 도덕, 곧 인과 의를 합한 것이 아니라고 비판한다. 한유는 불교나 노자의 가르침을 배격함으로써 침체되어 있던 유교를 다시 융성시키고자 한 것이다. 그는 도통에 대해서 다음과 같이 말한다.

---

68 『原道』, "斯道也 何道也 曰 斯吾所謂道也 非向所謂老與佛之道也."

69 앞의 책, "其所謂道 道其所道 非吾所謂道也 其所謂德 德其所德 非吾所謂德也 凡吾所謂道德云者 合仁與義言之也."

> 요堯는 도道를 순舜에게 전했고, 순은 이것을 우禹에게 전했으며, 우는 이것을 탕湯에게 전했고, 탕은 이것을 문文·무武·주공周公에게 전했으며, 문·무·주공은 이것을 공자에게 전했고, 공자는 이것을 맹자(孟軻)에게 전했다. 맹자가 죽은 후에는 도가 전해지지 않았다.[70]

위 글에서 한유는 맹자 이후 유가의 전통이 끊어졌다고 보았다. 한유는 성인의 도가 전해지는 도통의 계보를, 맹자의 견해를 계승하여 '요 → 순 → 우 → 탕 → 문왕 → 무왕 → 주공 → 공자 → 맹자'로 했다. 그리고 공자 이후의 계보를 다시 '공자 → 증자 → 자사 → 맹자'로 정리하고 있다.[71] 한유가 도통道統을 선양하고자 한 이유는, 유가에는 핵심 전통이 있으며 그 전통을 대표하는 정신과 가치(道)는 성현들 간의 전승 과정(傳)을 통해서만 하나의 전통(統)으로 성립할 수 있다고 생각했기 때문이다. 이러한 한유의 도통론은 불교의 가르침을 전승하는 계통(전법 또는 전등)에서 영향을 받았을 것이다.

한유의 설명에 따르자면, 성인의 도를 전하는 방법에는 두 가지가 있다. 하나는 요와 순, 그리고 우처럼 직접 구두口頭로 전해 주는 방법이고, 다른 하나는 주공이 공자에게, 공자가 맹자에게 전했던 것처럼 정신적으로 전승하는 방법이다. 그런데 맹자 뒤에는 직접 구두로 전해 주는 체계가 이미 중단되었을 뿐만 아니라, 정신적인

---

70 앞의 책, "堯以是傳之舜 舜以是傳之禹 禹以是傳之湯 湯以是傳之文武周公 文武周公 傳之孔子 孔子傳之孟軻 軻之死 不得其傳焉."

71 한정길, 앞의 논문, pp.72~73.

이해를 기초로 계승한 사람도 출현하지 못했다. 이러한 한유의 생각 속에는 중단된 지 천여 년이나 되는 도통을 자기가 발양시키고 이어가려는 소망이 분명히 드러나 있다.

한유가 이해한 도道는 단순히 정신적 가치만은 아니고, 하나의 완전한 원칙을 포함하고 있었다. 그리하여 도를 유가의 문화이자 사회질서로서 불교와 구분하면서 동시에 불교에 압력을 행사하기 위해서 사용했다. 이제 도는 도가와 불교에 대한 반대를 위해 분명히 해야 할 개념일 뿐만 아니라, '문장으로 도를 싣는다(文以載道)'고 말할 때 그 실려야 할 '도'이기도 했다.

이러한 도의 의미를 포함한 도학에는 매우 엄밀한 사상적 이론의 기초가 체계적으로 확립되어 있는데, 이러한 사상적인 체계를 하나의 학풍으로 파악하여 명칭으로 삼은 것이 바로 '성리학性理學'이다. 그러므로 성리학이라는 명칭은 도학[72]이라는 범위 속에서 사상적이고 형이상학적인 학문 영역을 뜻한다. 도학은 사상적인 문제만이 아니라 정치적인 문제, 의례적인 문제, 경전 해석의 문제 등 다양한 측면을 포괄하고 있기 때문에 범주로는 도학이 성리학보다 그 외연이 훨씬 크다. 한유가 도통론을 주장하며 도교와 불교를 이단으로 배척한 것은 불교와 도교가 세상에 폐해를 주고 있다는 사회적 위기의식과, 유교가 무기력하여 오상五常이 무너졌다는 사상적 배경을 가지고 있었던 것이다.

---

72 도학의 명칭을 흔히 신유학(Neo-Confucianism)이라는 말로도 쓰는데, 신유학은 이학의 경우와 마찬가지로 송대 이후에 새롭게 발생한 유학인 도학과 심학을 합쳐서 일컫는 명칭이다. 금장태, 앞의 책, p.47 참조.

한유는 불교의 평등관을 부정하며 성삼품설性三品說을 주장했는데, 성삼품설에 따르면 인간은 '선한 성을 가진 자, 악한 성을 가진 자, 그리고 선으로 인도하면 선하게 되고 악으로 인도하면 악하게 되는 중간자'의 삼품三品으로 구분된다. 또한 인간사회는 군신과 부자 관계 등 신분적 구분이 명확함에도 불구하고 불교는 이러한 인간의 기본 도리를 망각한 채 오로지 마음의 청정과 고요함(寂滅)만을 추구하는 공허한 가르침이라고 비판한다.[73] 한유는 이 세상의 문물을 만든 것은 성인의 덕분이며 따라서 성인은 마땅히 군주로 대접받아야 하며, 신하와 백성은 군주에 복종하며 생업에 힘써야 인간의 도리를 지키는 것으로 보았다. 그런데 불교는 이러한 상하적 질서 관계를 부정하는 주장이기 때문에 이단이라고 비판했다.

한유는 승려에게 편지를 보낼 때에도 당당히 불교를 비판하는데, 그 내용에서는 승려의 경전에 관한 이론 탐구를 비하하면서 마치 짐승들이 어리석음을 벗어나지 못하고 있는 모습으로 비유하고 있다. 특히 불교 이론에 대한 물음도 승려들은 제대로 알지 못한다고 보았기에 유학자에게 묻는 형식으로 하고 있다. 예컨대 한유는 맹간孟簡에게 보내는 글에서 다음과 같이 주장한다.

> 어떤 사람이 전하기를, 제가 근래에 불교를 약간 받들게 되었다고 하는데, 그릇된 말입니다. …… 어찌 성인의 도리를 떠나고 선왕의 법도를 버리고서 오랑캐의 가르침을 좇아 행복과 이익을 추구할 수 있겠습니까? …… 설사 불타가 사람에게 재난이나 행복을 줄

73 장윤수 편저, 『정주철학원론』, 이론과 실천, 1992, pp.45~63.

수 있다 치더라도 도를 지키는 군자가 두려워할 바가 아닌데, 하물며 전혀 그러할 리도 없는데 그러겠습니까? 또한 그 불타는 어떤 사람입니까? 그가 한 일이 군자와 비슷합니까, 소인과 비슷합니까? …… 그를 믿고 받든다면 또한 미혹되었다 할 것입니다. 또한 저는 불교를 돕지 않고 배척한 사람이며, 그러한 데는 나름대로의 이론이 있으니 …… 예악이 무너지면 오랑캐들이 횡행하게 될 것이니, 어떻게 새나 짐승처럼 되지 않을 수 있겠습니까? …… 이러한 시국에 거기다가 불교와 도교를 제창하면서 천하의 백성들을 충동질해 이에 따르도록 한다면, 아! 이 또한 너무나 어질지 않은 것입니다. 불교와 도교의 악영향은 양주와 묵적보다도 더하고…….[74]

맹간孟簡은 독실한 불교 신자로 공부상서 벼슬을 지냈다. 한유는 맹간에게 보내는 편지에서 스스로 불교의 가르침을 '이적지교夷狄之敎'로 표현하고 있다. 이는 『논어』에 "오랑캐에게 군주가 있다 해도 그것은 중원의 여러 나라들이 군주가 없는 것만도 같지 못하다"[75]로 나타나는데, 공자 당시 이적이란 중국 변방 이민족으로서 중국을 중심으로 동이東夷, 서융西戎, 남만南蠻, 북적北狄을 지칭한 데에서 유래한다.

---

74 「與孟簡尙書書」, 『古文眞寶』 後集, "有人傳愈 近少奉釋氏者 妄也 …… 何有去聖人之道 捨先王之法 而從夷狄之敎 以求福利也 …… 假與釋氏 能與人爲禍福 非守道君子之所懼也 況萬萬無此理 且彼佛者 果何人哉 其行事類君子邪 小人邪 …… 而信奉之 亦且惑矣 且愈不助釋氏而排之者 其亦有說 …… 禮樂崩 而夷狄橫 幾何其不爲禽獸也 …… 於是時也 而唱釋老於其間 鼓天下之衆而從之 嗚呼 其亦不仁甚矣 釋老之害 過於楊墨……."

75 「八佾」, 『論語』 3편, "子曰 夷狄之有君 不如諸夏之亡也."

한유는 이적이란 표현을 불교의 가르침에 쓰면서 도교 등을 배척하고 유학의 정통을 지키는 입장을 단호하게 밝히고 있다. 앞서 이하론夷夏論에서 유학자들이 강력한 중화사상으로 변방을 오랑캐로 인식하는 것을 살펴보았듯이, 한유 역시 불교가 오랑캐 사상이므로 만일 불교가 중국사상에 자리한다면 도덕과 예악이 무너지리라 우려하고 있다.

한유는 맹자가 양주와 묵적의 해로움을 없애는 데 일생을 바치려 했던 것을 보면 유학자들의 척결 대상은 양·묵이라 말하면서, 불교는 그들보다 더 심각한 해로움을 주고 있다고 주장했다.

여기서 한유가 본격적인 배불을 하게 된 현실적 계기를 한번 살펴보자. 당 덕종德宗 6년(785)에 기주岐州에서 당시 풍습으로 풍년과 민안民安을 위한 목적으로 궁에서 불공의식을 시행했다. 후일 헌종憲宗은 한유가 형부시랑刑部侍郎으로 있을 때, 봉상鳳翔 법문사法門寺 탑 속에 있던 불골(佛骨: 불타의 유골에서 나오는 사리. 여기서는 손가락 사리인 불지사리를 말함)을 궁 안에 3일 동안 안치하고 예배하면서 신하들도 이 예식에 참여하게 했다(헌종 14년, 819년). 이에 격분한 한유는 배불의 목적에 따라 『논불골표論佛骨表』를 집필하여 극도로 무기력해진 유교의 상황을 통탄하고 오상五常이 쇠퇴한 것에 대한 울분을 토로했다. 그는 불교가 백성을 이끌 수 있는 가치가 없다고 주장하며 다음과 같이 불교를 비판했다.

> 서역의 승려는 오랑캐 사람으로서 중국과는 언어가 통하지 않고 의복조차 다른데다, 입으로는 선왕先王의 법언法言을 말하지 않고, 몸으로는 선왕의 법복法服을 입지 않고, 군신君臣의 의리義理와

부자父子의 정情도 알지 못한다.[76]

위의 인용문에서 알 수 있듯이 한유는 불타를 오랑캐 사람으로 비하하면서 군신의 의리와 부자의 정을 알지 못하는 것으로 평가한다. 한유는 기본적으로 공맹孔孟의 가르침에 근거한 유교의 정신을 계승 확장시키는 데에 주력했기 때문에 이처럼 군신과 부자의 관계를 배척하는 것을 도저히 용납할 수 없었을 것이다. 한유의 궁극적인 목표는 유교적인 인륜을 구현함으로써 유교의 정통성과 영향력을 회복시키고자 하는 것이었다.

또 한유는 『원도原道』에서 비대해진 사원경제로 말미암아 결과적으로 불교가 국가 운명을 망친다는 점도 강하게 비판하고 있다. 당시 불교 사원에 주어졌던 세역稅役 면제의 특혜와 사원전寺院田의 비대화 문제 등이 국가의 생산력과 노동력에 엄청난 손실을 끼치고 있다는 점을 강한 어조로 비판하고 있다.

농사를 짓는 집은 하나인데 곡식을 먹는 집은 여섯이고, 물건을 만드는 집은 하나인데 그것을 쓰는 집은 여섯이고, 장사를 하는 집은 하나인데 그에 의지하는 집은 여섯이니 어찌 백성이 가난해지고 도둑질을 하지 않겠는가?[77]

---

76 『論佛骨表』, "夫佛本夷狄之人 與中國言語不通 衣服殊製 口不言先王之法言 身不服先王之法服 不知君臣之義 父子之情."

77 『原道』, "農之家一 而食粟之家六 工之家一 而用器之家六 賈之家一 資焉之家六奈之何 民不窮且盜也."

이와 같은 한유의 우려는 덕종德宗 때의 팽언彭偃이 당시 사원의 노동력 침탈과 관련하여 '모든 승려에게 부역과 세금을 부과한다면 전체 세액의 3분의 1 이상이 될 것'이라고 한 사실에 비추어 볼 때 과장된 게 아님을 알 수 있다.[78]

한유는 경제적인 측면에서만이 아니라 풍속적인 면에서도 비판한다. "밖으로 오랑캐의 가르침인 불교를 섬김으로써 (백성들은) 안으로 마음이 사악해지고, 삭발하고 의복을 바꿔 입고, …… 불효불충不孝不忠하여"[79] 풍속을 교란시킬 것이라고 주장한다. 또한 "백성들이 일단 불교에 빠져들면 그 몸을 망치고 앞다투어 생업을 버리고 뭇 사찰을 순회하니 사방의 웃음거리가 될 것이다"라고도 했다. 근본적으로 불교는 백성들에게 해악을 끼칠 잘못된 가르침이라며 불교의 유해론有害論을 주장하고 있다.

한유의 배불 사상은 『원도』에서도 밝히듯이 불교를 배척하고 유학의 참 정신을 계승한다는 정신에 입각하여, 번진藩鎭의 할거를 반대하고 군권의 강화를 통해 날로 심각해지는 사회적 위기를 타파하려고 한 것이며, 이는 『논불골표』도 같은 맥락이다.

『논불골표』와 『원도』에 나타난 한유의 불교 인식과 논리를 정리하면 4가지로 말할 수 있다.

첫째, 불교는 오랑캐로부터 온 사상이고 선왕의 가르침이 아니므로 숭상할 수가 없다는 '이하론'이다. 이를 『논불골표』에서는 "부처는

78 이준식, 「韓愈 散文에 나타난 道統論과 排佛論」, 『대동문화연구』 27집, 1992, p.126.

79 『原道』, "外事胡佛 內生邪見 剪剃髮膚 迴煥衣服 …… 不孝不忠."

본래 오랑캐 땅 사람이므로 중국 사람과는 언어가 통하지 않고 의복도 다르게 만든다. 입으로는 선왕의 법에 맞는 말을 하지 않고, 몸에는 선왕의 법에 맞는 옷을 입지 않고, 군신과의 의리와 부자의 정을 알지 못한다"[80]라고 말하고 있다.

둘째, 백성은 각자 생산을 해야 하고 사회 조직 내에서 윗사람을 받들고 직무를 수행해야 되는데, 불교는 이러한 중국 전통질서를 파괴하고 알맹이 없는 청정적멸을 추구하는 자들이라는 '불교무용론'이다. 이를 『원도』에서는 "지금 불교의 법에 이르기를 '반드시 군신을 버리고 부자父子를 떠나 서로 낳고 봉양하는 방법을 금지해야 한다'고 하며, 추구하는 것은 이른바 청정적멸이다"[81]라고 말하고 있다.

셋째, 승려들은 무위도식하고 있다는 '불교유해론'이다. 이를 『원도』에서는 "옛날 백성들은 사농공상士農工商 네 부류인데 이제는 여섯 부류가 되었다. 옛날은 가르치는 자가 하나였으나 이제는 가르치는 자가 셋이다. 농사를 짓는 집은 하나인데 곡식을 먹는 집은 여섯이고, 그릇을 만드는 집은 하나인데 사용하는 자는 여섯이고, 파는 집은 하나인데 필요한 집은 여섯이니 어찌 백성이 궁핍해지고 도둑질하지 않겠는가"[82]라고 말하고 있다.

---

80 『論佛骨表』, "佛本夷狄之人 與中國言語不通 衣服殊製 口不道先王之法言 身不服先王之法服 不知君臣之義 父子之情."

81 『原道』, "今其法曰 必棄而君臣 去而父子 禁而相生養之道 以求其所謂淸淨寂滅者."

82 앞의 책, "古之爲民者四 今之爲民者六. 古之敎者處其一 今之敎者處其三. 農之家一 而食粟之家六 工之家一 而用器之家六 賈之家一 資焉之家六 柰之何民不窮且盜也."

넷째, 불교가 수용되기 전에는 천하가 태평하고 국가의 운명도 길었고 백성들이 안락하고 장수했지만, 불교 전래 이후부터는 국가 수명이 짧아졌다. 불교를 신봉한다고 하여 반드시 복을 받는 것이 아니라 오히려 나라를 해치고 경제적 악영향을 끼친다고 보는데, 그 역사적 예로서 송宋·제齊·양梁·진陳·북위北魏를 제시하고 있다. 이는 '진호국가부정론'이다. 이에 대해 『논불골표』에서는 "후한의 명제 때에 불교가 들어와 명제는 불과 18년밖에 재위하지 못했으며, 그 이후에는 변란과 멸망이 계속되었고 나라의 운명도 오래 가지 못했다. 송宋·제齊·양梁·진陳·원元·위魏 이하로 부처 섬기기를 점점 공손하게 할수록 나라의 연대는 더욱 짧아졌고, 양의 무제는 48년간 재위에 있으면서 세 차례나 사신捨身하여 부처에게 보시하고 제사에 소를 쓰지도 않고 하루 한 끼만 먹고 곡식을 끊었는데, 그 후 후경候景에게 핍박을 당하고 마침내 대성臺城에서 굶어죽었다. 나라 역시 멸망의 길로 접어들어 부처를 섬겨 복을 구한다는 것이 결국은 화를 입고 말았다. 이를 살펴볼 때 부처는 섬길 것이 못 된다는 걸 알 수 있다"[83]라고 하였다.

이와 같이 한유는 유가적 입장에서 유교만이 중국의 정통이며, 불교는 오랑캐의 가르침으로 배척해야 할 대상이기에 국가에 전혀 도움이 되지 않는다고 보아 진호국가설을 부정하며 불교를 강하게

---

83 『論佛骨表』, "漢明帝時 始有佛法 明帝在位 纔十八年耳 其後亂亡相繼 運祚不長 宋齊梁陳元魏以下 事佛漸謹 年代尤促 惟梁武帝在位四十八年 前後三度捨身施佛 宗廟之祭 不用牲牢 晝日一食 止於菜果 其後竟候景所逼 餓死臺城 國亦尋滅 事佛求福 乃更得禍. 由此觀之 佛不足事 亦可知矣."

배척한 것이다.

이러한 한유의 불교 배척 논리는 사실 그 내용만 보면 모자의 「이혹론」을 비롯해 초기 배불론이 이미 제시했던 형식이나 수준에서 크게 벗어나지 않는다. 그러나 이 시기에 제기된 한유의 배불론은 앞 시대의 배불론과 비교했을 때 한 가지 중요한 차이점이 있음에 주목하게 된다. 그것은 바로 불교에 대한 강한 적대의식 또는 대결의식이 바탕에 깔려 있다는 점이다.

단순히 불교를 이질적인 사상이나 문화 정도로 인식하고 경계하는 데 그치지 않고 유교가 존립하기 위해서는 반드시 사라져야 할 대상으로 규정하고 있다. 이는 한유가 불교에 비해 위축되어 있는 유교의 상황을 통탄하고, 『원도』에서 불교와 도교를 배척하는 상세한 방법까지 논하고 있다는 사실을 통해 분명히 확인할 수 있다. 한유는 불교와 도교를 배척하는 방법으로 ①그 무리들을 모두 환속시켜 사농공상士農工商에 종사하게 하고, ②불교와 도교의 경전 등을 모두 불태워 버리며, ③사찰寺刹과 도관道觀을 모두 민방民房으로 만들어 사농공상 사민四民의 숙소로 해야 한다고 주장했다. 단순히 사상적으로 불교와 도교를 비판하는 정도가 아니라, 두 종교를 완전히 폐멸廢滅시켜야 한다는 강력한 의도가 담겨 있음을 확인할 수 있다.[84]

한유의 생각은 불교와 도교를 제거해야만 유교가 옛 위치를 되찾고 흥기할 수 있다는 것이다. 그의 배불론은 순수한 사상 논쟁의 차원에서 이루어진 것이 아니라 불교에 대한 감정적인 대결 의식 속에서 나온

---

84 구보타 료온 지음, 최준식 옮김, 앞의 책. pp.116~167.

것이므로, "배불 태도가 너무 격렬하여 불교사상을 무시하면서 조금이라도 이해하려는 노력조차 하지 않았다"[85]는 평가를 받는다.

한유의 도통론은 후대 학자들에게 배불론 내지 이단 비판의 이론적 근거가 되었다. 즉 신유학의 방향을 설정하는 도통론은 유교 내부에서 정통의 의지를 표명하는 배불론의 강력한 무기가 되었고, 북송 초기의 새로운 유학가들은 한유를 계승하여 도통론을 이단 비판의 근거로 활용했다.

이러한 도통론을 토대로 북송 중기에 이르면 다방면에서 유교 부흥 운동이 일어나는데, 유학의 정통론과 관련해서 '무엇이 성인의 도道이며, 어떤 계통을 통해 그것이 전해졌는가?' 하는 것이 중요한 문제로 부각되었다. 이러한 양상 속에 유학의 새로운 도약을 고대하던 송대 유학자들은 유교의 정통성에 따라 불교와 도교(노장사상)를 비판하면서 공·맹의 도통을 송대의 주렴계周濂溪와 정명도程明道·정이천程伊川이 계승한다는 도통론道統論을 정립했다.

정사正史인 『송사宋史』「도학전道學傳」은 성리학이 맹자의 학문을 이어받은 정이천과 주희의 이학理學을 중심으로 도통을 세웠음을 국가적으로 공인한 역사적 문헌이다.[86]

정이천은 자기 형제가 도학을 처음 밝혔다고 말하면서, 자신의 형인 정명도의 학문이 공자와 맹자를 통해서 내려오는 성인의 학문인

---

85 김명희, 「회창폐불의 사회사적 의미」, 『호남대논문집(인문사회)』 제17집, 1996, p.17.

86 김희정, 「한국유교의 근본주의」, 『한국종교연구』 10, 서강대학교 종교연구소, 2008, p.4.

도학을 계승한 것으로 보고 있다. 후일 주희도 "(명도와 이천) 두 선생이 공자와 맹자가 돌아가시고 천년 동안 전해지지 않던 도학을 밝히셨다"[87]라고 주장했다.

이렇게 송대에 이르러 도통론에 근거한 이단론이 구체화되는데, 그 내용은 불교와 도교를 비롯해 유학 내부의 비정통 사상은 물론, 더 나아가 당시 민중 신앙까지 아우른다. 육상산陸象山은 이단이라는 개념을 '성인(요·순)의 가르침에서 벗어나는 사상 전부가 이단'이라고 규정한다.[88]

한유로부터 북송오자北宋五子[89]까지의 학문을 집대성하여 도학의 체계를 완성한 이가 주희朱熹이다. 그는 다음과 같이 불교와 도교를 폄하했다.

> 이단의 설이 나날이 새로 나오고 다달이 성해지고 있는 가운데, 노자와 불교의 무리까지 나와 상당히 이치에 가까운 듯하면서 참된 진리를 크게 어지럽히고 있다.[90]

배불론자를 비롯한 성리학자들은 안타깝게도 이처럼 학문의 배타적

---

87 『朱熹集』 75, 「程氏遺書後序」, "夫以二先生倡明道學于孔孟旣沒千載不傳之後可謂盛矣."

88 「語錄」, 『陸象山全集』 권34, p.400.

89 북송 초 성리학을 일으킨 다섯 명의 대표적인 인물들, 곧 주돈이, 소옹, 장재, 정호, 정이를 가리킨다.

90 「中庸章句序」, 『中庸』, "異端之說 日新月盛 以至於老佛之道出 則彌近理而大亂眞矣."

인 모습을 그대로 신봉했다. 주희는『근사록近思錄』의「변이단류辨異端類」에서 이단을 종합적으로 개괄하며 평가했다.

> 명도 선생이 말했다. 양주와 묵적의 해악은 신불해나 한비자의 해악보다 크고, 불가와 노자의 해악은 양주와 묵적보다 심하다. 양주의 위아설爲我說은 인仁인 듯 의혹하게 하고 묵자의 겸애兼愛는 의義인 것처럼 의혹하게 하는데, 신불해와 한비자는 천박하고 비루한 견해였기 때문에 맹자는 단지 양주와 묵적이 세상을 매우 미혹하게 함을 막았다. 불교와 도교의 말이 이치에 가까움은 양주와 묵적에 비길 바가 아니므로 그 해악이 너무 심하다. 양주와 묵적의 해악도 길(經)이었는데 맹자가 이를 물리침으로서 선각을 나타냈다.[91]

위 글에서 주희는 불교의 가르침이 맹자가 이단이라 지칭한 양주나 묵적보다 더 해롭다고 표현하고 있다. 주희가 계승한 정명도의 이단 비판 근거는 가족의 질서(孝)와 군신 간의 질서(忠)의 인정 여하에 있다. 그는 '도통道統' 의식에 기초한 경학經學 체계와 그 사상적 기초로서 성리학을 확립했으며, 이러한 학풍을 '도학道學'이라 일컬었다. 주희는「중용장구서中庸章句序」(1189년)에서 자신의 도통론의 기원을 맹자에 두고 있다고 했으며, 같은「중용장구서」에서 '도'의 정신이

---

91 「辨異端類」,『近思錄』권13, "明道先生曰 楊墨之害 甚於申韓 佛老之害 甚於楊墨 楊氏爲我 疑於義 墨氏兼愛 疑於仁 申韓則淺陋易見 故孟子只闢楊墨 爲其惑世之甚也 佛老其言近理 又非楊墨之比 此所以爲害尤甚 楊墨之害 亦經孟子闢之 所以廓如也."

『상서尙書』「대우모大禹謨」의 "인심유위人心惟危 도심유미道心惟微 유정유일惟精惟一 윤집궐중允執厥中"이라는 16자字로 된 성인聖人의 심법心法에 담겨 있다고 파악한다. 이러한 성인의 심법을 궁구하고 실천하는 학문을 '도학'이라 부르고, '도통'은 이 16자의 정신을 올바로 전하는가에 따라 결정된다고 보았다. 「중용장구서」에 나타난 도통론은 인심과 도심의 구분과 천리와 인욕의 구분을 중요한 근거로 하고 있다는 점에서 당 말의 한유나 북송대 정주학 사상가들의 도통관과 차별점을 보인다. 주희는 도학의 특성인 도덕주의 또는 내성주의內省主義와 '순정성純正性'을 도통의 기준으로 삼고 있다.

북송 유학의 과제는 중국의 민족적·문화적 정체감을 확립하고 중국문화에 있어 유교의 가치를 회복하는 계기를 마련하는 것이었다. 결과적으로는 그 시대에 강력한 중앙집권적 기반을 가지고 등장한 지식인들의 새로운 유교와 그것을 기반으로 하면서 완성된 주자학, 그리고 이러한 주자학적 해석을 거쳐 유교가 국가의 기본사상으로 정착되었다.

이러한 시대적 분위기와 더불어 유교가 크게 부흥하게 된 또 다른 원인으로는 유교도들이 승려들과 빈번하게 교유하면서 불교의 심원한 교리를 유교에 흡수하여 발전된 학문을 가지게 되었다는 점을 들 수 있다. 이렇게 불교는 유교 부흥의 직접적인 원인이 되었고, 성리학의 이론은 불교사상으로부터 크게 영향을 받았음에도 오히려 유교 측에서는 도통론과 이단론에 의거하여 강력한 배불론을 전개하게 된다.

2) 배불론의 전개

북송 시대에는 왕권을 강화하고 변란을 방지하고자 문文을 높이고 무武를 억제하는 문교진흥文教振興 정책을 실시했다. 특히 당송 교체기에 이르러 유명무실해졌던 과거제도를 정비하여 본격적으로 시행했고, 유·불·도 삼교를 모두 존중하는 정책을 취했지만 과거를 통해 선발된 인재들은 유교적 교양을 지닌 신흥 사대부였고, 이들이 지배층을 이루게 된다.

이들은 당시에 번성하던 불교와 도교를 비판하면서 그들의 이론에 대항하는 한편, 내부적으로는 기존 유교가 지닌 이론적 한계를 극복하고자 했다. 그러면서도 한편으론 불교와 도교의 핵심적인 사상을 흡수하면서 새로운 방안을 모색했다.

당시 학계는 다양한 사상적 이론과 쟁점을 가지고 있었는데, 크게 우주론 문제와 인간론 문제의 두 영역으로 나눌 수 있다. 우주론 문제는 우주의 궁극적인 존재 근거로서 천天·상제上帝 개념과 그 본체로서 태극의 문제를 다루는 형이상학이 주요 주제가 되었으며, 인간론적 문제는 인간 이해의 체계로서 성품과 인식(주체)을 다루는 윤리학이 주요 과제였다.[92]

이 시기의 대표적인 학자들은 바로 '북송오자北宋五子'라고 불리는

---

92 이러한 과제는 특히 조선 시대 성리학의 주요 쟁점으로서 심성론 논쟁과도 연결되는데, 크게 3가지 논쟁이 전개된다. 그 첫 번째 논쟁은 16세기 후반에 일어났던 '사단칠정四端七情 논쟁'이고, 두 번째 논쟁은 18세기 초기에 일어났던 '인물성동이론人物性同異論 논쟁'이며, 세 번째 논쟁은 19세기 후반에 일어났던 심心·명덕明德 개념에 관한 '심주리주기心主理主氣 논쟁'이다. 한국철학사연구회, 『한국철학사상사』, 심산, 2003 참조.

주돈이, 소옹, 장재, 정호, 정이다. 이들은 사람과 사물의 본성(性)과 우주 만물의 이치(理)에 대한 문제를 깊이 탐구했으므로 그들의 학문을 성리학性理學이라 부르게 되었다. 이러한 북송오자가 자신의 학문을 펼침에 있어 불교에 대한 인식이 어떠했는가를 살펴보도록 하자.

① 주돈이(周敦頤, 호는 염계濂溪, 1017~1073년)는 유가의 중용中庸, 도가의 무욕청정無欲淸淨, 불가의 적정寂靜 사상을 종합적으로 수용하여 수양론을 정립했다.[93] 특히 선종이 성행했던 당시에 그는 승려들과 빈번하게 교유했다. 여러 기록을 통해 그가 교유했던 승려들을 살펴보면, 벼슬하기 전에는 윤주潤州 학림사鶴林寺의 수애壽涯에게서 불교를 배우고,[94] 벼슬하고 나서는 남창南昌 황룡산의 혜남慧南 등에게 참선을 배웠으며,[95] 여산 귀종사歸宗寺의 불인요원佛印了元과 여산 동림사東林寺의 상총常總에게서 좌선을 배웠다.[96]

그리고 남송 때 감산感山의 효영중온曉瑩仲溫 스님이 쓴 『운와기담雲臥紀談』에 의하면, 주렴계는 은거지였던 여산에서 동진의 혜원이 결성한 백련사白蓮社를 모방해 청송사靑松社를 만들어 귀종사의 요원을 그 사주社主로 두고 유교 이외 인사들과 교유했다고 한다.[97]

---

93 북경대학교 철학과연구실 지음, 홍원석 옮김, 『중국철학사 III』, 간디서원, 2005, p.98.

94 晁公武, 「程氏易傳」, 『郡齋讀書志』·「濂溪學案」, 『宋元學案』.

95 『居士分燈錄』(『卍續藏』 권86).

96 『雲臥紀談』·『居士分燈錄』(『卍續藏』 권86).

97 『雲臥紀談』(『卍續藏』 권86), "春陵有水曰濂 周公茂叔先世所居 旣樂廬山之幽勝而築室 則以濂名其谿 蓋識不忘本矣 于時佛印禪師元公寓鸞谿之上 相與講道 爲方外友 由是命佛印作靑松社主 追白蓮故事."

주렴계는 인간의 심성心性에 관해, 마음(心)을 정과 동의 두 가지 면(靜動二面)으로 보고 그 본本은 지정至正, 그 용用을 명달明達이라고 했는데,[98] 이는 『역경易經』과 『중용中庸』의 사상을 바탕으로 함과 동시에 불교의 지관법止觀法[99]에서 많은 영향을 받았다. 성誠에 대해서도 적연부동의 지성至誠을 갖추면서 그 가운데 활동하는 기幾까지도 포함하고 있는데, 이는 『중용』의 성명誠明과 불교의 무망無妄을 조화시킨 것이다. 또한 주렴계의 이러한 논리는 불교적인 선을 수련한 체험에서 얻은 바가 크다.

이러한 행적을 볼 때 주렴계가 승려들과 활발하게 교유했음은 분명한 사실이다. 철저한 불교 배척의 태도를 보인 이후의 대다수 송대 유학자들과는 달리, 평소 친불교적 태도를 보인 주렴계는 그의 사상에서도 불교의 영향을 받았다는 것을 짐작할 수 있다.

② 소옹(邵雍, 호는 강절康節, 1011~1077년)의 경우는 북송의 승상丞相 부필富弼을 통해 수완 선사修顒禪師의 영향을 받은 것으로 『고금도서집성古今圖書集成』에 나와 있다. 그리고 『거사분등록居士分灯彔』에도 문언박文彦博과 소옹이 모두 수완 선사의 사법제자로 나온다.[100] 이를 통해 볼 때 소옹이 정립한 이학理學은 불교의 심성론에 영향을 받았음을

---

98 「誠下第二」, 『通書』, "靜無而動有 至正而明達也."

99 지관은 지止와 관觀의 합성어다. 지(止, 사마타)는 정신을 집중하여 마음이 적정해진 상태이며, 관(觀, 위파사나)은 있는 그대로의 진리인 실상實相을 관찰하는 것을 의미한다. 지와 관은 서로 불가분리의 상태에 있으며 지계持戒 등과 함께 불교의 중요한 실천덕목이 되어, 원시불교 이래의 여러 불경에 실려 있다. 『불교학대사전』, 홍법원, 1994 참조.

100 耿靜波, 「佛教影響邵雍理學思想」, 中國社會科學網, 2915.12 참조.

추측할 수 있다.

③ 장재(張載, 세칭 횡거선생橫渠先生, 1020~1077년)는 『중용』을 비롯한 유가의 여러 경서經書들을 연구했지만 만족하지 못하고, 백가서百家書는 물론 불교와 도교의 교리까지 두루 연구했다. 그가 평생 살았던 낙양 지방은 유식이나 화엄 등의 불교 종파가 유행했던 곳으로, 이에 장재는 자연스럽게 불교의 영향을 받았다. 그의 저서 『정몽正蒙』의 내용을 살펴보면 불교와 관련되는 내용이 많이 나타난다. 그는 세계의 발생 원리를 태화太和로 보았는데, 이는 곧 도를 말하는 것으로 인간에게 나타나면 곧 성性이라 한다.[101]

이 관점은 불교 아뢰야식과 연관된다. 유식에서 주장하는 아뢰야식에 수많은 종자가 있는 상태가 태화의 개념과 비슷하다. 이 태화 가운데 허虛와 기氣를 대립시키고 있고, 허라는 것은 유有에 입각하고 있다. 이는 유식과 화엄에서 나타나는 유有 사상의 영향을 받은 것으로 보인다. 이 허와 기는 상의相依 관계에 있는데, 기는 허에서 생겨난 것이 아니지만 허는 기가 없으면 안 된다. 기가 모여 만물이 되고 만물이 흩어져 허가 된다는 사상은 불교의 "동정이문動靜二門 이이불이二而不二" 사상과 관련이 있다.

④ 정호(程顥, 세칭 명도선생明道先生, 1032~1085년)는 왕안석王安石의 신법新法에 반대하다 좌천된 후로 수십 년간 제자백가諸子百家와 불교와 도교를 연구하였으며, 후일 다시 『육경六經』으로 돌아와 체득한 바가 있었다. 따라서 그의 학문이 불교의 영향을 받았음은 당연한

---

101 「太和篇」, 『正蒙』, "太和所謂道 中涵浮沈 升降 動靜 相感之性 是生絪縕 相盪勝負 屈伸之始."

일이다.

정호는 세상의 근본원리를 리理와 기氣의 상관관계에서 구했다. 기의 관점에서 만물이 동체同體임을 주장하며, 기의 정正과 편偏에 따라 인人과 물物이 생겨나고, 리의 관점에서 만물이 평등함을 주장했다. 이를 불교식으로 본다면 리는 진여眞如, 기는 아뢰야식으로 볼 수 있다. 또 사람의 성품이 다른 것은 기의 정正과 편偏의 차이에 기인한 것으로 보아, 정正은 선善이고 편偏은 악惡이라고 했다. 또한 정正도 치우치면(偏) 악이 되고, 편偏도 바로 잡으면(正) 선이 된다고 주장했다. 이러한 그의 주장은 불교의 심청정설心淸淨說 및 객진번뇌客塵煩惱 사상과 일맥상통하는 면이 있다.

그리고 정호의 수양설은 경이직내敬以直內와 의이방외義以方外[102]를 통해 정성定性의 영역으로 들어가 식인識仁[103]하는 것을 목표로 하는데, 이것은 그 내용과 방법이 불교의 선과 유사하다. 하지만 명도는 불교란 근원적 세계의 통달(上達)만을 추구하고 현실적인 문제에 대한 공부(下學)는 등한시한다고 비판한다.[104] 곧 불교는 관념적 문제나 내세來世의 문제에 몰두하여 현실적 문제를 간과하고 있다고 지적한다. 또한

---

102 『河南程氏遺書』 권11, "敬以直內則義以方外."

103 황이주黃梨洲는 "명도의 학은 식인을 주로 했다(明道之學 以識仁爲主)"고 말했다. …… 식인識仁이란 인을 외재적 객관대상으로 삼아 인식하고 이해하는 것이 아니고, 자기의 생명에서 반구하여 인을 역각逆覺하고 인을 정현呈現하는 것이다. 양승무, 「정명도의 철학사상 연구」, 『유교사상연구』 제7집, 유교학회, 1994, p.27.

104 『河南程氏遺書』 권13, "釋氏本怖死生 爲利豈是公道 唯務上達而無下學 然則其上達處 豈有是也 元不相連屬 但有間斷 非道也."

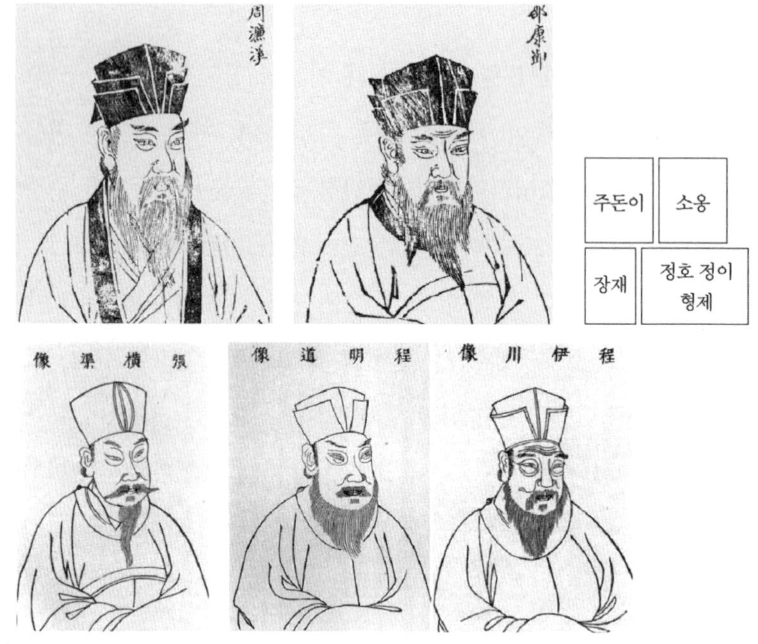

불교의 심성론에 영향을 받아 송대 성리학을 정초한 북송오자

그는 불교가 내면적 경건성은 추구하지만 사회적 의무에는 소홀하다고 비판하고 있다. 그 결과 불교는 인륜을 전멸시키고, 특히 선불교는 도덕성의 근거인 의리를 파괴시킨다고 비판한다. 그는 불교의 논설이 이치에 맞는 듯하지만 진리를 어지럽힌다고 하여 불교에 미혹되지 말 것을 당부한다.[105]

⑤ 정이(程頤, 세칭 이천선생伊川先生, 1033~1107년)는 직접 좌선을 실천함으로써 불교의 영향을 형인 정호보다 더 많이 받았다. 정이는 리理와 기氣로써 세상의 근본원리를 설명하면서 기를 리에 내재시키고

---

105 앞의 책, 권15, "釋氏之學 又不可道他不知 亦盡極乎高深 然要之卒歸乎自私自利之規模 …… 釋氏所在 便須覓一個纖姦打訛處."

리理를 본체로 삼았으며,[106] 또 성性을 천명의 성과 기질의 성으로 나누어 설명하였다.[107]

천명의 성(理)은 불교의 심心 또는 진여眞如에 해당하고, 기氣는 불교의 아뢰야식으로 볼 수 있다. 그리고 그는 수양설에서 정명도의 의이방외義以方外를 정좌법靜坐法으로, 경이직내敬以直內는 용경用敬으로, 식인識仁은 치지致知로 대체한다. 정좌는 용경이나 치지에 이르는 방법으로 불교의 계戒에 해당하고, 용경은 불교에서 말하는 삼학三學 가운데 정定과 유사하며, 치지는 마음의 작용으로 불교의 혜慧에 해당한다고 할 수 있다.

이상 북송오자의 불교 인식을 살펴보았는데, 송대 유학자 대부분이 불교를 연구하여 이것을 자신의 철학체계에 흡수하여 성리학을 완성시켰고, 불교 중에서도 특히 선禪과의 교유가 깊었음을 알 수 있다. 그 이유는 선의 교리는 다른 불교교학의 복잡한 이론 체계와는 달리 불립문자不立文字를 내세우며, 비교적 쉬운 교리로 일관되어 있기 때문이다. 마침 유학도 예전의 훈고학적 학문으로 헛되이 형식과 이론에 치우친 공부 방법에 대한 비판과 극복으로 신유학이 싹트게 되었고, 당시엔 유·불 교섭도 자연스러워 선사들과의 교유도 활발하여 쉽게 선을 접할 수 있었다.

북송오자의 불교 인식 아래 송대宋代에 들어서면서 본격적인 배불의 형태로 전개되는데, 이는 불교와 유교 양쪽 모두에 변화가 있었기

---

106 앞의 책, 권3, "萬物只是一理 至如一物一事 雖小皆有是理."

107 『河南程氏遺書』 권24, "生之謂性 與天命之謂性 同乎 性者不可一概論 生之謂性 此訓所稟受也 天命之謂性 此言性之理也."

성리학을 대성하고 강력하게 불교를 비판한 주희

때문이다. 다만 그 변화가 불교에서는 쇠퇴라는 방향으로 진행된 반면, 유교에서는 새로운 긍정적 시도라는 방향으로 진행되었다.

송대 성리학자 중 배불론의 전형典型이라 할 수 있는 주희(朱熹, 1130~1200)는 이러한 시대 상황에 의거해 더욱 철저하고 체계적으로 불교를 비판한다. 주희의 배불론은 불교가 지배해 온 중국의 사상적 풍토에서 유가적 전통을 되살려내려는 비상한 노력의 결과물이다. 주희의 이런 노력은 유교 전통뿐 아니라 당시 거의 모든 지적 성과들을 포괄한다. 심지어 자신의 비판 대상이었던 불교 내의 논의까지도 자신의 목적에 맞으면 원용하는 경향을 보인다.

주희에게 있어 불교 비판의 초석은 외부 세계의 실재성을 부정하고 그 근원인 리(人倫)를 부정하는 불교의 존재론과 인식론에서 비롯되었다. 그는 불교가 천지의 본성과 그 작용을 잘못 인식하여 천지의 도가 육근六根의 작용에 인연한다고 잘못 파악하고 있다고 보았다. 불교가 모든 것을 마음의 작용으로 보아 외부의 객관적 실재인 천지자연의 작용과 도를 부정한다고 보고 이에 대한 반론을 제시한 것이다. 또한 인성론 측면에서 불교는 심心과 성性을 같은 것으로 혼동하여 잘못을 범하고 있다고 지적한다. 공부 방법에 있어서도 불교의 경우 마음 수양법인 경敬은 존재하지만 행동을 바르게 이끄는 객관적 기준으로서 의義는 존재하지 않는다고 비판한다.[108] 그리고 상달上達과 하달下達에서도 상달에만 치중하여 구체적 실상을 누락하는 오류를 범한다고 평가한다.[109]

다음은 중국에 불교가 전래된 과정을 주희가 서술한 내용이다. 이를 통해 그의 불교에 대한 관점을 짐작할 수 있다.

> 후한 명제 때 불교가 처음 들어왔다. 당시의 초왕楚王 영英이 가장 좋아했다. 그렇지만 그 설을 이해하지는 못했다. 진송(晉宋, 위진남북조)에 들어 그 교가 차츰 성해졌다. 그렇지만 당시 문자는 또한 다만 노장의 설로 포장鋪張했을 뿐이다. 혜원慧遠의 여러 논의는 모두 노장의 뜻으로 만들었다. 그러다가 양梁나라 회통會通 연간(6세기 초)에 달마가 들어온 이후로 불립문자不立文字 직지인심直指人心에 몽땅 소탕되어 버렸다. 당시에 유학의 학문이 폐절하여 강하지 않았고, 노老·불佛의 설도 천루賤陋하여 그들에게 빈틈을 찔려 버렸다. 그래서 석씨의 횡설수설이 그토록 장황해도 어찌할 수가 없었다. 총명한 인재들은 그들의 유인誘引에 빠져 버렸다. 여러 조사祖師들의 화상畫像을 본 적이 있는데, 인물이 모두 웅위雄偉했다. 고로(杲老: 임제종臨濟宗 승려로 혜제慧齊에게서 득도得道하여 구족계를 받고, 원오 선사圓悟禪師의 법을 전해 받음)는 임제臨濟가 승僧이 되지

108 朱子·呂祖謙 편, 이범학 역주, 『近思錄』, 서울대학교출판부, 2005, p.537, "彼釋氏之學 於敬以直內 則有之矣 義以方外 則未之有也."

109 朱子·呂祖謙 편, 이범학 역주, 앞의 책, p.538, "唯務上達而無下學 然則其上達處 豈有是也."

않았으면 반드시 도둑의 괴수가 되었을 것이라 했다.[110]

주희가 설령 불교를 좀 알고 있다 할지라도, 당시 불교에 대한 체계적인 이해로서 초기불교의 발전과정과 인도불교가 서역을 거쳐 중국불교로 토착화되는 장구한 역사적 과정에 대해 자세히 공부하기에는 무리가 있었을 것이다.

중국에서 인도의 불교 경전에 관한 번역은 초기불교에서 아비달마, 대승, 그리고 불교논리학과 밀교 등의 시간적 순서에 따라 체계적으로 이루어진 것이 아니었다. 인도에서 전달된 불전들은 시대에 따라, 사회적 필요에 따라, 불자들의 관심에 따라 두서없이 번역 소개되었고, 이것이 중국불교의 특성인 교상판석教相判釋[111]을 가능케 했다. 그리고 교상판석 또한 특정 종단의 소의경전을 중심으로 이루어졌다. 따라서 주희가 접했던 불교는 시간적 과정과 교리적 맥락에서 올바르게 형성된 것이 아니었다. 그는 편협된 인식을 통해 성리학 이론 형성에까지 큰 영향을 끼친 불교의 심오한 교리를 잘못 이해하고 있었던 것이다.

---

110 「釋氏篇」, 『朱子語類』 권126, "後漢明帝時 佛始入中國. 當時楚王英最好之 然都不曉其說. 直至晉宋間 其教漸盛. 然當時文字亦只是將莊老之說來鋪張 如遠師諸論 皆成片盡是老莊意思. 直至梁會通間 達磨入來 然後一切被他埽蕩 不立文字 直指人心. 蓋當時儒者之學 旣廢絶不講 老佛之說 又如此淺陋 被他窺見這箇罅隙了 故橫說竪說 如是張皇 沒柰他何. 人才聰明 便被他誘引將去. 嘗見畫底諸祖師 其人物皆雄偉 故杲老謂臨濟若不爲僧 必作一渠魁也."

111 줄여서 교상教相·교판教判·판교判教라고도 한다. 부처님의 가르침이 담긴 경전이나 논서論書의 내용을 몇 단계로 분류하는 교판은 5세기 초 중국에서 시작되어 9세기경에 이르러 일단락되었으며, 우리나라와 일본에서도 독자적인 교판설이 나왔다. 『불교학대사전』, 홍법원, 1994 참조.

송대 일반 성리학자들이 비판한 불교의 대상은 바로 가장 중국화된 선종禪宗이었다. 중국불교사에서 강력한 폐불 가운데 살아남은 선종은 송대로 이어질 수 있었고, 이는 불교계 전반의 변화를 촉진했다. 선종이 살아남은 원인은 두 측면에서 찾을 수 있다. 먼저 선종은 본래 각 지역의 산림山林에 흩어져 있으면서 일반 평민들과 함께 생활하고 교리나 경전에 대한 의존도가 낮았기 때문에 폐불에서 큰 피해를 면할 수 있었다. 그것은 경전이나 불상 같은 외부 시설에 의존하지 않았기 때문에 이러한 외부 시설들이 파괴되고 난 뒤에도 선종은 제 기능을 수행해 나갈 수 있었다. 또 하나의 원인은 선종의 청규淸規를 들 수 있다. "하루 일하지 않으면 하루 먹지 않는다(一日不作一一不食)"[112]라는 말이 있듯 선종의 청규 가운데 "모든 승려는 반드시 매일 생산적인 노동에 참여하여야 한다"는 조항이 있었기 때문에 무위도식하는 존재라는 당시의 사회적 비난을 피할 수 있었던 것이다. 이러한 배경에 의해 폐불 사건 이후에도 선종의 세력은 빠르게 회복되었고, 그 유파도 오히려 증가할 수 있었다.[113]

주희가 이해하고 또한 배불 사상으로 택한 대상도 당시 유행하던 선종을 중심으로 한 것이었다. 그렇다면 주희가 그토록 비판했던 선종과 성리학의 심성에 대한 차이점은 무엇일까? 또 양자는 인간의 행위를 어떻게 보고 있는가? 이 두 물음에 대해 성리학과 선종은 그 입장을 명확하게 달리한다. 그리고 이러한 관점의 차이가 결국 후일 유교에서 이루어지는 배불의 사상적 바탕이 되었다.

---

112 『祖堂集』 제14권, 「百丈章」

113 呂澂, 『中國佛學原流略講』, 上海: 中華書局, 1979, p.361.

행위의 도덕성을 중요시하는 유교와 마찬가지로 불교도 당연히 행위의 중요성을 강조한다. 행위는 자취를 남기기 때문인데, 불교에서 말하는 업業[114]의 개념이 그것이다. 행위의 쌓인 자취는 힘의 형태로 쌓이는데(業力), 그 힘은 강해지고 적절한 조건들을 만나면 현실화된다. 불교는 윤회를 이 원리로 설명한다. 행위의 쌓인 자취가 윤회의 원동력이 된다. 행위의 주체는 마음이고, 마음의 작용이 행위이다. 불교의 행위 개념은 그래서 넓은 의미로 쓰인다. 선악을 구분할 수 있는 행동, 도덕적 규범을 잣대로 들이댈 수 있는 행동뿐 아니라 마음의 작용 모두를 불교에서는 행위로 본다. 모든 마음의 작용은 업을 자취로 남긴다고 보기 때문이다.

하지만 후일 열반과 화엄 등의 대승불교사상에 이르게 되면, 모든 중생의 마음이 본래 청정하다고 주장한다. 이른바 불성사상·여래장사상을 일컫는데, 제법이 오직 진성眞性의 나타남에 지나지 않는다고 본다. 세계는 진여인 일심一心의 구현이다.

선종은 대승불교의 불성사상을 생활 속에 구현하려는 이념을 갖고 성립한 종파다. 선종의 인성론은 불성사상의 인성론과 다르지 않다. 불성인 마음의 작용은 그대로 진여의 구현이 된다. '마음의 작용이 곧 그대로 진리의 구현(作用是性)'이 된다. 선불교는 대부분 이러한 표현을 취한다. 마조도일馬祖道一이 강조한 "평상심이 도다(平常心是

114 불교에서 행위를 의미하는 단어 '업(Karma)'은 행위 자체를 의미하기도 하고, 행위가 남긴 자취를 의미하기도 한다. 이 문제에 대한 거시적 관점의 철학적 연구는 한자경의 「정도전의 불교 비판에 대한 비판적 고찰」, 『불교학 연구』 6호, 2003년 6월 참조.

道)"라는 표현이나, 방 거사龐居士의 말처럼 "물 긷고 땔나무하는 모두가 묘용 아닌 것이 없다"는 표현 등은 인성론의 바탕 위에서 이해할 수 있다. 그러므로 천지간 사물 하나하나가 그대로 불성의 구현이요, 내 마음의 작용 모두가 그대로 도道다. 선종 가운데 이와 같은 주장이 뚜렷하게 드러나는 종파는 마조도일 계통의 홍주종洪州宗(마조의 홍주종은 육조혜능 이후 선종의 주류로 정착하고, 이후 선종의 다양한 종지를 표방하는 오가칠종五家七宗으로 계승 발전된다)이다.

사상적으로 볼 때, 주희를 비롯한 배불론자들이 구체적으로 비판한 대상은 다름 아닌 홍주종이다. 그리고 비판의 핵심 가운데 하나가 "작용하는 것이 곧 성이다(作用是性)"라는 선종의 주장이다. 주희는 작용시성作用是性의 인성론이 도덕적 무감각으로 이어진다고 비판한다.[115] 작용을 성性이라고 한다면, 사람이 하는 모든 언행이 올바르다고 주장하는 셈이 된다. 비도덕적인 모든 행위도 작용이고 이 또한 성의 작용이기 때문이다. 그렇게 되면 행위의 선악을 분별할 수 없다. 선악의 기준이 없기 때문이다. 그래서 차별적 세계 모두를 불성의 구현으로 받아들인다고 보는 불교의 입장에 대해 성리학은 도덕적 기준을 무의미하게 만들어 버린다고 비판한다.

성리학의 '작용시성'에 대한 비판은 홍주종의 인성론에 대한 비판이다. 하지만 주희의 홍주종에 대한 비판은 당대 승려 종밀(宗密, 780~

115 『朱子語類』 27:26, "作用是性 在目曰見 在耳曰聞 在鼻齅香 在口談論 在手執捉 在足運奔 卽告子生之謂性之說也, 此如手執捉若執刀胡亂殺人 亦可謂性乎. 龜山擧龐居士云 神通妙用運水搬柴 以此徐行後長 亦坐此病. 不知徐行後長乃謂之弟 疾行先長 則爲不弟. 如曰運水搬柴卽是妙用 則徐行疾行皆可謂之弟也."

선교합일을 추구했던 화엄종 제5조 종밀

841)에 의해 먼저 제기되었던 내용이다. 종밀은 그가 선교합일禪敎合一을 주창했던 9세기 당시 중국의 최고 지성으로 꼽히는 승려이다. 선종이 흥기하여 정착하는 당나라 말기, 그는 선교합일을 위해 분투했다.

종밀은 『선원제전집도서』에서 선·교에 대한 분류를 시도한 뒤 선교일치를 주장했다. 그는 먼저 "이른바 모든 종파의 시조始祖는 석가모니불이고, 경전은 부처님의 말씀이며, 선禪은 부처님의 뜻이다. 제불의 마음과 설법은 결코 어긋나지 않으며, 여러 조사들의 상승相承의 근본은 부처님께서 친히 부촉咐囑하신 것이고, 보살들이 논서論書를 만든 것은 처음부터 끝까지 오직 불경을 넓힌 것이다"[116]라고 하면서 선과 교의 근원이 서로 동일함을 밝히는 선교 관계론을 전개했다.

종밀은 이와 함께 선 수행의 사상적 근거 마련을 목표로 삼았다. 다시 말하면 종밀의 작업은 선종의 선 수행에 대한 철학적 근거를 인성론 고찰을 통해 확보하려는 노력이었다. 이 작업을 진행하면서 홍주종의 가르침이 마음의 작용을 지나치게 긍정적으로 보고 있다고 비판한다. 종밀의 비판과 주희의 비판이 둘 다 홍주종을 대상으로

---

116 「禪源諸詮集都序」(『大正藏』 48, p.400b), "謂諸宗始祖卽是釋迦 經是佛語 禪是佛意 諸佛心口必不相違 諸祖相承根本是佛 親付菩薩造論始末 唯弘佛經."

하고 있다는 점은 우연이라고 넘길 수 없는 일면이 있다. 이 두 비판의 논리적 구조가 매우 흡사하기 때문이다.

홍주종은 생각하고 손가락을 움직이며 눈으로 보는 마음 작용뿐 아니라 중생의 탐·진·치와 심지어 악을 행하는 것까지도 불성의 작용이라고 한다.[117] 종밀은 이런 홍주종의 입장이 현실과는 동떨어진 주장이라고 지적하며 문제를 제기한다. 홍주종은 실제로 정적주의인 좌선 수행을 배격하며 수행도 자신들의 불성 이론에 따른다.

> 그리하여 마음을 일으켜 악을 끊지도 말고, 마음을 일으켜 도를 닦지도 말라고 한다. '도는 곧 이 마음'이라고 한다면, 마음을 가지고 마음에서 닦을 수 없게 된다. 악도 또한 이 마음이라면 마음을 가지고 마음에서 끊을 수 없게 된다. 그래서 끊지도 않고, 짓지도 않고, 닥치는 대로 자유롭게 사는 사람을 '해탈인'이라고 부르고 있다. 법에 걸림이 없고 깨달으려고도 하지 않는다. 그들의 주장은 마치 허공이 늘어나지도 줄어들지도 않는 것과 같아, 그 무엇을 보태거나 보완할 필요가 없으니 심성 이외에 또 다시 일법一法도 얻을 수 없기 때문이라고 한다. 따라서 그들은 다만 마음에 맡기어 두는 것을 바로 수행으로 삼는다.[118]

---

117 「中華傳心地禪門師資承襲圖」(『卍續藏經』 63, p.33a), "洪州意者 起心動念 彈指動目 所作所爲 皆是佛性全體之用 更無別用 全體貪瞋痴 造善造惡 受樂受苦 此皆是佛性."

118 앞의 책(『卍續藏經』 63, p.33b), "而乃不起心斷惡 亦不起心修道 道卽是心 不可將心還修於心, 惡亦是心 不可將心還斷於心 不斷不造 任運自在 名爲解脫人 無法可拘 無佛可作 猶如虛空不增不減 何假添補 何以故 心性之外 更無一法可得故

종밀은 홍주종이 봉착한 이 같은 기괴한 결론이 마음 전체를 진여, 불성, 여래장으로 잘못 본 것에서 비롯된 것이라고 지적한다. 이런 지적은 주희의 배불 사상이 불교(선종)를 비판하면서 홍주종의 비현실성을 지적해 내는 논변과 논리적 구조가 같다.

종밀은 홍주종의 논리적 결함에 대한 해결책으로 마음을 진심眞心과 망심妄心으로 구분한다. 이로써 종밀은 망심의 중생이 진심의 구현을 위해 정진해야 한다는 수행의 필요성에 대한 근거를 마련한다. 즉 홍주종의 인성론에서 수양론을 발전시킨 것이다. 종밀의 이런 논법은 주희가 불교의 인성론에서 도덕적 가치를 건져낸 것과 논리적 유사성을 갖고 있는데, 이에 대해 좀 더 자세히 살펴보자.

성리학은 행위의 주체인 심心을 기가 모여서 이뤄진 것으로 본다. 그 심에 보편적 원리로서의 리가 갖춰져 있다. 마음에 갖춰진 리가 곧 성이다(性卽理). 성은 도덕적 가치로 객관적이며 보편적이며 절대적이다. 마음은 외물을 만나 작용하지만 모든 마음이 도덕적 원리를 따라 작용하지 않는다. 그리고 성은 누구에게나 천부적으로 주어졌지만, 이미 드러나 있는 원리가 아니라 살면서 구현해 나가야 할 원리다. 그렇다면 마음으로 하여금 원리를 떠나지 않고 바람직하게 작용케 하는 인성人性의 구체적 구조는 무엇인가?

종밀의 이른바 '지知의 철학'을 특징짓는 『도서都序』의 핵심적인 구절에 의하면, 홍주종의 '평상심시도'와 '작용시성'의 사상이 초래하는 모순을 지적하고, "닦을 것도 깨달을 것도 없다"는 홍주종의 지나친

故但任心 卽爲修也."

마음의 긍정적 표현에서 수행론을 건져내기 위해 노력하였다.

종밀은 선 수행의 사상적 근거를 인성론에서 찾았다. 앞서 본 것처럼 종밀은 망념과 번뇌도 본래는 고요하고 공하다고, 곧 공적空寂하다고 본다. 작용하는 마음의 근거로 공적한 마음이 있다는 뜻이다. 종밀은 마음을 두 측면으로 나누는데, 불변의 마음인 심진여心眞如와 수연隨緣의 마음인 심생멸心生滅이 그것이다. 심진여는 마음의 체體요, 심생멸은 마음의 용用이다. 망념과 번뇌는 용인 수연의 마음이지만, 생멸하는 이 마음에도 공적한 마음인 심진여가 체로서 갖춰져 있다.

그런데 체인 공적심은 공하고 고요하면서도 영지靈知하다. 그래서 '공적영지지심空寂靈知之心'이다. 이것을 종밀은 '지知'라고 부른다. 공적한 마음에 어떻게 영지가 갖추어질 수 있을까? 이 부분이 종밀의 인성론이 갖는 탁월한 통찰이다. 종밀은 마음에 체와 용인 심진여와 심생멸이 있듯, 체인 심진여에도 체와 용이 있다고 본다. 불성인 심진여에 갖춰진 체의 측면이 공적심이고, 용의 측면이 영지심이다. 이것이 종밀이 보는 불성의 구조다.

그래서 수행, 곧 선 수행이 가능해진다. "지知, 한 글자는 뭇 묘함의 문이다(知之一字 衆妙之門)"[119]라는 유명한 종밀의 언구는 이런 인성론을 잘 요약하는 말이다. '지知' 한 글자로써 선 수행의 이론적 근거가 마련되고, 인간의 심성과 불성에 대한 구조가 설명된다고 종밀은 주장한다.[120]

---

119 「禪源諸詮集都序」(『大正藏』 48, pp.402c~403a), "諸法如夢 諸聖同說 故妄念本寂 塵境本空 空寂之心 靈知不昧 卽此空寂之知 是汝眞性 任迷任悟 心本自知 不籍緣生 不因境起 知之一者 衆妙之門."

종밀이 『도서』에서 '지'에 대해 몇 가지 특성을 부여하면서[121] 심에서 '지'를 이끌어내는 과정과 성리학이 홍주종의 심心을 비판하며 '성性'을 도출해내는 과정은 논리적 유사성을 갖고 있다. 뿐만 아니라 '지'와 '성' 두 개념이 모두 인간의 심에 선천적으로 갖춰져 있다는 점에서도 공통점을 갖는다.

성리학은 기氣에 리理가 갖춰져 있는 것처럼 심心은 성性을 갖추고 있다고 본다. 인간은 세계의 일부고, 인간을 이루는 신체와 정신 또한 세계를 구성하는 부분이기 때문이다. 인간의 정신, 곧 마음은 기가 모여서 이루어진 것인데, 마음도 기의 산물인 한 사람의 몸이나 사물과 마찬가지로 리理가 천부적으로 갖춰져 있다. 심은 자연적인 기의 집합이지만, 성은 천부적이다. 그래서 심은 성이 구현되기 전의 상태이며,

---

120 종밀의 이 8글자 구절은 종밀이 처음 사용한 말은 아니다. 종밀이 시봉했던 스승이자 화엄종의 완성자인 징관澄觀이 『화엄경소』에서 사용한 말이다. 징관은 심心이란 절대적 주체인 존재일 뿐 아니라 인식의 주체이기도 하다고 주장한다. 심의 이런 측면을 징관은 '지知'라고 부른다. 심진여心眞如를 체와 용의 두 측면으로 이해하는 종밀의 사상은 징관의 이와 같은 사상의 영향 아래 있다고 볼 수 있다. 木村清孝, 장휘옥 역, 『中國佛教思想史』, 민족사, 1989, pp.109~110 참조.

121 「禪源諸詮集都序」(『大正藏』 48, p.405a)에서 말한 '지知'의 특성을 정리하면 다음과 같다. 첫째, 지知는 경계를 만나 분별하는 식識이 아니며, 본체를 반조하여 깨달아 생기는 지혜도 아니다. 선천적으로 마음에 갖춰져 있다. 둘째, 지는 진여眞如의 본체며, 진여의 성품을 밝게 비춘다. 셋째, 지가 분별에 속하는 식識과 다른 까닭은 지는 번뇌가 다해야 드러나기 때문이다. 넷째, 지가 경계가 아닌 까닭은 지혜로써 알지 못하기 때문이다. 지혜로써 얻는다면 그것은 경계에 지나지 않는다. 지는 본래 마음에 갖춰져 있다. 다섯째, 지의 성품은 원래 청정하다.

성과 심은 확연히 구분된다. 성은 심이 작용하는 규제 원리가 된다. 그리고 성이 원리로서 성립하기 위해서는 반드시 격물格物의 이치를 알아야 된다. 심이 눈에 작용한다고 해서 보는 작용이 제대로 완성되지 않는다. 보아도 밝게 봐야 한다. 성이 간여해야 비로소 보는 작용이 완성된다. 듣는 작용, 말하는 작용 등 모든 작용이 마찬가지다. 심은 작용할 수 있지만 그대로는 '눈금 없는 자'일 뿐이고, 이것으로는 아무것도 잴 수 없다.

이러한 주희의 불교 비판은 후대의 성리학자들에게 인용되고, 후일 조선 초 정도전도 이런 비판을 그대로 수용하게 된다. 종밀은 선 수행의 근거를 확보하기 위해 노력했고, 그로 인해 인간의 마음에는 허령불매虛靈不昧한 공적영지지심空寂靈知之心이 있음을 주장했다. 한편 주희는 도덕의 논리적 기초를 세우기 위하여 인간의 심心에서 성性을 건져냈다.

이렇게 종밀과 주희가 비판의 대상으로 삼은 것은 당시 선종의 주류였던 마조 계통의 홍주종이다. 종밀과 주희가 자신들의 비판에서 대안을 이끌어내는 논리적 과정은 매우 유사하지만 종밀은 사람의 마음에 허령불매하고 선천적이며 절대적인 요소로서의 '지知'를 이끌어내었고, 주희는 이러한 요소가 선천적이며 절대적이긴 하지만 마음의 능력이라고 보기보다는 하나의 '원리'로서 파악했다.

3) 불교 측 대응으로서의 유·불 조화론

중국에 전래된 외래사상인 불교는 중국의 고유사상과 때로는 대립과 시행착오를 거치면서 새로운 땅에 자리잡으며 토착화되었다. 그 과정에서 불교는 중국의 전통적인 도가와 유가 사상에 여러 방면으로 부합하고자 노력했고, 이러한 대응을 통하여 중국 역사의 '유·불 조화 사상'으로 새롭게 자리하게 된다.

전래 초기 신선방술의 하나로 간주되던 불교에 대해 모자牟子는 불타의 본래적 가르침을 드러내고자 노력했다. 이를 가장 잘 보여주고 있는 대표적 저술이 앞서 '불교 토착화 과정에서의 유·불 대립'에서 살펴보았던 「이혹론理惑論」이다. 찬술 연대에 대해서는 한漢이나 위魏 시기의 저작이라는 설, 동진東晋 시대의 위작이라는 설, 그리고 어느 한 시기에 전체가 저술된 것이 아니라 오랜 기간에 걸쳐 현존하는 모습으로 편찬된 것이라는 설 등이 제기되는 상황에서 어느 것도 결정적인 증거를 제시하지 못하고 있다. 다만 그 최초의 모습은 대략 후한後漢 시기에 등장했을 것으로 의견이 모아지고 있다.[122] 이러한 문헌 고증학적인 논란에도 불구하고 「이혹론」은 중국 종교 전통에서 유교와 불교 사이의 문제를 다룬 가장 오래된 저술이며, 또한 불교 전래 초기 유교와의 갈등에 대한 대응을 자세히 확인할 수 있는 중요한 자료로 평가받는다.

모자는 「이혹론」의 서문에서 유·불·도 삼교의 조화로 자신의 저작 의도를 밝히고 있다. 그가 도교와 불교를 연구하고 있던 중 뜻밖에도 사람들로부터 유교를 배반한 이단자라는 비방을 받았기 때문에 그 오해를 없애기 위해 노력한 것이다.[123]

---

122 E. Zrcher, 『*The Buddhist Conquest of China*』, Leiden: E.J. Brill, 1972, pp.13~14.

123 『理惑論』(『大正藏』 52, p.1b), "於是銳志於佛道 兼研老子五千文 含玄妙爲酒漿

「이혹론」의 내용 전개는 유교와 도교의 질문에 대해 모자가 불교 측의 입장에서 답변을 하는 형태인데, 자체적으로 주·객을 설정하여 1문 1답의 형식으로 이루어진다. 여기서 모자는 불교의 도道와 도가의 도道를 서로 조화시키고자 했다. 예컨대 「이혹론」에서 질문자는 이런 의문을 제기한다.

> 공자는 오경五經을 도의 가르침으로 삼으니, 그것을 받들어 독송하고 실천할 수 있다. 그러나 지금 당신이 설명하는 도는 허무하고 황홀하여 그 의미를 모르겠고 무엇을 가리키는 것인지 모르겠다.[124]

모자는 이에 대한 답변으로 『노자老子』의 내용을 인용하여 '도가 세상의 근원이며 그것이 천지보다 먼저 생성되어 있는 것이어서 사람들이 도의 법칙에 따라 일을 행하면, 부모를 섬기고 백성을 다스리고 몸을 다스릴 수가 있다'고 하였다.[125] 그리고 불교의 가르침이 중국 사회에도 질서를 유지하고 개인의 도덕을 수양해 가는 데 공헌할 수 있다고 하였다. 오상五常은 본래 유가의 윤리이지만, 모자는 이를 도가의 관점과 융합시켜 하나로 서술하고 있다. 그가 설하고 있는 불교의 기본교리는 당시 지식인들의 불교에 대한 이해 수준을 나타낸

翫五經爲琴簧 世俗之徒 多非之者 以爲背五經而向異道 欲爭則非道 欲默則不能 遂以筆墨之間 略引聖賢之言證解之."

124 앞의 책(『大正藏』 52, p.2a), "孔子以五經爲道教 可拱而誦履而行 今子說道虛無恍惚 不見其意 不指其事."

125 앞의 책(『大正藏』 52, p.2a), "有物混成先天地生 可以爲天下母 吾不知其名 强字之曰道 道之爲物 居家可以事親."

다는 점에서 의미가 있다. 이렇게 모자는 유가의 '사서오경'이나 도가의 용어를 자주 인용하여 불교에 대한 이해가 부족한 사람들이 자연스럽게 받아들일 수 있도록 했다.

그리고 중국인들은 '승려들은 머리를 깎아 부모에게 효도하지 않는다'고 주장하며 불교를 비판하였다. 효를 윤리 도덕의 근본으로 삼는 중국의 전통적 입장에서는 불교의 삭발은 불효한 행위로서 이해하기 힘들었던 것이다. 이에 대해 모자는 임종에 이른 증자曾子가 부모가 물려주신 자신의 손발을 소중히 다루어 상처가 없음을 제자들에게 보이려고 한 것을 인용하면서, 어떤 이의 행위가 효인지 불효인지를 논할 경우에는 단순히 '신체의 불감훼상不敢毀傷'의 형식만 볼 것이 아니라 그 내용의 실질적 의미도 살펴보아야 한다는 입장을 나타내고 있다. 또 공자가 "함께 바른 길을 갈 수는 있어도 똑같이 임기응변에 대처할 수는 없다"라고 한 말을 들어 상황에 알맞게 행동할 것을 주장했다.[126]

승려의 삭발에 대해서는 『사기』의 「자객열전刺客列傳」에 등장하는 예양豫讓의 예를 들어 변호하고 있다. 전국시대 진晋나라 사람인 예양은 자신의 진가를 알아준 지백智伯을 위해 원수를 갚아 영혼이 부끄럽지

126 앞의 책(『大正藏』 52, p.2c), "孝經言 身體髮膚受之父母 不敢毀傷 曾子臨沒 啓予手 啓予足 今沙門剃頭 何其違聖人之語 不合孝子之道也 吾子常好論是非平曲直 而反善之乎 牟子曰 夫訕聖賢不仁 平不中不智也 不仁不智何以樹德 德將不樹頑嚚之儔也 論何容易乎 昔齊人乘舡渡江 其父墮水 其子攘臂捽頭 顚倒使水從口出 而父命得蘇 夫捽頭顚倒 不孝莫大 然以全父之身 若拱手修孝子之常 父命絶於水矣 孔子曰 可與適道 未可與權."

않게 하겠노라고 다짐하며, 산속으로 달아나서 기회를 엿보게 된다. 예양은 성과 이름을 바꾸고 죄를 저질러 죄수의 몸으로 궁궐로 들어가 화장실의 벽 바르는 일을 하기로 마음먹으며 비수를 품고 있다가, 조양자趙襄子를 죽이려 했지만 이루어지지 않았다. 다시 예양은 몸에 옻칠을 한 문둥이로 분장하고, 숯가루를 먹어 목소리까지 바꾸어 아무도 알아볼 수 없게 하고 시장을 돌아다니며 구걸하면서 원수를 갚고자 했지만 실패한다. 실패 후 그가 죽던 날, "조나라의 뜻있는 선비들이 이 소식을 전해 듣고 모두 그를 위해 눈물을 흘렸다"고 사마천은 그의 의로운 행동을 기록하고 있다.

예양은 부모가 물려주신 성과 이름, 그리고 몸을 상하게는 했지만 "선비는 자기를 알아주는 이를 위해 죽는다(士爲知己者死)"라고 한 그의 말은 세월이 지난 지금까지 긴 여운으로 남아 사람의 지조와 의리를 나타내는 대표적인 명언이 되고 있다. 모자는 이 외에도 섭정聶政, 백희白犠 등이 비록 자신의 신체를 상하게 했지만 유교적 의리와 도덕을 지킴으로써 군자들로부터 칭송을 받게 되었다고 주장한다.[127]

게다가 그들의 이러한 의와 도의 행위보다도 출세간으로서 불교의 승려가 오히려 더 큰 의미가 있다고 주장한다. 유가의 윤리는 자신을 중심으로 하여 그 친소親疎에 따르는 편협한 것[128]에 불과하므로 친소를

---

127 앞의 책(『大正藏』 52, pp.2c~3a), "苟有大德 不拘於小 沙門捐家財棄妻子 不聽音視色 可謂讓之至也 何違聖語不合孝乎豫讓吞炭漆身 聶政被面自刑 伯姬蹈火高行截容 君子以爲勇而死義 不聞譏其自毀沒也 沙門剔除鬚髮 而比之於四人不已遠乎."

128 유가의 친소에 관한 내용은 『효경』 6장에서 "어버이를 사랑하지 않으면서 다른 사람을 사랑하는 것은 패덕悖德이고, 어버이를 공경하지 않으면서 다른

떠난 불가의 삭발을 비판할 수 없다고 반론한다.

또 승려들이 가정의 의무를 다하지 않는다는 점을 비판하는 질문에 대해서 모자는 역사적 사실을 들어 답하고 있다. 즉 모자는 승려가 도와 덕을 닦기 위해 처자와 가정을 버리고 세간적 즐거움을 포기하는 것은 찬탄 받아야 마땅한 것으로, 구도에 뜻을 두고 출가하여 부모 형제는 물론 궁극적으로 모든 중생을 제도하여 열반에 이르게 함이 출가의 기쁨이며 목적임을 주장하였다.[129]

이처럼 「이혹론」은 불교적 입장에서 유교와의 사상을 조화하면서도 불교의 우월성을 주장하는 조화론의 첫 연구라 할 수 있다. 그리고 후대에 배불론이 대두될 때 이 논의들을 반박하고 응수했던 많은 문헌들이 「이혹론」에 근거하거나 또는 이 책의 범위를 벗어나지 못하고 있다.[130]

이러한 「이혹론」 외에 초기 유·불 조화론을 시도한 다른 방법은 격의불교格義佛教다. 불교가 전래되는 초기에 중국인들에게는 생소한 불교의 교리와 개념들을 이해시키고자 승려들은 격의의 방법을 사용하였다. 격의란 도교와 유교 등 중국 고유의 사상으로부터 유사한 개념이나 용어를 빌려 번역하거나 설명함으로써 불교를 이해시키는 방법을 말한다. 예컨대 공空을 무無 또는 무위無爲로 번역하거나 또 해탈解脫을 불로장생不老長生으로 설명하는 것 등이다.

사람을 공경하는 것을 패례悖禮라고 한다"는 내용을 통해 짐작할 수 있다.

129 『理惑論』(『大正藏』 52, p.3a), "許由栖巢木 夷齊餓首陽 舜孔稱其賢曰 求仁得仁者也 不聞譏其無後無貨也 沙門修道德 以易遊世之樂 反淑賢 以背妻子之歡."

130 구보타 료온 지음, 최준식 옮김, 앞의 책, p.26.

이렇게 초기 형태의 유·불 간 조화가 시작되었고, 이러한 경향은 후대에도 이어졌다. 하지만 해탈·열반을 목적으로 하는 출가 중심의 불교는 수기치인修己治人을 목적으로 하는 정치철학적인 유교와는 대립과 마찰의 소지를 항상 지니고 있었다. 그리고 인도와 중국 두 나라 간의 환경과 문화의 차이에 따른 갈등구조가 존재할 수밖에 없었으며, 이로 인해 유교 측으로부터 비난과 배척을 받을 수밖에 없었다.

여기에 대해 불교의 기본적 대응 논리는, 유교를 부정하기보다는 유·불의 본질적 동일성을 인정하고, 불교의 가르침을 드러내는 데 있어 유교의 가르침을 때로는 인용하고, 재가인들의 덕목으로 유교의 윤리(충과 효)를 적극적으로 권장하면서 조화를 모색하는 것이었다.

유가의 입장에선 불교가 외래사상으로 인식되었지만 처음부터 중국 전통사상에 대한 위협으로 느끼진 않았을 것이다. 하지만 후한後漢의 멸망 이후 불교가 중국인들에게 뿌리를 내리고 중국 전통사상의 공간을 대체하면서 불교는 급속도로 성장한다. 이에 위협을 느낀 유교는 격렬한 배불로 이어지고, 그때마다 불교는 적극적인 호불로서 대응하게 된다. 즉 배불의 강도가 심해질수록 불교 측에서는 유교와의 조화론이 강하게 나타남을 알 수 있다.

유교의 극단적인 배불에 대해 불교에서는 "주공과 공자가 곧 부처이며, 부처가 곧 주공과 공자다"[131]라고 했다. 중국에서 찬술된 『기세계경起世界經』에서는 삼성화현설三聖化現說[132]을 바탕으로 적극적인 대응

131 『喩道論』(『大正藏』 52, p.17a), "周孔卽佛 佛卽周孔."

132 중국 도교에서 나온 배불 사상의 하나로 노자화호설老子化胡說이 대두되는데,

을 하게 된다.

> 내가 두 성인을 중국에 보내어 교화를 행하게 하니, 하나는 노자로서 가섭보살이요, 다른 하나는 공자로서 유동보살이다.[133]

불타가 두 제자를 중국에 보내 교화했으니 바로 노자와 공자라고 주장함으로써 유교와 도교의 근본은 불교에 있으므로 교화의 방법은 다를지라도 실상은 같음을 나타내고 있는데, 이는 논리성이나 근거는 없다. 다만 배불의 강도가 심해질수록 불교 측 대응 논리가 더 적극적으로 행해짐을 보여 준다.

유교와 불교를 비교하면서 조화를 모색한 학자로는 먼저 동진 시대 최고의 문장가이자 시인 가운데 한 사람인 손작(孫綽, 311~368)을 들 수 있다. 동진 시대가 전체 유교와의 관계에 있어 비교적 초기에 해당한다는 점을 감안할 때 이미 불교 전래 초기부터 유교와의 조화를 모색하려는 경향이 있었음을 알 수 있다.

손작의 사상적 기반은 본래 유교였지만 그는 불교를 받아들여 유교의 발전을 도모하고, 한 발 더 나아가 유교와 불교와의 조화를 주창했다. 우선 손작은 공자를 일컬어 무심하면서도 여러 사람의 마음을

노자가 오랑캐 땅인 인도에 건너가 석가모니로 다시 태어나 오랑캐들을 가르쳤다는 설이다. 鎌田茂雄 저, 앞의 책, p.38. 여기에 대항하기 위해 불교 측에서 '삼성화현설三聖化現說'을 주장한다. 불타가 중국으로 3인의 제자, 곧 유동보살儒童菩薩, 광정보살光淨菩薩, 마하가섭摩訶迦葉을 파견하여 각각 공자, 안회, 노자로 태어나게 했다는 주장이다.

133 『起世界經』, "我遺二聖 往震旦行化 一者老子是迦葉菩薩 二者孔子是儒童菩薩."

자신의 마음으로 여기는 성인이라고 하여 불타와 동일시하였다.[134]

그리고 불교와 마찬가지로 유교도 공통적으로 살생을 금지하고 있다는 점을 들어[135] 두 종교가 기본적으로 같은 방향을 지향하고 있다고 강조한다. 그런데 이처럼 같은 방향을 지향하는 가르침이면서도 유교와 불교 사이에 다른 점이 있는 것은, 주공과 불타가 세상에 나온 시대가 달라 그에 따라 각각의 시대에 맞는 가르침을 내놓았기 때문이라고 하였다. 특히 주공은 현실의 큰 폐단을 없애는 데 주력하여 가르침을 펼쳤고, 불타는 깨달음의 근본을 명확하게 하였으며, 이에 따라 각기 가르침에 차이가 생겨난 것이라고 말하고 있다.[136]

하지만 이러한 경향은 수대隋代 이후 불교가 중국사상계를 지배하면서 불교 측에서는 교상판석의 입장에서 유교와 도교를 평가절하하고 비판하는 시도들이 있었다. 그 대표적인 인물이 삼론종三論宗의 길장(吉藏, 549~623)이다.

길장은 이러한 교상판석의 입장에 기초하여 저술한 『삼론현의三論玄義』에서 유교를 비롯한 중국사상과 불교와의 우열을 밝히고 있다. 『삼론현의』는 일종의 파사현정론破邪顯正論으로서, 잘못된 사상을 비판하여 물리치고(破邪) 본연의 올바른 가르침을 밝히려는 데(顯正)

134 「喩道論」, 『弘明集』 권3(『大正藏』 52, p17a), "周孔卽佛佛卽周孔 蓋外內名之耳 …… 佛者梵語 晉訓覺也 覺之爲義 悟物之謂 猶孟軻以聖人爲先覺 其旨一也."

135 앞의 책(『大正藏』 52, p.16c), "謂聖人有殺心乎 曰無也 答曰 子誠知其無心於殺 殺故百姓之心耳."

136 앞의 책(『大正藏』 52, p.12a), "應世軌物蓋亦隨時 周孔救極弊 佛教明其本耳 共爲首尾其致不殊."

목적이 있는 책이다.[137]

여기서 말하는 올바른 가르침 곧 정법正法은, 길장에 의하면 공空 또는 중도中道로서 『화엄경』과 『법화경』도 결론적으로는 이 정법을 말하고 있는 것이라고 한다. 길장은 불교의 절대 우위를 주장하며 유교와 도교 등의 중국사상을 비판하고 있는데, 먼저 승조僧肇와 구마라집鳩摩羅什의 경우를 인용하면서 중국사상이 불교에 비해 열등한 위치에 있음을 지적하고 있다.

승조가 일찍이 노장의 책을 읽으면서 그 내용은 훌륭하지만 마음을 안정시켜 주는 궁극적 가르침은 못됨을 아쉬워하다가, 후에 『유마경維磨經』을 읽고 나서야 비로소 속세의 모든 것을 버리고 출가했다는 것[138]과, 구마라집이 중국사상들에 대해 이론은 극에 이른 듯하지만 아직 멀었고, 추구는 다한 것 같지만 진실로 그렇지 못하다는 평가[139]를 인용하면서 불교의 절대 우위를 주장하고 있다.

송대에 이르러서는 유자들과 승려들 간에 폭넓은 교유가 있었고, 이에 따라 유교 측과 불교 측은 자연스럽게 조화론적 관점을 가지게 되었다. 송대 유교 측의 대표적 인물은 유밀劉謐로서, 그는 삼교조화론三教調和論을 주창한 『삼교평심론三教平心論』에서 '삼교에 대한 사심私心을 버리고 애증의 마음을 내서는 안 되며 셋을 고루 평등하게 봐야

137 木村清孝, 장휘옥 역, 앞의 책, p.71.

138 『三論玄義』(『大正藏』 45, p.2a), "僧肇云 每讀老子莊周之書 因而歎曰 美卽美矣. 然期神冥累之方 猶未盡也. 後見淨名經 欣然頂載謂親友曰 吾知所歸極矣 遂棄俗出家."

139 앞의 책, "言之似極 而未始詣也 推之似盡 而未詎至也."

한다'고 주장했다.[140] 유밀은 천하의 리理는 선악 두 가지로, 삼교는 사람을 선으로 인도하는 데 뜻을 두고 있는 점에서 동일하다고 했다.[141] 유교는 강상綱常을 바로 세우고 인륜을 따라 만물을 기르고,[142] 도교는 청허를 지키고 유약함을 지녀 정묵무위靜默無爲의 경지를 추구하고,[143] 불교는 거짓을 버리고 참을 구하여 자리이타自利利他하므로[144] 어느 하나라도 빠짐없이 삼교를 공평하게 조화시켜야 한다고 주장한다.[145]

더구나 유밀은 특히 성문·연각·보살 등의 출세간법을 통하여 진리를 구하는 불교의 우월함을 강조하고 있다. 그 외에 유교 측에서는 불교의 형이상학적 교학을 수용하면서 그 정신으로는 하나가 된다고 하는 근본적 융합설이 나타난다.

이러한 조화론은 단지 유교의 입장에서뿐만 아니라 불교적 입장에서도 적극적으로 시도했는데, 가장 대표적 인물이 당대의 종밀(宗密, 780~841년)이다. 이교동류설二教同流說을 주장한 종밀은 화엄종華嚴

---

140 『三教平心論』 권上(『大正藏』 52, p.782c), "是故辨三教者 不可以私心論 不可以愛憎之心論."

141 앞의 책(『大正藏』 52, p.781b), "大抵儒以正設教 道以尊設教 佛以大設教 觀其好生惡殺 則同一仁也."

142 앞의 책(『大正藏』 52, p.781c), "儒教在中國 使綱常以正人倫以明 禮樂刑政四達不悖 天地萬物以位以育 其有功於天下也大矣."

143 앞의 책(『大正藏』 52, p.781c), "道教在中國 使人清虛以自守卑弱以自持 一洗紛紜轇轕之習 而歸於靜默無爲之境其有裨於世教也至矣."

144 앞의 책(『大正藏』 52, p.781c), "佛教在中國 使人棄華而就實 背僞而歸眞 由力行而造於安行 由自利而至於利彼 其爲生民之所依歸者 無以加矣."

145 앞의 책(『大正藏』 52, p.781c), "隋李士謙之論三教也 謂佛日也道月也儒五星也 豈非三光在天闕一不可 而三教在世亦缺一不可 雖其優劣不同 要不容於偏廢歟."

宗 제5조로 화엄학을 한층 심화시켰으며, 특히 선과 교의 일치를 주창한 것으로 널리 알려져 있다. 그의 대표적인 저서 『선원제전집도서禪源諸詮集都序』에는 선교일치설禪教一致說이 제시되어 있고, 『원인론原因論』에는 유·불·도 삼교에 대한 평가와 삼교회통의 견해가 나타나 있다.

종밀은 출가하기 전 청년 시절부터 열심히 유교를 공부했는데, 이것이 후에 『원인론』을 저술하는 기반이 되었다.[146] 선교와 삼교를 아우르는 회통 의지는 『선원제전집도서』에 다음과 같이 나타나 있다.

> 지극한 도는 하나로 돌아가고, 정묘한 뜻은 둘이 아니기 때문에 결코 둘로 있을 수 없다. 지극한 도는 변邊이 있지 않으며 완전한 뜻은 치우치지 않으므로 결코 어느 한쪽만을 취해서는 안 된다. 그러므로 반드시 회통시켜 하나가 되게 해야만 지금 모두가 완전하고 미묘한 세계에 이를 수 있다.[147]

종밀은 모든 궁극의 도는 하나로 귀결되기 때문에 서로 회통하여 하나의 도로 정립할 때만이 모두 완전하면서도 미묘한 도리에 이를 수 있다고 하였다. 회통의 관점에서 선교일치론을 완성했다는 점과 불교의 입장에서 유교와 도교의 사상적 위치를 자리매김한 점을 주목할 만하다. 종밀은 교판론에서 불교 전체의 사상은 물론 유교와 도교까

146 吉津宜英 저, 정순일 역, 『華嚴思想』, 경서원, 1988, p.334.

147 「禪源諸詮集都序」(『大正藏』 48, p.400c), "至道歸一 精義無二 不應兩存 至道非邊 了義不偏 不應單取 故必須會之爲一 令皆圓妙."

지 포함하여 5교五教를 제시하고 있는데, 이 중에서 유교와 도교는 인천교人天教라 하여 불교사상 중 가장 낮은 단계로 분류한 소승교小乘教보다 아래로 분류했다. 이는 유교와 도교의 인생관과 세계관이 불교에 비해 얕고 철저하지 못하다고 판단한 것이다.

종밀은 당시 삼교 간의 정치·사회 및 사상적 대립과 충돌에 대한 화해적 차원에서 불교를 중심으로 한 삼교회통의 해법을 제시하기 위해 『원인론』을 저술하였다. 저술의 목적은 서문을 통해 확인할 수 있다.

> 요즘 배우는 선비들은 각각 하나의 종宗에 집착해, 부처님을 스승으로 섬기는 이들도 참다운 뜻(實義)을 모르고 있다. 그러므로 하늘과 땅, 인간과 만물에 있는 가장 근원적인 본원을 밝히지 못한다. 나는 이제 내외內外의 교리에 근거하여 만법萬法을 추궁推窮할 것이다.[148]

여기서는 하나의 종에 집착하지 않고 내(불교)·외(유교와 도교)의 교리에 근거하여 천지만물의 본원에 이르고자 하는 의지를 엿볼 수 있다. 또한 종밀은 삼교에 대해 다음과 같이 서술하고 있다.

> 공자와 노자와 석가는 모두 지극한 성인으로, 때에 따라 사물에 응함에 설교設教의 방법을 다르게 전개했다. 이는 내외內外가 서로

---

148 『原人論』(『大正藏』 45, p.708a), "然當今學士各執一宗 就師佛者 仍迷實義 故於天地人物不能原之至源. 余今還依內外教理推窮萬法."

도와서 모든 중생을 이롭게 하고, 만행萬行을 책려策勵해서 인과의 시종始終을 궁구하고, 만법을 연구하여 생기본말生起本末을 밝히는 데 있다. 그렇지만 비록 모두 성인의 뜻이라도 거기에는 권교權教와 실교實教가 있으니, 유교와 도교는 오직 권교인 데 반하여 불교는 권교와 실교를 겸하고 있다. 만행을 책려하고 징악권선懲惡勸善하여 다스려짐에 함께 돌아가는 데 있어서는 삼교가 모두 가히 행할 수 있지만, 만법을 미루어서 궁리진성窮理盡性하여 본원에 이르는 것에 있어서는 불교만이 완전할 수 있다.[149]

종밀은 삼교의 공자, 노자, 석가 모두를 성인으로 보면서도 설교 방법이 다름을 인정하고 있다. 그리고 삼교를 권교와 실교로 나누어 삼교가 모두 성인의 뜻이지만 유교와 도교는 권교(방편교)에 속하는 데 비해 불교는 권교와 실교를 겸하고 있다고 본다. 여기에서 종밀은 삼교를 동등한 입장에서 회통하지 않고, 불교를 우위로 하여 유·도의 양교를 회통할 것을 주장하고 있다.

또 종밀은 유교와 도교의 사상을 때로는 비판하면서도 그들을 불교 사상의 체계 안에서 짜 맞추려고 했다.[150] 유교와 도교를 낮은 단계의 가르침이라고 비판하면서도, 다른 한편으로는 그들의 사상이 불교에

---

149 앞의 책(『大正藏』 45, p.708a), "孔老釋迦皆是至聖, 隨時應物 設教殊塗. 內外相資 共利群庶. 策勤萬行 明因果始終 推究萬法 彰生起本末. 雖皆聖意而有實有權 二教唯權 佛兼權實. 策萬行 懲惡勸善 同歸於治 則三教皆可遵行推萬法 窮理盡性 至於本源 則佛教方爲決了."

150 木村清孝, 장휘옥 옮김, 앞의 책. p.191.

협조적이며 결국 불교의 유심론唯心論이나 윤리 사상에 포함된다고 해석하고 있다. 원기元氣는 심心에서 나타나며, 효도는 유교와 불교가 동시에 종宗으로 삼는다고 주장하는 것이 그 단적인 일례다.[151]

종밀은 이러한 관점으로 『원인론』 말미에 불교의 다섯 등급 교리와 함께 유·도를 병합하여 인간의 근원(原人)에 대해 설명한다. 그리고 삼교가 회통할 수 있는 장을 마련하였는데, 이를 통해 종밀은 삼교 간의 초기 담론에 나타나는 쟁론적인 한계를 넘어섰을 뿐만 아니라, 불교에 사용한 유학의 용어와 개념들이 이후 송대 유학의 부흥 속에서 다시 소생하게 되는 데 있어 일정한 방법론을 제시했다.[152] 『원인론』에서는 교판의 확장을 통해 유·도교(外教)의 수용을 넘어 삼교 간의 대립과 갈등을 화해적 시각으로 회통할 수 있었다.

종밀에 이어 장상영(張商英, 1042~1122년)은 『호법론護法論』을 저술하여 당시의 배불론자들을 상대로 배불의 부당성을 지적하고 불법의 우수성을 변호함과 동시에, 삼교의 공존공생共存共生을 제창했다. 그는 어릴 때부터 총명하여 나중에 승상丞相까지 지냈으며 불교 학문에도 뛰어났다. 장상영의 자는 천각天覺, 법호는 무진거사無盡居士다. 그는 한유韓愈의 글에 따라 처음에는 배불론의 입장에서 무불론無佛論을 쓰고자 마음먹었다. 하지만 부인의 지혜로운 권고로 결국 불교로 전환했으며, 나아가 불교를 옹호하는 『호법론』을 저술하게 된 것이다. 그는 『호법론』의 서두에서 공자의 말을 인용하여 불교에 대한 비판을

151 木村清孝, 장휘옥 옮김, 앞의 책, p.113.

152 Gregory, Peter N, 『*Tsung-mi and signification of Buddhism*』, New Jersey: Princeton University Press, 1991, p. 261.

경계했다.

> 공자께서 "아침에 도를 듣는다면 저녁에 죽어도 좋다"고 한 그 도道는 인仁·의義·충忠·신信에 두었을까. 공자에 있어서 인·의·충·신은 너무나 평범한 생활습관이기 때문에 "저녁에 죽어도 좋다"고 할만한 도는 아니라고 생각한다. …… 어째서 열자列子는 공자로부터 "구丘가 들은 바로는 서방西方에 대성인이 있는데 다스리지 않아도 어지럽지 않고, 말하지 않아도 스스로 믿으며, 교화敎化하지 않아도 스스로 실천하기 때문에 백성들은 그 법이 너무 넓어서 무어라 이름하지도 못한다고 한다"는 말을 들었다고 했겠는가. 열자는 공자의 충실한 제자인데도 아무런 거리낌 없이 이 내용을 기술한 것으로 보아 조금도 의심의 여지가 없다. 성인인 공자도 그 도를 존경했는데, 오늘날 공자를 배우는 사람들이 백십 권의 유서儒書도 읽지 않고 먼저 불교 배척을 서두르는 이유는 무엇일까. …… 한낱 범부가 방자하게 훼방하고 배척하며 스스로 자기의 심령을 묻어버리니 참으로 슬픈 일이다.[153]

장상영은 『호법론』을 지으면서 글의 취지를 나타내는 서문을 따로

---

153 『護法論』(『大正藏』 52, p.638a), "孔子曰 朝聞道夕死可矣 以仁義忠信爲道耶 則孔子固有仁義忠信矣 以長生久視爲道耶 則曰夕死 可矣 是果求聞何道哉 …… 不然則列子何以謂 孔子曰 丘聞西方有大聖人 不治而不亂 不言而自信 不化而自行 蕩蕩乎民無能名焉 列子學孔子者也 而遽述此說 信不誣矣 孔子聖人也 尙尊其道 而今之學孔子者 未讀百十卷之書 先以排佛爲急務者何 …… 矧玆凡夫 輒恣毁斥 自昧已靈 可不哀歟."

두지 않았지만 서두를 통해 그 대강을 짐작할 수 있다. 그는 서두를 『논어』와 『열자』에 실린 내용을 바탕으로 서술하고 있는데, 유가의 성인인 공자와 그 제자인 열자도 서방의 대성인(불타)의 도를 존경한 사실을 서술했다. 이를 통해 배불론자들이 유학 서적도 제대로 다 읽지 않고 불교를 일방적으로 배척하는 것은 잘못된 일임을 드러낸 것이다.

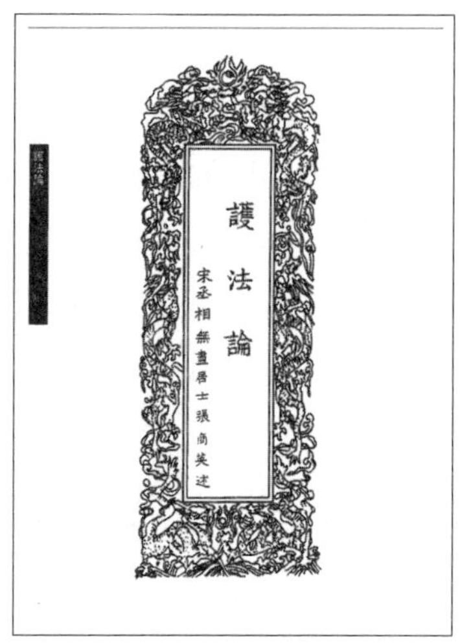

유학자들의 배불논리를 논박한 장상영의 호법론(건륭대장경 제146책)

『호법론』의 서술방식은 대체로 한유와 구양수歐陽脩의 주장을 인용 제시한 뒤, 『논어』와 같은 유학 서적이나 역사서를 통해 사례를 들면서 잘못된 점을 설명하는 식이다. 그리고 불교 경전을 인용하고 불교 교리를 설명하여 유학자들의 편협한 사고방식을 지적하고 있다. 그리하여 결국엔 불교 우위론적 관점으로 유·불이 서로 같은 길을 지향하고 있음을 드러내고 있다. 또 장상영은 유가의 성인과 중국 역사의 이상 시대를 예로 들며 배불을 주장하는 학자들에게 편협한 시각으로 볼 것이 아니라 균형 있는 시각으로 바라보기를 권한다.

나라의 운명은 왜 길기도 하고 짧기도 하는지, 세상의 운수는 왜 평화로울 때가 있고 어지러울 때가 있는지, 나는 그 이유를 알 수 없다. 하지만 요堯임금과 순瞬임금과 같은 대성인도 당대에만 나라를 다스리고 다른 사람에게 왕위를 물려줘야 했다. 이유는 그 아들이 나라를 다스릴 만큼 어질지 못했기 때문인데, 그 아들이 어질지 못한 것은 하늘의 죄가 아니다. …… 당唐나라 장연공張燕公[154]이 기록한 양조梁朝의 사공四公은 천지귀신이 변화하는 일까지 손바닥을 보듯 환하게 알아냈다고 하며, 소명태자昭明太子[155] 또한 세상의 일을 훤히 아는 성인에 속한다. 소명태자는 분명 도의 참다운 이치로 자신을 닦고 그 나머지 기운으로 천하를 다스렸을 텐데 그에게 어찌 앞을 보는 안목이 없었으랴. 삼가해야 할 일을 가려 무제를 설득했겠지만, 대개 고정된 업은 피할 수 없었기 때문이다. …… 성인이 종전에 없던 새로운 법을 내놓는 것은 본래 천하 후세를 위한 것이요. 한 개인만을 위해 베푼 것이 아니다. 공자는 "어진 사람은 오래 산다"고 했다. 공자는 안회顔回의 어짊을 애써 칭찬했지만 안회는 요절하고 말았다. 그렇다고 해서 어찌 공자의 말씀에 영험이 없다고 하겠는가. 이는 한 사람만을 위해서 말한 것이 아니다.[156]

---

154 당나라 현종玄宗 때 재상인 장열(張說, 663~730)을 말한다. 문장에 뛰어나 당시 당 조정의 중요한 문서는 대부분 그의 손에서 나왔으며, 고관의 비문과 묘지 또한 많이 썼다. 후에 연국공燕國公에 봉해졌다.

155 남북조 시대의 남조 양梁나라 무제의 맏아들 소통(蕭統, 501~531)으로, 어릴 때부터 총명하고 문장에 뛰어났다 한다. 『문선文選』을 편집하고, 『금강경』을 32문단으로 나누었다.

156 앞의 책(『大正藏』 52, p.641c), "國祚之短長 世數之治亂 吾不知其然矣 堯舜大聖 而國止一身 其禪位者 以其子之不肖 而後禪也 其子之不肖 豈天罪之歟 …… 唐張燕公所記梁朝四公者 能知天地鬼神變化之事 了如指掌 而昭明太子 亦聖人之徒也 且聖者以治國治天下 爲緖餘耳 豈無先覺之明而愼擇可行之事以告武帝

장상영은 이와 같이, 일어나는 모든 일을 전생의 과보에 인한 것으로 보아 불교의 업사상을 드러낸다. 또한 양무제를 예로 들며, 그가 불교를 믿고 받들었어도 양나라는 멸망했는데, 그렇다고 불교가 잘못되었다고 할 수는 없다며 다음과 같이 주장한다.

> 양무제가 불교를 받든 것은 안회의 어짊과 유사하다. 후경侯景[157]의 군사가 쳐들어 왔을 때 무제가 승려들을 모아 놓고 마하반야바라밀摩訶般若波羅蜜만을 염송念誦한 것은 형식적인 불상 등을 지나치게 신봉한 나머지 시의에 따라 적절히 변통하는 수단이 없었기 때문인데, 이는 후한後漢의 향허向栩와 같다. 황건적의 우두머리 장각張角[158]이 난을 일으키자 향허는 임금에게 "좌우의 신하들은 군사를 일으킬 뜻이 없사오니 그저 장수와 병사들을 물 가운데로 파견하여 북쪽을 향해서 『효경』을 독송케 한다면 적들은 반드시 자멸하고 말 것입니다"라는 풍자스럽고 우스꽝스러운 상소를 올렸다. 또 후한의 「개훈전蓋勳傳」의 경우도 이와 비슷하다. …… 태수 송효宋梟가 도적떼의 반란이 심한 것을 근심하여 개훈에게 말하기를 "양주

哉 蓋定業不可逃矣 …… 但聖人創法 本爲天下後世 豈爲一人設也 孔子曰 仁者壽 而力稱回之爲仁 而回且夭矣 豈孔子之言無驗歟 蓋非爲一人而言也."

157 후경(侯景, 503~552)은 흉노족의 일파인 갈족 출신 장군으로, 양무제에게 귀순하였으나 나중에 반란을 일으켜(후경의 난, 548년) 양무제를 굶어죽게 하고, 황제를 자칭했다가 결국 부하에게 피살되었다.

158 장각(張角, ?~184)은 후한 말기 도교의 일파인 태평도太平道를 창시한 종교지도자이다. 184년 갑자년에 "푸른 하늘이 죽고 노란 하늘이 일어나니, 갑자년에 천하가 크게 길하리라(蒼天已死 黃天當立 歲在甲子 天下大吉)"는 구호를 내세워 자신의 신도들과 함께 황건적의 난을 일으켰다.

> 凉州에는 배운 사람들이 적기 때문에 자주 반란과 폭동이 일어나는 것이니 이제 『효경』을 필사筆寫하여 집집마다 붙여 놓으면 반란과 폭동이 사라지고 사람들은 저절로 올바르게 될 것이다"라고 기록되어 있다. 이것도 또한 사용자의 잘못일 뿐 『효경』의 죄는 아니다.[159]

후경의 군대가 들어왔을 때 양무제가 불경을 독송한 것과, 후한 시절 유학의 『효경』을 읽으면 적이 자연히 물러날 것이라고 하여 이를 행했다가 나라가 망한 일을 예로 들어 나타내고 있다.

결국 장상영은 융통성 없이 불교와 유교의 가르침을 잘못 적용한 이들에게 문제가 있는 것이지, 사상 그 자체에 문제가 있는 것이 아님을 논리적으로 주장하고 있다. 이는 불교가 전혀 나라 발전에 도움이 되지 않는다는 유학자들의 주장에 대한 반박으로서, 배불론을 주장하는 근거부터 잘못되었음을 지적함과 동시에 유불불이儒佛不異의 취지를 담아 배불론자들의 주장을 정면으로 반박하고 있는 것이다.

또한 장상영은 한유가 화이론華夷論의 관점에서 불교는 오랑캐의 법이라 배울 것이 못 되며, 불교가 유입된 후로 인간의 수명이 줄었다는 주장에 대해, 한유는 비루하고 스스로를 속이는 것이라고 비판하며 반론을 제기했다.[160] 그리고 『맹자』를 인용해 유가에서 성인으로 모시

---

159 앞의 책(『大正藏』 52, p.642a), "梁武之奉佛 其類回之爲仁乎 侯景兵至而集沙門念摩訶般若波羅蜜者 過信泥跡 而不能權宜適變也 亦猶後漢向詡張角作亂 詡上便宜頗多譏刺 左右不欲國家興兵 但追將兵於河上 北向讀孝經 賊則當自消滅 又如後漢蓋勳傳中 …… 宋梟爲守 患多寇叛 謂勳曰 涼州寡於學術 故屢多反暴 今欲多寫孝經 令家家習之 庶或使人知義 此亦用之者不善也 豈孝經之罪歟."

160 앞의 책(『大正藏』 52, p.639b), "韓愈曰 佛者夷狄之一法耳 自後漢時 流入中國

는 순임금과 문왕도 오랑캐 출신임을 지적하여 한유의 잘못된 견해를 밝혀내고 화이론이 지닌 한계를 비판했다.[161]

"그 뒤 부처를 섬기면서부터 인간의 수명이 짧아졌다"는 (한유의) 말은 귀를 틀어막고 방울을 흔들어대는 논리로 취급할 수밖에 없다. 한유는 어째서 외병外丙이 2년, 중임仲壬이 4년 만에 죽은 일을 몰랐으며, 공리孔鯉·안연顔淵·염백우冉伯牛가 모두 요절한 사실을 몰랐던가. 또 『서경書經』의 「무일편無逸篇」에는 "이후로부터 왕은 오래 사는 이가 드물어 10년이나 또는 7·8년 또는 5·6년 또는 3·4년 만에 요절하는 경우가 많다"고 기록되어 있는데, 그때는 이 나라 어디에서고 불법은 이름조차 들을 수 없는 시대임에도 어째서 이러한 기록을 남겼겠는가. 후한의 명제明帝가 불교를 받아들인 뒤에도 이조 대사(혜가慧可)는 백칠 세를 살았고, 혜안 국사慧安國師는 백이십팔 세를, 조주 화상趙州和尙도 백이십 세를 살았다. 이는 인간의 단명은 불교의 허물이 아님을 보여준 예이다.[162]

上古未曾有也 自皇帝已下 文武已上 擧皆不下百歲 後世事佛漸謹 年代尤促 陋哉愈之自欺也."

161 앞의 책(『大正藏』 52, p.639b), "愈豈不聞孟子曰舜生於諸馮 遷於負夏 卒於鳴條 東夷之人也 文王生於岐周 卒於畢郢 西夷之人也 舜與文王皆聖人也 爲法於天下後世 安可夷其人廢其法乎."

162 앞의 책(『大正藏』 52, pp.639b~c), "而後世事佛漸謹 而年代尤促者 竊鈴掩耳之論也 愈豈不知外丙二年仲壬四年之事乎 豈不知孔鯉顔淵冉伯牛之夭乎 又書無逸曰 自時厥後 亦罔或克壽 或十年或七八年 或五六年或三四年 彼時此方未聞佛法之名 自漢明佛法至此之後 二祖大師百單七歲 安國師百二十八歲 趙州和尙 七百二十甲子 豈佛法之咎也."

위의 내용 또한 배불론자의 억지스러운 주장에 대해 불교의 허물이 아님을 밝힌 것이다. 불교가 들어와 '인간의 수명이 짧아졌다'는 주장에 대해 불교의 전래와 관계없이 요절한 사람이 존재했다는 것을 예로 들고, 그 비판의 근거가 타당성이 없음을 설명하면서, 도리어 불교계의 유명한 승려들이 장수한 것을 예로 들어서 반박하고 있다. 장상영은 또 출세간법에 대해 다음과 같이 말한다.

> 불교를 배운 선각자들이 다음에 출세간법을 이루어 통달한 것을 일러 출세出世라고 한다. 이는 우리 유교에서 급제한 사람을 일러 용을 타고 계수나무를 꺾었다는 말이 아니다. 불타 및 조사祖師가 세상과 적당히 어울리는 것은 본래 중생을 건지기 위한 것으로서 우리 유교 성인이 백성과 더불어 기쁨과 슬픔을 함께하는 것과 같다. 그리고 오백년에 반드시 성왕이 있고, 그 사이에 일어나서 세상에 이름을 떨치는 사람이 있다는 것만 보아도 세상에 있지 않으면서 행하는 것을 출세라 함은 잘못이다. 초연히 세상을 뛰쳐나와 자신의 수행에만 몰두한 나머지 세속 사람들을 팽개쳐 버린다면 대승성인大乘聖人의 뜻에 크게 어긋난다.[163]

유교와 불교가 지향하는 궁극적인 세계관은 세간과 출세간의 차이로

---

163 앞의 책(『大正藏』 52, p.642c), "學佛先覺之人 能成就通達出世間法者 謂之出世也 稍類吾儒之及第者 謂之登龍折桂也 豈其眞乘龍而握桂哉 佛祖應世本爲群生 亦猶吾教聖人吉凶與民同患 五百年必有王者興其間 必有名世者 豈以不在世界上行爲是乎 超然自利而忘世者 豈大乘聖人之意哉."

서 분명히 드러난다. 승려들이 세간을 떠나 수행한 뒤 다시 세상에 나오는 것이 대승성인의 큰 뜻이라고 밝혔는데, 이것은 유학자가 학문을 익힌 뒤 과거에 급제하는 것과 같다고 하였다. 또한 그는 유교와 불교가 다르지 않음을 역설하면서 각각 수양과 정진을 연마하면 결과의 열매를 얻는 것이 같음을 주장하였다. 경전 염송과 수행을 하다 보면 일순간에 깨우침을 얻게 되어 도를 이룬다. 이것은 유가에서 일을 하면 공功이 돌아온다는 것이나 선행을 닦으면 반드시 경사가 있는 것, 상서가 내린다는 것 등의 경우처럼 필연의 결과가 같다. 이는 유·불이 서로 지향하는 바가 한 곳에 이르는 것을 말한다.[164]

선사상과 유학을 하나의 진리로 파악하면서 유·불 조화론을 피력한 대혜종고

남송 때 대혜종고(大慧宗杲, 1089~1163년)는 화두를 관하는 명상법인 간화선을 완성하여 선사상과 유교사상을 결합한 '충의지심忠義之心'을 통해서 보리심菩提心이 충의심忠義心이며, 그 이름은 달라도 결국 본체는 같다고 했다. 이렇게 대혜종고가 충효절의忠孝節義와 애군우국

164 앞의 책(『大正藏』 52, p.644a), "若能持念 如說修行 或於諸佛之道一言見諦 則心通神會 見謝疑亡 了物我於一如 徹古今於當念 則道成正道 覺齊佛覺矣 孰盛於此哉 儒豈不曰 爲其事而無其功者 髡未嘗睹也 或曰 始乎爲士 終乎爲聖人 語不云乎 學也祿在其中矣 易曰 積善之家 必有餘慶 書曰 作善降祥 此亦必然之理也 豈吾聖人妄以祿與慶祥誘示於人乎."

愛君憂國을 주장한 것은 그가 선사상과 유학을 하나의 진리로 파악하면서 유·불 조화론을 나타낸 것이다. 결국 송대 불교는 성리학과의 상호관계에서 유교적 경향을 어느 정도 띠게 되었다고 하겠다.

지금까지 출세간적 가치를 이상으로 하는 인도불교가 세간적 가치를 중시하는 중국 땅에 토착화하는 과정과 이에 반발한 유교의 배불, 그리고 불교의 대응에 대해 살펴보았다. 중국 역사에 선행되어 나타난 이와 같은 유·불 대론의 흐름은 다음 장에서 자세히 살펴볼 여말선초의 유·불 철학 논쟁으로 새롭게 전개된다.

Ⅲ. 고려 말 유·불 대립의 배경과 추이

1. 고려의 진호국가 불교와 불사佛事의 설행設行

한국불교의 호국 사상에 대한 학문적 관심과 평가 또한 여러 학자들에 의해 비교적 이른 시기부터 행해졌다. 한국불교의 성격을 어떻게 규정할 것인가의 문제를 두고 호국불교 또는 진호국가설과 연관하여 근대 불교학의 초창기라고 할 수 있는 1930년대부터 이에 대한 논문이 발표되었으며,[165] 그 후 오늘날에 이르기까지 불교학을 비롯하여 역사학, 사회학, 정치학, 교육학, 건축학, 미술사학 등 실로 다양한 학문 영역에서 진호국가설과 관련된 연구 성과들이 축적되어 왔다.[166]

---

165 江田俊雄, 「朝鮮仏教と護國仏教」, 『朝鮮』, 1935, p.239.

166 이기영, 「인왕반야경과 호국불교: 본질과 역사적 전개」, 『동양학』 5호, 1975; 김동화, 「불교의 호국 사상」, 『이병도 박사 화갑 기념 논문집』, 일조각, 1976; 김상현, 「고려시대의 호국불교 연구—금광명경 신앙을 중심으로」, 『학술논총』

그런데 이러한 호국불교 사상을 한국불교의 독자성으로 주장하는 학자들도 있지만 실제 호국불교가 우리나라에만 보이는 독특한 특징으로 볼 수는 없다. 불교의 호국적 색채는 불교가 시작된 인도는 물론이고 티벳이나 중국 등 불교 문화권에서 발견되는 보편적 현상이라고 해도 좋다. 특히 일본은 '호국삼부경護國三部經'에 근거한 호국 신행이 우리나라 못지않게 나타나고 있다.[167]

오늘날과 같이 종교와 정치가 확연히 구분되는 정교분리의 개념이 모호했던 근대 이전에는 각각의 지역에서 다양한 호국불교의 양상이 전개되었고, 거기에는 그들 나름의 역사·문화적 요소가 충분히 반영되었음은 두말할 나위도 없다. 우리나라 호국 사상 또한 불교 전래 초기부터 국가적 정치이념과 신앙적 형태가 결부된 강력한 이데올로기로 작용하여 국가 정체성을 형성하는 데 결정적인 기여를 했다.

그 결과 여말선초의 유·불 대론에서도 진호국가 사상이라는 강력한

제1집, 단국대학교, 1976; 이기백, 「삼국 시대 불교수용과 그 사회적 의의」, 『신라 사상사 연구』, 일조각, 1981; 김충렬, 「화랑오계와 삼교의 현실적 실현」, 『화랑 문화의 재조명: 신라문화제 학술발표회 논문집』 12호, 1991; 김종만, 「호국불교의 반성적 고찰」, 『불교평론』 통권3호, 2000; 김종명, 「'호국불교'개념의 재검토—고려 인왕회의 경우」, 『종교연구』 21호, 2000; 정병조, 「원광의 보살계사상」, 『한국불교학연구논총』 40권, 불함문화사, 2003; 조준호, 「인도에서의 종교와 정치권력—세간과 출세간에 있어서의 정교분리를 중심으로」, 『불교와 국가권력』, 대한불교조계종, 2010.

167 『日本書紀』 第26卷. 日本齊明天皇 6年(660) 5月에 一百高座와 一百衲袈裟를 만들어서 仁王會를 설했다. 天武天皇 5年(676) 11月에는 四方國에 遣使하여 『金光明經』과 『仁王經』을 설했다. 傳教大師 이후로는 『法華經』·『金光明經』·『仁王經』 삼경을 護國三經으로 정해 국가 鎭護를 기원케 했다.

불교적 이데올로기에 대한 반작용으로서 그에 대한 유교의 비판이 핵심적 주제가 되었다. 다시 말해 여말선초의 유·불 대립은 불교의 도입과 더불어 형성된 진호국가설에 대해 성리학자들의 정치·사상적 대응의식의 결과로 도출된 측면이 강한 것이다. 따라서 여말선초의 본격적인 유·불 철학 논쟁의 심층을 파악하기 위해서는, 우선되는 과제로서 경전 속에 나타나는 진호국가 사상과 특히 호국불교의 성격을 결정지은 '호국삼부경'을 살펴보고, 고려 시대의 진호국가 사상을 살펴보는 것이 필요하다.

1) 진호국가 사상과 호국삼부경

불교에서 진호국가 또는 호국이라는 말을 쓸 때 거기에는 국토國土라는 개념이 포함된다. '국國'은 단순한 어느 한 국가나 영토만을 가리키는 것이 아니고, 내 몸이 작은 의미의 국토이며, 내 가정과 내 사회 등이 모두 나라이고 국토다. 더 나아가 중생들이 살고 있는 모든 터전이 넓은 의미의 국토다. 이러한 의미의 국토는 크게 두 가지 개념으로 구분된다. 하나는 중생국토衆生國土이며, 다른 하나는 보살국토菩薩國土다. 중생국토는 현실적 토지를 의미하며, 보살국토는 법신지혜를 의미한다. 이 두 국토는 물物과 심心, 범凡과 성聖으로 나누어지지만 결국에는 하나로 귀결되기에 곧 중생국토를 수호(外護)하는 것은 보살국토를 수호(內護)하는 것이며, 보살국토를 수호하는 것이 또한 중생국토를 수호하는 것이다. 이러한 국토의 의미를 담고 그 울타리를 수호하는 것이 넓은 의미의 호국이다.[168]

외호外護는 외적의 침입을 막고 풍우風雨·재난災難 등을 극복하는 것이고, 내호內護는 불법을 보호하는 것으로 이는 금강金剛의 파사현정破邪顯正으로 나타난다. 곧 불타의 정법이 잘 이루어지는 국토를 외적의 침략으로부터 적극적으로 막음이 곧 '불법의 수호'로 귀결되고, 더 나아가 이상적 불국토佛國土 건설이 중생들에게 이익과 즐거움으로 연결될 수 있다는 논리다.

먼저 불교 경전에 나타나는 진호국가 사상을 초기경전과 대승경전으로 나누어 살펴보겠다. 초기경전에는 세간·출세간에 있어서 교단이 권력에 예속되거나 출가자가 세속권력과 결탁하는 것을 경계하는 불타의 가르침이 등장한다. 특히 불타는 출가수행자에 대해 "너희들은 왕이 다스리는 그 나라를 칭찬하거나 비방하지 말고 또 그 왕들의 우열을 논하지도 말라"[169]고 설했다. 이처럼 불교는 수행 중심의 출가자가 정치와 관련하여 엄격한 정교政教분리적인 형태를 취하도록 계율로서 규정하고 있다.

그러나 이러한 세속적 권력과 관련된 정교분리적인 삶의 바탕은 출가자 본연의 수행을 위한 율법적인 제도다. 다시 말해 불타의 본래 입장은 세속적 가치와 관련한 정치권력에 대한 완전한 단절이나 무조건적인 초월의 입장은 아니다. 다만 정치적으로 개인의 이익에 관련하거나 권력 간의 충돌에 관여하지 않았고, 마찬가지로 국가권력이 승단 내부까지 관여하거나 수행자의 삶에 간섭할 수 있는 여지도 허락하지 않았다. 불타는 출가수행자로서 '초국가적 태도'를 견지하여

---

168 김상현, 「한국불교의 역사적 성찰」, 『한국불교사 산책』, 우리출판사, 1995, p.256.

169 『增一阿含經』 권43(『大正藏』 2, p.782c), "汝等莫稱譏王治國家界 亦莫論王有勝劣"

국가권력과의 일정한 간격과 시각을 유지하며 여러 왕과 권력층들을 재가제자로 받아들일 수 있었다. 따라서 인도불교의 출발은 국가와 밀접한 관계 속에 있으면서도 세속적 정치권력과의 결탁을 거부하는 출세간의 청정한 위상을 나타냈다.[170]

이러한 초국가적인 입장에서 한 국가가 쇠퇴하지 않고, 다른 나라의 침입을 받지 않으며, 국가를 안전하게 유지하도록 제시한 가르침으로는 『장아함』 「유행경遊行經」의 7불쇠퇴법七不衰退法이 있다.[171] 이는 불타의 가장 직접적이고 기본적인 호국의 가르침으로서, 한 나라가 다른 나라로부터 침략을 받거나 내부적 갈등으로 스스로 무너지지 않도록 7가지 쇠퇴하지 않는 법을 제시한 것이다.

불타의 또 다른 호국의 가르침은 석가국과 이웃한 꼴리야국 간의 물싸움에서 나타난다. 극심한 가뭄에 로히니 강을 사이에 두고 서로 물을 더 확보하려는 양국의 다툼이 급기야 전쟁으로 치닫게 되는 과정에서 생명의 소중함을 설한 불타의 가르침을 듣고는 서로 화해를 하는 내용이다.[172]

---

170 조준호, 「경전 상에 나타난 호국불교의 검토」, 『大覺思想』 제17호, 大覺思想硏究院, 2011, pp.13~14.

171 『長阿含經』 권2(『大正藏』 1, p.11a~12c)에 나타난 7불쇠퇴법의 내용을 정리하면 다음과 같다. ① 구성원 간에 자주 모임을 가질 것, ② 화합의 정신으로 뜻을 모아 의논을 할 것, ③ 전통을 존중하여 정해진 것은 함부로 깨뜨리지 않을 것, ④ 나이든 사람을 존중하며 공양하고 말씀을 들을 것, ⑤ 여자에게 폭력을 쓰지 않을 것, ⑥ 조상의 영지靈地·사당 등을 폐지하지 않고 보존할 것, ⑦ 아라한을 잘 보호하고 공경할 것이다.

172 『Jataka』 V, p.414. 내용을 간추리면 다음과 같다. 불타는 왕들에게 싸움의

또 다른 일화로, 이웃나라 꼬살라국이 불타의 모국인 석가족을 침략하려는 것을 막아보려 나서는 경우에도 잘 나타난다. 꼬살라국의 위두다바왕이 과거에 석가족에게 당한 치욕을 갚기 위해 군사를 일으켜 석가국으로 진격해 갈 때, 불타는 군사들이 오는 길목의 말라 비틀어져 가는 나무 그늘 아래에서 가부좌하고 있었다. 위두다바왕이 불타에게 그 이유를 묻자 "자신의 모국이 침략당하는 심정이 곧 말라가는 이 나무와 같다"며 우회적으로 전쟁을 만류했다. 그러자 위두다바왕이 2번이나 퇴각한다는 내용인데, 결국 호국의 진정한 의미는 국가 간의 어떠한 이익이나 명분보다도 사람의 생명에 가치를 두고 있음을 보여준다.

그리고 『세기경世起經』과 『아간나슈탄타』 등의 경전에 의하면 왕권과 국가의 관계를 근대 '사회계약설'과 비슷한 시각으로 보고 있음을 알 수 있다. 사회계약설은 자연법 학자들이 왕권신수설에 반대하여 주장한 이론으로, 정부와 국가의 권력이 국민으로부터 비롯되었으며 국민을 위해 존재한다고 설명하고 있어, 오늘날 민주주의 정치체제를 뒷받침하는 이론이다. 인간의 삶에 있어서는 굳이 왕과 국가가 필요하지는 않지만, 점차 사회적 혼란이 심해지자 사람들의 필요에 따라 왕이 선출되고 국가가 존재했다고 보게 된다.[173]

원인을 물으면서 물보다 더 가치 있는 것은 무엇이냐고 묻는다. 이에 왕들이 땅이라고 답하는데, 불타가 다시 땅보다 더 소중한 것은 무엇이냐고 묻자, 그들은 사람의 목숨이라고 답한다. 이에 불타가 "물을 위해 소중한 사람의 목숨을 버리겠단 말인가?"라고 질문하자 왕들은 마침내 전쟁을 중지했다고 한다.

173 『究羅檀頭經』(『大正藏』 1, pp.96c~101b). 내용을 간추리면, 왕은 "내 백성이니

또한『라타나숫타』에는 불타가 도시에 안녕과 평화를 제공하는 내용이 보인다.[174] 그 내용인즉, 웨살리시는 과거에 번창했지만, 세월이 흐르자 그 도시의 통치자와 시민들은 쇠퇴하지 않는 법(7불쇠퇴법)을 지키지 못하여 재난[175]이 생기게 되었다고 한다. 이는 올바른 통치가 이루어지지 않았을 때 생기는 현상으로 결국 올바르지 못한 정치가 재앙과 병고, 악귀 출현으로 이어진다고 본 것이다. 그리고 제자들이 불타께 법을 청하자 마침내 하늘에서 큰비가 오면서 가뭄과 흉작 등의 재앙이 멈추게 되었다. 불타는 아난에게 도시의 호위를 위하여『라타나숫타』를 낭송할 것을 부촉하고, 왕들 또한 경을 받들며 당시 신들에게 올리는 제사 의식에 함께할 것을 당부한다.[176] 이러한 과정이

칠 수 있고 죽일 수 있다"는 것이 아니며, 오히려 백성들이 착실히 생업에 종사할 수 있도록 지원하고 보호하는 것이 왕과 국가의 임무임을 설한다.

174 밍군 사야도 저, 최봉수 역주,『대불전경』VI, 한언, 2009, pp.50~53, pp.55~57.

175 밍군 사야도 저, 최봉수 역주, 앞의 책. ①가뭄과 흉작과 기근 등의 재앙에 빠지게 되었다. 이러한 재앙은 가난한 사람들 중에서 많은 사람들을 죽게 만들었다. 도시 밖으로 허둥지둥 버린 사체는 곧바로 여러 가지 흉한 모습을 연출했으며 악취를 피웠다. ②그런 상황은 악귀로 하여금 도시 안으로 들어올 수 있는 기회를 주었고 악귀들은 사람들을 파멸시켰다. 이것이 두 번째 재앙이었다. ③상황을 더 나쁘게 만든 것으로 사풍병(蛇風病, ahivata roga)이라는 역병이 나타나 사람들의 의욕을 꺾어 놓았고, 이전보다 더 큰 타격을 주었으니 이것이 세 번째 재앙이다.

176 밍군 사야도 저, 최봉수 역주, 앞의 책. "사랑하는 아난다야. 너는 나에게서 이『라타나숫타』를 배운 다음에 이 경을 보호의 방책(paritta)으로 낭송해야 한다. 릿차위 왕자들로 하여금 신들을 위한 제물을 손에 들게 한 다음, 그들과 함께 도시를 돌면서 이 도시의 세 담벼락 안에서 이『라타나숫타』를 낭송하도록 해라."

곧 불법 수호와 국토를 지켜준다는 호국 사상이라고 할 수 있다. 이렇듯 현세 이익과 국가 보호가 여러 형태로 설해진 초기경전 상에서 불타의 국가관은 중생 이익을 위한 삶의 실현 공간으로서의 국가관이었다.

이제 대승경전에 나타난 진호국가 사상을 살펴보자. '호국삼부경護國三部經'은 진호국가 사상을 담은 대표적인 경으로서 『인왕경仁王經』과 『금광명경金光明經』 그리고 『법화경法華經』을 말한다. '호국삼부경'을 '진호국가삼부경'이라고도 하는데, 위난危難과 재액災厄을 소멸케 하여 국가를 태평하고 부강하게 하기 위한 진호의 위력을 갖춘 경전이라는 의미다.

먼저 『인왕경』은 『불설인왕반야바라밀다경佛說仁王般若波羅蜜經』 또는 『인왕호국반야바라밀다경仁王護國般若波羅蜜經』으로 불리며, 경명經名은 '어진 임금이 나라를 지키는 반야에 이르는 가르침'이란 뜻으로, 경전은 총 2권 8품으로 구성되어 있다. 『인왕경』은 267년 진晉나라 때 축법호竺法護가 번역한 『인왕반야경仁王般若經』, 401년 후진後秦의 구마라집鳩摩羅什이 번역한 『불설인왕반야바라밀경佛說仁王般若波羅蜜經』, 554년 양梁나라 때 진제眞諦가 번역한 『인왕반야경仁王般若經』, 765년 인도의 불공不空이 번역한 『인왕호국반야바라밀다경仁王護國般若波羅蜜經』이 있었다.[177] 이 가운데 5세기 초 구마라집 역의 『불설인왕반야바라밀경』과 불공 역의 『인왕호국반야바라밀다경』이 현재까지 전해지고 있으며, 내용에 있어서 두 번역은 큰 차이가 없다. 이 경의

177 이기영, 「인왕반야경과 호국불교–그 본질과 역사적 전개」, 『동양학』 5, 1975, pp.491~492.

호국 사상은 「이제품二諦品」에 잘 드러나 있는데, 국가를 보호하기 위해서는 반야바라밀의 공덕을 쌓아야 한다는 것이 핵심 내용이다.

> 대왕이여, 이 경의 이름을 『인왕문반야바라밀경仁王問般若波羅蜜經』이라 하리니, 그대들은 『반야바라밀경』을 받아 지녀라. 이 경은 또 한량없는 공덕이 있으니, 이름이 국토를 보호하는 공덕이니라. 또 일체국왕법약一切國王法藥이라 이름하리니, 복종하여 행하면 크게 쓰이지(大用) 아니할 수 없느니라. 집을 보호하는 공덕과 또한 일체중생의 몸을 보호하는 것이 이 반야바라밀이다. 이 국토를 보호함이 성의 참호와 토담과 도검刀劍과 창과 방패와 같으니라. 그대들이 반야바라밀을 받아 가짐에 응하는 것도 또한 다시 이와 같아야 하느니라.[178]

여기에서 잘 드러나 있듯이, 나라가 어지럽고 국난의 위험에 처하는 것은 바로 반야바라밀을 수행하지 않기 때문이며, 따라서 반야바라밀을 수행하면 자연히 문제가 해결되어 국난을 극복할 수 있다는 것이다.

그리고 「수지품受持品」에서는 불교적 국왕관을 엿볼 수 있다. 즉 불보살佛菩薩과 국왕國王의 사이에는 엄격한 단계와 차등이 있으며, 국왕은 불교의 이상적 인물인 불보살의 모습이 간절히 요구된다는 것이다. 곧 국왕이 나라를 지키고 악귀를 쫓고 천지의 도리에 부합하는 길을 가고자 하면 지혜를 완성시키고 이를 널리 성취시켜야 한다는

---

178 『대승이취육바라밀경大乘理趣六波羅蜜多經』, 『한글대장경』 권206, 동국역경원, 1997, p.514.

것이다.[179]

특히 제5품인 「호국품護國品」은 호국불교의 사상을 고스란히 담고 있다. 이 품은 신라와 고려 시대에 국가의 위기가 닥칠 때, 이를 극복하기 위해 국가적 차원에서 성대히 행했던 '백고좌법회百高坐法會'의 근거가 되는 것으로, 갖가지 재난과 외적의 침입을 막기 위해서는 국왕이 이 경을 하루에 2번씩 외워야 한다고 설하고 있다.

> 대왕이여! 그대는 들으라. 내 이제 바르게 국토를 수호할 법을 설하리니 너는 마땅히 '반야바라밀'을 수지할지니라. 국토가 난亂하려 하여 파괴겁소破壞劫燒하고 적이 와서 나라를 파괴하고자 할 때에 당하여 마땅히 백의 불상과 백의 보살상과 백의 나한상을 청하여 백 비구중과 사부대중이 함께 이 경을 듣되, 백의 법사를 청하여 함께 반야바라밀을 외우게 할지니라. …… 대왕이여, 하루에 두 차례 이 경을 독송하라. 너의 국토 중에 백 부의 신이 있고, 이 일 부에 다시 백 부가 있어서 그들이 이 경을 듣기를 즐기리라. 이 모든 신은 너의 나라를 수호하리라.[180]

---

179 이기영, 앞의 논문, pp.496~497.

180 「護國品」, 『佛說仁王般若波羅蜜經』 권下(『大正藏』 8, pp.829c~830a), "爾時佛告大王 汝等善聽 吾今正說護國土法用 汝當受持般若波羅蜜 當國土欲亂破壞劫燒賊來破國時 當請百佛像百菩薩像百羅漢像 百比丘衆 四大衆七衆共聽請百法師講般若波羅蜜 百師子吼高座前燃百燈 燒百和香 百種色花 以用供養三寶 三衣什物供養法師 小飯中食亦復以時 大王 一日二時講讀此經 汝國土中有百部鬼神是一一部復有百部樂聞是經 此諸鬼神護汝國土."

여기에 나타나듯이 법회를 봉행할 때에는 불상과 보살상과 나한상을 각각 1백 분씩 모시고 1백 분의 큰스님들을 청하여 강경하도록 하되, 그 1백 분의 법사들을 각각 사자좌獅子座에 오르도록 했다. 또 그 앞에는 1백 개의 등불을 올리고 1백 가지 향을 피우고 1백 가지 아름다운 색깔의 꽃을 올려 불보살을 공양하여야 한다는 의식 절차도 상세히 기록하고 있다. 이 외 「봉지품奉持品」에서도 현세 이익적인 호국의 가르침은 계속된다.

호국대법회를 개최할 때에는 국왕이 참석하여 『인왕경』을 독송하며 국가의 안위를 기원하도록 되어 있다. 국왕은 이러한 진호국가 대법회를 통해 국가의 내란과 외란을 막고 나라 안팎으로 평안하여지기를 발원한다. 특히 『인왕경』에 설하여진 반야를 증득하여 나라를 바르게 통치하고 평안한 나라가 전개될 수 있도록 하겠다는 다짐의 뜻도 함축되어 있다. 우리나라에서도 이 법회가 국가적인 차원에서 신라·고려 때부터 열렸고, 불교의 연중행사 중 큰 비중을 차지했다. 이처럼 『인왕경』은 곧 국가의 모든 재난을 소멸시킬 수 있는 대표적인 호국경으로 간주되었다.

또 하나의 호국경인 『금광명경』은 『금광명최승왕경金光明最勝王經』의 약칭으로서, 경명의 뜻은 '금빛처럼 밝은 가장 뛰어난 경'으로, 5세기 초 북량北凉의 담무참曇無讖에 의해 4권본 『금광명경』이 번역된 이후, 593년 수나라 보귀寶貴가 8권으로 편집한 『합부금광명경合部金光明經』과 703년 당나라 의정義淨에 의해 번역된 10권의 『금광명최승왕경』 등이 있다. 이 가운데 신라에 유입된 공식적인 기록으로 성덕왕 3년(704년) "3월에 견당사 김사양金思讓이 환조還朝하여 『최승왕경』을 헌상했다"[181]라고 하였으므로, 703년 의정이 번역한 『금광명최승왕경』이 이듬해 바로 신라에 전래되었음을 알 수 있다.

『금광명경』은 동아시아 불교사에 있어서도 중요한 경전인데, 신라·고려 시대의 금광명도량金光明道場과 사천왕도량四天王道場, 금광명참법金光明懺法 등의 호국신앙이 바로 이 경전으로부터 유래한다.[182]

『금광명경』은 정법正法으로 나라를 다스리는 국왕은 하늘이 수호한다고 설하며 '바른 통치가 호국의 길'임을 강조한다. 「왕법정론품王法正論品」에서는 국왕이 '천자天子'라고 불리는 이유와 왕의 바른 통치가 호국임을 주장하면서 인과법에 따른 정법 통치를 할 것을 설하고 있다. 『금광명경』에서의 호국 사상은 「사천왕관찰인천품四天王觀察人天品」, 「사천왕호국품四天王護國品」 등에 잘 나타나는데, 그 내용은 다음과 같다.

> 이 경은 능히 모든 하늘 궁전을 비추며, 이 경은 능히 중생들에게 쾌락을 주며, 이 경은 능히 지옥·아귀·축생의 모든 강물을 태워 마르게 하며, 이 경은 능히 일체의 두려움을 없애며, 이 경은 능히 타방의 원수와 도적을 물리치며, 이 경은 곡식이 귀한 흉년의 기근을 없애주며, 이 경은 능히 일체 병을 낫게 하며, 이 경은 능히 나쁜 별들의 괴변을 없애주며, 이 경은 능히 일체의 근심을 없애주니, 중요한 점을 들어 말하면 이 경은 능히 일체중생의 한량없고 끝없는 백천 가지 고뇌를 없애줍니다.[183]

---

181 『三國史記』 권8, 聖德王 3年條, "三月 入唐金思讓廻 獻最勝王經."

182 조준호, 앞의 논문, p.21.

이 『금강명최승왕경』이 오는 세상에서 만일 어떤 나라의 도시, 시골, 산, 숲, 넓은 들, 이르는 곳에 따라 유포될 때에 그 나라의 임금이 이 경전을 간절한 마음으로 듣고 칭찬하고 공양하며, 이 경을 지니는 사부대중을 깊은 마음으로 옹호하여 괴로움을 여의게 하면 이 인연으로써 저는 저 임금과 모든 백성들을 옹호하여 다 편안함을 얻고 근심과 고통을 멀리 여의고, 목숨을 더욱 더하게 하고 위엄과 덕을 갖추게 하겠나이다.[184]

여기에서는 경전 자체가 갖는 위신력으로 모든 재난이 소멸함을 설하고 있는데, 왕이 불교를 믿고 따르면 국가와 왕을 포함한 모든 백성들이 사천왕의 보호를 받을 수 있다는 내용이 담겨 있다. 이는 사천왕의 호위에 의한 국가의 보호나 현세 이익적인 신앙으로 이해된다. 특히 『금광명경』에는 외적의 침입을 불법으로 물리치는 내용이 강조되고 있다.

만약 인왕人王이 이 경을 들을 때 이웃 나라(隣國)의 원적이 사병을

---

183 「四天王觀察人天品」, 『金光明最勝王經』(『大正藏』 16, p.427a), "悉能明照諸天宮殿 能與一切衆生殊勝安樂 止息地獄餓鬼傍生諸趣苦惱 一切怖畏悉能除殄 所有怨敵尋卽退散 飢饉惡時能令豐稔 疾疫病苦皆令蠲愈 一切災變百千苦惱咸悉消滅."

184 「四天王護國品」, 『金光明最勝王經』(『大正藏』 16, p.427c), "此金光明最勝經王於未來世 若有國土城邑聚落山林曠野 隨所至處 流布之時 若彼國王 於此經典至心聽受稱歎供養 幷復供給受持是經 四部之衆 深心擁護 令離衰惱 以是因緣我護彼王及諸人衆 皆令安隱遠離憂苦 增益壽命威德具足."

갖추어서 그 나라를 파하려고 생각한다면 이 경의 위신력威神力으로써 저지할 것이요, 외적(隣敵)이 다시 이원異怨이 있어서 그 경계를 침요侵擾하면 그 나라에는 모든 재변이 많고 역병이 유행하게 할 것입니다. 때에 왕이 이것을 보고 사병을 일으켜서 그 적국을 향하여 토벌을 하고자 한다면 우리는 그때에 마땅히 무량무변한 야차제신藥叉諸神의 권속들과 더불어 각자의 형체를 감추어 협조하되, 저 원적들로 하여금 자연히 항복하여 그 국경에 오지도 못하게 하겠거늘 어찌 병과兵戈로 상벌相伐함이 있도록 하겠습니까?[185]

결국 이 경을 널리 유포하고 수지 독송하거나 경전에서 제시하는 대로 정법으로 다스리는 국왕에게는 사천왕과 그 권속들이 국토를 보호하고 외적으로부터의 침입이나 각종 재난으로부터 보호해 준다는 호국 사상을 설하고 있다.

이러한 『금광명경』은 5호16국과 남북조 시대의 동란기에 황제 권력의 강화와 국토의 안녕에 부심했던 위정자들에게 크게 환영받았으며, 이러한 경향은 수대隋代에도 이어져서 비장방費長房은 『역대삼보기歷代三寶紀』의 「대수록大隋錄」 서序에서 「정론품正論品」을 인용하여 수 문제隋文帝의 불법佛法에 의한 치국을 예찬했다. 또 대흥선사大興禪寺

---

185 앞의 책(『大正藏』 16, p.427c), "若有人王聽是經時 隣國怨敵興如是念 當具四兵壞彼國土 世尊 以是經王威神力故 是時隣敵更有異怨 而來侵擾於其境界 多諸災變疫病流行 時王見已 卽嚴四兵發向彼國欲爲討罰 我等爾時當與眷屬無量無邊藥叉諸神 各自隱形爲作護助 令彼怨敵自然降伏 尙不敢來至其國界 豈復得有兵戈相罰."

의 보귀寶貴는 8권 24품의 『합부금광명경合部金光明經』으로 정리하는 등 수대에 있어서 『금광명경』은 호국 사상의 중요한 근거가 되었다.[186]

호국 사상의 기원이 된 또 다른 경전인 『법화경』은 중생들이 위기를 만날 때 경을 수지 독송하면 그 위기를 모면할 수 있다고 한다. 특히 「관세음보살보문품觀世音菩薩普門品」에서는 중생 세계에 대한 적극적 구호가 더욱 상세하게 나타난다. 관세음보살의 이름을 부르기만 하면 칠난七難, 곧 화난火難·수난水難·나찰난羅刹難·도장난刀杖難·귀난鬼難·가쇄난枷鎖難·원적난怨賊難이 소멸된다고 설하고 있다.[187] 그리고 『법화경』 「여래수량품如來壽量品」을 통하여 국토가 불타게 되었을지라도 불법의 신통력으로 국토가 안온함을 다음과 같이 강조하고 있다.

> 신통력이 이와 같아서, 아승지겁에서 항상 영취산과 그 외의 다른 곳(住處)에서 중생들이 겁劫이 다하여 큰불에 불타게 되었을 때도 우리의 이 국토는 안온하고 천인天人으로 가득 차 있고, 숲의 누각은 보배로 장식되고 보배나무에는 열매가 가득 열린다. 중생들이 유희할 때에 제천諸天이 법고를 울리고 기악을 연주하고 만다라화曼陀羅花를 불타와 대중에게 뿌린다. 우리의 정토는 파괴되지 않는다.[188]

---

186 정영식, 「호국불교와 불교의 국가관－청담대종사의 호국 사상과 관련해서」, 『마음사상』 제4집, 2006, p.58.

187 정영식, 앞의 논문, p.60.

188 「如來壽量品」, 『妙法蓮華經』(『大正藏』 9, p.43c), “神通力如是 於阿僧祇劫 常在靈鷲山 及餘諸住處 衆生見劫盡 大火所燒時 我此土安隱 天人常充滿 園林諸堂閣 種種寶莊嚴 寶樹多花菓 衆生所遊樂 諸天擊天鼓 常作衆伎樂 雨曼陀羅花 散佛及

『법화경』을 설하는 영취산을 비롯하여 여래가 임한 땅은 큰불과 같은 환란 속에서도 파괴되지 않고 안온하다는 가르침을 설하는데, 이는 바로 불법에 의해 국가의 재앙을 물리칠 수 있다는 진호국가설의 이론적 근거가 된다. 이처럼 『법화경』은 관세음보살의 위신력으로 호국을 가능하게 한다고 설한다. 우리나라의 경우, 그 좋은 예로 한반도의 3면에 위치한 3대 관음성지[189]를 들 수 있다. 이는 바로 관세음보살의 위신력으로 한반도를 지키겠다는 것으로 『법화경』에 근거한 호국 사상의 표현이라 하겠다.[190]

호국삼부경 외 호국 사상을 담은 대승경전은 『약사경藥師經』으로, 경의 내용은 주로 왕들의 덕목에 대해 다루고 있다. 통치자들의 재난, 민중의 재난, 외침에 따른 재난, 반역에 따른 재난 등이 있을 때, 통치자가 백성에게 자비심을 일으키고 죄 지은 자를 용서하며 약사유리광여래를 받들면 불력佛力으로 인하여 나라가 안온하게 된다고 설한다.

또한 『약사경』을 설하여 적을 물리치는 법은 고려 예종 때 주로 의식으로 행해졌으며,[191] 이 경에 나오는 팔재계八齋戒는 고려 시대 팔관회[192]의 기원이 되었다. 그 밖에도 진호국가 사상을 담은 경으로

大衆 我淨土不毁."

189 남해 금산의 보리암, 강원도 양양 낙산사의 홍련암, 강화도 보문사를 일러 한국의 3대 관음성지라 하고, 여기에 전남 여수 향일암을 더해 4대 관음성지라고도 한다.

190 조준호, 앞의 논문, p.25.

191 정태혁, 『正統密敎』, 경서원, 1991, p.136.

192 팔관회八關會는 팔재계八齋戒·팔계八戒·팔계재八戒齋·팔지재법八支齋法이라고

『수호국계주다라니경守護國界主陀羅尼經』[193], 『불설대공작주왕경佛說大孔雀呪王經』[194], 『대승본생심지관경大乘本生心地觀經』의 「보은품報恩品」[195] 등이 있다.

호국 사상은 한·중·일 3국 불교의 공통적인 현상이었다. 이러한 사상을 담은 호국 경전에는 다른 나라에 대한 배타성이나 자신의

도 하며, 재가在家의 신도가 하루 밤 하루 낮 동안 받아 지니는 계율이다. 팔관의 '관關'은 금禁한다는 뜻으로 살생殺生·도둑질·음행婬行 등의 여덟 가지 죄를 금하고 막아서 범하지 않음이고, '재齋'는 하루 오전 중에만 한 끼를 먹고 오후에는 먹고 마시지 않으며 마음의 부정不淨을 맑히는 의식이며, '계戒'는 몸으로 짓는 허물과 그릇됨을 금하여 방지하는 것이다. 『불교대사전』, 홍법원, 1998 참조.

193 이 경에서는 어머니가 약을 복용하여 젖먹이 아이의 질병을 낫게 하는 것처럼, 국왕을 수호함이 곧 백성을 애민하는 것으로 인식하고 일곱 가지의 이익을 들고 있다. 일곱 가지의 이익이란 국왕 수호를 통해 태자, 대신, 백성, 창고, 사병四兵, 이웃 나라 등의 수호를 가리킨다. 또 국왕을 "모든 중생에게 해가 되고, 달이 되고, 등불이 되며, 눈이 되고, 아비가 되고, 어미가 되어, 큰 용의 연못과 같이 용이 머물 때에는 물은 항상 가득 차 있어서 물속에 있는 물고기와 권속들이 모두 편안하다"라고 비유로써 나타냈다. 또 외적이 침입하면 금강수감로군다리금강金剛手甘露軍荼利金剛의 비밀의 심법心法으로 이를 극복할 수 있다고 했다. 『守護國界主陀羅尼經 外』, 『한글대장경』 권199, 동국역경원, 2009, p.192 참조.

194 이 경의 신비한 힘으로 백성들의 병이 치료가 되고, 가뭄일 때 비가 내리고, 홍수일 때 그치게 한 기록이 있다. 정태혁, 『正統密敎』, 경서원, 1991, pp.136~137 참조.

195 「보은품」에서는 세상에는 네 가지 은혜가 있다고 하면서 부모은父母恩, 중생은衆生恩, 국왕은國王恩, 삼보은三寶恩을 들고 있다. 이 중 '국왕은國王恩'은 호국 사상의 근거를 제공한다.

국가에 대한 국수주의적인 차원에서 나라나 왕권이 수호되어야 한다는 내용은 있을 수 없다. 호국 경전들의 핵심적 사상은, 권력이 정치적 혹은 윤리적으로 타락하여 백성들의 삶을 고통스럽게 만드는 것을 방지하는 것에 초점이 놓여 있다. 곧 왕을 비롯한 지도자를 잘 교화하여 국민의 삶을 안정과 평화, 그리고 화합으로 이끄는 내용을 바탕으로 하고 있는 것이다.

2) 고려 태조의 '훈요訓要'로 본 진호국가 사상

불교의 본질은 '초국가적超國家的이고 초민족적超民族的이며 현세부정적인 것'[196]이라고 할 수 있으나, 고대 한국에서는 국민의 정신적 통일을 이룩하기 위해 불교를 받아들인 이후 점차 한국적인 불교가 되어 호국불교로서의 성격을 지니게 되었다. "고려 초기의 문화를 신라문화의 연장이라고 한다면, 중기의 문화는 고려적인 특색을 나타내고 있음을 볼 수 있다"[197]는 주장에서 볼 수 있듯이, 후삼국의 통일을 이룩한 고려는 신라의 문화를 계승하여 불교문화의 황금기를 이룩하였다.

신라는 왕이 직접 호국적 성격을 띤 불교 신행을 몸소 실천했는데 대표적으로 법흥왕[198], 진흥왕[199], 선덕여왕[200], 문무왕[201] 등이 왕실에서

---

196 金得榥, 『韓國宗教史』, 한국사상연구소, 1973, p.163.

197 이병도, 『한국사대관』, 보문각, 1975, p.192.

198 불교를 공인한 신라 법흥왕(法興王, ?~540)은 '불법을 흥하게 한다'는 왕의 이름처럼 불교에 관심이 많아 재임 16년에 살생을 금하는 영令을 내려 불교의 불살생을 실천했고, 이후 왕위를 사양하고 출가하여 법명을 법공法空이라 했으며, 그의 비妃도 출가하여 묘법妙法이라는 법명을 가졌다. 그가 불교를 공인하게 된

불교를 신행했다. 고려 전기는 신라 왕실의 전통 및 사회 전반의 교육, 풍속, 불교문화 등이 그대로 전수되었기 때문에 신라의 문화와 호국불교 사상이 여전히 고려 사회를 주도했다.

고려의 호국불교는 국가의 불교외호佛教外護, 불교의 국가진호國家鎭護 또는 진호국가鎭護國家라는 두 요소가 긴밀한 연계성을 지니면서 상승작용을 하여 국가의 무한한 발전이 기대된다는 원리로 정의된다.

여기서 '국가의 불교외호'란 '국가가 밖으로부터 불교를 보호한다'는

데에는 불자 신행의 근본인 '모든 국민이 복을 닦아 죄를 멸하고자'(『三國史記』 권3, "寡人自登位 願爲蒼生 欲造修福滅罪之處.") 하는 호국불교의 염원이 서려 있었다.

199 진흥왕(眞興王, 540~575)은 일생 동안 봉불奉佛했으며 만년에 출가하여 법명을 법운法雲이라 하고, 그 비妃 또한 영흥사永興寺로 출가했다. 진흥왕은 흥륜사興輪寺를 낙성하고 불사리를 친히 백관百官들과 함께 봉안奉安했고, 모든 백성들이 승려가 될 수 있도록 제도화했다. 고구려에서 온 혜량惠亮을 최초의 국통國統으로 임명하고, 진호국가의 발원법회인 인왕백고좌법회仁王百高座法會와 팔관회八關會를 봉행했다. 진흥왕은 스스로를 전륜성왕에 비겨 불국토 건설을 꿈꾸었던 군주였다. 이는 황룡사黃龍寺의 창건설화創建說話와 장육삼존상丈六三尊象의 봉안설화에서도 보듯 아쇼카 왕을 전륜성왕의 모델로 삼았다. 진흥왕은 두 왕자에게도 각각 동륜성왕과 철륜성왕을 가리키는 '동륜銅輪'과 '사륜舍輪'이라는 이름을 주었다.

200 선덕여왕은 웅대한 호국의 의지가 담긴 거대한 황룡사 9층 목탑을 세웠는데, 이것은 자장慈藏의 요청에 의한 것으로서 9국國의 침략에 대비해 국가를 진호하기 위한 것이었다.

201 태자 시절 아버지 무열왕武烈王을 도와 삼국통일을 이룩한 문무왕(文武王, 661~681)은 즉위 이후 불법을 받들어 호국 사상을 몸소 실천했다. 그는 호국도량인 부석사浮石寺와 사천왕사四天王寺를 완성하여 외적의 침략이 막아지길 기원했다.

의미이며, '불교의 국가진호'란 '불교가 국난이 일어나지 않도록 지켜준다'는 의미를 지니고 있다고 볼 수 있다. 불교외호와 국가진호 두 작용의 균형이 이루어질 때 비로소 불교의 호국성이 기능한다는 점에서 호국불교의 특징이 드러난다.[202]

진호국가 사상이 고려 때 더욱 발전을 하게 된 계기는 불교를 국교로 삼고 적극적인 호불을 한 태조太祖 왕건(王建, 877~943)에게서 찾을 수 있다. 그가 국가를 세움에 있어 사상적으로 불교에 많은 관심을 기울인 것은 사실이며, 국가 통일 이념을 『법화경』의 회삼귀일會三歸一에다 상치시킴으로써 더욱 확고히 통일 과업을 이루려 했다.[203]

그는 어린 시절부터 불교에 호의적이었으며, 왕이 되자 이 모든 것이 부처님의 은덕이라 확신하고 여러 불사를 일으키고 많은 사원을 지었다. 고려가 호국불교를 지향하는 기본 정신은 태조가 대광大匡 박술희(朴述熙, 875?~945)에게 유교遺敎했다는 「훈요십조訓要十條」에 잘 나타나 있다.

「훈요십조」는 태조의 건국 과정을 짧게 서술하며 후대의 왕들에게 귀감이 될 수 있도록 당부한 내용이다. 이는 태조의 정치 철학과 당시 사상 경향과 정책 방향을 요약한 기본 자료로서, 불교와 관련된 내용만 본다면 다음과 같다.

---

202 김강녕, 「고려시대 호국불교의 정치적 함의」, 『민족사상』 제1집, 한국민족사상학회, 2007, p.159.

203 채상식, 「의천의 불교통합 시도와 그 추이」, 『한국민족문화』 57, 부산대학교 한국민족문화연구소, 2015.11, p.18.

고려를 불교국가로 이끈 태조 왕건

①훈요 1조: 국가의 대업은 여러 부처님의 호위를 받아야 하므로 선禪·교敎 사원을 개창한 것이니, 후세의 간신姦臣이 정권을 잡고 승려들의 간청에 따라 각기 사원을 경영, 쟁탈하지 못하게 하라.
②훈요 2조: 신설한 사원은 도선道詵이 산수의 순順과 역逆을 점쳐 놓은 데 따라 세운 것이다. 그(도선)는 "정해 놓은 이외의 땅에 함부로 절을 세우면 지덕을 손상하고 왕업이 깊지 못하리라"고 했다. 후세의 국왕·공후公侯·후비后妃·조신들이 각기 원당願堂을 세운다면 큰 걱정이다. 신라 말에 사탑을 다투어 세워 지덕을 손상하여 나라가 망한 것이니, 어찌 경계하지 아니하랴.
⑥훈요 6조: 나의 소원은 연등회燃燈會와 팔관회八關會에 있는바, 연등은 부처님께 제사하고, 팔관은 하늘과 오악五岳·명산·대천·용신龍神 등에게 봉사하는 것이니 후세의 간신이 신위神位와 의식 절차의 가감加減을 건의하지 못하게 하라. 나도 마음속에 행여 회일會日이 국기(國忌: 황실의 祭日)와 서로 마주치지 않기를 바라고 있으니, 군신이 동락하면서 제사를 경건히 행하라.[204]

204 「太祖神聖大王 癸卯二十六年」, 『高麗史節要』 권1, '訓要十條', "其一曰 我國家大業 必資諸佛護衛之力 是故創立禪敎寺院 差遣住持焚修 使之各治其業 後世 姦臣

「훈요십조」는 크게 사상과 정치 부분으로 대별하여 생각할 수 있다. 사상은 불교·풍수지리설·토속신앙·유교로 구성되었다고 할 수 있으며, 그중에서 불교·풍수지리설·토속신앙은 상호 혼합적 양상을 띠고 있지만, 유교사상은 임금의 자성自省과 관련된 정치적 범주에 속하는 한 가지 조목이어서 다른 사상에 비하여 빈약한 느낌을 준다. 이는 태조 자신이 독실한 불교 신자이고, 또 신라 말에 선종禪宗의 흥기興起와 더불어 크게 유행한 풍수지리설에 많은 영향을 받아 그렇게 되었을 것이다.[205]

'훈요'의 또 하나의 특징은 유·불·도로 표현되는 삼교를 병립과 조화를 통해 고려 시대의 사상적 기반으로 삼고자 한 것이다.

이러한 사상적 기반을 지닌 '훈요'는 여러 가지 중요한 의의가 있겠지만, 무엇보다 진호국가적인 경향이 강했음을 알 수 있다. 그 예로, 훈요 제1조에서 왕건은 제불의 가호에 힘입어 국가를 창업하고 후삼국의 통일대업을 성취했음을 천명한다. 나아가 국조國祖의 영원한 번영을 기원하는 뜻에서 교종·선종의 사원을 창건하여 각기 그 업을 닦도록 했음을 강조하고, 후사後嗣들 또한 이를 명심하여 자신의 창업과 불교의 참뜻을 그르치지 않도록 당부했다.

執政 徇僧請謁 各業寺社 爭相換奪 切宜禁之 其二曰 諸寺院 皆是道詵 推占山水順逆 而開創者也 道詵云 吾所占定外 妄有創造 則損薄地德 祚業不永 朕念後世國王 公侯 后妃 朝臣 各稱願堂 或增創造 則大可憂也 新羅之末 競造浮屠 衰損地德 以底於亡 可不戒哉…其六曰 燃燈 所以事佛 八關 所以事天靈及五嶽名山大川龍神也 後世姦臣 建白加減者 切宜禁止 吾亦當初 誓心會日 不犯國忌 君臣同樂宜當敬依行之."

205 金成俊, 『中世政治法制史硏究』, 一潮閣, 1985, p.90.

고려 국가를 다스리는 국가 통치체계는 유교이지만, 당시 대부분의 호족들이 불자였으며 대부분의 백성들도 불교를 받들고 있었으므로 건국 초기 국론과 백성들의 결집을 높이기 위해서는 불교를 중심으로 이끌어야 된다고 생각했을 것이다. 또한 태조가 사원을 창건하고 불법에 따라 나라를 다스리고자 한 것은 제불의 가호에 보답하고 위신력의 비호를 기원하는 데 있었다.

사원 창건의 동기와 목적은 태조 19년(936)에 후백제가 멸망하고 통일 대업을 완수한 후, 화엄사찰인 개태사開泰寺를 창건하면서 직접 지었다는 원문願文에 잘 나타나 있다. 태조 왕건은 불타의 위력으로 도탄에 빠진 백성을 구제하고 모든 백성이 편안하게 농사를 지을 수 있도록 하기 위해 개태사를 창건하고, 아울러 불위비호佛威庇護와 천력부지天力扶持를 기원하고[206] 있다.

제2조는 사원의 무분별한 창건을 경계한 것인데, 이는 승단 내부에 청정한 수행이 정착할 수 있도록 제도화한 내용이다. 불필요한 사원의 증축을 경계한 것은 제1조에서 천명한 사원의 건립 동기와 목적에 따랐지만, 도선의 풍수지리설을 원용하고 있다는 사실을 주목할 필요가 있다. 풍수지리설의 대표자로 알려진 도선(道詵, 827~898)은 전국 각지를 다니면서 귀족들이 분열·항쟁하고, 지방에서는 호족세력이 새로 대두함과 아울러 반란이 끊이지 않는 사회현실을 직시하고 경주 중심의 편협한 지역관념에서 벗어나 국토를 유기적으로 재편성하려는 실용주의적 관점에서 풍수지리설을 확립·유포했다.[207] 우리나라 전래

---

206 「忠清道」, 『新增東國輿地勝覽』 권18, "連山縣 佛宇 開泰寺 乃以天護爲山號 以開泰爲寺名 云云. 所願 佛威庇護 天力扶持."

풍수지리 사상을 통해 진호국가를 표방한 도선국사

의 풍수지리 사상인 음양오행의 원리와 고유의 지리 관념인 산천 숭배 사상 그리고 신성지역 숭배 사상을 결부시켜 특유의 '비보사상裨補思想'[208] 또는 '비보사탑 사상'으로 발전시켰다. 곧 국내 산천 중에서 길지吉地 또는 비보裨補상 중요한 곳을 간택하여 사찰·탑·불상·부도 등을 건립하고 각종 법을 수행함으로써 제불보살과 지신력地神力의 가호를 빌려 일체의 삿됨을 사전에 방지하고 모든 길사吉事를 가져와 국가와 국민을 보호하려는 진호국가 사상으로 전개된 것이다.[209]

제6조에서도 진호국가 사상이 드러나는데, 태조는 자신이 법회일에

---

207 조현걸, 「고려초기 유교 정치이념에 관한 연구」, 『대한정치학회보』 제12집, 1985, p.34

208 나말여초의 격변기에 도선이 불교 교단을 재정비하고 나아가 전 국토를 재개발하기 위해 수립한 사상체계이다. 이 사상은 불교의 밀교사상密敎思想과 도참사상圖讖思想이 결합되어 형성된 것이다. 밀교사상은 전 국토를 하나의 만다라曼荼羅 도량으로 보고, 밀교의 택지법擇地法에 따라 사원·탑 및 부도를 세우고, 여러 불·보살에게 가호를 빌어 나타난 신력神力으로 국가와 국민을 수호하고 세상이 태평하기를 염원하였다. 또한 도참사상은 국가·왕실의 흥망성쇠 및 인간의 길흉화복을 예언하였다. 『한국민족문화대백과사전』

209 서윤길, 「고려의 호국법회와 도량」, 『불교학보』 제14집, 1976, pp.171~172.

군신君臣이 함께 즐기려고 했던 것처럼, 팔관회와 연등회를 행할 것을 당부했다. 연등회와 팔관회는 모두 불교와 관련된 행사로, 그는 후대의 왕들에게 이러한 대규모 행사를 통해 국운의 융성과 백성들의 결속력을 높일 것을 권한 것이다. “연등은 부처님을 섬기는 것이고, 팔관은 천령, 오악과 명산, 대천과 용신을 섬기는 것”이라고 하여, 태조가 인식하고 있는 불교의례의 저변에는 불교적인 요소와 토착신앙적인 요소가 모순 없이 공존하고 있다. 곧 연등회와 팔관회는 본래 불교의례지만, 고려 초기에 시행된 형태는 단순한 불교의례에 한정되지는 않았다. 전래의 토착신앙과 불교의례가 무리 없이 융합되었던 것이다.

이렇게 불교의례를 매개로 불교와 토착신앙을 융합함으로써 고려의 건국과 통일의 정당성을 확보하고 백성들의 정신적 통합을 유도해 나가고자 했던 것이다.[210] 후대의 성종成宗은 이러한 행사를 폐지시키고 숭유억불 정책을 펼쳤지만, 다시 현종顯宗 때에 가서 부활되었으며, 팔관회는 이후 고려 말기까지 행해졌다.

이상에서 살펴본 것처럼 「훈요십조」의 내용 중 1조, 2조, 6조는 불교와 관계가 깊은 것으로, 진호국가적인 성격이 강함을 알 수 있다. 「훈요십조」 각 조항의 말미에 ‘중심장지(中心藏之, 마음에 간직하라)’라는 4글자가 쓰여 있는데, 이것은 이후 고려의 국가적 염원으로 받아들여졌으며, 실제로 고려 오백년의 역사는 불교를 그 중심에 두고 진호국가적인 성격에 의해 다스려졌으니, 「훈요십조」는 고려왕조의 국가정책에 있어 매우 중요한 지침이 되었다고 할 수 있다.

---

210 신광철, 「고려시대의 종교지형과 유불관계」, 『종교연구』 제18집, 1999, pp.298~304.

앞서 살펴본 호국삼부경의 내용 가운데 나라를 통치할 왕은 "정법正法으로 나라를 다스리고 국민을 교화敎化하라"고 나온다. 여기에서 정법은 당연히 불법佛法을 말하는 것으로, 불타께서 설하신 가르침대로 나라를 다스리면 이상 국가가 된다는 뜻이다. 그리고 이 불법으로 다스려지는 국가는 제천諸天과 선신善神들이 나타나서 항상 수호해 주겠다고 서원誓願을 세웠으므로, 불법대로만 하면 그 나라는 모든 국난 없이 국태민안國泰民安하여 진호국가가 이루어질 수 있다는 것이다.[211] 이와 같은 믿음(護佛=護國)을 바탕으로 고려의 왕과 백성들은 나라를 위하여 충의정신忠義精神을 보이게 되었고, 국난이 왔을 때에도 언제나 부처님의 가피력(佛力)으로써 극복하고 국태민안을 발원하게 된 것이다.

3) 불사와 의례의 진호국가적 성격

태조가 진호국가 사상을 강조한 이래 후대 왕들은 각종 불교 행사를 받들어 거행하며 모든 국가적인 이념을 불교적인 것으로 귀일시키려고 했다. 호국 염원의 사상은 사찰 창건과 탑 조성, 각종 법석法席 등으로 나타났다. 태조 왕건은 일찍이 신라가 9층탑을 세워 삼국통일을 이루었으므로, 자신도 개성에 7층탑을 세우고 평양에는 9층탑을 세워 진호국가를 기원했다.

태조의 뒤를 이은 혜종惠宗은 2년간의 짧은 재위 기간 중 여러 국사國師의 비석을 세웠다. 제3대 정종定宗은 불사리佛舍利를 받들어

---

211 김동화, 『불교문화의 과거와 장래』, 사상계, 1958, p.71.

10리나 걸어가서 개국사開國寺에 안치했고, 곡물 7만 석을 제대사원諸大寺院에 바쳐 불명경보佛名經寶와 광학보廣學寶를 두어 학불자學佛子를 권장했다. 제4대 광종光宗은 대봉은사大奉恩寺, 불일사佛日寺, 숭선사崇善寺, 귀법사歸法寺, 홍화사弘化寺, 유엄사遊嚴寺, 삼귀등사三歸等寺를 창건했으며, 승려 국가고시제인 승과제僧科制를 시행했다.

대각국사 의천

8대 현종顯宗은 거란의 침입(1010년)으로 개경이 함락되자, 불력佛力을 빌어 백성의 마음을 모으고 외적을 막아내고자 '초조대장경初雕大藏經'을 18년에 걸쳐서 간행刊行했다. 대각국사大覺國師 의천(義天, 1055~1101)이 요遼·송宋·일본 등에서 4천여 권의 장소章疏를 수집하고 국내 고서를 모아 『고려교장高麗敎藏』을 간행한 것도 진호국가사상의 연장선에서 이해할 수 있다.

제11대 문종文宗 때 세워진 흥왕사興王寺는 전후 12년에 걸쳐 전 국력을 기울여 완성된 2,800칸의 국립 대사찰이었다. 또한 흥왕사 낙성 당시에는 5주야晝夜 동안 연등대회를 열었으며, 왕이 백관을 거느리고 불전에 공봉供奉하는 등 성황을 이루었다고 한다.

더구나 개경을 중심으로 많은 호국 기원 사찰이 창건되어 그 일대가 가히 불국토라고 할 만했다. 고려의 사찰은 대개의 경우 국가를 위하는 이른바 비보사찰裨補寺刹로서, 밀교사상에 따라 전 국토를 하나의 만다라曼茶羅 형태의 도량으로 보고, 밀교의 택지법擇地法에 따라 사원과 탑 및 부도 등을 건립하고, 불타의 가호를 빌어 나라와 백성을 수호하고 세상이 태평하기를 염원했다. 이러한 비보사찰들이 국토 곳곳에 자리를 굳히게 되자, 그 결과로 진호국가의 염원을 담은 불교 사원들은 왕권의 강화와 불교문화의 높은 수준을 널리 알리는 데 기여했다.

또 고려에서는 다양한 불교문화 행사를 통해 진호국가 사상을 구현하고 문화적 공동체 의식을 함양하였다. 앞서 언급된 연등회는 불전에 등을 밝혀서 자신의 마음을 바르게 하여 불교의 가르침을 찬양하고 귀의하려는 의미를 지니고 있는 대표적인 불교문화 행사다. 또 무차대회無遮大會[212]는 신앙의례로서의 형식이나 절차보다는 중생 모두를 대상으로 불법의 공덕이 두루 돌아가게 함은 물론, 보시의 물건도 함께 나누어 주고 다함께 즐기는 축제의 성격을 띤 법회이다.

경행經行은 '가구경행街衢經行'이라고도 하는데, 고려 초기인 1046년(정종 12년)에 의식이 처음으로 봉행되었으며 그 뒤로 불교의 연중행사로 되었다. 경행이란 걸으면서 부처님의 경전을 독송하는 의식으로, 큰 법회나 의식이 있을 때 법사를 앞세우고 경문을 외면서 불전을 우측으로부터 여러 번 계속해서 도는 사찰 내 의식이었다. 반승飯僧[213]

212 무차대회는 구체적인 신앙의례를 갖춘 것이 수륙재라고 볼 수 있으며, 이때 불경을 강의하거나 불교의 이치에 대하여 각각 의견을 말하여 서로 배우는 절차도 있게 마련이다. 『불교대사전』, 홍법원, 1998 참조.

은 고려 시대 내내 계속 이어졌으며 그 규모도 매우 성대했다. 국왕이 시주자가 되어 궁중이나 큰 사찰에서 수시로 베풀어진 반승은 단순한 승려들의 공양만이 아니라 사찰의 낙성과 불상 조성을 기념하고 축하하는 법회의 성격을 띠고 있었다.

이 외에도 인왕백고좌법회仁王百高座法會가 봉행되어졌는데, 왕실에서는 국가적 대행사가 있을 때마다 성대한 법회를 열고 『반야경』·『인왕경』·『금강경』·『화엄경』 등의 법회[214]를 열었다. 이러한 불교 행사는 막대한 재정과 시간을 낭비하게 되어 후일 신흥 사대부들이 불교를 비판하는 빌미를 주게 된다.

이와 같이 고려 시대에 있어서 불교 행사는 왕실이나 귀족들에 의해 수없이 거행되었으며, 이에 영향을 받아 평민들에까지 기복祈福불사가 이어졌다. 따라서 불교 행사는 우리 민족의 정신과 현실생활 속에 깊이 스며들어 흥국이민興國利民을 위한 신앙으로서 많은 역할을 해왔다.

---

213 통일 신라 시대부터 사찰의 낙성식이 거행된 다음 국왕이 직접 반승을 베푸는 경우가 많았다. 휘신도량(諱辰道場: 죽은 사람의 명복을 비는 의식)·축수도량(祝壽道場: 장수를 축원하는 의식)·인왕백고좌도량(仁王百高座道場: 『인왕경』을 읽으며 호국을 기원하는 의식)·장경도량(藏經道場: 경전을 독송하는 의식) 등 각종 법회가 있을 때에는 그 의식의 절차로서 대개 반승이 함께 열렸다. 『불교대사전』, 홍법원, 1998 참조.

214 이와 같은 불사는 현종 때부터 나타났다. 그는 즉위하는 당년에 태조 때에 시작해서 성종 때에 폐했던 연등회와 팔관회를 재차 시행했으며, 사탑의 창건 증수와 각종 강경과 법회를 봉행했다. 현종 9년에 개국사 탑을 중수하고 사리를 봉안했을 때 반승은 무려 10만 명에 달했으니 그 법회가 얼마나 컸는가를 짐작할 수 있다. 『글로벌 세계 대백과사전』 및 위키백과 참조.

또한 승려들의 호국 수행도 주요한 관심사가 된다. 고려 시대는 안으로는 무신들의 정치적 혼란과 밖으로는 이웃나라들의 침략으로 여러 차례 어려움에 처했다. 국가와 불교를 뗄 수 없었던 당시 승려들은 자연스레 국난이 닥쳤을 때 전쟁 속에 뛰어들어 승병으로서 나라를 지키는 호국 활동을 했다. 『고려사高麗史』에 나타난 외적 침략에 따른 승려들의 군사 활동 기록은 다음과 같다.

㉮「세가世家」 4, 현종顯宗 2년 7월 ㉯「지志」 35, 숙종肅宗 9년 12월 ㉰「지」 35, 고종高宗 3년 12월 ㉱「세가」 22, 고종 4년 3월 ㉲「세가」 22, 고종 4년 5월 ㉳「세가」 23, 고종 19년 12월 ㉴「세가」 24. 고종 1년 10월 ㉵「세가」 39, 공양왕恭讓王 8년 12월 ㉶「열전列傳」 46, 신우辛禑 원년 9월 ㉷「지」 36, 신우 2년 7월 ㉸「지」 35, 신우 3년 3월 ㉹「지」 35, 신우 4년 4월 ㉺「열전」 50, 신우 14년 4월 ㉻「열전」 50, 신우 14년 4월.

이러한 직접적인 군사 활동 외에도 간접적으로는 나라를 위한 기도와 법회를 열고 재난이나 가뭄, 전염병이 유행할 땐 구제救濟 활동을 했다. 이런 승려들의 모습은 국가가 사찰을 지어주고 불교를 융성시켜 주었기에 이에 대한 보은報恩의 성격도 있었을 것이다.

태조의 숭불崇佛에 이어 후대 왕실은 많은 왕자들이 출가하여 승려가 되어 불도를 닦았고, 상류 지도층이 앞장서서 불교를 신봉했기 때문에 일반 백성들도 자연스레 불교를 믿게 되고 융화할 수 있었다. 따라서 불교는 당시 사람들 삶의 바탕을 이루었고, 차츰 관념적이고 개별적인 신앙에서 벗어나 불교 교리에 의거한 생활을 추구해 나갔다.

고려는 건국 초부터 국사國師나 왕사王師 제도를 두었다. 이는 불교가 대다수 사람들의 신앙으로 정착했으므로, 백성을 도덕으로 교화할 수 있는 정신적 지도자인 고승을 국사나 왕사로 책봉한 것이다. 이 제도는 고려의 정치이념을 구현하고 진호국가로 사상적 틀을 잡는 데 큰 역할을 했다.

한편, 불교의 깨달음은 인간 마음의 각성과 직결되기 때문에 개개인의 마음 가운데 자각적으로 드러날 때에만 그 가치가 인정된다. 불교 수행의 목적은 논리적이거나 이론적인 것만으로는 성취될 수 없는, 어디까지나 인간의 근본 마음(佛性)을 계발함으로써 실현된다. 불자(승려)의 자아완성(불성 계발), 불교적 사회 완성(불국토 건설), 사회복지의 길(법계 회향)이 곧 불교의 궁극적 목적이다. 이러한 불교의 근본적인 목적 아래 고려 시대의 승려들은 진호국가 사상을 실천 덕목으로 삼아 자신들의 수행을 이어 나갔던 것이다.

4) 「발원문」 등에 나타난 진호국가설

사찰에서 불상을 조성할 때 안치하는 복장의 유품 가운데 복장기나 조성기와 더불어 불사를 조성하게 된 연유와 그 공덕의 회향으로서의 「발원문發願文」 등이 있다. 발원문이란 불교에서 수행자가 정진할 때 세운 서원이나 시주자의 소원을 적은 글이다. 화기畵記에 새긴 발원문과 대장경조판 발원문 그리고 복장에서 발견한 발원문 가운데 고려 시대 진호국가 사상을 담은 내용을 살펴보자.

몽골이 1231년(1차)과 1232년(2차)에 침략하여 부인사 소장 팔만대장경과 경주 황룡사 9층탑을 불태웠으며, 1235년(3차)에 다시 침략하여 5년 동안 전 국토를 유린했다. 대승불교에서 나한羅漢은 불·보살의 지위보다는 낮았지만 신통력을 가져 기도하면 소원을 이루게 해준다는 나한신앙이 당시 고려에 널리 유행했다. 아래의 오백나한을 그린 시기와 대장경을 조판한 시기는 몽골이 제3차 침입을 한 때이므로 부처님의 가피로 적군이 물러나 나라가 태평하고 임금과 왕비가 장수하기를 바라고 있다.

> 오백나한도五百羅漢圖 제92 수대장존자第九十二守大藏尊者(1235년)
> 나라가 태평하고 임금은 하늘처럼 오래 사시고 왕비는 만 년토록 오래 사시기를 바랍니다.[215]

> 오백나한도 제125 전보장존자第一百二十五展寶藏尊者(1235년)
> 나라가 태평하고 임금은 하늘처럼 오래 사시고 태자는 천 년을 사시며 왕비는 만 년토록 오래 사시기를 바랍니다.[216]

> 오백나한도 제145 희견존자第一百四十五喜見尊者(1236년)
> 나라가 태평하고 임금은 하늘처럼 오래 사시고 태자는 천 년을 사시며 왕비는 만 년토록 오래 사시기를 바랍니다.[217]

---

215 『발원』, 국립중앙박물관, 2015, p.277, "國土太平 聖壽天長 令壽萬年 之願."

216 앞의 책, p.277, "國土太平 聖壽天長 太子千□ 令壽萬年 之願."

217 앞의 책, p.278, "國土太平 聖壽天長 太子千載 令壽萬年 之願."

오백나한도 제329 원상주존자第三百二十九圓上周尊者(1235년)
엎드려 생각하나니, 외국군대가 속히 (돌아가고) 중국과 우리나라가 모두 (평안해지며) 임금은 남□와 같이 오래 사시고 왕비는 북□와 같이 오래 사시며, 나는 더욱 수명이 길어지며 아내는 참죽나무처럼 오래 살기를 바랍니다.[218]

오백나한도 제464 세공양존자第四百六十四世供養尊者(1235~6년)
나라가 태평하고 임금은 하늘처럼 오래 사시고 왕비는 만 년토록 오래 사시기를 바랍니다.[219]

「대장각판군신기고문大藏刻板君臣祈告文」, 고려 1237년
하물며 국가가 불법을 존중해 받드는 처지이므로 진실로 우물우물 넘길 수는 없는 일이며, 이런 큰 보배가 없어졌으면 어찌 감히 역사가 거대한 것을 염려하여 그 고쳐 만드는 일을 꺼려하겠습니까? 이 재집宰執과 문무백관 등과 함께 큰 서원誓願을 발하여 이미 담당 관사官司를 두어 그 일을 경영하게 했고, 따라서 맨 처음 초창草創한 동기를 고찰했더니, 옛적 현종 2년에 거란주契丹主가 크게 군사를 일으켜 와서 정벌하자, 현종은 남쪽으로 피난했는데, 거란 군사는 오히려 송악성松岳城에 주둔하고 물러가지 않았습니다. 그러나 현종은 이에 여러 신하들과 함께 더할 수 없는 큰 서원을

218 앞의 책, p.278, "伏惟 隣兵速□ 中外含□ 聖壽等南□ 令壽齊北□ 己身延壽命 室內得椿齡 之願."

219 앞의 책, p.279, "國土太平 聖壽天長 令壽萬年 之願."

발하여 대장경 판본을 판각해 이룬 뒤에 거란 군사가 스스로 물러갔습니다. 그렇다면 대장경도 한가지고, 전후 판각한 것도 군신이 함께 서원한 것도 또한 한가지인데, 어찌 그때에만 거란 군사가 스스로 물러가고 지금의 달단은 그렇지 않겠습니까? 다만 제불다천諸佛多天이 어느 정도를 보살펴 주시냐에 달려 있을 뿐입니다. 진실로 지성으로 하는 바가 전조前朝에 부끄러워할 것이 없으니, 원하옵건대 제불성현諸佛聖賢 삼십삼천三十三天은 간곡하게 비는 것을 양찰하셔서 신통한 힘을 빌려주어 완악한 오랑캐로 하여금 멀리 도망하여 다시는 우리 국토를 밟는 일이 없게 하여, 전쟁이 그치고 중외가 편안하며, 모후母后와 저군儲君이 무강한 수를 누리고 나라의 국운이 만세토록 유지되게 해주신다면, 제자들은 마땅히 노력하여 더욱 법문法門을 보호하고 부처님의 은혜를 만분의 일이라도 갚으려고 합니다. 제자 등은 간절히 비는 마음 지극합니다. 밝게 살펴주시기를 삼가 바랍니다. 운운.[220]

「대자금강반야경조판발원문大字金剛般若經組版發願文」, 고려 1237년

---

220 「大藏刻板君臣祈告文」, 『東國李相國全集』 권25, "況有國有家 崇奉佛法 固不可因循姑息 無此大寶 則豈敢以役鉅事殷爲慮 而憚其改作耶 今與宰執文虎百僚等同發洪願 已署置句當官司 俾之經始 因考厥初草創之端 則昔顯宗二年 契丹主大擧兵來往 顯祖南行避難 丹兵猶屯松岳城不退 於是乃與群臣發無上大願 誓刻成大藏經板本 然後丹兵自退 然則大藏一也 先後雕鏤一也 君臣同願 亦一也 何獨於彼時丹兵自退 而今達旦不爾耶 但在諸佛多天鑑之之何如耳 苟至成所發 無愧前朝則伏願諸佛聖賢三十三天 諒懇迫之祈 借神通之力 使頑戎醜俗 斂蹤遠遁 無復蹈我封疆 干戈載戢 中外晏如 母后儲君 亨壽無疆 三韓國祚 永永萬世 則弟子等當更努力 益護法門 粗報佛恩之萬一耳 弟子等無任懇禱之至 伏惟炤鑑云云."

큰 글자로 금강반야경을 새겨 유통하니 이웃나라 병사들이 일어나지 않고 국운이 중흥하고 널리 이어지기를 특별히 발원합니다. 아울러 법계의 유정들이 다함께 승리의 기쁨에 젖고 모든 유상을 부수고 더불어 진공眞空을 인식하기를 발원합니다.[221]

이 가운데 「대장각판군신기고문」에는 고려 현종(顯宗, 992~1031) 때 거란군이 침략하자(1011년) 대장경(초조대장경)을 새겨 거란군이 물러가게 한 사실을 상기하면서, 이번에는 몽골군의 침략(1231년)으로 나라가 유린당하자 다시 대장경을 새겨 국난을 극복하고자 발원하고 있다. 위 「대장각판군신기고문」은 대장각을 판각할 때 임금과 신하들이 목욕재계하고 제불보살과 제석천을 비롯한 33천의 모든 호법 신장들에게 기고하는 글이다. 그 내용은 첫째 적군이 물러나고 국토가 짓밟히는 일이 없기를 바라고, 둘째 모후와 태자가 장수하기를 바라며, 셋째 나라의 국운이 만세토록 유지하도록 바라고 있다. 현종 대에 거란이 쳐들어와 송악에 주둔하고 물러가지 않았으나 대장경을 판각하자 거란군이 스스로 물러났듯이, 이제 대장경을 새기고 군신이 서원하니 모든 부처님과 하늘이 신통한 힘으로 소원을 이루어 주기를 기원하고 있다.

그리고 「대자금강반야경조판발원문」은 몽골의 침략으로 국난을 당하자 당시 실권자인 최우崔瑀가 『금강반야경』을 유통하며 대장경을

221 「大字金剛般若經組版發願文」 守大傅 門下侍中 上柱國 上將軍 判御史臺事 晋陽郡 崔瑀가 발원한 내용이다. "特發弘願以大字 金剛般若經彫板流通所異隣兵不起 國祚中興延及法界有情俱霑勝利破諸有相共識眞空 時丁酉十二月 日 謹誌."

새겨 불력佛力으로 이를 극복하고자 한 것이다. 위 두 발원문의 내용은 대장경 판각으로 적군을 물리쳐 국난을 극복하고 나라를 지키려는 고려 시대 진호국가의 성격이 잘 드러나 있다. 몽골군이 물러났어도 각종 불사佛事에서 역시 국난 극복과 국왕을 비롯한 왕실의 장수와 풍년이 되기를 발원하며 재조대장경을 판각하였다.

「발문跋文」, 『묘법연화경妙法蓮華經』 권7, 고려 1283년
특히 국왕과 궁주宮主에게 갖은 재액災厄이 없고, 전쟁이 사라져 국토가 태평하며, 동시에 이 몸이 아홉 가지 횡사橫死를 당하지 않고 삼계三界에서 속히 벗어나며, 미래의 겁劫을 다 없애기 위해 불사를 크게 일으키는 것입니다.[222]

「발문跋文」 다라니 목판본, 고려 1313년
황제께서 만년 장수하시고 황후, 황태후, 황태자도 장수하십시오. 주상의 성덕이 날로 새롭고 조정도 역사를 영원히 누리며, 제왕과 종실이 복과 장수를 함께 누리십시오. 비와 햇볕이 적당하고 백곡이 익고 만민이 즐겁고 불일(佛日: 불타의 법력)이 밝고 법등(法燈: 佛法)이 빛나 법계에 함께 태어나 함께 보리菩提를 깨닫는 소원을 성취하기를 기원합니다.[223]

---

222 『발원』, 국립중앙박물관, 2015, pp.280~281, "特爲 國王宮主無諸災厄兵戈瀆消 國土 太平兼及己身不逢九橫速脫 三界盡未來劫作大佛事."

223 앞의 책, p.289, "皇帝万年 皇后 皇太后 皇太子 主上聖德日新 本朝永亨千秋 諸王宗室 同增福壽 雨陽順 百穀稔 萬民樂 佛日明 法燈輝 法界生仝 共證菩提之願."

「발문跋文」, 『미륵삼부경彌勒三部經』, 고려 1315년
황제께서 만년 장수하시고 지금 주상께서 보위에 길이 계시고, 나라가 태평하고 백성이 안녕하며, 불법(佛日)이 항상 밝고 법륜(法輪: 부처의 설법)이 변함없이 퍼지며, 가없는 법계의 모든 중생(有情)이 모두 고륜(苦輪: 윤회)을 끊고 보리심菩提心을 내어 모두 부처를 증명하는 무생지無生智를 깨닫기를 축원합니다.[224]

「발문跋文」, 『대방광불화엄경大方廣佛華嚴經』, 고려 1334년
부디 천지와 같이 모두 덮어주시고 일월과 같이 모두 비춰주시어 집안과 나라가 모두 안녕하고 사람과 귀신 모두를 경사스럽게 해주소서.[225]

「발문跋文」, 『대방광불화엄경大方廣佛華嚴經』, 고려 1387년
바라는 바는 불일佛日이 영원히 빛나고 법륜法輪이 영원히 구르며, 성산(聖算: 임금의 수명)이 한없이 길고, 나라의 기반이 더욱 단단하며, 청하상국淸河相國의 복은 더욱 많고 수명은 더욱 길며, 전쟁은 사라지고, 곡식은 풍작이며, 법계의 생령生靈이 함께 보현원만행普賢圓滿行의 바다에 들어가는 것이다. …… 근비(謹妃: 우왕의 왕비)전하께서 주상전하의 만세와 원자元子의 천추를 위하여 판에 새겨 유통시킨 것인데 …… 근비의 마음을 여러 부처님께서 증명하시어

224 앞의 책, p.283, "皇帝萬年當今主上寶位遐長國泰民安 佛日恒明法輪常轉無邊法界一切有情俱斷苦 輪發菩提心咸悟無生證."

225 앞의 책, p.281, "乾坤比於覆燾日月並 於照臨家國咸寧人均慶."

> 주상은 만세토록 영원하고 원자는 천추토록 영원하실 것이다. 국토가 풍요롭고 모든 생명이 생장하는 것에 대해서는 대비심大悲心이 중생을 풍요롭게 도울 것을 또 알 수 있다. 색穡이 그리하여 절하고 머리를 조아려 그 뒤에 쓴다.[226]

위 발원문들은 몽골군의 침입으로 재조대장경을 판각한 후, 고종 46년(1259) 몽골군이 물러난 이후에도 왕실과 사대부들이 경전을 새기고 발원한 것이다. 약 30년 동안 계속된 전쟁으로 국토는 황폐해지고 백성들은 궁핍에 고통스러웠다. 그리하여 경전을 새기면서 부처님께 전쟁이 사라지고 나라가 태평하기를, 왕과 왕비와 원자가 천추千秋를 누리고 백성들이 안녕하기를 발원하고 있다.

위 발원문의 내용을 간추리면 대체적으로 다음과 같다.

①임금의 수명장수, 천추만세, 건강 발원

②왕후 덕행과 건강 및 왕손 임신 발원

③왕실의 무궁 발전 및 왕위 영구 계승

④백성들의 태평성대, 우순풍조 및 풍년 기원

⑤외적 격퇴, 전쟁 소멸, 국토 안위, 국운 융성, 국태민안 발원

이러한 내용을 살펴볼 때 고려 시대의 각종 불사는 왕실로부터 시주자(백성들)에게 이르기까지 한마음으로 발원했으며, 불사의 공덕

---

226 앞의 책, pp.284~285, "所冀佛日重光 法輪永轉 聖算何長 邦基益固 淸河相國祿壽增廷 干戈掃地 禾黍登場 法界生靈 同入普賢圓滿行 …… 謹妃殿下 爲主上萬萬歲 元子千千秋 刊板流通而 …… 謹妃之心 諸佛證明 主上萬歲 元子千秋 至於國土康生類遂則 大悲心饒益衆生 又可知已 穡於是拜手稽首書其後."

이 진호국가적 염원으로 회향되고 있음을 알 수 있다.

2. 고려 말 유·불 대립의 대두

1) 불교 비판의 시대적·사상적 배경

앞서 살펴보았듯이 삼국 시대에 전래된 유교와 불교는 고려 초·중기까지 서로 보완해주며, 때로는 민족 고유사상과도 서로 교섭하고 융합했다. 이런 조화와 공존을 중시하는 관계는 고려 시대의 유교와 불교의 역할 분담에 의한 상호 교섭을 바탕으로 더욱 발전했다. 그러한 일례를 고려 유·불 관계의 많은 자료 가운데 인종(仁宗, 1122~1146 재위) 때의 문인이자 유학자인 임춘林椿의 글에서 볼 수 있다.

> 불교는 자인慈仁, 광박廣博, 적멸寂滅, 무위無爲로 도를 삼아 대역大易과 그 지취旨趣에 합치되는 점이 있다. 비록 우리 성인(孔子)이 다시 나신다 해도 배척하지는 않을 것이다.[227]

불교의 도와 유교의 도의 합치를 밝히고 공자 또한 불교를 인정할 것이라는 내용이다. 한유와 함께 당·송 8대가인 유종원(柳宗元, 773~819)의 주장인 "불교의 학설은 공자와 도를 달리하지 않는다", "진승眞乘의 법인法印을 유교의 경전과 같이 사용해야 사람이 향하는 길을 알게 될 것이다"라는 주장과 일치하는 것이다. 인용문을 통해서도

---

227 「送李眉叟序」, 『西河集』 권5(『韓國文集叢刊』 1, p.250d), "釋氏以慈仁廣博寂滅無爲爲道 與大易有合其旨者 苟統而和融 本無異歸 雖吾聖人復生 不得而斥也."

알 수 있듯이 유학자 임춘은 유·불의 요체가 상통하더라도 활용되는 측면은 서로 다르게 나타나지만, "유·불을 통합하여 섞는다면 본시 그 귀취歸趣에는 다를 것이 없다"[228]라고 하여 하나의 가르침으로 귀결됨을 주장했다.

이렇게 불교와 유교의 상호 조화론적 관계는 고려 초·중기까지 계속되었지만, 고려 후기에 접어들어서는 갈등의 구조를 가지게 된다. 특히 몽골족의 지배 하에서 자주적인 발전역량을 상실했던 고려불교계는 충렬왕 이후 타락과 분열·대립이 더욱 심화되었다. 충렬왕 때까지는 지눌(知訥, 1158~1210)로부터 시작된 건전한 불교 기풍이 제자들에게 직·간접적인 영향을 주어 일관된 맥락으로 이어졌다. 그러나 제26대 충선왕으로부터 제30대 충정왕 때까지 고려는 몽골이 세운 원나라의 철저한 압제 밑에서 정치가 피폐해지고, 이에 따라 불교도 함께 내리막길을 가고 있었다.

당시에도 물론 훌륭한 고승이 있었지만, 지배층은 이미 나라와 백성을 이끌고 가는 것이 아니라 원나라의 힘에 간신히 이끌려 가고 있는 것이나 다름이 없었다. 충선왕 때에는 기복행사 위주의 신앙이 성행했고, 충혜왕은 방종하여 술사術師들을 가까이함으로써 정치가 더욱 혼란해졌다. 충목왕과 충정왕 때는 왕의 위엄은 떨어지고 불교는 지배층과 멀어지게 되며, 아울러 백성들의 구심점으로서의 위치가 흔들렸다.

---

228 「小林寺重修記」, 『西河集』 권5(『韓國文集叢刊』 1, p.250d), "柳子以爲浮屠之說不與孔子異道 又曰 眞乘法印 與儒典竝用 而人知嚮方矣 然則苟統而混之 儒釋二教 本無異歸 是以 自宋以來 賢士大夫 有聞其風 而悅之者 若白居易 有唐巨儒也."

앞 장에서 살펴본 바와 같이 원래 중국에서 성리학은 도교와 불교에 대한 극복 과정의 일환으로 일어났다. 특히 불교를 중화정신에 의거하여 극복하고 유학의 전통을 회복하려는 의지에서 비롯된 측면이 강하다. 그런 까닭에 고려 말에 신흥 사대부들에 의해 성리학이 유입되면서 도통道統과 배불의식이 형성된 것은 자연스런 흐름이었다.

송대宋代에 발달한 성리학이 우리나라에 처음 전래된 것은 고려 후기 충렬왕 때 안향(安珦, 1243~1306)에 의해서다. 이 당시 중국은 남송南宋이 망하고 원元이 중원을 지배하던 시기였다. 안향이 주자서朱子書를 직접 손으로 베껴 오고, 뒤이어 백이정(白頤正, 1247~1323)이 정주程朱 성리학을 원에서 연구하고 귀국하여 제자를 가르치면서 고려에서도 신유학이 시작되었다.

성리학의 유입은 앞서 살펴본 도통관의 자연스러운 유입으로 이어지고, '유교만이 천지간의 정도正道요 국가에 유익한 실학일 뿐, 기타 불교와 도교는 이단이며 인생에 허망하므로 이들을 없애지 않고서는 유학이 행해질 수 없다'라는 논리가 자리잡기 시작했다.

성리학을 조선에 처음 전래한 안향

이 시기 고려의 대다수 지식인들이 성리학을 선택한 배경을 내·외적인 두 가지 측면으로 살펴볼 수 있다. 먼저 내적으로는 불교 교단의 내부 문제이다. 고려의 지식인들은 이를 가장 근원적인 문제로 파악함으로써 불교에 대해 현실적 비판을 가했다. 따라서 그들의 새로운 대안은 당연히 불교를 대체할 수 있는 이념인 동시에 불교 교단에 비판적이어야 했다. 그리고 이러한 기준을 충족하는 성리학이 그들의 주목을 받을 수밖에 없었다.

외적으로는 거대한 몽골제국에서 칭기즈칸의 손자인 쿠빌라이(忽必烈, 1260~1294 재위)가 1260년에 정권을 잡은 후, 성리학을 통해 중앙집권적 국가 건설에 힘써 1271년에 마침내 원나라를 건국했다는 점은 고려의 개혁세력에게도 큰 영향을 끼쳤으리라 짐작할 수 있다. 몽골제국이 성리학적 이념을 토대로 하여 북방의 유목국가에서 중국식의 중앙집권국가로 개혁해 가는 모습을 지켜본 고려의 지식인들에게 그것은 개혁의 전형으로 받아들여졌을 것이다.[229]

앞서 살펴본 송대 성리학자들이 개혁한 대상은 청렴을 내세우면서도 현실적으로 폐단을 끼치는 당시의 불교 승단이었고, 이러한 비판의 논서가 고려에 유입되어 신진 사류士類는 배불 사상에 대해 자연스럽게 익히게 되었다.

고려 말에 본격적인 불교 비판론이 대두된 1차적인 원인은 고려불교의 현실적인 폐단이었다. 하지만 이러한 폐단이 바로 불교 자체에 대한 극단적인 배타의식으로까지 이어지진 않았다.

성리학 전래 이전까지 불교 비판론은 말 그대로 불교의 현실적 폐단에 대한 시정을 요구하는 문제 제기의 수준이었다. 불교가 현실적으로 문제를 일으키고 있는 점들을 지적할 뿐이지 불교 자체에 대한

---

229 김기주, 「朝鮮佛教에 대한 性理學의 영향」, 『東亞人文學』 제23집, 2012, p.105.

회의나 부정까지는 드러나지 않았다. 오히려 불교가 본래 지니고 있는 본질적인 가치와 의미에 대해서는 존중하는 의식까지도 지니고 있었다.

그러다가 고려 말 지배이데올로기로서 성리학 수용은 당시 지식인들에게 개혁 논리의 정당성을 제공하는 중요한 분수령이 되었다. 이때부터 본격적인 배불의 사상적 체계가 형성되어 막연한 감정적 도전에서 이론적 반격의 골격을 마련하게 되었다.[230] 불교 전래 이후로 주변부에 머물던 유교가 원元으로부터 성리학을 수입함으로써 우리나라 유교의 새로운 면이 개척되고, 이에 근거하여 그들은 불교에 대항하고 나아가 불교를 압도할 수 있게 되었다.[231]

한편, 고려불교계에서도 고려 말의 무신 집권기 이후 교종 중심의 귀족적·보수적 성향에서 탈피하여 지방을 중심으로 변혁을 도모한다. 무신란(武臣亂, 1170년) 이후 불교계의 변화 중 가장 주목되는 것은, 기존 문벌귀족 체제와 결탁된 보수적인 경향에 대한 비판으로 신앙결사가 두드러지게 된다는 점이다.[232]

그 가운데 특히 주목되는 것은 보조국사普照國師 지눌(知訥, 1158~1210)에 의한 수선사修禪社 결사(정혜결사定慧結社)와 원묘국사圓妙國師 요세(了世, 1163~1245)에 의한 백련사白蓮社 결사였다. 지눌이 현실사회와의 새로운 관계를 정립하고 나름의 사상체계와 실천방향을 수립하는 데는 무엇보다 대혜종고(大慧宗杲, 1089~1163)의 사상적인

230 정병조, 『韓國宗敎思想史』, 연세대출판부, 1991, p.105.

231 이병도, 『韓國儒學史』, 아세아문화사, 1987, p.84.

232 채상식, 『고려 후기불교사연구』, 일조각, 1991, p.229.

정혜결사로 고려불교의 쇄신을 꾀한 보조국사 지눌

영향을 많이 받았다.[233] 지눌이 세 번째 깨달음을 얻는 전기轉機는 『대혜어록』의 "먼저 고요한 곳이나 시끄러운 곳이나 일상 인연에 응하는 곳이나 생각하고 분별하는 곳을 버리지 않고 참구해야 한다"라는 구절을 읽고서다. 이 구절은 간화선의 사상적 경향, 다시 말해서 적극적인 사회 참여의 경향을 나타낸 구절이다.

하지만 이러한 결사는 1284년(충렬왕 10년) 원나라 세조(쿠빌라이)의 딸인 제국대장공주齊國大長公主의 원찰로 묘련사妙蓮寺가 건립되고, 여기에 타락한 승려들이 참여하면서 결사정신의 순수성을 잃게 되고 점차 권문세족과 결탁하면서 다시 귀족·보수화된 친원적親元的 집단으로 변질되었다.[234]

충숙왕 때 양가도승통兩街都僧統의 지위에 있으면서 『화엄경』 사경의 공덕주功德主를 맡기도 한 체원(體元, 1313~1344. 이제현李齊賢의 형)은 신앙적 측면의 노력을 통해서 당시 사회가 요청하는 현실 구원적인 역할을 수행하려 했지만, 영험과 공덕을 주로 강조하다 보니 당시

233 조명제, 앞의 논문, p.35.

234 대한불교조계종교육원 불학연구소, 『曹溪宗史－고중세편』, 대한불교조계종교육원, 2005, p.229.

불교계가 안고 있던 여러 문제들을 본질적으로 해결하지는 못했다.[235] 따라서 원나라의 간섭기(13세기 후반~14세기 전반)를 거치면서 불교계는 교단 자체가 붕괴되고 승풍僧風의 문란 현상이 뚜렷이 나타나게 된다.

일부 사원은 세속의 도피 장소나 정쟁政爭의 진원지가 되기도 했으며, 승려의 기강이 해이해져 세속적이고 타락의 길을 걷기도 하는 등 퇴폐적인 모습을 보이기도 했다.[236] 또한 국고와 민생을 무시한 사원의 지나친 불사는 국고를 탕진했으며 민심을 이반離反하기도 했다. 한편 고려는 원 간섭기 이후 정치권력의 갈등과 부원세력附元勢力의 발호로 정치적 혼란을 겪고 있었으며, 홍건적과 왜구 등의 침략으로 인해 내우외환이 계속되었다.

이렇듯 고려 후기에 이르러 정국과 불교계가 혼미를 거듭하고 있을 때, 성리학을 이론적 배경으로 성장한 신흥 사대부들이 등장하여 사회의 개혁과 불교의 폐해에 대한 대책을 거론하기 시작했다. 이들은 공민왕 시절에는 비교적 온건한 어조로 왕에게 불교를 비판하는 상소를 올렸다. 당시 유학자들은 대부분 불교에 조예가 깊은 불교 신자로 극단적인 배불론자가 될 수는 없었지만, 다소의 몰지각한 승려들과 왕실의 지나친 맹신 현상에 대해서는 묵과할 수 없었던 것이다.

이러한 사회적 분위기 속에서 불교 교단의 비판론자들은 이론과 실제 2가지 면에서 문제점을 지적하게 된다. 그들이 제기한 문제는 일반적인 편견에 좌우된 느낌이 있어 전적으로 납득할 만한 것은

---

235 채상식, 앞의 책, p.219.

236 대한불교조계종교육원 불학연구소, 앞의 책, p.229.

못 되었지만 부분적으로는 상당히 타당한 것이었다. 공민왕 말기에는 '태조구세지상太祖九世之像'이라는 것을 만들어 태조의 전신前身을 9가지로 말하면서, 왕위에 오르기 바로 전에는 어느 절의 소였고 죽은 뒤에는 보살이 되었다는 등의 이야기를 하여 김자수金子粹 등에 의하여 불교계가 비판을 받기도 했다.

고려 후기에서 조선 초기에 불교가 논란이 되었던 이유 중 하나는 승려들이 면역을 받는 특권계층이었다는 데에 있다. 이 특권은 아무에게나 줄 수 있는 것도 아니며 무한하게 줄 수 있는 것도 아니다. 그 때문에 국가는 그 특권의 수를 한정하고자 했고, 그 특권을 받는 자들은 그만한 자격을 가져야 한다고 생각했다. 그러나 당시의 상황은 면역의 수혜 범위가 이미 확대된 상태였고, 국가는 이 상황을 용납할 수 없어 엄격히 제한하고자 했다. 여기에 승단에 대한 비판이 더해져서 도첩제度牒制의 시행으로 나타난다. 충숙왕 때부터 도첩제 시행 기록이 확인되며, 공민왕의 개혁정책과 더불어 도첩제가 집중적으로 실시되었다.

당시 지배층에서는 불교를 청정하게 정화하기 위해서 법률을 반포하여 도첩제를 실시할 것을 왕에게 건의하였고, 또한 도첩이 없는 승려들은 군졸로 삼고 새로 창건한 절은 철거하여 승단을 국가가 법률적으로 관리할 것을 강력하게 상소했다. 이는 도첩제를 확립하고, 출가로 인해 세금을 내야 하는 양민이 감소하는 것을 막기 위한 것이었다. 하지만 도첩제의 시행에도 불구하고 양민들의 역役을 회피하기 위한 출가가 계속되는데, 이는 공민왕 하교조서下敎條書에서도 볼 수 있다.

공민왕 5년 6월에 교서를 내리기를 향鄕, 역驛의 아전(吏)들과 공사 노예들이 부역을 회피하고 제 마음대로 승려가 되는 까닭에 호구가 날로 줄어드니, 이제부터는 도첩이 없는 자는 자의로 머리를 깎지 못한다고 했다.[237]

충숙왕 대에 도첩제 금지 대상이었던 향鄕, 역驛의 리吏들뿐만 아니라 공사노비公私奴婢들이 부역의 회피를 위해 승려가 되는 것을 지적하면서 도첩이 없이는 출가를 금한다고 밝히고 있다. 이러한 금지조항은 고려 전기 불교계의 통제와 질서를 뒷받침했던 관리제도가 무신의 난과 원元 간섭기를 계기로 변동·와해되었기 때문이다.

이후 공민왕 20년(1371)에는 출가를 보다 엄격히 규제하기 위해 승려가 되고자 도첩을 받으려면 베 50필을 바쳐야 한다는 규정을 만들었다.[238] 이와 같이 공민왕 대에 승려들의 출가를 제도적으로 엄격하게 관리했던 배경에는 세금과 관련하여 국가 재정의 확충이라는 문제가 자리하고 있었다. 따라서 직역과 관련된 인정人丁을 확보하는 것이 중요했으며, 이는 배불정책의 기조로 작용했다고 생각된다.

고려 시대의 승려 수는 총인구의 3/10에 이를 정도로 추산되는데, 이들 승려 모두가 수행승이라고 보기 힘들며, 비승비속인非僧非俗人들

237 『高麗史』 권85, 志39, 刑法2, 禁令, 恭愍王 5年 下教條, "恭愍王五年六月, 下教, 鄕·驛吏, 及公私奴隷, 規逃賦役, 擅自爲僧, 戶口日蹙. 自今, 非受度牒者, 毋得私剃."

238 『高麗史』 권84, 志38, 刑法1, 職制, 恭愍王 20年 12月 下教條, "今後情願爲僧者先赴所在官司納訖丁錢五十匹布方許祝髮."

이 존재하여 이들 중에는 재가화상在家和尙이나 수원승도隨院僧徒와 같이 결혼하여 처자식이 있던 승려들도 포함되었다.[239] 여말선초의 도첩제 시행은 불교를 배척하고 성리학적 체계가 자리잡기 시작할 때까지라 할 수 있으며, 이는 불교를 정화하고 교단을 축소시키려고 한 시기와 비슷하다.

2) 사대부 계층의 불교 인식과 비판

고려 말 사대부들의 불교 비판에 대해서는 먼저 『고려사高麗史』의 사료를 활용하여 살펴보겠다. 다만 『고려사』가 조선 초기 역성혁명에 동참한 성리학자 계열의 사관들에 의해 집필되었음을 감안한다면 불교 비판의 내용이 역사적 사실에 비해 다소 왜곡되고 편향될 수 있다는 점은 고려해야 한다. 고려 후기의 문제를 살피기에 앞서 먼저 고려 초·중기 불교에 대한 유교 측의 우려와 비판을 보도록 하겠다. 성종 대의 새로운 국가체제 정비에 크게 기여했던 최승로(崔承老, 927~989)는 유·불의 근원을 나타내면서 다음과 같이 상소했다.

> 불교를 믿는 것은 자신을 닦는 근본이며, 유교를 행하는 것은 나라를 다스리는 근원입니다. 자신을 닦는 일은 내세를 위한 바탕이며, 나라를 다스리는 일은 오늘 당장 해야 할 일입니다. 오늘은 지극히 가깝고 내세는 지극히 머니, 가까운 것을 버리고 먼 것을 구하는 일은 또한 잘못이 아니겠습니까.[240]

---

239 황인규, 『고려 말·조선 전기 불교계와 고승연구』, 혜안, 2005, p.117.

240 「崔承老傳」, 『高麗史』 권93, 列傳6, "行釋敎者 修身之體 行儒敎者 理國之源

유교적 정치이념을 체계화하여 개혁방안을 제시한 그는 지극히 현실주의자였다. 위 글에서 유교만이 나라를 위하는 이국지원理國之源이며, 여기에 비해 불교는 자신만을 위하는 내생지원來生之源의 종교라 하여 불교를 지나치게 신앙하는 것을 경계하고 있다. 하지만 최승로의 이와 같은 주장은 불교를 배척하는 입장이라고 하기보다는 쇠퇴해 가는 유교의 이념을 지키기 위한 데에 뜻이 있다고 볼 수 있다.

위의 글에서 오늘은 지극히 가깝고(유교를 비유) 내세는 지극히 머니(불교를 비유), 가까운 것을 버리고 먼 것을 구하는 일은 잘못되었다고 한 것은 현실의 국가를 위한 이념인 유교를 세워 보고자 한 것이다. 최승로는 태조부터 경종에 이르기까지 5왕의 치적治績과 함께 북계北界의 확정과 방위책, 공덕재功德齋의 폐지, 승려들의 궁중 출입 금지, 왕의 불법숭신佛法崇信의 억제 등 불교 교단의 폐해에 대한 건의문과 그밖의 사회문제 및 대중국관對中國觀 등 28조에 달하는 시무時務를 올렸고(「시무時務 28조」), 그 가운데 22개조가 현재 전해지고 있다. 이는 고려 초기 유교적 정치이념에 입각한 치세의 방향을 제시한 것으로 새로운 국가체제 정비에 따른 사정도 함께 감안해야 한다.

고려 후기에 이르면 앞서 살펴본 대로 승단의 폐해에 대해 지식인층의 배불 사상이 일어났으며 한편으로 왕의 친불교적인 모습에 대해서도 반대했다. 공민왕은 개혁정치와 많은 정사 속에서 홀연히 세속을 벗어나고픈 마음을 늘 품고 있었는데, 윤택尹澤은 왕의 친불적 행위를 지적하면서 다음과 같이 아뢰었다.

修身是來生之源 理國乃今日務 今日至近 來日至遠 舍近求遠 不亦謬乎."

전하께서는 위로는 종묘를 받들고 아래로는 모든 백성을 보호해야 하는데, 어찌하여 필부들이 윤리에서 벗어나는 짓을 하는 것을 본받으려고 하십니까? 만약 저의 말을 들으시겠다면 저는 오로지 공자의 도만 말씀드릴 것이오니, 바라옵건대 깊이 생각하소서.[241]

앞서 살펴본 대로 고려 태조 왕건은 「훈요십조」를 통해 후대의 왕들은 불교를 숭상할 것을 당부했다. 이에 역대 왕들은 호불적 태도를 견지했으며, 그중에서 공민왕의 개인적인 불심은 어떤 왕보다 깊었다. 이에 대해 고려 후기 배불적 태도를 취한 윤택은 불자를 가리켜 필부匹夫로 비유하며 불교 신행이 윤리에 벗어난 짓이라 직언했다.

국가적 차원의 불사와 공양이 이루어지는 고려 말기에 이르러 사찰 내 토지와 노비의 수가 크게 늘어나게 되고 이에 따른 폐해도 나타나는데, 이에 대해 『고려사』에는 다음과 같이 기록되어 있다.

제왕諸王 재추 및 호종신료扈從臣僚들과 여러 궁원, 사찰이 한전閑田을 차지하기를 바라기에, 국가 또한 농업을 중시한다는 뜻을 보이고자 그것을 허락하는 패牌를 내린 바 있다. 그러나 사패賜牌를 빙자해 비록 주인이 등재되어 있는 토지까지도 모조리 탈취하는 바람에 그 폐해가 적지 않다.[242]

---

241 「尹諧附 尹澤」, 『高麗史』 권106, 列傳19, "時王深味釋敎 超然有物外之想. 澤曰 殿下上奉宗廟 下保生靈 奈何欲效匹夫廢絶倫理之事 如聽臣言 非孔子之道不可 願加聖意."

242 「經理」, 『高麗史』 권78, 志32, 食貨1 田制, "諸王宰樞及扈從臣僚 諸宮院寺社 望占閑田 國家亦以務農重穀之意 賜牌. 然憑藉賜牌 雖有主付籍之田 並皆奪之

일부 승려가 토지와 재산증식에 관심을 갖고 있음을 짐작케 한다. 심지어 토지나 노비를 확대하는 선에 머물지 않고 상업과 고리대업에도 종사하여 백성들로부터 교단에 대한 신뢰가 떨어지게 했다. 이러한 승단의 폐해에 대해 지배계층에서는 불타의 가르침을 인용하며 당시 계율을 어기는 승려들에게 다음과 같이 지적한다.

> 석가모니는 청정淸淨을 우선으로 삼고 온갖 더러움을 멀리 떨쳐버림으로써 탐욕을 없애버려야 한다는 가르침을 폈다. 그런데 요즘 백성으로서 의무를 기피하는 무리들이 승려 명단에 이름만 걸어놓은 채, 재산을 증식시켜 생계를 꾸려나가거나 농업과 축산업으로 생업을 삼거나 장사를 일삼는 것이 유행이 되고 있다. 모든 행동에서 석가가 가르친 청정의 도리와 계율의 약속을 어기고 있다.[243]

이처럼 백성의 의무를 저버리고자 승려가 된다며 교단 전체를 비난하고 있다. 예로부터 사찰에서는 승려의 삶을 영위하기 위해 필요한 물자를 자급자족하는 풍습이 있는데, 이러한 전통은 일찍이 중국 당대 선종 계통 사원들이 스스로 개간, 경작, 수확하는 등 불가에서 정착되어 온 수행방식이다. 그런데 당시 승려들은 자급자족 형태의 순수한 사찰운영 차원을 넘어 사원에서 상품의 생산과 판매 및 고리대

其弊不貲."

243 『高麗史』 권7, 文宗十年九月 丙申條, "釋迦闡教 淸淨爲先 遠離垢穢 斷除貪欲. 今有避役之徒 托號沙門 殖貨營生 耕畜爲業 估販爲風. 進違戒律之文 退無淸淨之約."

의 행위를 하여 사회적 폐해가 되었다. 더구나 전적으로 불교 계율에 위배되는 경우라면 이는 사회적 폐해로서만이 아니라 불교 교단으로서도 심각한 문제가 아닐 수 없다.[244]

창왕昌王 원년(1380) 전법판서典法判書 조인옥趙仁沃의 상소문은 승려들의 삶에 대해 적극적으로 비판하고 있다.

> 불교의 가르침은 마음을 청정히 가지고 욕심을 적게 하여 세속의 일과 절연하는 것을 종지로 삼으니, 그것은 천하의 국가를 다스리는 길과는 다릅니다. 최근에 승도들은 욕심을 적게 하라는 자기 스승의 가르침을 염두에 두지 않고 토지에서 나오는 조租와 노비의 역(傭)을 부처에게 공양함이 없이 승려 자신의 치부에 쓰고 있습니다. 스스로는 과부의 집에 출입함으로써 풍속을 더럽히고, 권세 있는 집안에 뇌물을 바쳐 큰절의 주지가 되고자 하니 …… 승려로서 인가에 유숙한 자는 간음한 것으로 논죄하여 군졸로 충당할 것이며, 유숙시킨 집도 죄를 물어야 합니다.[245]

여기에 나타난 비판은 대개 승단의 폐단을 지적한 데 그쳤고, 아직 불교 교리 자체를 공격한 것은 아니었다. 오히려 불교에 대해 '마음을

---

244 이봉춘, 「조선 초기 배불사 연구-조선왕조실록을 중심으로」, 동국대 박사학위 논문, 1991, pp.22~23.

245 「趙仁沃傳」, 『高麗史』 권111, 列傳24, "佛氏之教 以淸淨寡欲離世絶俗爲宗 非所以治天下國家之道也. 近世以來 僧徒不顧其師寡欲之教 土田之租 奴婢之傭 不以供佛 僧而自富. 其身出入寡婦之家 汚染風俗 賄賂權勢之門 希求巨刹 …… 凡僧留宿人家者 以姦論充軍籍 其主家亦論罪."

청정히 가지고 욕심을 적게 하여 세속의 일과 절연하는 것을 종지로 삼는 가르침'으로 나타내고 있다. 다만 승려가 계행을 파하고 풍속을 어지럽히고 권문세가에 뇌물을 바쳐 대사찰의 주지가 되고자 하는 행위 등을 적극적으로 비판하고 있고, 문제가 되는 승려에게 처벌할 것을 요청하고 있다. 이러한 불교 교단에 대한 비판 속에서도, 공양왕 3년 전의부정典醫副正 김전金琠이 성리학자들의 배불적 태도에 대해 '미친 유학자의 얕은 식견'[246]이라는 말로 일축해버린 것을 통해 볼 때 아직 성리학자들이 배불에 대해 적극적이지는 않았음을 엿볼 수 있다.

최치원의 후손이며, 민부의랑을 지낸 최백윤의 아들 최해崔瀣[247]는 고려 말 성리학자로서, 그의 배불론은 당시 불교계에 만연하던 폐단에서 배불의 논거를 찾았던 격렬한 논조에 비해 미온적인 배불이라고 하겠다.[248] 그의 대표적 저술인 『졸고천백拙藁千百』을 통해 그의 불교

---

246 『高麗史』 권46, 恭讓王世家三年六月條, "今狂儒之淺見薄識者."

247 본관은 경주慶州. 자는 언명보彦明父 또는 수옹壽翁. 호는 졸옹拙翁 또는 예산농은猊山農隱. 시호는 문정文正. 대대로 경주에서 산 전형적인 지방 사대부가 출신이다. 어려서부터 영리하고 시문에 능해 9세에 시를 지었다. 17세에 과거에 급제하여 성균학관을 거쳐 예문춘추검열 성균대사성을 지냈다.

248 송창한, 「최해의 척불론에 대하여—송승선지유금강산서를 중심으로」, 『대구사학』 제38집, 1989, p.132. 최해가 보인 불교 인식의 태도는 여말의 배불론자들과는 달리 불교 자체에 대한 비판의 단계에는 이르지 않은 것으로 보는 것이 현 학계의 공통된 견해이다. 채상식, 『최해와 역주 졸고천백』, 민족문화 번역총서 3, 혜안, 2013, pp.100~101 참조. 최해의 불교 인식은 불교의 폐해와 모순을 비판하는 데 국한하며, 그를 성리학에 철저한 이해를 가진 사상가로 보기는 어렵다고 주장한다.

인식이 어떠했는지 잠시 살펴보자.

> 하늘이 백성을 낳으니 백성에게는 변치 않는 상도常道가 있다. 따라서 천하의 이치는 하나일 뿐인데 다른 길로 도를 구하고 있다면, 이를 이단異端이라고 한다. 그런데 지금 우리 동방에서 사람들에게 도를 가르치는 사람이 "유도儒道는 외적인 것을 추구하는 학문이니 어찌 모두 그것을 버리지 않는가?"라고 했다. 이 말이 한번 나오자 이에 동조하는 사람들이 날로 많아져서, 그들의 문도門徒들만 신봉하는 것이 아니라 심지어 스스로 유자儒者라고 이름하는 사람들조차도 이에 현혹되고 있다.[249]

최해는 유교의 이치가 바른 도이고, 불교는 이단이라고 주장하면서 당시 사대부들이 불교와 밀접한 관계를 맺고 있음을 비판하고 있는데, 여기서 주목할 것은 '이단異端'이라는 용어가 나타나고 있다는 점이다.[250] 이어서 최해는 당시 불교의 폐단을 다음과 같이 지적한다.

---

249 「問學業諸生策二道」, 『拙藁千百』 권1(『韓國文集叢刊』 3, p.10b), "惟天生民 民有秉彝 天下之理 一而已矣 歧而求道 寔曰異端 今夫以道敎人於東方者 謂儒爲外 盍共捨諸 斯言一出 和者日衆 不唯其徒趣信 至如自名以儒者 從而惑焉."

250 고혜령, 「최해의 생애와 학문·사상」, 『고려명현 최해 연구』, 국학자료원, 2002, p.50. 이에 대하여, 가령 최해가 과거의 책문에 '천하의 도가 아닌 것은 이단'이라고 한 구절을 적시하여 불교를 이단으로 인식한 최초의 인물이 최해라는 견해는 신중하게 검토할 필요가 있다고 보는 견해도 있다. 채상식, 「최해의 사상적 경향과 불교 인식」, 『고려시대연구 I』, 한국정신문화연구원, 2000 참조.

> 내가 보기에 세상 사람들이 불교를 신봉하는 것이 너무 지나쳐서 배나 수레가 닿는 곳이면 어디나 사찰이 줄지어 들어서 있으며, 그 무리들이 모두 권력에 빌붙어 부富를 독차지하여 백성들에게 해독을 끼치고 사대부들을 종처럼 깔본다. 이러한 이유로 우리 유자들이 불교를 받아들이지 않는다. 그러나 이것이 어찌 불교의 잘못이겠는가. 무릇 불교는 선행을 하는 것을 좋아하고 악행을 하는 것을 싫어한다. 게다가 '마음을 밝게 하여 잃어버린 본성을 깨닫는다(明心見性)'는 설을 보면 우리 유가의 학설을 본떠 만든 것 같기도 하다. 따라서 지식인이나 군자가 그 도道에 맛을 들여 이를 즐기면서 버리지 못하는 데에도 그만한 이유가 있으리라.[251]

불교가 권력과 유착되어 백성들에게 해독을 끼치는 부분을 비판하면서 인간의 마음과 그 본성을 밝혀 깨우치는 불교의 가르침이 유교에서 근원한 것이라고 주장한다. 여기에서 그가 불교 자체에 대한 비판 없이 불교의 선사상에서 표방하는 '명심견성明心見性'을 부정적으로 보지 않는 점이 주목된다.[252] 한편 최해는 불교가 인륜을 저버리는 것이라며 불교의 윤리관을 비판하는 모습도 나타낸다.

---

251 「頭陀山看藏庵重營記」, 『拙藁千百』 권1(『韓國文集叢刊』 3, p.5a), "僕竊見天下奉佛大過 舟車所至 塔廟相望 其徒皆拊權擅富 蠱毒斯民 而奴視士夫 故爲吾儒所不取焉 是豈佛之過歟 夫佛好爲善 不好爲不善 就其明心見性之說而觀之 似亦祖吾儒而爲者 達人君子有味其道 樂而不捨者亦有以夫."

252 채상식, 「최해의 사상적 경향과 불교 인식」, 『고려시대연구 I』, 한국정신문화연구원, 2000, p.137.

> 나는 일찍부터 "유교만 알고 불교를 알지 못하면 부처가 되는 데 지장이 없으나, 불교만 알고 유교를 알지 못하면 부처가 될 수 없다"고 주장했다. 그런데 세상에서 불교에 대해서 말하는 사람들은 "부처가 되려면 먼저 친애하는 사람들과의 관계를 끊어버려야 한다"고들 한다. 무릇 사람이 지켜야 할 도리는 어버이를 사랑함에 근원하는데, 친족 관계를 끊어서 사람이 세상에 존재하지 않게 된다면 그 누가 부처가 된단 말인가. 이런 방법으로 부처가 되기를 구하는 것은 도무지 이해하지 못할 일이다. …… 여如 스님은 묘령의 나이에 머리를 깎아 출중한 실력으로 승과僧科에 급제하여 태위상왕(太尉上王: 충선왕)의 인정을 받아 높은 승직僧職을 받고 이름난 사찰의 직책을 제수받았으나, 부모님이 연로하다는 이유로 차마 부모 곁을 떠나지 못하고 탕약을 올릴 때에도 반드시 먼저 맛을 보았으며, 부모님이 돌아가신 후에는 형제간에 더욱 우애했다. 이는 부모에 대한 효성과 형제간의 우애가 천성에서 우러난 것으로, 비록 불법을 배웠다 하지만 일에 대한 취사선택에 있어서는 유교에서 강조하는 선후先後의 차례가 있음을 안 것이다.[253]

그는 부모에게 효도하는 것은 인간의 도리로서, 진정한 부처가 되려면 유교적 친애를 바탕으로 해야만 가능하다고 주장했다. 그리고

---

253 「送盤龍如大師序」, 『拙藁千百』 권1(『韓國文集叢刊』 3, p.6d), "予嘗謂知儒而不知佛 不害爲佛 知佛而不知儒 則不能爲佛 而世之說佛者曰 爲佛先須棄絶親愛 夫人道原於親親 滅親無人 誰爲佛者 以是求佛 竊所未喩 …… 如公妙年披剃 高步選佛場 見知太尉上王 崇緇秩授名刹 而以親老不忍去左右 湯藥必先嘗 至于其歿 尤友愛弟兄間 盖孝悌發於性 雖其學佛 趣舍之間 知有先後."

여 대사如大師가 노부모를 봉양하기 위해 명찰의 주지직을 거절했고, 형제간에도 우애가 깊었음을 칭송했다. 이를 통해 그가 궁극적으로 불교 자체에 대해 부정적이라고는 할 수 없음을 알 수 있다.[254] 더 나아가 최해는 불교의 보시공덕 사상을 긍정하는 모습도 나타낸다.

> 내 생각에 부처의 가르침은 모호하고도 불확실하여 사람이 보지 못하는 바이다. 그러나 정성스러운 마음으로 보시하기를 즐기면 보이지 않는 가운데 좋은 보답을 받게 될 것은 이치상 의심의 여지가 없다.[255]

최해가 선행을 권장하는 불교의 가르침을 인정하고 당시 불교가 성행하게 되는 이유를 공덕 사상에서 찾고 있음을 보면, 그의 불교 인식이 부정적이지만은 않음을 알 수 있다. 그리고 「송승선지유금강산서送僧禪智遊金剛山序」에는 다음과 같이 기록했다.

> 불가의 법에 부처의 도를 닦게 하려면 반드시 육체적인 고통을 참고 견디는 수행을 거쳐야만 깨달음을 얻을 수 있다고 한다. 그래서 그 스승 석가釋迦도 설산雪山에서 6년이나 고행苦行을 했던 것이다. 그렇다면 불가의 법을 배워 그 도를 부지런히 닦으려는 뜻을 가진 사람이라면 산에 들어가 수행하지 않고서는 또한 아무런 성과를

254 채상식, 앞의 글, p.138.

255 「禪源寺齋僧記」, 『拙藁千百』 권1(『韓國文集叢刊』 3, p.12d), "予惟佛敎芒乎眛乎人所不睹 然苟以誠心樂施 其得美報於冥冥 理無疑也."

얻을 수 없는 것이다.

그런데 근래에는 상황이 그렇지 않아서 산중에 암자가 해마다 늘어나 거의 백 개나 되어간다. 그 가운데 큰절만 해도 보덕사報德寺, 표훈사表訓寺, 장안사長安寺 등이 있다. 이들 절은 모두 관청의 지원으로 짓고 수리하여 전각殿閣이 하늘처럼 높고 암자가 산골짜기를 가득 채우며 울긋불긋한 단청이 휘황찬란하여 사람들의 눈을 어질어질하게 만든다. …… 게다가 강릉도江陵道와 회양도淮陽道의 한 해 조세가 곧장 관官으로 들여가 이를 모두 산으로 수송하는데, 흉년이 들더라도 감면하는 일이 없다. 매년 사자를 보내 한 해에 필요한 의복, 양식, 기름, 소금 등의 물품에 빠진 것이 없는지를 반드시 살핀다. 그곳의 승려들은 대체로 어디에도 예속되어 있지 않은 탓에 요역徭役을 피할 수 있으며, 따라서 그곳에는 요역을 피하여 온 백성들이 항상 수천 명, 수만 명이나 되어 그저 편히 앉아서 먹여주기만을 기다리고 있을 뿐, 한 사람도 설산에서 고행한 석가처럼 부지런히 수행하여 도를 깨우쳤다는 말은 듣지 못했다. …… 아, 사람들이 이 산을 사랑하는 것은 보살이 이곳에 살고 있기 때문이요, 보살을 공경하는 것은 보이지 않는 가운데 사람들에게 복을 내리기 때문이다. 보이지 않는 가운데 내리는 복은 이미 알 수 없는 일이지만, 중들이 이 산을 팔아 자신들의 배를 채우려고 하는 바람에 백성들이 그 피해를 받고 있으니 더 이상 무슨 말을 하겠는가.[256]

---

256 「送僧禪智遊金剛山序」, 『拙藁千百』 권1(『韓國文集叢刊』 3, p.13b), "釋氏之法使修其道 必試之忍勞耐苦 然後有得焉 故其師有雪山六年之行 然則若學是法

승려들이 고행하여 도를 닦아 중생을 구제하지 않고 세속적인 욕심만을 차리는 것을 지적하며 당시 승려들과 사찰의 세속적 타락과 불교의 폐단이 극심함을 비판하는 한편, 보살을 공경하는 것은 '보이지 않는 가운데 사람들에게 복을 내리기 때문'이라는 구절을 통해 최해 자신이 불교 자체에 대한 전면 부정의 단계에는 이르지 않았음[257]을 보여준다.

최해의 불교에 대한 인식은 불교 자체에 대한 비판이기보다 당시 만연했던 불교의 사회적 폐해를 비판하는 것임을 알 수 있다. 이는 당시 사대부들이 본격적으로 불교 자체를 비판하기보다는 불교를 둘러싼 폐해와 모순을 지적하는 일반적인 경향과도 맥을 같이 한다.

고려 말 적극적 배불의 인식이 무르익던 공양왕恭讓王 2년(1390), 왕이 조계종 찬영粲英을 왕사로 삼으려 하자 대사헌大司憲 성석린成石璘과 좌상시左常侍 윤소종尹紹宗은 반대 상소를 올려 왕사 책봉에 반대 의사를 폈다. 그러나 뜻이 이루어지지 않자, 개성의 동대문에 해당하는 숭인문崇仁門에 이른 찬영을 내쫓는 극렬한 행동까지도 서슴지 않았다. 왕은 결국 찬영을 왕사로 삼는 일을 포기하고 마는데,[258] 이러한

有志勤修者 不入于山 亦無以有爲也 邇年不然 山中菴居 歲增且百 其大寺則有報德表訓長安等寺 皆得官爲營葺 殿閣穹窿 彌漫山谷 金碧輝煌 眩奪人目 …… 又以江陵淮陽二道年租 入直于官 盡勒輸山 雖値凶荒 未見蠲減 每遣使人 歲支衣粮油塩之具 必視無闕 其僧大抵不隷 逃其役 民避其徭 常有數千万人安坐待哺 而未聞一人有如雪山勤修而得成道者 …… 人之愛此山者 爲菩薩住此也 而敬菩薩者爲能福人於冥冥也 其冥冥之福 旣不可識 而髡首者衒粥是山 自圖溫飽 而民受其害 尙何言哉."

257 채상식, 앞의 글, p.141.

일들은 성리학자들이 보다 적극적 배불의 형태로 나아가고 있음을 보여주는 예라 하겠다.

공양왕 3년(1391)에는 불교 자체의 비난과 함께 구체적인 배불 정책이 나왔다. 성균관 대사성大司成 김자수金子粹는 왕의 지나친 불사로 인한 국가적 어려움을 지적하고, 그 공역에 대해 중단할 것을 다음과 같이 상소했다.

> 전하께서 즉위하신 초기에 연복사演福寺의 탑을 확장 수리하면서 민가 삼사십 호를 밀어버렸는데, 지금 또 대대적으로 탑을 세우는 등 토목공사가 너무 잦습니다. 지금 농사일이 한창 바쁜데, 나무를 베고 목재를 실어 나르느라 주州와 도道의 온 사람과 가축이 모두 지쳐 빠졌으나 한 번도 그들을 구휼한 일이 없습니다. 꼭 얻는다고 보장할 수도 없는 내세의 복을 차지하려고 현세에 살고 있는 백성들에게 재앙을 끼치고 있으니, 백성의 부모로서 어찌 이럴 수가 있습니까? 바라옵건대 명백히 분부를 내리시어 그 부역을 중지시킴으로써 백성의 힘을 너그럽게 하소서.[259]

---

258 「尹紹宗」, 『高麗史』 권120, 列傳33, "迎曹溪僧粲英爲師, 紹宗與兼大司憲成石璘等伏閤諫. 石璘曰, 釋氏以淸淨寂滅爲宗, 無補國家. 昔成湯師伊尹, 文王師太公, 以致商·周太平之治, 未聞以釋氏爲師也. 紹宗曰, 殿下如欲求師, 有元老大臣在, 何用僧爲 遂退交章論奏曰, 綱常, 天下國家之大本, 堯·舜三代, 享國長久, 以臻至理, 由此道也. 自漢明帝崇佛以來, 亂亡相繼, 至于梁氏, 惑佛太甚, 宗廟以麵爲犧牲, 綵帛禁織鳥獸之形, 卒致侯景之亂, 餓死臺城. …… 願殿下, 勿以無君父者爲師, 尊堯舜孔孟之道, 以開三韓太平之業." 疏上, 王勉從之. 英至崇仁門, 臺省遣吏逐之, 不得入而還."

불사佛事가 지나쳐서 분명 백성들의 삶에 피해를 주었을 때 교단의 문제점을 지적함은 위정자로서 당연하다. 하지만 현세적 삶에 주안점을 두는 유교의 입장과 삼세三世에 보다 넓은 가치를 두는 불교의 입장은 분명 세계관에서 차이가 있다. 사실 불교는 현실 세계에 대한 가치를 전면 부정하지 않고 오히려 적극적인 삶을 강조하지만, 유학자들은 마치 불교가 내세의 이익만 추구하는 것처럼 비판한다.

이후 공양왕의 빈번한 불사에 대해 신흥 사대부들의 비판은 더욱 거세어졌다.

> 불교(浮屠)의 가르침은 인간의 윤리를 말살시키는 것으로 임금이 숭상할 만한 것이 못됩니다. 불도징佛圖澄은 능히 후조後趙를 보존하지 못했고, 구마라집鳩摩羅什은 후진後秦을 존속시키지 못했으며, 제나라 문양제文襄帝와 양나라 무제武帝는 나라가 패망하는 참화[260]를 피하지 못했으니, 이러한 명백한 역사적 교훈(殷鑑)[261]을 경계로 삼아야 할 것입니다. 그런데도 전하께서는 불교를 지나치게

---

259 「金子粹」, 『高麗史』 권120, 列傳33, "殿下卽位之始, 修廣演福寺塔, 破民家三四十戶, 今又大起浮屠, 屢興土木之役. 厥今農務方劇, 而交州一道, 斫木輸材, 人畜盡悴, 曾不小恤. 欲以徼未可必得之冥福, 以貽現在生靈之實禍, 爲民父母, 其可若是乎 乞申降明勅, 以寢其役, 以寬民力."

260 북제北齊의 문양제(文襄帝, 高澄 추존)와 양나라 무제(武帝, 蕭衍)는 불교를 숭상하다가 재앙으로 죽었다는 것을 말한다.

261 은감불원殷鑑不遠에서 나온 말로, 은나라가 거울로 삼을 것은 먼 곳에 있지 않고 하나라가 망한 것이라는 데서 유래하여, 다른 사람의 실패를 보아 나를 경계한다는 뜻이다. 『시경詩經』 「대아편大雅篇」, "殷鑑不遠, 在夏后之世." 『글로벌 세계 대백과사전』 및 위키백과 참조.

신봉하시는 나머지 중생을 널리 구제한다며 탑을 짓고, 또 한 달도 거르지 않고 불사(梵采: 불교의례나 행사. 범梵은 불교이며, 채采는 행사를 의미)를 거행하시니, 도대체 무엇 때문에 이런 무익한 일에 국고를 낭비해 식자들의 비난을 자초하시는지 알 수가 없습니다.[262]

여기에 나타나듯 신하들의 불교에 대한 인식은 왕과는 극명하게 차이가 난다. '불교의 가르침은 인간의 윤리를 말살시키는', 이른바 패륜멸리敗倫滅理이며 결코 유익한 것이 아님을 중국의 역사적 사례를 들어 제시하고 있다. 또한 '중생을 널리 구제한다며 탑을 짓고, 또 한 달도 거르지 않고 불사(梵采)를 거행'하는 왕의 정책이 지나치다고 생각한 신흥 사대부들은 불교에 대한 비판을 강화했다.

이러한 신흥 사대부의 비판적인 불교관은, 신흥 사대부들 스스로 신유학에 대한 새로운 대안을 찾게 되고, 이는 공맹으로 이어지는 사상의 순수한 전통을 이어가고자 하는 '도통관'의 확립으로 자연스럽게 이어진다. 고려 말 도통관은 국제적으로는 원과 명의 왕조 교체, 국내적으로는 고려 후기의 혼란한 정치적 배경과 사상적 전환이 일어나면서 형성된 결과라고 할 수 있다. 이러한 도통관의 확립은 곧 자신의 학문적 순수성을 보장받기 위해 다른 학문에 대한 배타적 대립으로 나타나고, 곧 자신의 학문 외에 다른 사상은 인정하지 않는

---

262 『高麗史』 권46, 恭讓王 3年 5月 庚戌, "浮屠之教 敗倫滅理 非人主之所尙也. 佛圖澄 不能存趙 鳩摩羅什 不能存秦 齊襄梁武 未免禍殃 殷鑑昭然 可以爲戒. 而殿下 崇信大過 營構普濟之塔 而又多張梵采 殆無虛月 何爲此無益之費 以取識者之譏乎."

'이단론異端論'으로 정립되었다.

그리고 이단론은 조선왕조로 이어지는데, 후대 성리학자들의 가슴 속에는 불교를 비롯한 다른 종교, 심지어 같은 유학 내에서도 수양 방법을 달리하는 학파(양명학 등) 모두를 이단으로 간주하며, 성리학만을 정통적 학문으로 고수하는 독선적 태도로 일관하여 학문의 다양성이 사라지게 되는 결과를 낳게 된다.

3. 유교와 불교의 조화 모색

1) 불교 비판에 대한 고승들의 대응

고려 초·중반기에는 유교에 비해 불교의 우위가 강조되었다면, 14세기부터는 유교와 불교의 사상적 조화를 주장하거나 불교의 사회적 기능을 유교적 관점에 맞추는 변화가 나타난다. 특히 고려 후반기에 접어들어 유학자들의 불교 교단 비판에 대한 불교 측의 대응과 관련해 주목되는 현상은, 승려들이 서서히 유교사상의 영향을 받게 된다는 점이다.[263]

유교와 불교의 사상을 하나로 연결시킨 대표적 승려가 운묵雲默[264]이다. 운묵은 주로 14세기 전반기에 활동하면서 백련결사의 정신을 계승하여 당시 불교계의 개혁 의지를 보여주었다. 그는 『석가여래행적

---

263 조명제, 「여말선초 선승들의 현실인식과 성리학에 대한 대응」, 『한국중세사연구』 제9호, 2000, p.310.

264 고려 말의 승려로서 백련사를 결성하고 천태종을 혁신하려 했던 원묘요세의 4대 후계자로, 『석가여래행적송釋迦如來行蹟頌』이라는 장시를 남겼다. 호는 부암浮庵, 자는 무기無寄이다. 승과에 급제하여 굴암사窟巖寺 주지를 지냈다.

송』[265]에서 불자들이 일상적인 생활 가운데 지켜야 할 윤리에 관해 서술했는데, 국가와 스승, 그리고 부모의 은혜를 중시하는 등 유교의 오륜에 대한 덕목과 대비하여 양교의 조화를 강조했다.

> 세간의 깊은 은혜는 부모를 초월하는 것이 없고, 출세간의 큰 은혜는 스승을 앞서지 못한다. 그러므로 부처님께서 말씀하시기를 "부처가 없는 시대에 부모에게 효도하는 것이 부처를 공양하는 복과 같다"고 하셨다. …… 다만 현세의 부모를 보면 바로 석가와 미륵이니, 만일 어버이를 공양하면 어찌 따로 공덕을 지을 것이 있겠는가?[266]

운묵은 불자들이 잊지 말아야 할 네 가지의 큰 은혜(四恩)로서 국왕은國王恩, 사장은師長恩, 부모은父母恩, 시주은施主恩을 들고 있다.[267] 운

---

265 1328년(충숙왕 15), 운묵무기는 『석가여래행적송釋迦如來行蹟頌』이라는 5언 시 776구와 그 주를 지어 젊은 승려들을 가르쳤다. 상권에서는 석가모니의 일대기를, 하권에서는 불교가 중국에 전해진 경위와 신앙의 자세를 말했다. 요약된 노래 1편이라고 했으나 단편적인 게송이 아니며, 장편 서사시의 규모를 갖추고 교화를 위한 설명을 삽입시켰다. 여기서 마련된 불교 서사시의 전통은 『월인천강지곡月印千江之曲』으로 이어졌다. 『불교대사전』, 홍법원, 1998 참조.

266 『釋迦如來行蹟頌』 권下(『韓國佛教全書』 6, p.527a), "世間深恩 無過父母 出世大恩 莫先師長 故佛言 無佛世時孝父母 則等供佛福 …… 祇看現世爺娘 便是釋迦彌勒 若能供養得也 何用別作功德."

267 앞의 책(『韓國佛教全書』 6, pp.532c~533a), "言四恩者 一國王恩 謂民之一飮一食 無非王恩而我等旣爲王民 宜役王事 歲納皇1)粗 奉報王恩 而逃漏剃頭 不戰而安 無憂眠食 王恩莫大 二師長恩謂開我童蒙 誡惡勸善 令出世網引入佛家 師恩實重 三父母恩謂始自懷胎 十月之中 心不放捨乃至産時 苦痛無極 然而産已忘苦卽生 憐愍 抱持乳養 洗濯不淨 及其長大 亡其侍養 割愛放之 投師出家 修出世業 親恩

묵은 위의 글에서 "부처가 없는 시대에 부모에게 효도하는 것이 부처를 공양하는 복과 같다"라고 할 만큼 스승과 함께 특별히 부모의 은혜를 강조하고 있다.

불교는 세속의 바른 삶을 지양하면서 출세간에서 궁극적 진리를 찾으려는 가르침이다. 곧 불교는 속세의 부귀영화를 버리고 부모형제와 인연을 끊고 출가하여 수행을 한다. 따라서 세속의 윤리인 '효孝'는 불교의 주요 개념에서 상대적으로 관심이 적다. 승려들의 출가는 임금의 관점에서는 조세租稅와 신하의 상실이고, 부모의 입장에서 보면 후사를 잇지 못하고 효도를 하지 않는 셈이다.

앞서 중국에서의 불교 토착화 과정에서 보았듯이, 불교는 출가제도를 중요시하기에 유교 사회에 정착되는 과정에서 이 두 문제는 항상 충돌할 수밖에 없다. 이러한 역사적 과정 속에 중국에서는 『부모은중경』과 같은 '효'를 주제로 한 경전이 찬술되었고, 운묵 또한 불교적 대응의 일환으로서 '효'를 최고의 덕목으로 소개하고 있다. 또한 생산하지 않으면서도 수행에 전념할 수 있는 것은 전적으로 시주자의 은혜라고 하여 불자의 은혜를 빨리 갚아야 할 것이라고 강조했는데,[268] 이는 당시 배불론자들이 승려들의 무위도식을 비판한 것을 염두에 두고 불교개혁적인 차원에서 스승의 은혜와 함께 출가 승려로서의 본분을

最深 四施主恩 謂我等比丘 縱臥山林 不耕而食 不蠶而衣 皆是十方檀越之恩如是四恩."

268 무기는 승려가 지켜야 할 바른 수행의 종류 15가지를 거론하는데, 마지막에 공양하는 것으로서 음식·의복·침구·의약 등 사사四事를 다시 한 번 강조하고, 이러한 시주의 깊고 무거운 은혜를 갚아야 한다고 했다. 『釋迦如來行蹟頌』 권下(『韓國佛教全書』 6, p.538a) 참조.

중시하는 경향을 나타낸 것이라 할 수 있다.

여기에서 중요한 것은, 그가 시주자라고 표현한 대상들이 어떠한 계층인가 하는 점이다. 원에 의해 고려 사회가 유린되던 14세기 초의 참담한 현실을 고려할 때, 여기서 시주자라고 지칭한 사회계층은 부원세력가附元勢力家나 고위 정치권력자, 또는 지식인을 의미하지는 않는다고 본다. 주로 기층사회의 일반 민民을 지칭한 것이라 보인다.[269] 이러한 경향은 불교가 유교의 영향을 받은 면과 함께 현실적으로 유교와의 대응방식을 잘 반영한 것이라 할 수 있다. 그리고 운묵은 불교의 오계와 유교의 오상을 비교하며 다음과 같이 주장한다.

> 무릇 인의仁義는 모든 선의 근본으로서 삼황오제三皇五帝의 도가 이를 벗어나지 않았고, 공자와 맹자가 성현의 이름을 얻은 것도 이로 말미암았을 뿐이다. 세간의 도를 오상五常이라 하고, 출세간의 법을 오계五戒라 하는데, 이름은 다르나 뜻은 같으므로 세간(人王)과 출세간(法王)의 도가 모두 인의를 벗어나지 않음을 알라. 노인을 공경하고 어린이를 사랑하는 것 또한 인의일 뿐이니 뜻으로서 알 수 있다. 공경함은 의로움이요, 자비로움은 어짐이다. …… 우리 가르침에 있어서도 또한 그러하니 선덕을 공경하고 섬겨서 가르침을 받고, 후생을 사랑하고 길러 깨우쳐 나아가게 하며, 이와 같이 서로 전해 마치지 않으면 온 천하의 백성들이 도를 행할 수 있다.[270]

---

269 채상식, 『고려 후기불교사연구』, 일조각, 1991, p.225.

270 『釋迦如來行蹟頌』 권下(『韓國佛教全書』 6, pp.527b~c), "夫仁義 乃諸善之本 三王

운묵은 유교와 불교의 지향점이 다르지 않음을 주장하며 양교의 조화를 강조한다. 유교의 인의를 강조하면서도 그것은 불교에서의 자비와 마찬가지라고 주장했으며, 이러한 가르침이 모든 백성에게 확산될 때 이상 세계가 가능하리라는 주장을 한 것이다. 운묵은 당시 불교계와 사회를 말법관末法觀의 입장에서 보고 일반 민民에 대하여 실천적인 윤리관을 제시하였다. 아울러 불교계의 자각을 촉구한 그의 태도는 실천적 지향을 말해주는 것이다.[271]

보우(普愚, 1301~1382)[272]는 공민왕 대에 국사와 왕사를 지내며 불교 내부에서 개혁을 추진한 대표적 인물이다. 고려 말 정치적 혼란기에

五帝之道 不踰於此 孔孟之得聖賢名 亦由此而已矣 世道稱五常 出世法名五戒 名異義同 故知人王法王之道 俱不越仁義也 言敬老慈幼者亦仁義而已 可以意得 謂敬則義 慈是仁也 …… 至於內教亦然 敬事先德而受教慈育後生而誨進 如是相傳不已 則普天之民 可以爲道矣."

271 채상식, 앞의 책, p.227.

272 고려 말의 선승. 호는 태고太古. 13세 때 구산선문 중 가지산파에 속하는 회암사檜巖寺의 광지廣智 선사에게 출가했다. 19세 때에는 '만법귀일'의 화두를 참구했으며, 화엄학에 정진해 26세에 화엄선에 합격했다. 그러나 경전 공부의 한계를 깨닫고 다시 선의 수행으로 돌아가 정진하기 위해 용문산 상원암에 들어갔다가 감로사에서 고행했다. 1337년(충숙왕 복위 6) 송도 전단원에서 참선하여 이듬해 정월 크게 깨달았다. 1346년(충목왕 2) 원나라 연경燕京 대관사大觀寺에 머물 때 궁중에서 반야경般若經을 강설했으며, 1347년 7월 호주湖州 천호암天湖庵에서 석옥石屋에게 도를 인정받고, 「태고암가」의 발문과 가사袈裟를 받았다. 귀국 후 공민왕의 청으로 봉은사에서 설법하고 희양산 봉암사에 주석했다. 왕에게 총애 받던 신돈辛旽을 경계하는 글을 올렸다가 1368년 신돈의 참언讒言으로 속리산에 금고禁錮되었는데, 이듬해 왕이 다시 소설산으로 돌아오게 하였다. 1371년 공민왕은 그를 국사로 봉했으며, 우왕 역시 그를 국사로 봉했다.

성리학은 사회적 기능과 역할을 하고 있었지만 여기에 비해 불교는 배불론자들의 문제 제기에 주체적이고 능동적인 대응이나 혁신을 마련하지 못하고 있었다. 그러한 시절에 그는 공민왕의 신뢰를 받아 왕사로서의 업무를 수행하였다.

> 왕이 "금후로 선종禪宗과 교종敎宗의 각 절의 주지는 왕사의 추천대로 임명할 것이며(注擬) 과인은 임명장만 내릴 것이오"라고 언질을 주자, 헤아릴 수 없는 많은 승도들이 다투어 보우의 문도가 되었다.[273]

왕으로부터 주지 임명권을 부여받은 보우는 승정僧政의 권한을 위임받았는데, 이는 고려 후기 왕사나 국사에게 관청을 설치해준 예가 없었던 것에 비해, 보우가 왕으로부터 깊은 신뢰를 얻고 있었음을 나타내고 있다. 이러한 신임 속에서 그는 당시 불교의 폐단에 대해 소명의식을 가지고 개혁에 나서게 되는데, 다음은 공민왕과 보우가 처음 대면한 자리에서 임금이 되는 도리에 대해 그들이 나눈 대화 내용이다.

> 승려 보허普虛[274]를 익화현益和縣에서 궁중으로 불러 들어오게 하여

---

273 『高麗史』 권39, 世家39, 恭愍王5, 丙申五年 五月, "王曰, 自今禪教宗門寺社住持, 聽師注擬, 寡人但下除目爾. 於是僧徒爭爲門徒, 不可勝計."

274 보우의 다른 이름이다. 『高麗史』 권39, 世家39, 恭愍王5年, 丙申五年 二月에 "丙子 王飯僧普愚干內佛堂 普愚卽普虛"라고 기록하고 있다.

법도를 물었더니, 보허가 말하기를 "임금 되는 도리는 교화를 닦아 밝히는 데 있는 것이지, 반드시 불교를 믿는 데 있는 것이 아닙니다. 만일 국가를 잘 다스리지 못한다면 비록 부처님을 지극히 받들어도 무슨 공덕이 있겠습니까. 꼭 하시겠다면 다만 태조太祖께서 설치하신 절을 개수할 뿐이지, 새로 절을 창건하지는 마소서." 또 말하기를 "군왕君王께서 사특한 자를 제거하고 바른 이를 등용하시면 나라를 다스리는 데 어려움이 없을 것입니다."[275]

고려 말에 불교 개혁을 추진한 태고 보우

군왕의 도리를 밝힌 내용으로, 보우는 불교를 믿는 것만이 최우선이 아니라 스스로 덕을 닦아 밝히고 백성을 교화하는 현실적인 정치를 요구했다. 결국 왕이 나라를 잘 다스리지 못하면 불교를 아무리 섬긴들 공덕이 없음을 말하고 있다. 보우는 왕이 나라를 통치할 때 불교를 믿는 데만 의지하기보다는 백성을 위한 왕의 도리를 다하며, 더 나아가

275 『高麗史節要』 권26, 恭愍王1, 壬辰元年 五月, "召僧普虛于益和縣 引入內 問法 普虛曰 爲君之道 在修明敎化 不必信佛 若不能理國家 雖致勤於佛 有何功德 無已則但修太祖所置寺社 愼勿新創 又曰 君王 去邪用正則爲國不難矣 王曰 子非不知邪正 但念其從我于元 皆效勤勞故 不能輕去 此乃寡人所難也."

유교와 불교가 제 역할을 다할 수 있도록 함이 중요하다는 것을 강조하고 있다. 다음은 공민왕의 요청으로 봉은사奉恩寺에서 개당설법을 하며 축원한 내용이다.

> 이 향은 백천 삼매의 근원이요, 무량한 묘의妙義의 본성本性이옵니다. 불교에서 사용하면 육도만행六道萬行이 되고, 유교에서 사용하면 삼강오상三綱五常이 됩니다. 왕이 향 올리며 다시 축원하오니 금강과 같은 좋은 일이 일어나고 본국의 여러 관인, 재상, 백관들의 수명과 녹봉이 늘어나고 넓어져, 복의 인연이 자재하길 기원 드립니다. 엎드려 바라오니 태어날 적마다 길이 제왕의 충신이 되어서 안으로 왕도를 안정시키고, 세상에 항상 불조佛祖의 좋은 인연이 되어서 밖으로 법을 보호하여 주소서.[276]

보우는 불교에서의 육도만행과 유교의 삼강오상을 같은 근원으로 보면서 유·불 상통성을 지향하였고, 고려 전통불교의 발원인 진호국가 사상을 담은 축원에 대해 말하고 있다. 또한 그는 요순을 불타와 비교하여 둘 다 마음을 밝게 얻었기 때문에 결국 유·불이 크게 다르지 않다고 『태고집太古集』에서 다음과 같이 말하고 있다.

---

276 「奉恩禪寺入院」, 『太古集』(『韓國佛敎全書』 6, p.674a), "此香 百千三昧之根源 無量妙義之本性 釋用也 六度萬行 儒用也 三綱五常 次祝 御香使金剛吉 洎吾本朝 諸位官人宰相百官 壽祿延弘 福綠自在 伏願 生生長作 帝王之忠臣 內安王道 世世常爲 佛祖之善友 外護法門."

> 부처님께서 말씀하시길 "진리(經)는 걸을 때나 앉을 때나 누울 적에 항상 그 가운데 있는 것"이라 하셨고, 요堯와 순舜도 또한 말하기를 "윤집궐중允執厥中[277]하면 하는 바 없어도 천하를 크게 다스린다"고 했습니다. 요순이 어찌 성인이 아니며, 부처와 조사가 어찌 특별한 분이 아니겠습니까. 다만 이 마음을 밝게 얻었을 뿐입니다.[278]

공민왕이 보우에게 심요心要를 물었을 때 그에 대답한 내용의 일부로서, 불교에서의 수행은 '행주좌와行住座臥 어묵동정語默動靜'에 항상 일념으로 정靜에 들고, 유교 또한 "사람들의 마음은 위태해져 가고, 도심은 점차 희미해지니 마음 자세를 맑고 한결같이 하고 진실로 그 중심을 잡으라"고 하는, 곧 그 '중정中正'을 붙잡아야 함을 나타내고 있다. 즉 유교와 불교의 가르침은 귀결될 수 있다는 유·불 상통의 의미를 담고 있으며, 공민왕에게 왕이 바르게 정치를 하면 제불과 선신이 국토를 보호한다는 내용의 '진호국가 사상'을 강조한다.

> 정사에 임하여 백성을 교화할 즈음에도 또한 이와 같이 하고, 이 도리(불법)를 가지고 널리 모든 근기根機를 깨우치고, 신하와 백성들에게 권장하여서 다 함께 태평하여 더할 것 없는 진리를 즐기게 되면 부처님과 천룡과 천신이 어찌 환희歡喜하여 나라를 도와주지

---

277 『書經』, "人心惟危道心惟微惟精惟一允執厥中."

278 「玄陵請心要」, 『太古集』(『韓國佛教全書』 6, p.677b), "佛言 經行及坐臥 常在於其中 堯舜亦曰 允執厥中 無爲而天下大治 堯舜豈非聖人乎 佛祖豈異人乎 只明得箇此心."

아니하겠습니까.[279]

국가를 태평하게 다스리는 일에서도 또한 불교의 중요성을 강조하고, 왕이 수행을 통해서 얻게 되는 진리를 정사에 임하여 백성을 교화하는 데 쓴다면 불타와 신들이 국가를 진호해 준다는 것을 강조하고 있다.

그리고 태조는 후삼국을 통일하고 새 왕조를 건국한 것은 불법의 힘이 있었기 때문임을 강조하는데, 이 또한 진호국가의 사상을 드러낸 것이다.

> 옛날 태조께서 삼국을 통일하시어 후손 만대에 복을 드리워 주셨음은 불법의 힘을 입었기 때문입니다. 그러므로 많은 선종 사찰을 열어 조사의 도리를 널리 선양하니, 용과 하늘이 도와주고 조사와 불타가 가호하여 주었습니다.[280]

나라를 다스리는 것에 대한 질문에 보우가 대답한 내용인데, 사찰을 세워 조사의 도리를 선양하니 불타의 가호였다고 하며, 국가를 위하는 데 있어서 불교를 믿는 것이 중요하다는 의견을 공민왕에게 제시하고 있다.

---

279 앞의 책(『韓國佛教全書』 6, p.677c), "臨政新民之際 亦之如是 亦以斯道 普警群機 勸諸臣民 同樂太平無爲之理 則諸佛龍天 豈不歡喜 祐其邦國乎."

280 「行狀」, 『太古集』(『韓國佛教全書』 6, pp.698b~c), "昔祖聖 會三歸一 垂裕後毘者 賴佛法之力也 是故 開半千禪刹 弘楊祖道 龍天祐之 祖佛如之."

국가에 일이 있을 적에는 모름지기 불법의 힘에 의지하여 그 거짓된 것을 진압해야 한다. 모름지기 불법의 일을 바로 잡고 도덕이 높은 이를 포상하여 가람을 주관하게 하여서 대중을 거느리고 부지런히 수행함으로써 국가를 복되고 이익되도록 한 것이 선왕들의 행하신 법으로 왕정의 시초였다.[281]

보우의 글은 국사의 입장에서 진호국가의 가르침으로 계속 이어지고 있는데, 국가에 큰일이 발생할 때에는 반드시 불법의 힘에 의지하여 거짓된 부분을 고쳐야 나라를 바르게 운영할 수 있다고 한다. 위의 인용문에서도 역시 진호국가 사상을 바탕으로 하고 있어, 불교를 믿으면 불타의 가호가 함께하여 큰 나라를 이룰 수 있다고 하면서 불교의 역할을 강조한다.

그러면서도 유학의 중요성을 인정하는데, 다만 유학을 기반으로 하여 국가의 안정이나 백성을 다스려야 한다는 직접적인 언급은 『태고집』에서는 찾아보기 어렵다. 다만 유·불의 조화를 말하면서도 불교가 유교와 다르지 않다는 것은 결국 불교를 믿음으로써 유교가 담당하고 있는 세간적 부분도 함께할 수 있다고 하는 불교 우위적 인식으로 보인다.

고려 말 도첩제의 시행을 살펴보면, 『고려사』의 기록에 공민왕대에서 총 4번에 걸쳐서 있었는데, 그중 2번이 보우가 왕사와 국사로

---

281 「王宮鎭兵上堂」, 『太古集』(『韓國佛敎全書』 6, p.675b), "國家有事 則須憑佛法之力 乃鎭其僞 是以 先須正其佛法中事 賞其有道者 主於伽藍 領衆勤修福利邦家 此乃先王之行法 王政之始也."

임명된 후 시행되고 있다. 이러한 기록으로 미루어, 도첩제의 시행에 보우의 강력한 불교개혁 의지가 개입되었음을 짐작할 수 있다. 그의 불교개혁은 여기에서 그치지 않았으니, 『선원청규禪院清規』와 『치문경훈緇門警訓』을 편찬하여 승단의 청정과 수행의 발판을 삼아 당시 불교계의 문제점을 바로 잡고자 했다. 이러한 보우의 불교개혁은 성리학자들의 불교 비판에 대한 적극적인 대응임과 동시에, 당시 사회의 상황을 주체적으로 인식하고 능동적으로 대처한 결과라고 하겠다.

이 외 그의 주요 행적을 살펴보면, 보우는 풍수학적으로 보아 개경은 왕기가 다해 성대한 정치가 어려우므로 한양으로 천도할 것을 건의했다.[282] 보우에 대한 깊은 신뢰감으로 공민왕은 그의 건의를 수용해 곧 광명사廣明寺에 원융부圓融府를 두고 9산 통합에 착수했고 한양으로 천도하고자 계획했다. 그러나 한양 천도는 일부 신하들이 묘청의 예를 들어 반대하여 결국 좌절되었고, 이와 함께 원융부도 불과 10개월 만에 해체되고 말았다. 보우의 9산 통합과 한양 천도 계획은 비록 실패했지만, 그가 얼마나 현실 개혁적 감각을 지닌 승려였는지 알 수 있다. 보우에게 있어 한양 천도는 곧 백성들의 마음을 일변케 하고 정치와 불교를 쇄신하려는 의도에 다름 아니었다.

당시 불교 교단의 부패와 사회 개혁가들의 요구에 대해 동시대를 살았던 백운 경한(白雲景閑, 1290~1374)[283]은 보우의 불교개혁에 대해

---

282 앞의 책(『韓國佛教全書』 6, p.699a), "然而嘗觀王氣在此都　以復古初全盛之時　難矣哉　若南遷漢陽　行向所陳之言　自然化乎六合　澤被萬靈矣."

283 백운 화상은 전라도 고부 출신으로 어릴 때 출가하여 1351년(공민왕 원년)

극구 찬탄하였다.[284] 이를 볼 때 보우의 개혁정책은 불교계의 시대적 사명을 같이하는 승려로부터도 강한 지지를 받고 있었음을 알 수 있다.

한편, 배불에 대한 불교 측의 대응 가운데 하나로 『호법론護法論』이 환암 선사(幻庵禪師, 1320~1392)[285]에 의해 충주 청룡사青龍寺에서 간행 배포되었다. 『호법론』은 앞서 살펴본 송나라의 장상영張商英이 지은 호불론으로서, 한유와 구양수가 제기한 배불론에 대해 대응한 글이다. 환암이 장상영의 『호법론』을 간행하여 보급한 이유는 유교 측의 배불에 대한 일종의 대응 차원이라 할 수 있다. 당시 『호법론』이 많이 배포되어 읽힌 기록이 공양왕 3년에 올라온 배불상소에서도 확인된다. 이러함에도 불구하고 새로운 조선왕조에서는 성리학을 정치이념으로

중국 원나라로 건너가 1년여 동안 중국에 머물면서 고승인 지공指空에게 법을 묻고, 석옥石屋 선사를 찾아가 임제종의 선법을 전해 받았다. 1372년에 백운화상은 역대 불조선사들의 주요 말씀을 초록하여 『불조직지심체요절佛祖直指心體要節』 2권을 편찬하였다. 이를 1377년 제자인 석찬釋璨과 달잠이 청주의 흥덕사에서 간행하는데, 이것이 바로 세계에서 가장 오래된 금속활자본인 『불조직지심체요절』이다. 『직지』 외에 법문집으로 시자侍者 석찬이 기록한, 상 · 하권의 편제로 된 『백운화상어록白雲和尙語錄』이 있다.(자료-디지털청주문화대전)

284 「寄太古和尙書」, 『白雲和尙語錄』 권下(『韓國佛敎全書』 6, p.663b), "昨聞和尙詔入天庭 日對龍顔 擧揚宗乘中事 以助文明之化 弟子喜溢 胸襟感荷."

285 자는 무작無作이고, 법명은 혼수混修이며, 환암幻庵은 호다. 12세에 어머니의 권유로 대선사인 계송繼松에게 가서 출가했다. 1341년(충혜왕 복위 2년) 승과의 상상과上上科에 급제했고, 1383년(우왕 9년) 국사國師가 되었으며, 1389년 공양왕이 즉위하자 다시 국사에 봉해졌다. 1392년(태조 1년) 9월 18일 문인에게 유서를 쓰게 한 다음 입적했다.

삼아 배불의 입장을 더욱 확고히 해나갔다.

후일 조선왕조에 들어와서도 『호법론』은 여전히 추가로 인쇄 배포되었는데, 불교적 대응으로써 호불의 논지를 펼 때마다 그 내용을 인용하고 있음을 볼 수 있다. 비록 『호법론』의 간행과 배포의 노력으로 유·불 공존적 체제를 갖추지는 못했지만, 후일 불교를 보호하고 유지케 하는 데 일정한 역할을 담당했다고 여겨진다. 이러한 승려들의 대응은 사회의 주도적 이념으로 존재했던 불교계가 원 간섭기 이후 한계를 드러내면서 불교의 사회적 기능이 축소되는 방향으로 나아갔음을 짐작케 한다.

2) 유학자들의 조화론적 불교관

불교계가 앞서 살펴본 고승들의 불교개혁을 통해 시대적·사회적 역할을 담당하려 했던 것처럼, 유교계에서도 호불론적 관점으로 불교의 개혁을 추진한 경우가 있었다. 고려는 오랜 기간 숭불정책에 따라 불교가 사회의 중심이었으므로 사대부들도 유교를 표방하여 관직에 진출했지만 오랜 전통인 불교에 입각하여 생활했으며, 심지어 불문에 귀의하는 이들도 많았다.

이러한 시대적 상황 속에서 유학자의 신분이면서도 자연스레 불교에 관심을 가졌던 대표적인 인물이 이제현(李齊賢, 1288~1367)[286]이다.

---

286 고려 후기의 시인 · 문신 · 성리학자 · 역사학자 · 화가로, 자는 중사仲思, 호는 익재益齋 · 역옹櫟翁 · 실재實齋이고, 시호는 문충文忠이며, 본관은 경주慶州이다. 백이정白頤正의 문인으로 과거에 급제한 후, 1319년 충선왕의 초빙으로 원나라로 건너가 충선왕이 세운 만권당萬卷堂에서 연구했다. 충선왕이 모함을

그는 한국 사상사의 큰 흐름을 이루고 있는 신유학이 하나의 학풍으로 형성되어 가던 초창기에 성리학을 정착시키는 데 선도적인 역할을 한 유학자였지만, 불교에 대해서도 그 교리를 인정하고 유·불 양교에 대해 조화로운 태도를 가지고 있었다.

이제현의 집안도 불교와 깊은 인연이 있어 출가하여 불문佛門에 귀의한 자들이 있었다. 그의 부친 이진李瑱은 유학자이면서 불문에도 뜻을 두어 그의 사상은 유·불이 혼합되어 있다.[287] 또한 "나는 어렸을 때 선친 동암東菴을 따라 무외無畏의 문하에 드나들었다"[288]라는 기록으로 보아 어린 시절부터 충렬왕忠烈王, 충선왕忠宣王, 충숙왕忠肅王으로부터 왕사와 국사로 추앙된 천태종의 명승 무외국통無畏國統 정오丁午를 만나는 등 불교를 자주 접해 왔음을 알 수 있다.

이제현의 둘째 형인 체원體元은 젊은 나이에 삭발하고 승려가 되었다.[289] 신라 의상義湘 대사의 『백화도량발원문』을 해설한 『백화도량발

받고 유배되자 그 부당함을 원나라에 간하여 1323년 석방되게 했다. 1357년 문하시중에 올랐으나 기철 등 친원파 암살 사건을 중재하려다 실패했다. 이후 사직하고 학문 연구와 후진 양성, 저술에 몰두했다. 공민왕의 후궁인 혜비惠妃 이씨李氏의 친정아버지이기도 했으며, 고려 말 신흥 사대부와 조선 시대 사림파의 학문적 선조로서 성리학을 들여와 발전시켰다. 그의 문하생 목은 이색李穡은 후일 정도전, 조준, 남은, 정몽주, 길재로 학파가 나뉘게 된다. 그림과 서예에도 능했으며, 시화집인 『역옹패설櫟翁稗說』 등 많은 시문을 남겼다.(위키백과)

287 박현규, 「이제현을 둘러싼 불교환경에 대한 연구」, 『順天鄕語文論集』 2, 1993, p.97.

288 「妙蓮寺重興碑」, 『益齋亂稿』 권6(『韓國文集叢刊』 2, p.556c), "某幼從先東菴 進退於無畏之門."

289 「送盤龍如大師序」, 『拙藁千百』 권1(『韓國文集叢刊』 3, p.6d), "師東菴李文定公次

유학자로서 유교와 불교의 조화를 모색한 이제현

원문약해白花道場發願文略解』를 지은 체원은 충선왕의 총애를 받아 승직이 높아지고 유명 사찰의 주지를 제수除授 받았으나 늙은 부모를 봉양하기 위해 사양했다.[290] 이제현의 자손 중에도 불문에 귀의한 자가 있었는데, 그의 딸 혜비惠妃와 손자 내유乃猷이다.[291]

이처럼 이제현은 집안의 인연을 통해 자연히 불교와의 만남을 이어갔고, 아울러 자신도 어느 정도 불교를 포용했다. 고려 역대 왕들은 국가정책의 하나로 불교 행사를 대대적으로 거행하여 신하들은 개인적인 신앙과 관계없이 왕명을 받들어 불교 행사에 참여하는 경우가 많았다.

충선왕은 불교에 심취하여 일찍이 국왕과 태위상왕太尉上王의 신분으로 많은 사찰을 순례했고, 연등회와 팔관회 등 국가적인 불교 행사를 봉행했다. 이제현은 충선왕을 수행하여 연경燕京으로 간 후에 왕명

子 今王府斷事官國相益齋公之兄."

290 앞의 책(『韓國文集叢刊』 3, p.6d), "如公妙年披剃 高步選佛場 見知太尉上王 崇緇秩 授名刹 而親老不忍去左右."

291 「雞林府院君諡文忠李公墓誌銘」, 『拙藁千百』 권1(『韓國文集叢刊』 2, p.612a), "……次惠妃 今爲尼……."

을 받아 불교와 깊은 인연을 맺게 된다. 그는 충선왕의 시종으로서 고려의 혜감국사慧鑑國師, 보감국사寶鑑國師를 만났으며 후에 이들의 비명碑銘을 지었다. 이 비명을 통하여 그가 두 국사로부터 불법과 불사활동에 대해 많은 지식을 얻은 것을 알 수 있다. 또 그는 연경에 잠시 있을 때 고려에서 온 승려 원담元湛 등과 교유하게 된다. 연경에 흥복사興福寺가 있었는데, 원담과 숭안崇安, 법운法雲 등이 법당을 세우자, 이제현은 이들과 교유하여 인과응보의 가르침에 따라 흥복사의 건립을 축원했다.[292]

이후 이제현이 고려로 돌아온 뒤에도 불교와의 인연은 계속된다. 충숙왕 14년(1327) 3월에 원나라에서 승려 성징性澄 등이 올린 경전을 청평산淸平山 문수사文殊寺에 봉양하자, 왕이 그로 하여금 비명을 짓게 했고,[293] 충숙왕 15년(1328) 5월에는 중국에서 가져온 밀교대장密教大藏 90권을 금분으로 사경하고 서문을 쓰도록 했다.[294]

공민왕 8년(1459) 6월에는 왕이 회암심檜巖心 선사에게 '직지당월담直指堂月譚'이라는 당호를 내리자, 이제현은 그를 찬탄하는 서문을

---

292 「大都南城興福寺碣」, 『拙藁千百』 권1(『韓國文集叢刊』 2, p.560b), "佛教之因果修善獲報 猶溉根食實 用能誘掖群迷 以就功德 京師南城之又南 有寺曰興福 …… 曰高麗僧元湛 購地五畝 與其徒崇安法雲等 肇基而堂之."

293 「有元高麗國淸平山文殊寺施藏經碑」, 『拙藁千百』 권1(『韓國文集叢刊』 2, p.561d), "僧性澄寺人允堅等所進佛書一藏 歸諸淸平山文殊寺 施緡錢萬 令取其息 爲皇太子皇子祈福 …… 請付執筆者以記 於是以命臣某."

294 「金書密教大藏序」, 『拙藁千百』 권1(『韓國文集叢刊』 2, p.542d), "成九十卷 名之曰密教大藏 刊行于世 則玆九十卷者 數千萬卷之根柢也 我主上殿下萬機之暇 留神于釋典 其於密教 信之尤切 發內帑之珍 泥金以書之 …… 旣成 因命臣齊賢爲序."

지어 전달했다. 서문을 통하여 그가 일찍이 회암심 선사를 찾아가 선종 계통의 『육조단경六祖檀經』을 질문하는 등 평소 승려들과 깊이 교유했음을 알 수 있다.[295] 이제현이 송광 화상松廣和尙에게 보낸 시가 있다.

동암은 옛날 녹야에 노닐었고
혜감은 조계주가 되어 갔네.
좋은 차 보내오고 안부를 물을 때면
장편 글로 보답하여 깊은 흠모 표했네.
두 늙은이 풍류는 유·불의 으뜸
백 년 동안 생사가 아침저녁 같구나.
사부의 의발을 받아 이 산에 머물러 있어
남들이 그의 규승 조사祖師보다 낫다 하네.
내 평생 조충 됨을 후회하지 않으나
사업을 간고하기 참으로 부끄럽네.
향화 인연 맺기로 전해왔으나
속세에 끌려 장구를 모실 수 없네.
외로운 신세까지 물어줄지 어찌 뜻했으랴
가는 길 다르다고 조금도 혐의 않네.
가을 감(柿) 먼저 따서 나에게 부쳐주고

---

295 「書檜巖心禪師道號堂名後」, 『拙藁千百』 권1(『韓國文集叢刊』 2, p.543c), "余嘗造其室 扣以六祖壇經 其言約而盡 使人不厭聽 其蒙展待於吾君 親紆寶札 焜耀山門 蓋非幸也."

봄볕에 말린 작설 여러 번 보내왔네.[296]

송광 화상이 이제현에게 감이나 말린 작설차를 선물로 보내주자, 그의 부친과 혜감慧鑑과의 옛 관례에 비추어 그도 송광 화상에게 시를 지어 답례하고 있다. 동암과 혜감 두 스님과의 친분을 통해 비록 가는 길이 다르다 할지라도 서로 깊은 신뢰를 가지며, 유·불 회통을 상징적으로 나타낸 이 시는 인생무상의 내용을 더하여 불교적 색채를 은은히 드러내고 있다.

이처럼 이제현은 왕명에 의해 국가의 불교 행사를 자연스럽게 수용하고 있는데, 이를 통해 스스로를 유학자라고 칭하면서도 내면적으로 불교를 받아들였다는 사실을 알 수 있다. 따라서 그는 성리학의 수용과 발전에 중요한 위치에 있으면서도 『고려사』나 『조선왕조실록』에서 후학자들에게 "그가 성리학을 즐겨하지 않았다거나 유학 학문에 순정하지 않았다"[297]는 다소 곡해된 평가를 받게 된 것은 이러한 행적 때문이다. 그는 고려 말에 급진적인 개혁보다는 개량적이고 온건한

---

296 「松廣和尙寄惠新茗 順筆亂道 寄呈丈下」, 『拙藁千百』 권4(『韓國文集叢刊』 2, p.532d), "東菴昔爲綠野遊 慧鑑去作曹溪主 寄來佳茗致芳訊 報以長篇表深幕 二老風流冠儒釋 百年存沒猶晨暮 師傳衣鉢住此山 人道規繩超乃祖 生平我不悔雕蟲 事業今宜慙幹蠱 傳家有約結香火 牽俗無由陪杖屨 豈意寒暄問索居 不將出處嫌異趣 霜林虯卵寄曾先 春焙雀舌分亦屢."

297 「李齊賢傳」, 『高麗史』 권110, 列傳23, "不樂性理之學 無定力 空談孔孟 心術不端 作事未甚合理 爲識者所短."; 『成宗實錄』 권82, 8年 7月 丙戌日, "右承旨任士洪啓曰 …… 未知齊賢之學 果純正否 穡近多有議之者矣 上曰 李穡佞佛者也 安可入文廟乎."

노선을 취했다. 이러한 노선의 영향으로 당시 배불의 분위기에도 불구하고 불교에 호의적이었고, 유·불·도 삼교의 조화적 입장을 취했다. 이러한 입장은 호계삼소虎溪三笑[298]의 일화를 소재로 지은 아래 시에서도 잘 나타난다.

불교와 도교와 유교의 진리는 같은데
억지로 분별한다면 서로 미혹만 되리
삼현의 마음 아는 이 없으니
한 번 웃은 것은 호계를 지나서가 아니라오.[299]

이 시는 호계虎溪를 지나친 혜원·도연명·육수정 세 사람의 웃음에 대해, 유·불·도가 본래 뜻이 하나임을 모르고 분별심에 미혹된 세상 사람들을 향해서 웃고 있음을 노래한 것이다. 또 유·불의 조화를 담고 있는 「금서밀교대장서金書密教大藏序」에서는 자비희사慈悲喜捨를 유교의 인의에 비교하여 나타내고 있다.

---

298 여산삼소廬山三笑라고도 한다. 여산은 강서성江西省 구강현九江縣에 있는 산으로 경치가 좋기로 유명하다. 여기에 동림사東林寺가 있으며 그 밑에 호계虎溪가 흐르는데, 동림사에 있던 고승 혜원慧遠은 손님을 전송할 적에 한 번도 호계를 지나지 않았으며 만일 이 호계를 지나면 범이 울부짖었다. 하루는 법사가 선비 도잠(陶潛, 도연명)과 도사 육수정陸修靜과 함께 이야기하다가 모르는 사이에 호계를 지나자, 범이 울부짖으니 세 사람은 크게 웃었다고 한다. 「廬山記」 참조.

299 「菊齋橫坡十二詠」, 『益齋亂稿』 권3(『韓國文集叢刊』 2, p.526d), "釋道於儒理本齊 强將分別自相迷 三賢用意無人識 一笑非關過虎溪."

그윽이 생각건대, 부처님의 도는 자비慈悲와 희사(喜捨: 목적과 대가 없이 기쁘게 재물을 베풀어 주는 수행덕목)를 근본으로 삼으니, 자비는 인仁의 일이고, 희사는 의義로운 일이다. 그렇다면 이 책의 대지大旨를 또한 대개는 알 수 있다. 수천만 권이나 되는 것을 임금의 세력으로 하기는 어렵지 않지만 그 글이 이처럼 많고 비용이 또한 많이 들어 백성의 고혈膏血을 짜서 비용에 충당하지 않을 수 없으니, 이렇게 되면 부처님의 본의가 아니다. 그런데 이제 주상 전하께서는 백성의 재물을 손상시키지 않고 백성의 힘을 허비하게 하지도 않고서 간략하면서도 요점을 얻고 신속하면서도 정밀하게 했으니, 불교의 본의에 맞는 것으로서 그 공덕을 어찌 다 헤아리겠는가? 감탄하고도 남을 일이다.[300]

이제현은 유·불의 상호 특성과 중요성을 인정하는 가운데 당시 고려사회에 있어 지나친 불사로 인한 백성들의 부담을 폐해로 인식하고, 불사를 하는 왕은 백성들에게 고통을 주지 않으면서 본뜻을 정밀히 나타내는 불사를 하는 것이야말로 진정된 공덕이고 찬탄 받을 일이라고 주장하고 있다. 이러한 이제현의 사고방식은 후일 배불론자들에 맞선 호불론자에게도 상당한 영향을 끼치게 된다.

---

300 「金書密教大藏序」, 『益齋亂稿』 권5(『韓國文集叢刊』 2, p.542d), "然而竊念佛氏之道 以慈悲喜捨爲本 慈悲 仁之事也 喜捨 義之事也 然則其爲書之大旨 亦可槩見矣 所謂數千萬卷者 以萬乘之勢 爲之非難 其書旣多 其費亦廣 未免浚民以充其用 恐非佛氏之意也 今者主上殿下 不傷民財 不費民力 簡而得其要 速而致其精 可謂得佛氏之意 而功德豈易量哉 嗟嘆不足."

3) 친불·배불의 이중적 불교관

고려 말 이색(李穡, 1328~1396)[301]은 정치·사상적 전환기인 충숙왕 때 태어나 이후 조선 태조까지 여덟 임금을 거치면서 정치·외교·교육·사상·문학 등 다방면에 걸쳐 중요한 역할을 했으며 후대에 큰 영향을 끼친 대학자였다. 이제현의 제자이기도 한 그는 스승을 계승하여 성리학 연구의 학풍을 일으켜 황폐된 국학을 부흥시키는 데 기폭적인 역할을 했으며, 교화의 이념으로서 성리학을 체계화시켰다. 그러한 이색은 단지 유학뿐만이 아니라 고려의 오랜 전통인 불교에 대해서도 해박한 지식을 갖고 있었다. 그가 이렇게 불교에 대한 이해와 자연스런 교유를 가지게 된 것은 청소년기에 승려들과 함께 노닐며 유학과 불교를 함께 수학했기 때문이다.

이색은 20세에 가까워질 때까지 사찰에서 공부를 했으며, 이곳에서 불교 공부와 인연을 맺었다. 그는 청소년기에 만든 계契를 통해 교유한 승려들과는 평생을 교우하며 벗으로 지냈다. 이렇게 불교에 대한 지식을 습득하면서 그는 자연스레 유교와 불교를 상호 조화하는 관점을 갖게 되었을 것이다.[302]

---

301 고려 말기의 문신이자 정치가이며 유학자, 시인. 본관은 한산韓山이고, 자는 영숙穎叔, 호는 목은牧隱, 시호는 문정文靖이다. 이제현의 제자로서 성리학을 고려에 소개, 확산시키는 역할을 했다. 이색의 문하에서 성리학자들은 다시 역성 혁명파와 절의파로 나뉘게 된다. 이색은 이성계와 정도전의 역성혁명에 협조하지 않았고 조선 개국 이후에도 출사하지 않았다. 정몽주, 길재와 함께 고려 말 삼은三隱의 한 사람이다.(위키백과)

302 이정주, 「麗末鮮初 儒學者의 佛敎觀: 鄭道傳과 權近을 中心으로」, 고려대학교 박사학위논문, 1998, p.72.

고려 말의 성리학자로 유불 조화의 입장을 보인 이색

내가 아직 스무 살이 되기 전에 산에 노닐기를 좋아했기 때문에 승려들과도 허물없이 지냈다. 그 뒤 조금 장성했을 때 18인이 모여 결계結契를 하고 우호관계를 맺게 되었는데 오늘날 천태의 원공圓公과 조계의 수공修公도 함께 참여했다. 그러니 나와 그들 사이에 얼마나 깊이 의기가 투합하고 얼마나 많이 서로에게 기대를 걸고 있었는지 다시 더 말할 필요가 있겠는가.[303]

여기서 원공은 천태도대선사天台都大禪師 요원(了圓, 생몰년 미상)을 가리키며, 수공은 환암혼수(幻庵混修, 1320~1392)를 말한다. 요원은 엄광사嚴光寺의 주지를 지냈고, 천태종의 대선사大禪師에 올랐다. 충혜왕(忠惠王, 1339년) 때 왕사王師가 되었으며, 『법화영험전法華靈驗傳』 2권을 찬술하여 현재 전하고 있다. 환암혼수는 공민왕 19년(1370)에 광명사廣明寺에서 개최된 승과인 공부선功夫選에서 급제한 선사였다. 특히 환암은 이색과 가장 절친한 승려였다. 이처럼 이 시대에는 사대부

303 「幻菴記」, 『牧隱文稿』 권7(『韓國文集叢刊』 5, p.33a), "予之未冠也 喜遊山中與釋氏狎 …… 梢長 縫掖十八人 結契爲好 今天台圓公 曺溪修公與焉 相得之心相期之厚 復何言哉."

와 승려들 간의 교유가 자연스럽게 이루어졌으므로 이색 또한 특별한 반감 없이 불교를 접할 수 있었다. 이렇게 자연스레 불교를 접하면서 당초에는 호기심이었을 수도 있지만, 차츰 불교의 가르침에도 관심을 보이면서 이를 체계적으로 이해할 수 있는 역량을 지니게 되었을 것이다.

그는 불교를 '역외域外의 교敎'(오랑캐의 가르침)라고 칭하면서도, 스스로 불교를 거부치 않고 교유를 가졌으며, 그 가운데서 분명히 취할 바가 있다고 생각했다. 또한 석가를 모든 악한 것과 속됨과 명예의 구속에서 떠난 호걸스런 인재라고 표현했다.[304] 그리고 '나는 불교를 좋아하지 않는다', '불교를 잘 모른다', '나는 유자이다'라고 서술을 하면서도 불교에 대한 호의적인 태도를 찾아볼 수 있다. 특히 「천보산회암사수조기天寶山檜巖寺修造記」에서는 다음과 같이 밝히고 있다.

> 나는 평소에 불교를 잘 알지 못한다. 그러나 현릉(玄陵: 공민왕의 능호)이 과거에 보제(普濟: 나옹혜근)를 스승으로 대우했기 때문에 그를 경모敬慕하면서 감히 도외시하지 못했다. 하물며 내가 또 왕명을 받들어 보제의 부도명浮屠銘을 지으면서 평생의 행적을 자세히 살펴보고는 그가 결코 보통사람이 아니었다는 사실을 더욱

---

304 「麟角寺無無堂記」, 『牧隱文稿』 권1(『韓國文集叢刊』 5, p.4c), "釋氏 域外之教也. 而軼域中之教而獨尊焉 何也. 域中之人爲之也. 其禍福因果之說 旣有以同人之心 而趨釋氏者 率皆惡常厭俗 不樂就名教繩墨豪傑之才也. 釋氏之得人才如此 無怪其道之見尊於世也. 余是以不拒釋氏心 或興之相好 蓋有所取焉耳."

알게 되었음에 더 말해 무엇 하겠는가. 그리고 "불상을 조성하고 탑을 세워도 공덕은 하나도 없다"라는 말이 있기는 하지만, 보제의 도에 있어서 그런 것은 논할 성격의 것이 아니니 윤절간倫絶磵이 간청을 하고 각전覺田이 수고한 것을 헛되게 욕보일 수는 없다고 생각했다.[305]

이색이 불교에 대한 글을 쓰면서 '불락不樂'이라고 표현한 것은 단순히 불교를 부정하기 위해 '불교를 좋아하지 않는다'라고 한 것은 아닐 것이다. 그가 사용한 '불락不樂'에 대한 이해를 '불교를 잘 모른다'라는 겸손의 뜻으로 받아들임이 맞을 듯싶다. 왜냐하면 글 전체를 주의 깊게 살펴보면 불교에 대한 경건함과 함께 신앙적 차원에서의 발로가 어느 정도 느껴지기 때문이다. 그의 불교에 대한 이해도는 단순한 교양 차원을 넘어서 있었으며, 이러한 깊이 있는 이해를 바탕으로, 더 나아가 자신의 삶 속에서 불교를 종교로 받아들이고 있지는 않은가 하는 짐작을 하게 된다.[306]

내가 소싯적에 역마驛馬를 타고 연경燕京으로 가면서 이 나한당羅漢堂 아래를 두 차례 지나간 적이 있었다. 한 번은 직접 문 안으로 들어가서 예배를 드린 적이 있었는데, 무척이나 성대한 당번幢幡들

305 「天寶山檜巖寺修造記」, 『牧隱文稿』 권2(『韓國文集叢刊』 5, p.15d), "予素不樂釋氏. 然玄陵嘗師師. 故敬慕之不敢置 況奉旨譔銘. 獲詳師之平生 尤知其非常人也. 造佛造塔 片無功德 於師之道 非所論也 絶磵之請 覺田之勤 不可以虛辱."

306 김재욱, 「牧隱 李穡의 佛敎觀－그의 記文을 중심으로」, 『동양한문학연구』 제23집, 2006, p. 215.

은 모두 여행객들의 앞길을 축원하는 내용으로 되어 있었다.[307]

당시 최고의 유학자이며 고위직에 있었던 이색이 스스로 법당에 들어가 예배를 드렸다는 것은 불교에 대해 호의적인 감정 없이는 행하기 어려운 일이다. 「발호법론跋護法論」에서 "오탁악세五濁惡世에서는 선善을 행한다고 해서 반드시 복이 되는 것도 아니고 악을 한다고 해서 반드시 화가 되는 것도 아니라 하지만, 불교가 아니면 어디에 귀의하겠는가"[308]라고 하여 불교에 귀의함이 꼭 필요하다는 것을 역설적으로 강조하기도 했다.

그들이 외우는 사여게四如偈를 들었는데 비록 그 의미를 완전히 이해하지는 못했지만, 요컨대 그 귀결점은 무위無爲일 뿐이리라.[309]

'사여게四如偈'는 『금강경金剛經』의 마지막 부분인 「응화비진분應化非眞分」 제32에 나오는 구절이다. 그 내용은 일체의 현상(유위법)은 꿈, 환상, 물거품, 그림자 등과 같은 것이니 마땅히 그렇게 보아야 한다는 것이다.[310] 곧 일체 현상은 단지 마음이 지어낸 실체가 없는

---

307 「慈悲嶺羅漢堂記」, 『牧隱文稿』 권7(『韓國文集叢刊』 5, p.24d), "予少也 馳馹赴燕都 再過堂下 嘗一入門而致禮焉 幢幡甚盛 類皆行役者之願詞也."

308 「跋護法論」, 『牧隱文稿』 권13(『韓國文集叢刊』 5, p.112c), "五濁惡世爲善未必福 爲惡未必禍 非佛何所歸哉."

309 「幻菴記」, 『牧隱文稿』 권4(『韓國文集叢刊』 5, p.33a), "聞其誦四如偈 雖不盡解 要其歸 無爲而已."

310 『金剛經』, "一切有爲法 如夢幻泡影 如露亦如電 應作如是觀."

것이기 때문에 그러한 현상에 집착하지 말아야 한다는 것이다. 그는 사여게의 핵심을 '무위無爲'로 파악하여 이를 이해하고자 했다.

> 꿈이라는 것은 잠을 깨면 그만인 것이고, 환영이라는 것은 술법이 다해 버리면 헛되어지며, 물거품은 물로 돌아가고, 그림자는 그늘 속에서 사라지며, 이슬은 마르며 번갯불은 없어져 버리는 것이니 이 모두는 실제로 존재하는 것이 아니라고 할 것이다. 그러나 실제로 존재하지는 않지만 없다고 말할 수도 없고, 실제로 있기는 하지만 존재한다고 말할 수도 없으니, 불교의 가르침이라는 것이 이와 같다고 하겠다.[311]

이색이 서술하고 있듯이 "실제로 존재하지는 않지만 없다고 말할 수도 없고, 실제로 있기는 하지만 존재한다고 말할 수도 없다"는 것은 불교의 공空 사상이다. 유와 무, 어느 극단에 치우지지 않는 걸림 없는 자세가 불교적 시각이다.

> 이제 미타회彌陀會가 시작된 지도 벌써 6년의 세월이 흘렀다. 그러나 공公의 건강을 아마도 하늘이 도울 것이니, 공公이 앞으로 1만 일의 태반에 이르도록 수명을 누릴 것 또한 분명한 사실이라 하겠다. 그리고 불경佛經을 높이면 삼승三乘의 교해敎海가 방촌方寸 안에

---

311 「幻菴記」, 『牧隱文稿』 권4(『韓國文集叢刊』 5, p.33a), "夢者寤則已 幻者法謝則空 泡歸於水 影息於蔭 露晞電滅 皆非實有也. 非實有焉 而不可謂之無 非實無焉 而不可謂之有 釋氏之敎蓋如此."

스며들게 될 것이요, 아미타불阿彌陀佛의 명호名號를 부르면 구품九品의 극락국토가 지척 사이에 있게 될 것이니, 예전의 허물을 벗어버리고 새로운 복을 더 받으면서 만물에 은택을 끼치게 될 것을 또 의심할 것이 뭐가 있다고 하겠는가.[312]

위의 「보법사기報法寺記」에 나타난 글을 살펴볼 때, 이색은 불교의 아미타 신앙에 대해서도 거부감 없이 인정하고 있음을 알 수 있다. 무엇보다 당시 대표적 유학자가 유가에서 부정하는 사후세계를 인정하고, 현생現生과 내생來生의 복 또한 염불에 의해 얻을 수 있다고 인정한다는 것은 결코 쉬운 일이 아니었을 것이다. 유학을 정치·학문적 이념으로 표방했던 성리학자로서 당시의 시대적 분위기를 감안한다면 이색의 이러한 입장은 불교에 대한 신앙이 전제되지 않고서는 쉽게 표출될 수 없다. 아마도 그가 다른 유학자처럼 강력한 배불론을 전개하지 않았던 것도 이와 같은 불교에 대한 그의 신앙적 배경이 자리잡고 있었기 때문일 것이다. 그는 담연하고 순일한 마음이 오염되지 않도록 이를 잘 지켜내고 함양할 수 있는 수행이 중요한데, 그것이 불교의 삼학(三學: 계·정·혜)에 제시되어 있다고 보았다.

계戒로써 물욕의 혹함을 끊어 그 흰 바탕이 오염되지 않도록 해야 한다. 정定으로써 물욕의 혹함을 막아서 그 맑은 바탕이 흔들리지

312 「報法寺記」, 『牧隱文稿』 권6(『韓國文集叢刊』 5, p.46b), "彌陀會已六年矣. 公之康强 天或相之 至於太半也必矣. 尊經則三乘之教海 達于方寸之內 念佛則九品之樂國 在於跬步之間 所以脫舊眚增新福 而澤及於物者 又何疑乎."

> 않게 해야 한다. 혜慧를 가지고 물욕을 변화시킴으로써 순일한 본바탕으로 돌아오도록 해야 한다.[313]

여기에서도 알 수 있듯이, 이색은 삼학을 물욕物慾과 연관시켜 설명하고 있다. 물욕은 사물에 대한 필요 이상의 욕심을 의미하며, 이는 성리학에서 말하는 인욕人慾에 포함되는 것으로, 이상적인 유교의 공적 원리인 천리天理에 반하는 것이라 할 수 있다.[314]

주희는 이 천리天理를 수양의 근본으로 삼아 실천하고자 했다. 그는 식욕食慾과 같은 것은 그 자체로는 천리이지만, 그것이 적당한 범위를 넘어서게 되면 인욕이 된다고 했다.[315] 천리는 원리일 뿐이므로 이 자체를 실천할 수는 없으니, 인욕을 억제하는 행위를 통해 결과적으로 천리를 보존하게 되는 결과를 가져다준다는 것이 성리학의 기본 관점이다.

불교에서의 수행 목적은 탐·진·치 삼독三毒을 소멸하는 데 있다. 하지만 이색은 삼독 중에서 탐심의 측면만 주로 지적하여 물욕을 끊고, 막고, 변화시켜 수양할 것을 주장하고 있다. 물욕은 세간적인 극복대상이며, 성냄과 어리석음까지의 극복은 분명 출세간적 지향대상이다. 따라서 여기에서 유교와 불교의 차이점이 나타난다고 하겠다.

---

313 「雪山記」, 『牧隱文稿』 권6(『韓國文集叢刊』 5, p.45c), "戒以絶物欲之或汙其白也. 定以拒物欲之或亂其淨也. 慧以化物欲而歸于其純也."

314 김재욱, 앞의 논문, p.219.

315 溝口雄三 · 丸山松幸 · 池田知久, 김석근 · 김용천 · 박규태 옮김, 『中國思想文化事典』, 민족문화문고, 2003, pp.185~186.

강경한 배불론자인 정도전은 불교를 허무적멸한 것으로 파악한 데 비해, 이색은 불교의 적멸을 주역의 고요함(寂)에 비견하여 이를 수용하고자 했다.

적멸을 고요함으로 수용하려던 이색의 불교 이해는 승려 기화己和의 태도와 비슷하다. 그러한 차원에서 이색의 관점은 유학자로서 유교와 불교의 조화를 보여주는 여말선초의 사상적인 한 단면을 잘 보여주고 있다. 왜냐하면 후대의 호불론자들은 유·불의 근원적 상통성에 입각하여 호불 이론을 전개하고 있으며, 나아가 유·불 간의 가르침과 교화관에 대해 직접적인 동일성을 찾고 있기 때문이다. 그런데 이색은 이때 이미 유·불의 가르침이 차이가 없다고 말하기도 한다.

> 나는 아직 불교를 알지 못한다. 유교의 말을 빌어서 말한다. …… 우리 유가에서 격물치지와 성의정심을 통하여 수신제가 치국평천하를 이룬다고 한다면, 불가에서는 생각을 맑게 하고 지관을 통하여 우리의 본원인 자성이 천진불임을 깨달아 생사의 물결(波浪)에서 사람들을 제도하여 적멸에 돌아가게끔 하니, 무슨 차이가 있겠는가?[316]

이색은 유교는 격물치지格物致知와 성의정심誠意正心을 통해 수신·제가·치국·평천하(현실 세계)를 이루고, 불교는 징념澄念과 지관止觀

---

316 「澄泉軒記」, 『牧隱文稿』 권3(『韓國文集叢刊』 5, p.26b), "吾未知釋學也 姑引儒言之 …… 吾儒而格致誠正而致齋平 則釋氏之澄念止觀 以見本源 自性天眞佛 度人於生死波浪而歸之寂滅 豈有異哉."

을 통해 우리의 본원(자성)이 천진불天眞佛임을 깨달아 생사의 물결로부터 벗어나 적멸(열반)로 돌아가는 것이므로 둘 사이에는 차이가 없다고 주장한다. 격물치지와 성의정심의 유교 수양법은 징념과 지관의 불교 수행론과 다름없으며, 몸과 마음을 다하여 이치를 깨치게 되면 자신과 그를 둘러싸고 있는 이 세계가 평정하여 구제할 수 있다는 점에서 동일하다는 것이다. 또 그의 「평심당기平心堂記」를 보면 불교와 유교의 조화에 대한 인식이 잘 드러나고 있다.

> 법을 봄에 고하의 구별이 없고, 도에 들어감도 너와 나의 구별이 없다. …… 유자는 마음을 평하게 쓰고 기운을 편안하게 다스린다. 그러한 이유는 수신修身 제가齊家하고 천하의 태평함에 미치게 하려는 바이다. 그러나 불타의 뜻(上人之志)은 여기에 멈추는 것이 아니라 온갖 덕과 만행을 갖추어서 삼계를 인도하는 스승이 되려는 것이다.[317]

그는 불교와 유교 모두 법(진리)을 구별하지 않으며 도를 깨치는 데에 있어서도 차별이 없다고 본다. 다만 유교는 수신에서 평천하라는 현실 세계의 평안을 목적으로 하는 데 반해, 불교는 여기에서 더 나아가 삼계, 곧 현실은 물론이고 출세간적 세계까지도 염두에 두고 있고, 그러한 면에서 불교가 지향하는 도의 경계가 더 넓다는 것을

317 「平心堂記」, 『牧隱文稿』 권6(『韓國文集叢刊』 5, p.44a), "觀法無高下 入道無彼此 …… 吾儒者用心以平 治氣以易 所以修齊而及天下平耳 上人之志 非止此也 具萬德 備萬行 爲三界導師而已矣."

이 글을 통해 나타내고 있다. 따라서 위 두 글에는 분명 유교와 불교의 궁극적 차이점을 이색 스스로가 나타내 보이고 있다고 하겠다.

유교가 팔조목(八條目, 세간적)을 지향하는 데 비해, 불교는 적멸寂滅과 삼계의 도사(導師, 출세간적)를 지향하는 차이점은 분명 존재하지만, 유·불 조화의 관점에서 바라보는 이색은 그 점을 간과하고 있는 듯하다. 하지만 다른 글에서 이색은 불교와 유교의 차별성을 또한 분명히 파악하고 있으며, 불교 가르침 내에서의 정미한 것과 거친 것을 구분한다.

또한 그는 불가의 설에 대한 유가적 해석을 통해 유학자로서의 입장을 견지했다. 이를 유가儒家의 선양宣揚이라는 측면에서 볼 수 있으되, 동시에 그의 불학에 대한 깊이를 미루어 짐작할 수 있다. 이색은 또한 유자로서의 모습을 잃지 않으면서도 불교와 유교의 상호조화를 꾀했는데, 이 바탕에는 선과 화엄 사상이 일정한 역할을 했던 것으로 보인다. 이러한 행적을 살펴볼 때, 이색은 유학자였지만 불교에 대한 개인적 신행과 불교 지식을 소유한 유·불 간의 조화론자였다고 평가할 수 있다.

이색은 사상적으로는 유·불 조화론적 입장이었지만 불교가 당시 사회·경제적으로 폐해를 가져온 부분, 곧 불교 교단의 문제에 대해서는 비판적이었다. 그는 당시 사회개혁의 일환으로 공민왕 4년에 불교 교단의 폐단에 대한 상서를 올렸다.

> 오교양종은 이득만 좇아가는 소굴이 되어 냇가와 산굽이가 절이 아닌 곳이 없게 되었습니다. …… 불타가 큰 성인이나 그의 좋고

싫어함도 반드시 다른 사람들의 그것과 같을 것이니, 그 죽은 영혼인들 그 무리들이 이와 같은 것을 부끄러워하지 않을 줄 어찌 알 수 있겠습니까? 원컨대 금령을 내리시어 이미 승려가 된 자에게는 도첩을 주더라도 도첩이 없는 자들은 군병으로 충원하고, 새로 창건한 사찰은 모두 철거하되 철거치 않는 자는 수령을 죄 주어 양민으로 하여금 모두 머리를 깎게(髡緇) 하지 않기를 원하나이다. …… 신의 어리석은 견해로는 불타는 지성하고 지공하여 받들기를 극히 후하게 할지라도 기뻐하지 않고, 대우하기를 심히 박하게 할지라도 이로써 노하지 아니하니, 하물며 그 경전 중에 분명히 설하되 보시의 공덕이 경전을 지니는 것만 못하다 했습니다.[318]

이색은 오교양종五教兩宗(오교는 열반종·남산종·화엄종·법상종·법성종, 양종은 조계종·천태종)에 많은 사찰이 난립하고 승려의 과도한 증가와 불교 의식의 번잡 등 타락한 교단을 정화하자는 차원에서 점진적인 개혁안을 제기했다. 특히 도첩이 없는 승려는 군대에 보충하고, 새로 지은 절은 철거하여 양민이 승려가 되지 못하도록 하자고 주장했다. 그는 사찰 고유의 기능은 하지 않고 이익 추구만 하고 있는 불교 교단에 대해 국가 경영자로서 진심어린 개혁 의지를 보여 주었다. 이러한 개혁은 배불이라는 표현보다는 불교 교단의 건강한 발전을

---

318 「李穡傳」, 『高麗史』 권115, 列傳28, "五教兩宗爲利之窟川傚山曲無處非寺 …… 佛大聖人也好惡必與人同安知已逝之靈不恥其徒之如此也哉 臣伏乞明降條禁 已爲僧者 亦與度牒而無度牒者卽充軍伍新創之寺並令撤去而不撤者卽罪守令 庶使良民不盡髡緇 …… 然以臣之愚竊惟佛者至聖至公奉之極美不以爲善待之甚薄不以爲怒 況其經中分明者說 布施功德不及持經."

위함이라고도 볼 수 있다. 또한 이색은 공민왕 15년 유탁(柳濯, 1311~1371)에 의해 진종사眞宗寺가 낙성되었을 때 그의 부탁으로 「진종사기眞宗寺記」를 지었다.

> 효는 대개 이치의 근본이니, 아랫사람을 인仁으로 어루만지고 윗사람을 충忠으로 섬기는 것이 모두 여기에서 나온 것이다. …… (그런데) 어찌 화복禍福의 말에 현혹되어 복을 기원한다는 명목으로 사치와 화려를 극하여, 재물을 허비하고 백성을 병들게 하는 것과 비교할 수 있겠는가. 비록 그러하나 세상에서 호걸이라 일컫는 이들이 온통 이(불교)를 따르고 우리(유교)를 돌보지 아니하니, 우리의 도가 끊어지지 않음이 실낱과 같은 것은 장차 누구를 허물할 것인가.[319]

여기서 이색은 진종사를 중건한 유탁의 뜻을 올바른 정치와 효도라는 유교적 명분에 연결시키고, 고려의 인재들이 불교에 빠져서 유교는 명맥만 유지하고 있음을 한탄했는데, 이를 통해 당시 유교의 사회적 역할을 짐작할 수 있다.

이색은 불교와 관련하여 '이단異端'[320]이란 표현을 쓰면서도 친불교

---

319 「眞宗寺記」, 『牧隱文稿』 권1(『韓國文集叢刊』 5, p.6b), "孝蓋理本 撫下仁 事上忠 皆於是乎出 …… 豈與夫眩禍福之說 假祝釐之名 極侈與麗 傷財病民者比哉 雖然 世之所謂豪傑者 率此之趨 而不吾顧 吾道也不絶如線 將咎誰哉."

320 「古巖記」, 『牧隱文稿』 권6(『韓國文集叢刊』 5, p.47a), "師旣背師之兄 入于異端矣. 然知敬兄之友 又知求文以慕吾儒 吾豈惜吾言哉. 然師之學 非我學也 吾之學 非師學 不幾於道聽而塗說乎."

적 색채를 띠는 이중적 태도를 보인다. '나는 유자儒者다'거나 '불교를 배우지 못했다'고 하면서도 '유교와 불교가 무엇이 다른가'라는 표현과 '불교와 유교는 같다'는 표현 등이 그것이다.

이색의 이러한 태도에 대해, 그가 공민왕에게 올린 건의서에는 "공자가 말하기를 '귀신을 공경은 하되 멀리하라'고 했습니다. 나는 부처에 대해서도 마땅히 이와 같이 하기를 원합니다"라고 한 것을 근거하여, 임금이 불교를 공경하되 멀리해야 한다고 주장한 것으로 보기도 한다.[321] 하지만 이러한 주장을 배불적이라고 표현하기에는 다소 무리가 있어 보인다.

이색의 배불론적 성향이 두드러진 부분은 「선수집서選粹集序」이다. 이것은 공자를 중심으로 한 유교를 높이고, 불교를 배척한 한유의 공을 평가하며, 원도原道를 되 밝혀서 바른 정치를 유도한 주자학을 높이 평가한 것이다.

> 공자는 요순堯舜을 상술하고 문무를 헌장憲章하여 시서詩書를 간행하고 예악을 정함으로써 정치를 밝히고 성정을 바르게 하여 풍속을 가지런히 하고 만세태평의 근본을 세웠으니, 생민生民 이래로 공자보다 위대한 이는 일찍이 없었다고 하겠다. 그러던 것이 진나라 분서焚書의 위를 당하여 쇠미해져 갔으나, 당에 이르러 한유가 원도原道를 써서 공자를 높이고 불도를 내쳤다. 송대에 이르러 이러한 한유를 종사宗師로 하고 고문古文을 배운 이는 구양공歐陽公

321 류인희, 「신유학의 발전과 이색의 역할」, 『동서철학연구』 제38호, 한국동서철학회, 2005, p.34.

> 등 몇 사람뿐이었다. 특히 공맹학을 강명講明하고 불도를 물리쳐 만세를 교화한 데 이르러서는 주정周程의 공이 크다. 송이 망하고 원이 서자, 그 학설이 북쪽으로 유전하니 노재허魯齋許 선생은 그 학문으로써 세조를 도왔으니, 중통지원中統至元의 다스림이 모두 여기에서 나왔다.[322]

성리학이 고려에 들어온 후 처음부터 '도통관'을 전면으로 내세우지는 않았는데, 도통이란 단어를 구체적으로 쓰기 시작한 것은 이색에 의해서이다. 「청향정기淸香亭記」에서 "송나라 문명文明 세상을 만나 …… 성경대극聖經大極의 뜻을 미루어 밝혀 공맹의 통을 이었다"[323]라고 하여 도통개념(孔孟之統)을 표현했다. 나아가 그는 「증김경숙비서시서贈金敬叔秘書詩序」에서 한유의 이단 배척을 말하며 정자와 주자의 학문이 도학임을 주장한다.

> 태산북두처럼 추앙을 받은 한이부(한유)는 이단을 극력 배척하고 틈 난 곳을 보충했네. …… 정자와 주자의 도학은 천지와 짝이

---

322 「選粹集序」, 『牧隱文藁』 권9(『韓國文集叢刊』 5, p.72a), "孔氏祖述堯舜 憲章文武 刪詩書 定禮樂 出政治 正性情 以一風俗 以立萬世大平之本 所謂生民以來 未有盛於夫子者 詎不信然 中灰於秦 僅出孔壁 詩書道缺 泯泯棼棼 至于唐韓愈氏 獨知尊孔氏 文章遂變 然於原道一篇 足以見其得失矣 宋之世 宗韓氏學古文者 歐公數人而已 至於講明鄒魯之學 黜二氏詔萬世 周程之功也 宋社旣屋 其說北流 魯齋許先生 用其學相世祖 中統至元之治 胥此焉出."

323 「淸香亭記」, 『牧隱文藁』 권5(『韓國文集叢刊』 5, p.36c), "當宋文明之世 …… 推明聖經大極之旨 以紹孔孟之統."

되어 밝은 해와 달이 하늘에 운행하는 것 같았네.[324]

즉 이단 배척에 앞장선 한유를 태산북두로, 또 정자와 주자의 도학을 천지와 일월에 비유했는데, 이것은 고려 말에 성리학이 도학으로 확실히 자리잡고 이단(불교와 도교)을 배척하여 새로운 가치와 사상으로 등장한 것을 표현한 것이다.

지금까지 살펴본 이색의 행적을 비추어 볼 때, 그가 국가의 통치이념으로서 유학 사상에 입각하여 철저하게 현실적인 삶을 살면서도 불교의 원융자재圓融自在의 이상향을 그리워한 이중적 성향을 보인 것은, 불교국가였던 고려사회와 유학적 이념의 조선조 교체라는 전환기적 사회구조의 영향 때문일 것이다. 간혹 후세의 학자들이 이색은 지조가 없고 학문이 순수하지 못하다고 비판을 하지만, 이는 대부분 조선시대에 고의로 깎아내린 평가라고 볼 수 있다.

고려 말 온건적 개혁가인 정몽주(鄭夢周, 1337~1392)는 자가 달가達可이며, 호는 포은圃隱이다. 정치적으로도 그는 고려 말 어려운 시기에 정승의 자리에 올라 아무리 큰일이 나더라도 조용히 사리에 맞게 처리했다는 평을 받았다.

정몽주도 당시 고려의 위정자로서 불교를 신행했지만, 성리학을 깊이 연구하여 배불에 대한 인식을 함으로써 불교를 배척했다. 그의 불교관이 담긴 시를 한 편 살펴보자.

---

324 「贈金敬叔秘書詩序」, 『牧隱文藁』 권9(『韓國文集叢刊』 5, p.73c), "太山北斗韓吏部 力排異端仍補苴 …… 程朱道學配天地 直揭日月行徐徐."

크고 작은 것이 만 갈래로 갈렸으니
찬란히 빛나는 이치 여기에 있네.
처한 것이 진실로 궁극에 달했으니
사물이 나와 함께 표리가 없었구나.
부처는 이와 다르니
공空을 전제하나 이야기 뜻 묘한 것이
일체가 환각과 망령이니
군부君父의 거동도 잃었구나.
이렇게 천년백년 지나면
의론이 분분 일어날 것.
상인上人은 허심虛心한 사람
원컨대 진실을 구하소서.[325]

정몽주는 위 글에서 만수萬殊의 현상계에 본체의 원리가 내재하고 있음을 표현했는데, 이는 성리학의 이일분수理一分殊[326] 사상을 담고 있다. 이 세상은 크고 작은 다양한 세계가 존재하고 있는데, 비록

---

325 「幻庵卷子」, 『圃隱集』 권2(『韓國文集叢刊』 5, p.592a), "鉅細紛萬殊 粲然斯有理 處之苟臻極 物我無表裏 浮屠異於此 懸空譚妙旨 一切歸幻妄 君父失所止 自是千百年 議論竟蠭起 上人虛心者 願與求正是."

326 이일분수理一分殊는 송대宋代에 정이程頤가 창안하고 주희가 정립한 개념이다. 이일理一이란 본체로서의 태극太極을 말하고, 분수分殊란 현상계에 존재하는 각각의 사물마다에 깃들어 있는 이理를 뜻한다. 이일분수는 이러한 이의 양면적 성격을 통일적으로 파악하는 논리이다. 이일분수의 개념은 조선의 성리학에도 큰 영향을 끼쳤다.(네이버 지식백과)

다양한 세상이라 할지라도 그 가운데 확연히 빛나는 이치가 내재되어 있다고 보았다. 그러므로 이러한 진리를 깨치고 현실에 임하여 지극한 경지에 이르면 나와 만물이 하나가 된다는 것이다.

불교를 배척하면서도 친불교적 성향을 함께 보인 정몽주

이러한 입장에서 볼 때 불교는 이와는 달리 현실을 떠나 공에 매달려 묘한 진리를 말하고 있다고 그는 노래하고 있다. 하지만 현실세계와 진리세계를 둘로 나누는 것은 불교의 오류이며, 이러한 입장으로는 진리를 터득할 수 없다고 일반 성리학자들처럼 비판하였다.

일체를 환망幻妄으로 돌이키기에, 결국 임금과 아비도 잃어버린다는 것이다. 이 시에서 정몽주가 바라본 불교의 오류는, 당시 배불론자들의 주장처럼 분수分殊의 세계를 무질서한 환망幻妄으로 보았다는 데 있다. 유학에서 일컫는 도道란 일용평상의 일로 잠시도 떠날 수 없고, 떠난다면 도가 아니라고 보았다.[327] 정몽주 역시 일상생활을 떠나서 도는 존재하는 것이 아니라고 주장한다.

> 유학자의 도는 모두 날로 쓰이는 평상시의 일입니다. 마시고 먹는 것은 남자나 여자나 모두 같은 것이니 지극한 이치가 여기 있는

---

327 『中庸』, "道也者 不可須臾離也 可離非道也."

> 것입니다. 요堯·순舜의 도 또한 이것을 벗어나지 않으니, 움직이고 멈추고 말하고 말하지 않는 것이 그 바른 것을 얻으면 이것이 곧 요순의 도입니다. 처음은 매우 높거나 행하기 어려운 것도 아닙니다. 저 불교의 교는 그렇지 않습니다. 친척을 마다하고 남녀를 끊고 홀로 바위 구멍에 앉아 풀을 입고 나무를 먹으며 빈 것을 보고 번뇌 잊는 것을 종지로 삼으니 어찌 평상의 도라 하겠습니까?[328]

정몽주는 요순의 도는 평상시의 도로 나타나지만, 불교의 가르침은 친척과 떨어지고 남녀 사이를 끊고 수행하니 이는 평상의 도에서 어긋난다고 보았다. 즉 세간의 현실생활을 뒤로 한 채 적멸만을 구하려고 하는 불교의 출세간적 태도를 비판하고 있는 것이다. 뿐만 아니라 "그 교리가 무한한 것에로 확대되고 미세한 것에까지 사무치므로 이치에 맞는 듯하지만, 과연 모든 일에 대처하여 상응할 수 있으며 정밀한 의리를 모두 궁구할 수 있는가?"라고 비판하여 불교의 근본이념에 대해서 당시 유행하던 벽이단闢異端 정신을 계승하고 있다.[329] 그는 자안子安과 대임大臨이라는 승려에게 봄을 알리는 매화 향기를 즐기며 세심경洗心經을 읽으라고 권하고 있다.

---

328 「圃隱先生本傳」, 『圃隱集』(『韓國文集叢刊』 5, p.625b), "儒者之道 皆日用平常之事 飮食 男女所同也 至理存焉 堯舜之道 亦不外此 動靜語默之得其正 卽是堯舜之道 初非甚高難行 彼佛氏之敎則不然 辭親戚 絶男女 獨坐巖穴 草衣木食 觀空寂滅 爲宗 豈平常之道."

329 금장태, 『한국유학의 탐구』, 서울대출판부, 1999, p.18.

분분한 사설이 백성을 그르치니
어느 사람 제창하여 이것을 깨우칠까.
듣자니 그대 집에 매화가 핀다 하니
따라서 다시금 세심경을 읽으리라.

진실로 마음이란 비었다가 차는 것이
씻고 보면 다시금 깨는 것을 느끼리라.
자세히 간괘의 여섯 획을 보노라면
화엄경 한 부를 보는 것보다 나으리라.[330]

여기서 세심경이란 『주역』을 나타내는 것으로서, 정몽주는 간괘艮卦의 육획을 보는 것이 『화엄경』을 읽는 것보다 더 낫다고 했다. 『화엄경』의 원명은 『대방광불화엄경大方廣佛華嚴經』으로서 불타가 깨달음의 경지에서 설했다고 하는 중요한 경전이며, 불교 교학敎學의 중심인 『법화경法華經』과 더불어 대승불교에서 중요시하는 경전이다. 특히 이 경은 선종禪宗에서도 그 연구가 활발하여 소의경전으로 삼았으므로, 선종이 주류를 이루었던 당시에 『화엄경』이 『주역』의 일부보다 못하다고 한 서술에서 정몽주의 비판적인 불교관을 엿볼 수 있다.

고려 말의 일반 성리학자들처럼 정몽주도 불교를 비인륜적으로 보았기에 이단으로 비판했으며, 설령 진리의 세계가 존재한다 할지라

---

330 「讀易寄子安大臨兩先生有感世道故云」, 『圃隱集』 권2(『韓國文集叢刊』 5, p.595b), "紛紛邪說誤生靈 首唱何人爲喚醒 聞道君家梅欲動 相從更讀洗心經 固識此心虛且盈 洗來更覺已全醒 細看艮卦六畫耳 勝讀華嚴一部經."

도 그것이 관념적으로만 존재할 것이 아니라 일상의 생활에 구체적으로 드러나야 한다고 보았다. 또 그는 불교의 미묘한 경지에 대해 유교와 비교하면서 다음과 같이 말한다.

> 하늘같이 둥글며 넓고 큼이 가히 없고, 거울같이 비쳐주어 미묘한 경지에 통달하니, 이것이 부처의 도道와 마음을 비유하는 것이며, 우리 유儒도 이치에 가깝다고 허락한 것이다. 그러나 그 둥긂이 가히 만 가지 일을 응할 수 있으며, 그 비침이 가히 정미한 뜻을 다할 수 있는 것인가. 나는 영산靈山의 모임에 가서 황면 노자(부처)에게 질문하지 못한 것을 한하노라.[331]

이 글은 하늘이 광대무변하고 거울의 비춤처럼 미묘함을 통달한다는 불교의 도와 마음에 대한 비유다. 하지만 둥긂이 만 가지 일에 응할 수 없으며, 그 비춤이 정의精義를 궁구할 수 없는 이유는 무엇인가? 하고 물으며, 여기에 대한 자신의 대답을 다음 시에서 보인다.

> 소나무 바람 강의 달이 환하게 비었으니
> 이 바로 산승이 자리에 들던 때라.
> 가소롭고 분분하게 도를 배우는 자
> 색과 소리 밖의 진리를 깨닫는구나.[332]

---

331 「圓照卷子」, 『圃隱集』 권2(『韓國文集叢刊』 5, p.599c), "如天之圓 廣大無邊 如鏡之照 了達微妙 此 浮屠之所 以喩道與心而吾家亦許之 以近理 然 其圓也 可以應萬事乎 其照也 可以窮精義乎 吾恨不得時遭乎 靈山之會詰一言於黃面老子."

이는 당시 불교를 배우는 방법에 대해 비판한 내용으로서, 승려를 '가소롭고 분분하게 도를 배우는 자'로 극단적이게 표현했다.

이와 같은 비판적인 불교관에도 불구하고 정몽주는 친불적인 행적을 보이기도 한다. 『포은선생집圃隱先生集』[333]은 고려 말에 활동한 승려들과 교유 사실이 20건이나 기록되어 있다. 이에 대한 구체적인 내용을 보면, 아래의 인용문은 공민왕에 대한 추억을 회상하는 글이다.

> 간절히 생각하면 현릉(공민왕)이 계셨을 때 특별히 스님을 소설산에서 맞아 불사를 장황히 하여 나라가 태평함을 보였습니다. 기록 가운데 실려 있는 것이 곧 당일 법좌에 올라 설교하던 것입니다. 생각하면 고우 김중현과 책을 끼고 승려와 함께 놀았는데 국사께서 중현을 한 번 보시고 애지중지했으며, 나도 이것으로 인하여 수차가 되었던 것이니, 사실 병신년 여름이었습니다. 그 후 현릉도 신하들을 버리고, 원정 국사도 세상을 하직하고, 나의 중현도 또 불행을 당했습니다. 병신년에서 지금 홍무 정묘까지 대개 32년입니다. 지금 이 기록을 보니 나도 슬픕니다.[334]

---

332 「贈僧」, 『圃隱集』 권2(『韓國文集叢刊』 5, p.592a), "松風江月接冲虛 正是山僧入定初 可咲紛紛學道者 色聲之外覓眞如."

333 『포은집圃隱集』(『포은선생집』)은 포은 정몽주의 시문을 엮은 문집이다. 정몽주 사후 아들 정종성鄭宗誠과 정종본鄭宗本이 유고遺稿를 모아 1439년(세종 21)에 처음 발간하였다. 『포은집』은 충절의 권장, 도통道統의 권위 확보, 조상 추숭 등 다양한 필요에 의하여 조선시대 전 시기에 걸쳐 총 14차례 발간되었다.(우리역사넷, http://contents.history.go.kr/mobile)

334 「題圓証國師語錄」, 『圃隱集』 권3(『韓國文集叢刊』 5, p.601d), "因竊伏念玄陵在位

정몽주는 일찍부터 불가의 선승들과 교유하면서 불교의 가르침을 받았다. 그는 공민왕이 태평을 기원하며 불사를 일으킨 일을 평가하면서 원정 국사가 설법한 내용을 읽으며 추억에 잠기는데, 이러한 모습을 통해 불교에 대한 긍정적 자세를 엿볼 수 있다. 정몽주는 불교를 고려 말의 정치 상황 속에서 마음의 평안을 얻을 수 있는 귀의처歸依處로 여기기도 했고, 혼탁한 세상에서 벗어나 불교의 초월적 삶을 동경하는 모습을 보여주기도 한다.

푸르고 큰 소나무
절색의 산간에 나 있구나.
바람에 들린 가지와 잎의 소리 쓸쓸하다.
나그네(道人) 그 아래 앉아 쉬고
이슬은 맑은 시내를 씻는다.
아래로 혼탁한 세상 굽어보니
기름에 불을 태우더라.[335]

이 시는 마음의 평정과 혼란한 시절의 대립과 갈등에서 벗어나 초월적 삶을 갈구했던 정몽주의 마음이 그대로 반영되어 있는데,

---

特邀師于小雪山 張皇佛事 以爲太平之觀 今錄中所載 卽當日陞座所說也 憶 與先友金仲賢挾冊從僧遊 師一見仲賢愛重之 余亦因之數往謁焉 實至正丙申夏也 厥後玄陵捐羣臣 圓証下世 而吾仲賢亦已不幸矣 自丙申至今洪武丁卯 蓋三十又二年矣 今觀此錄 不覺悵然."

335 「倫絶磵卷子」, 『圃隱集』 권2(『韓國文集叢刊』 5, p.590c), "青青長松樹 生彼絶磵邊 風來掀柯葉 聲作瑟瑟然 道人坐其下 露脚濯淸泉 下視濁世內 膏火正相煎."

쓰러져 가는 고려 말 자신의 절개를 소나무로 표현하였다. 다음 시는 정몽주가 일본의 보빙사에 갔다가 함께 귀국한 영무永茂라는 일본의 고승에게 전한 내용이다.

삼한 땅에 불교가 바야흐로 유행하니
무엇하러 다시금 왕사성을 구할 건가?
만리의 구름 자취 맡길 곳도 없지만
오대산 빛이 멀리서 마중 오네.
봄 깊어 골짜기 새는 같은 소리로 응답하고
밤 고요하여 소나무 바람 꿈도 맑아
부러움 없는 상인이 법계에 참예하니
붓끝은 응당 시를 지어 울렸더라.[336]

당시 정몽주는 고려불교의 발전 수준과 성행에 대해 '불타 당시의 왕사성에 못지않다'고 하며 은근히 고려불교에 대한 자부심을 보이고 있다. 그리고 왕사성王舍城이란 용어와 불교 진리의 세계인 법계法界라는 용어를 쓰고 있음을 볼 때 불교 지식도 상당히 갖추고 있음을 짐작할 수 있다.

따라서 정몽주는 당시의 적극적인 배불론자들과는 달리 온건적 배불의 입장이며, 주로 불교 교단에 한정한 비판을 했음을 알 수

336 「次牧隱先生詩韻 贈日東茂上人」, 『圃隱集』 권2(『韓國文集叢刊』 5, p.590d), "三韓佛教正流行 何用更求王舍城 萬里雲蹤無所托 五臺山色遠來迎 春深谷鳥同聲應 夜靜松風入夢淸 不羨上人參法界 筆端應得以詩鳴."

있다. 이와는 달리 『고려사』에 나타난 정몽주는 대부분의 성리학자와 마찬가지로 불교를 '불씨佛氏' 또는 '불씨의 교'로 격하시켜 표현하면서 불교를 비판하고, 불교적 의례를 성리학적 의례로 전환시킬 것을 주장하고, 공양왕의 불교정책을 비판하기도 한다.[337] 하지만 이는 조선 개국공신들이 정몽주를 숭유억불의 통치이념에 뜻을 함께하고 있는 인물로 각색하였을 가능성이 크다. 『고려사』에 나타난 '불씨를 배척하고 비난하는 것은 유학자의 떳떳한 일'[338]이라고 표현된 부분은 고려 말 많은 유학자들이 그들의 관점에 입각하여 불교를 비판하고, 조선 개창 이후 불교를 본격적으로 억제하면서 성리학적 통치이념을 확산시켜 나간 시대적 여건이나 사상적 분위기와 함께한다고 볼 수 있다.

지금까지 살펴본 것처럼 이색과 정몽주는 고려 말 당시 정기적으로 행해지던 국가 주도의 불교의례나 법회에도 참여하곤 했는데, 이 두 사람은 다른 성리학자들과 달리 불교에 대해 호의적이었으며 불교에 대한 이해도 상당했음을 알 수 있었다. 실제로 그들은 불교 교단에 대한 비판과 함께 친불교적인 성향을 지녔음이 확인되는데, 이는 그들이 많은 승려들과 교유했다는 사실과 문집 속에 승려들에 관한 시의 양이 적지 않다는 것으로 증명되고 있다.

---

337 「鄭夢周傳」, 『高麗史』 권117, 列傳30, "夢周與同列上疏曰 信者 人君之大寶也 國保於民 民保於信 近日殿下 下教求言曰 言之者無罪 於是 人皆抗疏 極論政事之得失 民生之休戚 眞所謂不諱之朝也 有國子博士生員等 亦以排斥異端 上書陳說 言語不謹 觸犯天威 在朝之臣 不勝恐懼 臣等以爲 斥詆佛氏 儒者之常事 自古君王 置而不論 况以殿下 寬大之量 蕞爾狂生 在所優容 乞霈寬恩 一皆原宥 示信國人."

338 앞의 책, "斥詆佛氏 儒者之常事."

이러한 행적을 토대로 이색과 정몽주의 불교관에 대해 다음과 같이 정리할 수 있을 것이다.

첫째, 500여 년 동안 내려오던 고려 전통불교에 대한 긍정적 인식이 내재되어 있었다. 둘째, 불교에 대한 지식을 상당히 갖추고 있었으며 불교계와의 관계를 젊은 시절부터 말년까지 꾸준히 지속하였다. 셋째, 당대의 훌륭한 고승들과 많은 교유관계와 우호를 가지고 있었으며 유명한 사찰을 방문하곤 했다. 넷째, 고승은 물론이고 일반 승려들에 대한 존경심을 가지고 있었다. 다섯째, 당시 승단의 폐해에 대해 온건적 비판을 하면서도 불교에 대한 근본적 가르침은 존중하는 등 친·배불의 이중적 불교관을 가지고 있었다.

Ⅳ. 조선 초기 배불 사상과 불교의 대응

1. 조선 건국과 유교 이념

1) 개국 주역들의 이념적 성향

태조 이성계(李成桂, 1335~1408)를 도와 조선을 세운 개국의 주역으로 불교계에는 무학자초(無學自超, 1327~1405)와 신조神照가 있고, 유교계에는 정도전鄭道傳을 비롯한 배극렴裵克廉, 조박趙璞, 조준趙浚, 조인옥趙仁沃, 정탁鄭擢 등이 있다.[339]

무학자초는 이성계가 위화도 회군 전에 긴밀한 관계를 맺은 승려인데, 1384년 무렵 이성계가 꿈을 해석하고자 자초와 만나면서부터

339 태조 원년 8월에 공신도감功臣都監을 설치하고 9월에 배극렴裵克廉을 비롯한 17명에게 1등 공신, 윤호尹虎를 비롯한 11명에게 2등 공신, 안경공安景恭을 비롯한 16명에게 3등 공신으로 모두 44명을 녹권했다. 훗날 추가하여 개국공신으로는 1등 공신인 좌명개국공신佐命開國功臣이 20명, 2등 공신인 협찬개국공신協贊開國功臣이 13명, 3등 공신인 익대개국공신翊戴開國功臣이 22명이다.

인연을 맺었다. 이 만남을 『조선왕조실록』에 다음과 같이 기록하고 있다.

태조 이성계를 도와 조선 개국에 일조한 무학 자초

> 태조가 왕업을 일으킬 조짐이 있는 꿈을 꾸고 토굴 속에 있는 신승神僧 무학無學에게 가서 그 뜻을 풀어보게 했다. 즉위한 뒤에 토굴이 있던 곳에 절을 세우고 이름을 석왕釋王이라 했다.[340]

자초는 개국 원년에 왕사로 봉해졌으며, 한양 천도의 주역이 되었고, 태조가 함흥에 가서 돌아오지 않을 때 한양으로 오게 하여 부자의 사이를 가깝게 하기도 했다. 태조는 왕위를 물려준 뒤 자초가 주지로 있는 회암사에 머물렀으며, 자초의 부도를 서천 108조 지공指空과 나옹혜근(懶翁惠勤, 1262~1342)의 부도 아래 생전에 세우게 하는 등 각별한 인연을 이어갔다.

신조는 천태종 승려로 공민왕의 시해 직후에 이성계와 조우하여 이성계의 핵심 참모로 활동했으며, 우왕 14년(1388)에 이성계를 따라 요동 정벌에 참여해 위화도에서 회군 대책을 논의하기도 했다.[341]

---

340 『正祖實錄』 권32, 正祖 15年 4月 17日, "太祖夢興王之徵 就神僧無學於土窟中釋其義. 及卽位 建寺土窟之址 名曰釋王."

341 「水原萬義寺祝上華嚴法會衆目記」, 『陽村集』(『韓國文集叢刊』 7, pp.132c~133a),

역성혁명 세력들에 의해 새 왕조가 건국되는 시기에도 국사와 왕사 제도가 존재 한 것은 이성계와 연계하여 조선 건국에 참여한 불교계의 영향이 있었기 때문이었다고 할 수 있다. 조선 개국의 주역들 대부분은 고려 말부터 배불을 주장하던 신흥 사대부들이었다. 이들은 고려 말 왕실과 신하들의 맹신 또는 광신에서 비롯된 온갖 불교적 폐단을 지적하며 고려의 불교 이념 중심적 정교政教체계를 유교의 이념으로 교체하고자 했다.

그중 정도전을 필두로 하는 소장 세력들이 새로운 왕조에서 개국의 주역을 담당함으로써 그들이 적극적으로 주장한 배불론은 극렬하게 전개된다. 조선 건국 이후 개국공신들의 배불을 살펴보면 정도전이 가장 선두로 자리하며, 이 외 1등 공신인 조박趙璞과 3등 공신인 심효생沈孝生이 각각 양광도(楊廣道: 현 경기도와 충청도 지역)와 경상도 안렴사로 있으면서 백성이 상복을 입고 절에 가서 공양하는 것을 금지했다.[342]

1등 공신인 대사헌 남재南在는 태조 원년(1392)에 환관 제어, 불교 배척, 여자의 외출 제한 등 12개 조목의 글을 올렸다. 불교를 신앙한 나라가 오래가지 못했고, 불교를 공경한 군주가 복을 누린 자가 없으니 불교의 인과응보설은 믿을 수 없다며, 군주는 유교의 덕치를 치자治者의 논리로 삼아야 한다고 하였다.[343] 태조 원년 9월에 1등 공신인

"時照公在完山李侍中麾下 能與將相共定大策 擧義回軍 以安宗社 以開今日中興之業."

342 『太祖實錄』 권2, 太祖元年 12月 6日(壬子), "上聞楊廣道按廉趙璞 慶尙道按廉沈孝生 禁民服喪者就寺供佛."

343 앞의 책, 太祖元年 9月 21日(己亥), "未聞歷代人君敬其教而能享其福者也. 以我東方言之 新羅惑於浮屠 竭其財力 塔廟半於閭閻 遂至於亡 高麗 毅王歲飯僧三萬

배극렴과 조준 등이 포함된 도평의사사都評議使司에서 학교·수령·의창·향리에 관한 22조목을 올렸는데, 여기에 불교에 대한 내용이 담겨 있다. 승려가 되려면 양반兩班 자제는 닷새 베(五升布) 1백 필, 서인은 1백 50필, 천인은 2백 필을 바치게 하여 출가자를 엄격히 통제하게 하고, 승려가 중앙과 지방의 대소 관리들과 결당結黨하여 사사寺社를 건축하거나, 불서佛書를 인쇄하거나, 관사官司에까지 물자를 청구하는 일을 모두 금단禁斷하도록 했다.[344]

그러나 개국공신들 가운데에는 불교에 귀의하거나 승려 출신들도 있었다. 이지란(李之蘭, 1331~1402)은 원래 여진족 출신 장수였으나 이성계와 결의형제를 맺고, 조선 건국 과정에서 1등 공신이 되었다. 후일 이성계가 왕위에서 물러나자 그도 청해(靑海, 北靑)에 은거하면서 남정·북벌에서 살생한 일을 참회하며 불교에 귀의했다. 그리고 이성계 휘하에 있으며 수많은 전공을 세운 황희석黃希碩과 이성계의 추대에 가담하여 조선이 개국되자 상장군으로서 평양군으로 봉해진 조견趙狷은 각각 2등 공신이 되었는데, 원래는 승려 출신이었다. 개국의 주역들은 공식적으로는 유교 이념을 내세웠지만, 개인적으로는 불교를 신앙하거나 호의적인 성향을 가진 자들도 있었던 것이다.

한편 개국 주역들이 제시한 배불 주장들 거의가 현실화하지 못하고 있음은 그 내용의 지나친 과격성 때문이기도 하지만, 직접적으로는

月至佛寺十餘所 卒有臨川之嘆 恭愍王歲開文殊會 以普虛懶翁爲師 普虛懶翁俱有捨利 無救於亡. 由是觀之 佛氏報應之說 不足信明矣."

344 앞의 책, 太祖元年 9月 24日(壬寅), "僧徒結黨中外大小官吏 或營寺社 或印佛書 至於需索官司 害及于民者. 自今一皆禁斷."

태조의 신불 성향과 신중한 대불對佛정책 때문이었다. 독실한 신불자인 태조는 정치적으로는 개국 주도 세력들과 이해를 함께하였지만 종교적 신념 면에서는 분명 입장을 달리하고 있다.[345]

태조 1년 7월 사헌부가 "무리들을 모이게 하여 학생을 자세히 살펴서 힘써 배우고 수행하는 자는 그 뜻을 이루게 하고, 나머지는 모두 머리를 길러 각자 업에 따르도록 하소서"라고 하자, 태조는 "환관과 승려를 물리쳐 쫓아내는 일은 개국 초에는 갑자기 혁신할 수 없다"라고 답했다.[346] 개국의 주역들이 배불을 주장하며 유교를 정치이념으로 내세우고자 했지만, 역성혁명을 통한 새로운 왕조의 출발에 있어 오랜 세월 동안 백성들이 신앙해 온 불교를 단번에 혁신하기에는 어려움이 있었을 것이다.

흔히 조선의 종교정책을 나타낼 때 쓰는 '숭유억불(崇儒抑佛: 유교를 숭상하고 불교를 억압한다)'이란 술어는, 조선의 건국이념이 두루 반영되어 있다고 할 수 있는 『조선왕조실록朝鮮王朝實錄』에는 구체적 용어로 나타나지 않는다.

『실록』에 주로 나타나는 불교 지칭 용어로는 불씨佛氏, 석씨釋氏, 부도浮屠, 석교釋教, 불자佛者, 불교佛教, 불법佛法, 불도佛道의 순으로 등장한다. (조선 초기 태조부터 세종까지) 또한 배불의 의미로서 쓰인 용어는 이단異端, 이단지교異端之教, 사邪, 사교邪教, 사설邪說,

---

345 이봉춘, 『조선 시대 불교사연구』, 민족사, 2015, p.76.

346『太祖實錄』 권1, 太祖 1年 7月 20日(己亥), "九曰汰僧尼.…乞聚其徒衆 詳考學行 其學精行修者 俾遂其志 餘悉長髮 各從其業.…上曰 宦官僧尼斥汰之事 開國之初 不可遽行 餘悉施行."

이적광망지법夷狄誑妄之法, 외방타교外方他敎, 허무적멸지교虛無寂滅之敎 등으로 나타난다.

따라서 조선 개국의 주역들이 주장하는 배불을 다루기 위해 우선 배불이란 용어에 대한 전반적이고 정확한 이해가 필요하다.

배불排佛에서 배排자는 '떠밀다' 또는 '밀치다'는 뜻을 가지고 있고, 또는 '물리치다斥)'는 의미도 있다. 그리하여 배격排擊이란 『한서漢書』에 '배격박할排擊剝割 이중이해야而衆理解也'라는 말이 있듯이 '배척하고 공격하다' 또는 '악평하며 물리치다'라는 의미를 지닌다. 척斥자는 '쫓아내다', '물리치다'는 의미를 지니고 있다. 『좌전左傳』에 나오는 '대국지구무예이척지하염지유大國之求無禮以斥之何饜之有'라는 말의 척斥자는 바로 그러한 의미로 쓰였다. 그러므로 척사斥邪라는 말은 사기邪氣나 사교邪敎를 물리친다는 의미며, 척퇴斥退는 물리침을 의미한다. 또한 벽闢자는 '열다', '폐하다', '피하다'라는 뜻이고, '벽이단闢異端'이란 '이단異端을 배척하다'라는 의미이고, 벽사闢邪란 사설邪說을 풀어 밝혀서 물리친다는 의미다. 여기에서 억抑자란 '누른다', '핍박한다'는 뜻을 지니는데 『예기禮記』의 '군자지교유야강이불억君子之敎喩也强而弗抑'의 용례는 바로 그러한 의미다. 그리하여 '억압抑壓'이라 함은 '억제하여 압박하다'라는 뜻이고, '억퇴抑退'란 '억눌러 물리치다'는 뜻이다.

결국 '배불排佛'이란 '널리 불교를 배격한다'라는 뜻이고, '척불斥佛'이란 '불교를 물리친다'는 것이고, '벽불闢佛'이란 '불교의 이론을 풀어 밝혀서 물리친다'는 의미이며, '억불抑佛'이란 '불교를 억누른다'는 의미가 된다고 할 수 있다. 배불론에 대한 연구를 보면 이러한 차이점에 대한 뚜렷한 구별 없이 특정 인물이나 특정 시대의 배불론에 집중되고 있으며, 사료에 등장하는 배불·척불·벽불·억불 등의 용어들도 그 의미의 미묘한 차이에 대한 아무런 검토 없이 무차별적으로 혼합되어 사용되고 있다.

그러므로 앞서 이야기한 3가지 유형 중에서 '불교 교단의 타락과 부패상에 대한 비판'은 척불斥佛이라고 볼 수 있고 또한 '불교 교리 자체에 대한 비판'도 척불斥佛이라고 볼 수 있으며, '국가의 시책에 의한 불교 억압'은 억불抑佛이라고 볼 수 있는 것이다. 결국 이 모두를 포함하여 넓은 의미에서 '배불排佛'이라고 볼 수 있다.[347] 이러한 연구 성과에 따라서 본서에서는 '배불'이라는 용어로 통일하고자 한다.

2) 유교 국가 건설과 『조선경국전朝鮮經國典』

전 왕조인 고려가 불교를 통치이념으로 삼아 사회·문화 곳곳에 뿌리를 깊게 내린 상황에서 새로운 왕조를 세운 신흥 사대부들은 성리학의 이념으로 조선왕조의 기틀을 굳게 세우겠다는 의지를 가지고 있었다. 이러한 의지로서 정착된 성리학은 오랜 세월 우리나라 정신문화의 중추 역할을 했던 불교를 대신하여 조선왕조의 새로운 이념체제로 수용되어 조선사회 전반에 걸쳐 그 영향력을 확대해 갔다. 예컨대 예법·풍속·예술·교육의 문화적 영역이나 사회정의와 가치관의 신념 문제 등 국가 통치와 관련된 부문은 물론이고 문화와 경제·사회 문제에 이르기까지 유교의 영향력이 강화되어 '유교 국가'로서의 위상을 공고

---

347 정병조, 「여말선초 배불론의 사상적 성격」, 『현대불교의 향방』, 민족사, 1999, p.222.

히 다져갔다.

개혁 세력들이 이성계를 왕으로 추대한 것은 권력 장악을 넘어 자신들의 이상인 유교 이념에 입각한 강력한 중앙집권적 관료국가를 건설하기 위함 이었다. 그들은 개국과 함께 유교적 정치이념의 추구와 그에 입각한 양반 관료체제의 정비, 그리고 신분의 재편성 및 새로운 사회질서로서 유교 윤리의 보급 등 여러 방면에 걸쳐 새로운 국가 기반의 구축을 도모하면서 혁신정치를 꾀했다.[348]

성리학을 통치이념으로 확립하는 과제를 떠안은 사대부들은 불교를 이단[349]으로 간주하며 배불을 전개하지 않을 수 없었고, 일부 승단의 타락을 빌미로 불교계에 심각한 타격을 주었다. 이들은 유교의 이상 국가를 목표로 하는 법전을 만들어 유교 정치의 근본으로 삼고자 했다. 개혁파의 대표적 이론가인 정도전은 자신이 이상으로 품어온 유교적 정치이념을 성문화한 『조선경국전朝鮮經國典』을 태조 3년(1394) 5월에 왕에게 올렸다.[350] 이 법전은 개인이 저술했지만 조선왕조

---

348 이봉춘, 「조선 개국초의 배불추진과 그 실제」, 『한국불교학』 15, 한국불교학회, 1990, p.85.

349 조선 유학에서는 '성인의 도가 아니면서 따로 한 실마리를 만든 것'을 이단이라 하고(崔恒, 『太虛亭集』, 권1, 「耆英會記」 참조), '도이기는 하나 성현의 도가 아닌 것'을 좌도左道라고 하였다(金烋, 「禁異端雜術議」, 『竹下集』 권11 참조). 구체적으로는 "양자楊子가 위아爲我를 도라 하고, 묵자墨子가 겸애를 도라 하고, 노자가 무위자연을 도라 하고, 석가가 허무적멸을 도라 하였는데, 이는 모두 인륜을 끊고 성인의 도와 배치되는 것이다"라고 하여 이단으로 규정한 것이었다(柳成龍, 「策問三首」, 『西厓集』 권14 참조).

350 『太祖實錄』 권5, 太祖 3年 5月 30日(戊辰), "判三司事鄭道傳撰進朝鮮經國典上觀覽嘆美 賜廐馬 綺絹 白銀."

의 건국이념을 정리하여 조선 초기 문물제도에 큰 영향을 끼쳤다.

『조선경국전』의 맨 첫머리 '정보위定寶位'에서는 태조 이성계가 보위에 오른 사실의 정당성을 논하면서 새 왕조의 국체國體, 곧 왕정의 근본을 밝히고 있다. 여기서 새 왕위는 천의天意와 인심에 순응한 인仁의 발로로서, 그 자체가 왕정의 대본인 인정仁政의 실현인 것으로 규정짓고 있다. 이는 이론적으로는 신유학의 천인감응설天人感應說적인 요소도 지니고 있다.[351]

예전禮典에서는 상제의 경우 종전의 토속적이며 불교적인 의례를 강하게 비판하고, 물질적 낭비의 폐단을 경계하면서 유교적 의례로 대치할 것을 강조했다. 유교에서 '예禮'는 육례六禮(예禮·악樂·사射·어御·서書·수數) 가운데 가장 으뜸으로 여겨지며 유교 윤리의 본체로 간주된다. 인간 생활의 중요한 규범인 관혼상제를 불교 의례에서 유교 의례로 바꾸는 일은 조선사회의 기본 틀을 유교 이념으로 바꾸는 중차대한 일이라 할 수 있다.

정도전은 태조 4년(1395) 6월에 『조선경국전』 가운데 치전治典의 내용을 보완한 『경제문감經濟文鑑』을 저술해 올렸으며,[352] 태조 6년(1397)에는 『경제문감별집經濟文鑑別集』을 써서 군주의 직책과 그 변천 과정을 논하고 있다.

정도전의 『조선경국전』을 모체로 하여 태조 6년(1397) 12월에 조준 등이 왕명을 받들어 위화도 회군 이후 태조 6년까지 교서와 조례를 수집하여 육전六典의 형식을 갖추어 조선 시대 최초의 성문법전인

---

351 한우근·이태진, 『사료로 본 한국문화사: 조선 전기편』, 일지사, 1987, p.22.

352 『太祖實錄』 권7, 太祖 4年 6月 6日(戊辰), "判三司事鄭道傳撰經濟文鑑以進."

『경제육전經濟六典』을 편찬[353]했으며, 이는 세종 대의 『육전등록六典謄錄』을 거쳐 세조 대에 마침내 『경국대전經國大典』으로 완성되었다. 성종 때 여러 차례 수정을 거쳐 성종 16년(1485) 1월 1일부터 시행되었으니, 이것이 『을사대전乙巳大典』으로 오늘날 전해오는 『경국대전』이다.

조선왕조 정치 규범의 표준이자 근본 법전이라 할 수 있는 『경국대전』에는 국가의 통치이념이 구체적으로 잘 나타나 있다. 여기에는 조선왕조를 설계한 정도전에 의해 조선이라는 국호國號를 설명하며, 조선이 지향하는 국가적 이념을 '홍범지학弘範之學, 팔조지교八條之教'로 제시[354]하고 있다. 여기서 홍범지학과 팔조지교에 대한 설명이 여러 가지로 나타나며,[355] 그중 팔조는 유교의 가르침인 격물格物, 치지致知, 성의誠意, 정심正心, 수신修身, 제가齊家, 치국治國, 평천하平天下를 말한다.

이것은 고려 태조 왕건의 「훈요십조」 첫 번째 항목으로 제시된 '불교에 의해 국가를 호위護衛하겠다'는 소위 진호국가鎭護國家를 표방

---

353 앞의 책, 권12, 太祖 6年 12月 26日(甲辰), "都堂令檢詳條例司 冊寫戊辰以後合行條例 目曰經濟六典 啓聞于上 刊行中外."

354 「國號」, 『朝鮮經國典』, 『三峯集』 권7(『韓國文集叢刊』 5, p.414c), "箕子陳武王以洪範 推衍其義 作八條之教 施之國中 政化盛行 風俗至美 朝鮮之名 聞於天下後世者如此 今旣襲朝鮮之美號 則箕子之善政亦在所當講焉 嗚呼 天子之德無愧於周武 殿下之德亦豈有愧於箕子哉 將見洪範之學 八條之教 復行於今日也."

355 홍범洪範: 『서경書經』의 편명으로 큰 법칙이라는 뜻. 상고시대에 하우씨(夏禹氏: 하나라 우왕禹王)가 요순堯舜 이래의 사상을 정리 집성했다는 도덕정치의 기본적 법칙으로, 은나라 멸망 후 기자箕子가 무왕武王에게 전했다고 한다.

한 고려와는 분명히 다르게, 유교로써 조선을 통치하겠다는 의지가 그대로 반영된 것이다.

요컨대 『경국대전』은 정도전이 『조선경국전』을 저술하고 건국 초기에 통치의 기본이 되는 새로운 법령들이 점차 만들어지자, 이를 모아 하나의 법전으로 만든 것이다. 이로써 유교적 법치주의에 입각한 왕조 통치의 규범 체계가 확립되어 갔다. 이러한 저술들은 이상적인 유교 국가의 건설을 목표로 했던 유학자들의 끈질긴 염원의 구현이라고 하겠다.[356]

앞서 살펴보았던, 한유와 여러 성리학자들의 시와 사상을 담아 편찬된 책으로 『고문진보古文眞寶』[357]가 있다. 이 책은 고려 말에 수입된 이래 조선 시대 서당에서 고문의 연변演變과 체법體法을 익히기 위한 소학의 교과서로서 중요한 위치를 차지했다. 유몽인柳夢寅의 『어우야담於于野譚』에는 "우리나라에서 어린이들의 배움은 대개 『고문진보』를 익히는 것으로써 학문에 들어서는 문으로 삼았다"라고 기록되어 있다. 허균許筠의 『성소부부고惺所覆瓿藁』에서는 "국초의 제공이 모두 『고문진보』 전·후집을 읽어 문장을 지었으므로, 지금의 인사들이 처음 배울 때 이것을 중요하게 여긴다"라고 언급했다. 또한 조선조 과거시험의 주된 문제 내용이 이 책 안에서 등장했고, 이에 따라

---

356 최승희, 「양반유교 정치의 진전」, 국사편찬위원회 저, 『한국사』 9, 탐구당, 1981, pp.100~101.

357 이 책은 중국 전국시대부터 송나라에 이르기까지의 시문을 전·후집으로 나누어 수록했다. 전집은 「권학문勸學文」을 비롯하여 소박하고 고아한 고시를 주로 수록했고, 후집은 산문인 17체의 명문을 실었다. 『글로벌 세계 대백과사전』 및 위키백과 참조.

선비들은 이 책을 필독서로 읽었다.

이 책의 내용은 책 제목에서 알 수 있듯이 '옛 글 가운데 참된 보물만을 모아둔 책'으로서 한유를 비롯한 중국 고대 성현의 가르침을 담았는데, 그중 배불의 사상이 담긴 내용도 적잖게 등장한다. 그러한 불교 비판의 내용이 조선조 유학자들의 교과서와 같았던 『고문진보』에 나타나니, 식자들은 여기에 영향을 받아 자연스레 불교에 대한 비판의식이 생겨났을 것이다.

유교적 이상사회의 건설을 꿈꾸었던 정도전과 성리학자들에 의해 편찬된 『경국대전』과 유학자들의 필독서와 같았던 『고문진보』 등을 통해 지식인들은 불교에 대한 비판의식을 자연스럽게 고양시켰으며, 유교적 이념을 최고의 가치로 여기도록 제도화시켰다.

위와 같이 개국의 주역들은 전 왕조의 지배이념인 불교를 대신해서 성리학이라는 새로운 이념을 내세워 정치를 비롯한 사회·문화 전반에 걸쳐 새로운 국가 기반의 구축을 도모하면서 혁신정치를 꾀했다. 그러나 왕조 교체 이후 복잡했던 당시의 사회적·사상적 상황들 때문에 그들의 목적이 빠른 시일에 온전히 구현될 수는 없었으며, 점차적인 단계를 거쳐 서서히 이루어졌다.

2. 조선 초기 배불 사상과 국왕들의 불교관

조선 초에는 전前 왕조의 국가적·사회적 통치 이념이자 생활 규범으로서 중요한 역할을 하던 불교에 대한 비판과 배척이 신흥 사대부들에 의해 고려 말보다 더욱 강화되었다. 이러한 신흥 사대부들의 불교에 대한 비판이 구체적으로 어떤 내용이며, 그 비판의 근거는 무엇인지를 살펴보는 것은 중요하다. 왜냐하면 조선 유학의 배불 성격과 특징을 알기 위해서는 무엇보다 그 배불의 사상적 근거와 내용이 무엇인가를 명확하게 파악할 때 가능하기 때문이다.

따라서 당시 배불의 사상적 배경과 이유를 알기 위한 하나의 방법으로서 『조선왕조실록』에 나타난 배불 사상의 내용과 특징에 대해 살펴보고자 한다.

『조선왕조실록』은 다른 저술에 비해 역사적으로 실재하는 내용을 근거로 하고 있으며, 특히 지배층인 유자儒者의 시각으로 논의되고 기술된 것이기 때문에 당시 그들의 불교 비판에 대한 내용을 가장 구체적으로 알 수 있는 자료라고 하겠다.

1) 유교의 기본 입장과 진호국가설의 부정

흔히 유교의 기본 입장은 도덕적이고 현세 중심적이라고 한다. 하지만 그 전에 먼저, 유교는 철학적으로 하늘과 인간에 대한 이해에서부터 시작한다. 유교의 자연관과 심성론은 하늘(天)과 인간(人)을 근본으로 삼고 있는데, 상호 이해에 있어 한 쪽에 대한 이해는 다른 쪽에 대한 이해에 큰 영향을 미치게 된다. 유교의 궁극적 존재인 천天을 일컫는 명칭을 두 가지로 나누면, 종교적 측면의 대상이 되는 주재적 '천'과, 우주 만물의 원리적 측면인 '천'으로 구별할 수 있다.

이러한 천天에 대한 인간의 태도는 하늘이 명령하고 인간은 하늘의 명령(천명天命)을 깨달아 받들 때 마침내 유교적 인격의 기본 방향이 확립된다. 공자는 "50세에 이르러 천명을 알았다(五十而知天命)"고 했고, 『논어』에는 "하늘의 명령이 있음을 알지 못하면 군자가 될 수 없다(不知命 無以爲君子)"라고 했다. 이는 인간이 하늘의 명령을 이해하려면 상당한 연륜과 공부가 축적되어야 하고, 인격의 성취에는 반드시 천명에 대한 인식이 갖추어져야 함을 나타낸다.

또 "아래에서 배워 위에까지 통달하니, 나를 아는 자는 하늘인가 하노라(下學而上達 知我者 其天乎)"(『論語』「憲問」)라고 함은, 유교에서 그 수행의 근원으로 제시된 천명天命이 바로 유교 이념의 지향점임을 드러내고 있다. 곧 유교에서는 천명이야말로 가장 높은 차원의 궁극적 명령이라 할 수 있다. 이러한 논리는 하늘이 지고하고 유일하며 천의 성질이 극대의 존재를 나타내기 때문이다. 또한 하늘은 만물과 인간을 초월하여 존재하면서 기후와 계절의 변화에서부터 인간의 운명에 이르기까지 모든 현상세계를 관장하고 주재하는 신으로서의 지위를 갖는다.

하늘이 인간에게 부여한 것이 천명이요, 인간에게서 하늘로 지향된 것이 덕이라고 볼 수 있다. 따라서 천명은 덕이 있는 사람에게 비춰지는 것이고 덕 있는 사람만이 천명을 지닐 수 있다. 유교의 정치질서에서 사회와 국가는 개인의 내면적 질서의 연장으로 이해한다. 이에 인간사회 질서의 중심은 덕이요, 국가 정치의 원리도 덕이다. 인간사회에 부여되는 천명이 국왕의 통치권이라면 이 통치권은 덕이 있는 자에게 부여되어야 하며, 국왕이 덕을 상실할 때에는 역성혁명이 불가피하게 이루어져야 한다.

우물은 끊임없이 솟아나는 것이지만 때때로 퍼내어 청소하지 않으면 더러워진다. 따라서 우물의 맑음을 지속시키기 위해서는 청소의 필연성이 존재하듯, 인간사회도 하늘과 인간의 연결고리인 덕이 단절될 경우 혁명을 통해 결합을 회복해야 하는 것이다. 따라서 혁명은 본질적으로 진정한 인간사회의 실현을 위한 방법이며 노력의 과정으로 본다.

이제 유교의 종교적 측면에서의 천天을 살펴보자. 하늘이 명령하고 인간은 하늘의 명령을 깨달아 받을 때 비로소 유교적 인격의 기본방향이 확립된다. 여기에서 하늘은 인간을 사랑하며, 인간의 삶을 풍요롭게 하고, 착한 이에게 복을 주고, 인간의 악을 미워하며, 나쁜 일에는 분노하여 재앙을 내리기도 하는 주재자적 존재로 믿어져 왔다. 유교사상의 특징 중 하나는 초월적 신비성, 괴이함, 위력(완력)적인 것을 논외[358]로 한다는 점이다. 유교는 스스로 검증 가능한 실제성을 바탕으로 하는 논리적 합리성의 종교이기 때문이다.

유교는 일상생활에서 진정한 도를 얻으려 한다. 괴이한 것은 인간의 공허한 마음에서 일어나는 환상이라 생각하며, 어떤 신비적 사실도 윤리성을 벗어나면 확고하게 거부한다. 신비성의 근원인 하늘은 결코 비윤리적 형식으로 자신을 나타내지 않는다고 믿는다. 그러면서도 신비성이 합리성이나 윤리성과 상반된 것이라 보는 입장이 아니라 서로 결합되어야 한다고 보는 입장이다.[359] 공자는 하늘을 속일 수 없고, 하늘을 원망하지 않으면서 하늘과의 만남을 최선이라 했고,[360] 신을 경건하게 숭배하지만 신을 너무 가까이하는 것을 경계했다.[361]

---

358 「述而」, 『論語』, "子 不語怪力亂神."

359 금장태, 「유교의 천·상제관」, 『유학 사상의 이해』, 한국학술정보, 2007, p.103.

360 「憲問」, 『論語』, "子曰 不怨天 不尤人 下學而上達 知我者 其天乎."

361 「學記」, 『禮記』, "敬鬼神而遠之."

후일 송나라의 성리학과 조선의 성리학은 '천天'의 개념을 리理로 해석함으로써 그 가치 기반을 더욱 확고하게 정립하고, 후대 학자의 해석에 기준점을 가지게 했으며, 이를 자신들의 관점으로 불교를 비판하는 근거로 삼았다.

성리학에서는 한편으로는 우주만물과 인간에 대한 본질적 이해와 그 구조를 분석하면서, 다른 한편으로 도덕적 실천 당위규범을 제시하여 방대하고 정밀한 이론체계를 갖추게 된다. 또 성리학의 합리적 체계구조는 천天에 대한 이해가 비종교적 합리주의의 관철에 목표가 있었던 것이 아니라, 천天-상제上帝에 대한 유교적 신앙의 인식과 체험을 합리적인 방향으로 수용했다고 볼 수 있다.

성리학에서는 천-상제를 우주론의 보편적 개념으로 이해하고 접근하며, 천-상제를 어떤 고정된 개념으로 한정시키지 않고 표현의 양상을 다양화시켜 주고 있다. 그리고 천-상제는 만물을 창조하고, 만물을 주재하고 있다고 본다. 또한 천-상제는 현상세계에 대해 초월성을 지닌 존재이면서, 다른 한편으로는 모든 만물에 내재적인 성격을 지니고 있다. 이러한 유교적 기본 입장(천명에 의한 정치와 종교)은 조선왕조 배불에 대한 기본 사상으로 자리한다.

이제 『조선왕조실록』에 나타난 배불 사상을 살펴보자. 『실록』에 나타난 배불 사상의 근거는, 불교가 곧 멸륜해국[362]으로서 국가의 안녕과 행복을 지켜주지 못한다는 '진호국가설의 부정'이다. 우리 민족의 불교는 이른바 호국불교로 일컬어지듯이 불교의 교법으로 국난과

---

362 송갑준, 「우리 도를 어지럽히는 자들」, 한국 사상사연구회, 『조선유학의 개념들』, 예문서원, 2002, p.442.

외세를 진압하고 나라를 지킨다는 사상으로 진호국가鎭護國家의 성격을 지녀 왔다. 이러한 신앙은 신라와 고려에 걸쳐 전개된 일련의 불사를 통해 볼 수 있는데, 신라의 황룡사 9층탑은 왕조의 무궁함을 바라는 호국 기원에서 세워졌고, 문무대왕의 사천왕사 창건은 당나라를 물리치고 고구려와 백제의 옛 땅을 통합하겠다는 뜻을 담았으며, 고려 시대의 팔만대장경 판각 사업은 불력佛力으로 국난을 극복하겠다는 발원을 담아 제작하여 국민들의 정신을 단결하게 하는 역할을 담당했다. 그리고 이와 같은 진호국가의 사상은 한국불교의 전통으로 오랫동안 유지되었다.

또한 앞에서 살펴본 호국삼부경인 『인왕경』, 『법화경』과 『금광명경』은 일찍이 한·중·일 삼국에서 유포되어 진호국가 이념의 이론적 토대를 제공했다. 그중에서 『인왕경』 「사천왕품四天王品」에 등장하는 호법의 성왕인 사천왕은 백성들이 국가 수호를 다짐하고 기원하던 의식의 대상이었으며, 이 경에 나타난 호국 사상은 경이 유포되는 곳을 따라 사천왕이 그 국토와 국민을 수호하겠다는 서원으로 나타나고 있음을 볼 수 있다.

하지만 조선왕조가 들어서면서 유생들은 그러한 진호국가설을 부정하며 불교를 정면으로 비판하기 시작했다. 태조 원년(1392) 9월에 남재南在 등은 다음과 같이 상언한다.

> 한漢나라 명제明帝 때에 이르러 불교가 처음으로 중국에 들어왔는데, 초왕楚王 영英이 가장 먼저 이를 좋아했으나 마침내 단양丹陽에서 죽음을 당하게 되었고, 양梁나라 무제武帝는 이를 가장 독실히

믿었으나 대성臺城에서 굶주림을 면하지 못하였으며, 불도징佛圖澄은 조趙나라를 능히 보존하지 못하였고, 구마라집鳩摩羅什은 진秦나라를 능히 보존하지 못하였고, 지공指空은 원元나라를 능히 보존하지 못했으니, 역대의 군주가 그 교敎를 공경하여 능히 그 복을 누린 사람이 있었다는 말을 듣지 못했습니다. 우리 동방으로 말한다면, 신라가 불교에 미혹하여 그 재력을 다 없애서 탑묘塔廟가 민가에 절반이나 되더니, 마침내 나라가 망하는 데 이르게 되었고, 고려의 의종毅宗은 해마다 3만 명의 승려들을 공양하였고, 달마다 십여 곳의 절에 다녔으나 마침내 임천臨川에서 탄식함이 있었으며, 공민왕恭愍王은 해마다 문수법회文殊法會를 개최하고 보허普虛와 나옹懶翁을 국사國師로 삼았는데, 보허와 나옹이 모두 사리舍利가 있었지마는 나라의 멸망을 구원하지는 못하였습니다.[363]

중국의 초왕 영과 양무제 등이 불교를 좋아했지만 말로末路가 비참했고, 불도징과 구마라집과 지공 등의 고승이 있었지만 나라를 구원하지 못했다고 보고 있다. 또 신라와 고려의 왕들도 재력을 다하여 빈번하게 불사를 했고 고승들이 있었지만 나라의 멸망을 막지 못했다고 주장하고 있다. 이와 같이 진호국가설을 부정하면서 개국 초부터 사대부들은

---

363 『太祖實錄』 권2, 太祖元年 9月 21日(壬申), "至漢 明帝時 佛氏之教 始入中國. 楚王 英最先好之 卒被丹陽之死 梁 武帝最篤信之 未免臺城之餓. 佛圖澄不能存趙 鳩摩羅什不能存秦 指空不能存元. 未聞歷代人君敬其教而能享其福者也. 以我東方言之 新羅惑於浮屠 竭其財力 塔廟半於閭閻 遂至於亡 高麗 毅王歲飯僧三萬 月至佛寺十餘所 卒有臨川之嘆 恭愍王歲開文殊會 以普虛懶翁爲師 普虛懶翁俱有捨利 無救於亡. 由是觀之 佛氏報應之說 不足信明矣."

강력한 배불정책을 펼칠 것을 주장한다. 불교를 믿어 나라를 보호한다는 진호국가설에 대한 부정은 배불론자들의 대표적인 배불 이론 가운데 하나이며, 정도전도 『불씨잡변』에 「사불득화事佛得禍」편을 넣고 있다.

그리고 효령대군孝寧大君이 회암사에서 불사를 시행하자 신하들이 세종에게 반대하는 상소문을 올리며 진호국가설을 부정하고 있다.

> 호승胡僧 순도順道가 부진苻秦으로부터 고구려로 들어오고, 마라나타摩羅那陀가 진晉나라로부터 백제에 왔사온데, 이로부터 축리祝釐를 행하여 국운을 돕게 하고, 부처를 섬겨 복을 구한다는 설이 세상에 한껏 성행한 것입니다. 바라옵건대, 전하께서는 속히 그 명을 거두시어 백성들이 이단異端을 배척하는 마음을 위안케 하시고, 인민들의 복을 빌어 부처를 높이 섬기려는 조짐을 막으시면 국가에 이보다 다행함이 없지 않을까 하나이다.[364]

즉 한반도에 처음 불교를 전한 순도와 마라나타는 '축리(祝釐: 향을 사르며 복을 비는 행위)를 행하여 국운을 돕게 하고, 부처님을 섬겨 복을 구한다'는 설을 퍼트려 세상에 유행시켰는데, 그것은 이단의 설이기에 왕은 국가의 평안을 위하여 백성들이 복을 빌어 부처를

---

364 『世宗實錄』 권67, 世宗 17年 3月 9日(申巳), "臣等竊惟胡僧順道 自苻秦而入高句麗 摩羅那陀 自晋而到百濟 自此而降 祝釐裨補事佛求福之說 盛行于世 無有紀極 …… 伏望殿下亟收其命 以慰臣民闢異端之心 以杜人民求福事佛之漸 國家幸甚."

섬기려는 조짐을 막아야 한다는 것이다. 곧 '국운을 돕고, 복을 구한다'는 진호국가설을 정면으로 비판한 내용이다.

이 외에도 진호국가설을 부정하는 내용이 『조선왕조실록』 여러 곳에 나타나는데, 모두 배불론의 사상적 근거로 제시되었다. 그 구체적 내용을 간추려 보면 다음과 같다.

①예로부터 인군人君으로서 불타를 좋아한 이는 망하지 않은 이가 없었습니다.[365]
②양무제梁武帝는 불교(浮屠)를 숭신崇信하여 탑塔과 사당(廟)을 세웠으나 대성臺城의 욕辱을 면치 못하여 나라가 패敗하고 몸이 망했으니, 이것이 바로 그러한 명백한 증거(明驗)입니다. 그렇다면 불佛·노老를 의지하고 믿어서 재앙을 제거하고 복을 구하고자 하는 것이 만만萬萬 번 이런 이치가 없는 것이 아니겠습니까?[366]
③불·노의 교敎가 밝게 재앙을 제거하지 못하고, 유명幽冥하게 복을 추구하지 못하는데, 전하께서 그 글을 보고 그 신神을 받드는 것이 무엇 때문인지 알지 못하겠습니다.[367]
④임금이 말하기를, 불법을 이미 이단異端이라 하면 그것이 나라에 이익이 없는 것도 필연적이다.[368]
⑤불타는 국가에 유익함이 없다.[369]

365 『定宗實錄』 권3, 定宗 2年 2月 25日(庚申), "自古人君好佛者 未有不亡者也."
366 『太宗實錄』 권18, 太宗 9年 8月 9日(戊申), "梁武帝崇信浮屠 營建塔廟 而未免臺城之辱 國敗身. 此乃已然之明驗 則憑信佛老 欲以禳災致福 萬萬無此理也."
367 앞의 책, 太宗 9年 8月 9日(戊申), "佛老之教 明不足以禳災 幽不足以追福."
368 『世宗實錄』 권23, 世宗 6年 2月 7日(癸丑), "上曰 佛法既爲異端 其無益於國必矣."

⑥불타의 힘으로 나라의 복을 누렸다는 것은 듣지 못했습니다.[370]

⑦비록 진불眞佛이 다시 날지라도 오히려 국가에 이익이 없거늘, 하물며 그 밑에 있는 자이오리까.[371]

⑧불타를 섬겨서 복을 구하는 것은 잘못된 일이다.[372]

⑨불타가 만약 영험이 있다면 반드시 감통感通한 점이 있었을 것이온데, 지금에 와서도 더욱 거짓만 더하게 되니 믿을 것이 못 됩니다.[373]

⑩불타를 의뢰하여 국맥國脈을 지키게 한다면 오늘의 절을 창건하는 것이 오히려 옳겠지마는, 만일 우리의 도(유교)로 국가를 다스린다면 신 등이 여러 말을 하는 것이 또한 당연하지 않습니까.[374]

위 글들에 잘 나타나 있듯이 '불교를 섬겨서 복을 구하는 것은 잘못된 일'로서 결국 '불교를 좋아한 이는 망하지 않은 이가 없었다'고 하여 역사의 한 부분만을 끌어다 주장하며, 진호국가의 전통을 폐기하고자 하는 것이 조선 초기 성리학자들의 주된 건의사항이다.

특히 중국 역사의 예를 들어, 불교를 숭상했지만 나라가 망하는

---

369 앞의 책, 권85, 世宗 21年 4月 18日(乙未), "佛之無益於人國."

370 앞의 책, 권85, 世宗 21年 4月 18日(乙未), "而未聞以佛力享國者也."

371 앞의 책, 권94, 世宗 23年 閏11月 14日(丁丑), "縱使眞佛復生 猶無益於人之國家."

372 앞의 책, 권94, 世宗 23年 12月 9日(辛丑), "事佛求福之非."

373 앞의 책, 권111, 世宗 28年 3月 26日(癸巳), "佛若有靈必有感通 至于今 益加誕妄不足信也."

374 앞의 책, 권121, 世宗 30年 7月 20日(甲辰), "如以賴佛而俾守國脈 則今日之創寺猶之可也."

결과를 왕에게 제시하여 불교가 결코 국가를 지켜주지 못한다는 사실을 인지시켜 진호국가설을 강력히 부정하고자 했다. 예컨대 '양무제梁武帝는 불교(浮屠)를 숭신崇信하여 탑塔과 사당(廟)을 세웠으나 대성臺城의 욕辱을 면치 못하여 나라가 패敗하고 몸이 망亡하는 결과를 낳으니, 그것이 바로 명험明驗'이라 하며 불교가 무익함을 강조하고 있다.

2) 도통론의 계승과 불교 비판

조선 초기 배불의 또 다른 이유는 불교가 '이단[375]의 가르침'이기 때문인데, 즉 유학의 '도통설에 위배'되기 때문이다. 앞에서 살펴본 대로 유학에서 '도통道統'이란 개념은 '유학의 참 정신이 전해 내려온 큰 흐름'을 뜻한다.

도통은 단순히 학문적인 개념이 아니라 유학의 근본정신을 얼마나 잘 계승하고 유지하는가가 중요하다. 도통은 이미 세상을 떠난 한 인물이 유학의 참 정신을 이론과 실천을 통해 제대로 구현했는지에 대한 '절대 평가'의 의미가 강하기 때문에, 나라 전체의 공론과 조정의 의견이 하나로 일치되지 않으면 '도통'으로 인정받기 힘들다. 이런 도통론의 입장에서 볼 때 불교는 유학의 참 정신을 해치는 존재였다.

성리학을 국가 통치의 근본이념으로 받아들여 새로운 왕조를 건설하고자 했던 조선왕조는 고려 말의 사회적 혼란을 극복하고 불교를 배척하기 위하여 중국 유학의 도통관을 계승하고자 했다.

---

375 앞의 각주 349 참조.

옛날에 한유韓愈가 『원도原道』란 글을 지어 요堯·순舜 삼왕三王의 도道를 추구하여 밝혀서 불씨佛氏의 그른 것을 깊이 배척하여 말하기를 "불교를 막지 않으면 유도儒道가 유포되지 않으며, 불교를 그치게 하지 아니하면 유도가 행하지 않을 것이다. 그릇된 그 사람을 사람다움으로 만들고, 그 글은 불사르고, 그들의 집을 사람이 살 수 있는 집으로 만들어서 선왕先王의 도道를 밝혀 인도하면 환과고독(鰥寡孤獨: 의지할 곳 없는 자), 폐질자(廢疾者: 불치병에 걸린 사람)가 부양扶養함이 있게 될 것이다"라고 했습니다. 곧 불씨의 무리들을 막고 그치게 하지 아니하면 성인의 도가 유포되지 않고 시행되지 않으며, 환과고독이 부양을 받지 못하게 된다는 것입니다.[376]

위 글은 사간원에서 억불정책을 상소하는 내용인데, 한유의 말을 인용하여 불교를 배척하지 않으면 유학의 도가 바로 서지 않을 것이라는 주장이다. 앞서 살펴본 것처럼, 고려 말에 전래된 성리학은 주로 주희에 의해 추구된 주자학이다. 주희는 도학의 특성으로 도덕성과 순정성을 도통의 기준으로 삼아 다른 학파와 사상에 비해 자신의 학문이 '도덕적 우월성'과 '참된 진리'를 담보하고 있다는 절대주의적 의식이 강했다. 이러한 주자학이 원대에 들어 관학官學으로 굳어지면서 정통의 지위를 확보하게 되는데, 우리나라에 전래된 유학이 바로

---

376 『世宗實錄』 권12, 世宗 3年 7月 2日(壬戌), "昔韓愈作 原道 推明堯舜三王之道 深斥佛氏之非曰 不塞不流 不止不行. 人其人 火其書 廬其居 明先王之道以道之 鰥寡孤獨廢疾者有養也. 以爲佛氏之徒不塞不止 則聖人之道 不流不行 而鰥寡孤獨不得其養也."

이러한 원대의 주자학이다. 그 결과 주자학에서 도통의 기준으로 내세우는 도덕 정치와 성왕 정치의 이념이 국내 학자들 사이에도 광범위하게 자리하게 되었다.[377]

그러한 인식을 바탕으로 조선의 유학자들은 불교를 배척하고 주자학에 근거하여 도덕 정치와 성왕 정치를 펼 것을 왕에게 건의했다. 곧 요堯·순舜 삼왕三王의 도道를 추구하고 밝혀야 도덕과 정치가 바로 설 수 있다는 것이다. 성리학자들은 일반 백성들의 도덕을 바로 잡고 부양을 위해서는 무엇보다 도통관의 확립이 절실하다고 인식했다.

> 전하께 미치어서도 밝고 넓은 성학聖學으로 전성前聖의 도통을 이어서 불교(釋教)에 대하여 날카로운 뜻으로 배척하여, 도성 안에 양종兩宗만 두고 나머지는 모두 파하여 없앴으니, 사도斯道의 다행한 것이 무엇이 이보다 크겠습니까.[378]

---

377 송대 성리학의 형성 과정을 보면, 먼저 '기론氣論'이 대두되고 다음 '이론理論'이 형성되며, 뒤따라 '심론心論'이 나와 '이론'과 맞섰다. 그리하여 본래 송대 성리학의 내용은 기氣, 이理, 심心 등 비교적 복잡 다양한 것이었다. 그런데 송대 성리학을 고려가 받아들일 때는 이러한 다양성이 배제된 채 주자학만을 취했다. 만일 고려가 성리학을 수용할 때, 송에서 형성된 과정처럼 주(周: 주돈이)·소(邵: 소옹)·장(張: 장재)·정(程: 정호·정이 형제)·주(朱: 주희)·육(陸: 육구연)의 여러 학설을 다양하게 받아들였더라면 조선의 성리학이 주자학 일색이 되고 정주학程朱學만이 성리학으로 간주되어 기론氣論과 심론心論이 배척을 받는 전횡이 일어나지 않았을 것이다. 특히 불교에 대한 비판이 그렇게 철저하지 않았을 것이다. 김충렬, 『고려유학사』, 고려대출판부, 1984, p.154 참조.

378 『世宗實錄』 권121, 世宗 30年 7月 20日(甲辰), "逮我殿下以緝熙之聖學 繼前聖之道統 其於釋教 銳意排斥 都城之內 只置兩宗 餘悉罷去 斯道之幸 孰大於此."

위 내용의 핵심은 과거 성학(유학)을 펼친 성왕들의 도통을 계승하여 불교를 척결하자는 것이다. 도통관의 계승과 정립을 위해 성균생원成均生員과 김일자金日孜 등은 왕에게 다음과 같이 상소한다.

그윽이 생각하옵건대, 옛 성인을 계승하고 후학을 열어 주는 것은 성현의 큰 공이요, 조종祖宗을 도타이 하고 예로써 행하는 것은 제왕의 성전盛典입니다. 이러므로 역대 이래로 무릇 도학道學에 공이 있는 분을 거의 학궁學宮에 모시어 제향하는 바는 돌아가신 이에게 포숭褒崇의 뜻을 보이는 것이며, 추후 뒷사람들에게 권려하는 뜻을 드리우는 것입니다. 옛날에 공자께서는 하늘이 낳으신 성인으로써 경위經緯의 글(文)은 요·순의 도를 본받아 서술하여 밝히고, 문왕·무왕의 도를 본받아 명백히 하사 육경六經을 편찬 제술(刪述)하여 만대에 훈계를 드리우셨으니, 유도(斯道)가 장차 실추되는 것을 붙들어 주고, 해와 달이 중천에 밝게 있듯이 세워 주신 것이오라, 한漢·당唐의 왕성한 때에는 우리의 부자夫子를 남면南面하게 하여 석전제釋奠祭를 올리게 했고, 여러 제자들을 제후로 봉封하여 배향配享하는 의례가 있게 했습니다. 송宋·원元 때에 미쳐 와서는 주자朱子·정자程子 등의 사현四賢과 좌구명左丘明 등의 21인을 70제자의 뒷자리에 종사從祀하게 했으니, 이것은 유학을 높이고 도덕을 소중히 여긴 까닭이오라, 덕을 높이고 공에 보답하는 뜻이 성盛한 것이옵니다. …… 도학의 바른 것을 미루어 밝히고, 성명性命의 이치를 열어 보이었으니, 글은 문장이 되고 행함은 도덕이 되어, 비로소 고문古文의 학學을 창도했습니다.[379]

위의 내용은 유학의 도통 관념과 계보를 보여주는 것으로, 단순히 학문적 경향과 학파에 따른 분류가 아닌, 유학의 근본이념과 정신을 얼마나 잘 계승하여 실천하는가에 의해 정통성이 결정되었다. 전통 사회에서 한 인물의 도통에 대한 인정은 도통전 수록, 서원 및 사우 배향, 문묘 종사(文廟從祀: 문묘는 문선왕文宣王인 공자를 모신 공자묘를 말하고, 종사는 학덕 있는 사람의 신주神主를 모시는 일을 말함) 등의 방식을 통해 이루어졌다. 그중 문묘 종사는 국가적인 제사의 대상이 된다는 점에서 가장 명예로운 일이었으며, 따라서 어떤 인물을 도통의 반열에 올릴 것인가에 관한 논의는 나라 전체 유림의 공개적인 토론을 통해 진지하게 이루어졌다.[380]

인용문에서도 알 수 있듯이 조선 이전에 이미 문묘에 배향되었던 유학자는 모두 셋으로 최치원崔致遠, 설총薛聰, 안향安珦이다. 최치원과 설총은 신라 시대에 유학을 전한 공이 높게 평가되었으며, 안향은 고려 말에 성리학을 도입하는 데 공이 있었기 때문에 배향配享되었다. 고려 말 안향, 이색 등은 성리학을 받아들여 뿌리를 내리는 데 노력을 기울였고, 이들의 학문을 이어받아 정몽주, 정도전, 권근 등의 성리학

---

379 앞의 책, 권72, 世宗 18年 5月 12日(丁丑), "竊謂繼往開來 聖賢之大功 惇宗將禮 帝王之盛典. 是故歷代以來 凡有功於道學者 率皆祀于學宮 所以示褒崇於旣往 垂勸勵於將來也. 昔者夫子以天縱之聖經緯之文 祖述堯舜 憲章文武 刪述六經 垂訓萬世 扶斯道之將墜 揭日月於中天. 故漢唐盛際 以吾夫子位南面 而有釋奠之禮 以群弟子封列侯 而有配享之儀 逮至宋元 以朱程等四賢左丘明等二十一人 從祀于七十子之後 其所以尊儒重道 崇德報功之意 盛矣哉 …… 推明道學之正 開示性命之理 辭爲文章 行爲道德 始以古文之學倡焉."

380 한국 사상사연구회, 『조선유학의 개념들』, 예문서원, 2002, p.462.

자들이 배출되었다.

불교에 대한 이들의 비판적 태도는 온건적 또는 극단적, 그리고 승단의 폐단에 한정된 측면과 사상을 포함한 전체적 측면의 비판으로서, 관점에 따라 차이점은 있지만 모두 불교를 비판하며 유학의 도통관을 확립하고자 했다는 점에서는 일치한다. 또 그들은 불교를 이단으로 간주하여 불교가 성하게 되면 유학의 도가 어두워진다는 논리를 갖고 있었다.[381] 예컨대 그들은 불교와 유교를 다음과 같이 비교하였다.

> 사邪와 정正은 양립할 수 없고, 향기 나는 풀(薰)과 악취 나는 풀(蕕)은 서로 조화될 수 없다. 그런 까닭에 우리의 도道가 밝아지면 이단異端은 희미하게 되고, 이단이 흥왕하면 우리의 도는 쇠미하게 되는 것은 예나 지금이나 변하지 않는 이치이다.[382]

여기에서는 '향기 나는 풀'을 '유교'로, '악취 나는 풀'을 '불교'로 각각 대비시키며 불교가 반드시 배척되어야 함을 강조하였다. 이러한 비교는 극단적 흑백 논리에 입각하여 불교와 유교를 서로 모순되는 것으로 파악하여, 불교를 결코 유교와 함께할 수 없는 배척의 대상으로 간주되는 데서 연유한다.

조선의 유자가 불교를 비판하며 이단의 사상이라고 주장한 배경에는 불교의 가르침이 '유교의 도덕과 모순'된다는 관점이 자리하고 있다.

---

381 『世宗實錄』 권68, 世宗 17年 5月 20日(辛卯), "異端盛而吾道晦."

382 앞의 책, 권97, 世宗 24年 8月 12日(己亥), "竊謂邪正不兩立 薰蕕不相容 故吾道明則異端微 異端興則吾道衰 古今之常理也."

주희가 강조했듯이 성왕의 도로서의 유학은 도덕주의를 첫 덕목으로 내세우고 있다. 여기에 반해 불교는 유학이 내세우는 도덕주의를 정면으로 부정한다고 주장하는데, 그것은 불교가 천리를 없애기 때문이라고 한다.

> 지금의 승려들은 그 스승의 설說을 숭배하여 천리天理를 폐廢하고, 윤리倫理를 없애고, 어버이를 떠나고, 군신君臣의 의義를 끊고, 정처定處 없이 출입出入하는 것을 일삼고 있습니다.[383]

> 유학(성인의 도)에서는 인의仁義를 중하게 여기는 데 반해, 불교(釋氏)는 아비도 없고 임금도 없는 것을 그 첫 번째 가르침(宗旨)으로 삼고 있습니다.[384]

> 불교(佛氏)의 화복禍福의 설은 허탄虛誕하여 믿을 수가 없습니다.[385]

이러한 상소들의 공통된 내용은, 도덕주의를 근본으로 하는 유학자들의 입장에서 불교의 가르침은 잘못되었다는 것이며, 이는 곧 불교무용론으로 전개된다.

또한 '불교는 허탄虛誕하고 무망誣妄한 화복응보설禍福應報說로써

---

383 앞의 책, 권12, 世宗 3年 7月 2日(壬戌), "今之僧徒 祖其師說 以廢天理滅倫理 辭親割義 出入無方爲事."

384 『定宗實錄』 권3, 定宗 2年 2月 25日(庚申), "聖人之道 以仁義爲重 釋氏以無父無君爲宗."

385 『太宗實錄』 권1, 太宗 1年 閏3月 23日(壬子), "佛氏禍福之說 虛誕不足信也."

선善을 권장한다'[386]고 일컫지만, 실제로 그들의 생활을 보면 '무례하게 마을(閭里)로 다니면서 어리석은 백성을 유혹하여 그 재물을 빼앗고, 심한 자는 오로지 절에 시주(施與)한 물건으로써 자신을 이롭게 하는'[387] 이른바 무소불위無所不爲의 무위도식자無爲徒食者들에 지나지 않는다는 것이다. 왕권과 세속의 영화를 버리고 출가한 불타의 탈속주의와 청빈의 무소유는 불교를 불교답게 하는 가장 큰 덕목이다. 그런데 조선 유학자들의 눈에는 당시 승려들이 그러한 불타의 가르침에서 벗어나 타락한 세속인에 불과했다.

> 불교(佛氏)는 마음을 맑게 하고 욕심을 적게 하는 것으로 종지宗旨를 삼는데, 지금 승려들은 여염閭閻 가운데 살면서 부녀와 잡처雜處하고 술 마시고 고기 먹는 등 못하는 짓이 없으며, 또 어리석은 백성을 꾀어서 제 도당을 늘리니, 신은 항상 다 베어서 그 무리를 없애고자 합니다.[388]

이 주장대로라면 당시의 불교 승단이 타락과 폐단을 드러냄으로써 배불의 단초를 제공했다고 볼 수 있다. 그리하여 불교의 가르침이

---

386 앞의 책, 권12, 太宗 3年 7月 2日(壬戌), "其爲徒者 以虛誕誣妄禍福報應之說稱爲勸善."

387 『世宗實錄』 권12, 世宗 3年 7月 2日(壬戌), "其爲徒者 以虛誕誣妄禍福報應之說稱爲勸善 橫行閭里 誘愚民而取其財 甚者專以檀施之物 歸於自利之資."

388 『太宗實錄』 권34, 太宗 17年 11月 1日(壬子), "佛氏以淸心寡欲爲宗 今僧徒居於閭閻之中 與婦女雜處 飮酒食肉 靡所不爲 又誘愚民 以益其徒. 臣常欲盡斬之 以絶其流."

허무맹랑한 화복응보설에 지나지 않는다는 비판을 받게 되고, 어리석은 백성을 꾀어서 자신들의 욕심을 채우는 사교邪敎로 배척되는 빌미가 되었다.

불교의 가르침이 유학의 도통관과 정면으로 배치되는 이단임을 주장하며 불교의 무용론을 내세운 성리학자들에게, 특히 청빈과 탈속적 생활을 목표로 하는 불교가 본래의 출가 정신을 망각하고 일부 승려들의 타락상을 보임으로써 조선 유학자들에게 배불의 직접적인 근거를 제공한 것이 당시 불교가 쇠락한 가장 치명적인 이유일 것이다.

지금까지 살펴본 『조선왕조실록』에 나타난 배불론의 사상적 배경은 크게 세 가지로 나눌 수 있다. 첫째, 불교가 국가의 안녕과 행복을 지켜주지 못한다는, 진호국가설에 대한 부정이다. 둘째, 불교는 유학의 도통설에 위배된다. 셋째, 불교와 당시 승단 자체가 안고 있는 문제로서 불교의 가르침이 유교의 도덕과 배치된다는 주장이다.

3) 조선 초 국왕들의 불교관

앞에서 살펴본 배불적 사회 분위기 속에서 조선 초기 국왕들은 불교를 어떻게 받아들였을까? 국가의 이념 전환과 새로운 사상의 도입, 그리고 국가 통치체제의 변화 속에서 국왕들의 개인적 신앙은 어떠했는지를 살펴보도록 하겠다. 선행 연구에서는 "조선 초기의 군주들은 그 유신儒臣들로부터 의식의 전환을 부단히 요구받고도 오직 유교만을 중시하는 것은 아니었다. 따라서 조선을 유교 국가로 지칭하는 것은 그 초기적 상황을 전제할 때 그것은 오직 정치행정상의 외적 측면에서 이르는 말이요, 왕실 자체의 내적 성향까지 포괄하는 것이라고 보기는 어렵다"[389]라고 파악했다. 즉 불교와 그 사상에 대한 거부감을 가진 성리학자들은 불교를 이단異端 사상으로, 또 진호국가 사상을 부정하며 배척할 것을 끊임없이 주장했지만, 조선 초 왕들은 그러한 상소를 그대로 받아들인 것은 아니었던 것이다. 따라서 우리 민족의 오랜 전통인 진호국가 사상은 조선 초기까지 왕들의 개인적인 신행으로 이어졌음을 알 수 있다.

(1) 태조의 진호국가적 불교관

고려 말 이성계는 스스로 송헌거사松軒居士라 칭한 신심이 돈독한 불교 신자였으며 평소 승려들과도 많은 교유를 하고 있었다. 일찍이 이성계는 나옹懶翁과 보우普愚의 단월檀越[390] 역할을 했다. 이들은 단순한 신도와 승려 관계를 넘어 이성계는 중요한 고비마다 그들에게 정치적 조언과 함께 자문을 구하기도 했다.

고려 말 진호국가의 기원을 담은 연복사탑演福寺塔 불사는 정도전 등 성리학자들의 비판에 의해 중단되다가 다시 재개되었는데,[391] 그 불사가 다시 이루어진 것은 이성계의 역할이 크게 작용했음을 다음 글에서 알 수 있다.

---

389 김용환·조남욱, 「조선조 초기 王室의 儒·佛意識 연구」, 『한국민족문화』 제9집, 부산대한국민족연구소, 1997, p.313.

390 단월檀越: 범어 dānapati로의 음역으로 시주施主라 번역. 즉 보시布施를 행하는 사람. 『불교대사전』, 홍법원, 1998 참조.

391 『高麗史』 권46, "恭讓王 三年 五月 乙卯 罷修演福寺塔 …… 六月 庚辰 復修演福寺塔."

공양왕(恭讓君)이 장상將相들의 힘을 입어 조종祖宗의 왕업을 회복하고자 하여, 즉위한 뒤로부터 불교 섬기기를 더욱 힘써 이에 승려 천규天珪 등에게 명하여 공장工匠들을 모아 역사를 일으키도록 했었다. 신미년 2월에 일을 시작하여 옛터를 파고서 나무와 돌로 메워 그 기반基盤을 다지고, 겨울이 되기까지 가로 세로 6칸을 세우니, 웅장하고도 넓으며, 5층을 쌓고서 판판한 돌로 덮어 장차 그 공정工程이 끝나게 되었는데, 헌신憲臣이 말을 하여 중지되었다. 이때 우리 주상전하主上殿下(당시 이성계)께서 백관百官을 통솔하는 자리에 계시면서 공사를 끝낼 것을 청했는데, 오래지 않아 공양왕이 무도하여 스스로 손위遜位하고 대명大命이 우리 전하께 모이었다.[392]

위의 글에서 연복사탑 불사가 중단되었다가 다시 이루어진 것은 고려 말 정치적 실권을 장악한 이성계가 진호국가 기원의 불심佛心이 있었고, 후일 이 불사의 공덕으로 새 왕조 개창의 천명(大命)이 있었다고 말하고 있다.

이성계는 조선을 건국하면서 국가이념의 토대가 되는 이른바 16개 항목의 교서를 발표하는데, 이 교서에는 불교에 대한 직접적인 배척의 입장은 나타나지 않는다. 비록 유교를 국가이념으로 표방했지만 불교를 전면적으로 억압한 것은 아니었다. 다시 말해 이성계의 정신세계는

---

392 「演福寺塔重創記」, 『陽村集』 권12(『韓國文集叢刊』 7, p.133c), "恭讓君賴將相之力 復祖宗之緒 卽位以來 事佛益力 爰命僧天珪等募工興役 辛未二月始事 掘舊址 塡木石 以固厥基 迄冬迺竪 縱橫六楹 克壯且廣 累至五層 覆以扁石 將訖厥功 憲臣有言而中輟 惟時我主上殿下位總百揆 請畢營構 未幾 恭讓以失道自遜于外 而大命集于殿下."

불교에 대한 믿음이 깊었던 태조 이성계

'유교 국가의 조선 임금'이라기보다는 오히려 '불교 국가의 고려 임금'이라 하는 것이 더 어울릴 정도로 불교에 심취한 모습이었다.[393] 조선 개국 이후 성리학을 이념으로 삼아 유교적 이상 정치를 추구하는 공신들은 신흥 사대부들이었고, 이들의 적극적인 배불 의지와는 달리 태조는 각종 불사를 시행하고 전 왕조의 불교정책을 이어받아 펼치게 된다.

태조의 이 같은 친불적 태도는 일차적으로 자신의 두터운 신불信佛 성향에서 기인한 것으로 봐야겠지만, 개국 초의 조심스러운 정치 상황도 함께 고려한 것일 수도 있다. 불교의 오랜 전통성 및 대중적 지지기반이 상존하는 현실에서 급격한 불교 억압 정책은 새 왕조와 새 왕의 민심 수습에 불리하게 작용할 수도 있었을 것이다.[394] 이러한 정치적 상황을 고려한다 할지라도 태조의 두터운 개인적 신불은 『실록』 여러 곳에서 찾아볼 수 있다. 아래 글은 그가 즉위 후 옛 탑을 수선하며 진호국가를 기원했던 모습이다.

---

393 김용환·조남욱, 앞의 논문, p.312.

394 이봉춘, 『조선 시대 불교사 연구』, 민족사, 2015, p.125.

> 태조대왕이 (가야산 해인사에 있는) 옛 탑을 거듭 수선하고 대장경을 간행해 탑에 안치하기를 발원했다. 몸소 발문을 지었다.[395]

태조는 젊은 시절 고려라는 불교 사회에서 성장하여 자연스럽게 진호국가에 대한 염원을 그 신행의 바탕에 두고 있었고, 이러한 믿음은 조선을 개국하고 나서도 지속되고 있음을 알 수 있다. 다시 말해 국가의 제도적 정책으로서는 유교를 표방했지만, 국가의 평안과 번영을 위한 정신적(신앙적) 염원으로서는 진호국가를 바탕으로 불교에 대한 믿음이 굳건히 자리잡고 있었다고 평가할 수 있다.

> 과인은 천지의 도움과 조종祖宗의 은덕을 입어 추대를 받아 보위에 즉위했으나, 오직 덕이 없음과 중책을 이기지 못함을 생각할 뿐이다. 이에 불교의 방편력에 의지하여 선조를 복되게 함으로써 뭇 중생이 이롭게 되길 바란다. 그러므로 즉위한 초기에 옛 탑을 거듭 수선하고 장엄하여 모든 준비를 마치니, 이에 여러 신하들과 더불어 대장경을 탑에 안치함으로써 은밀한 보호의 인연이 되길 바라며, 법의 구름이 널리 퍼지고 만물이 모두 소생하여 나라가 복되고 백성이 이로우며, 병사 없이 세간을 다스리고, 만세에 길이길이 믿고 의지하는 것이 과인의 소원이다.[396]

---

395 「海印寺藏經閣重修記」, 『嘉梧藁略』(『韓國文集叢刊』 315, p.482c), "我太祖大王重營古塔 願成大藏 以安于塔 有親撰跋文."

396 「願成大藏御製文」, "寡人蒙天地之祐 祖宗之德 獲膺推戴以卽寶位 惟念不德不克負荷 尙賴佛教方便之力 重營古塔 莊嚴畢備 仍與群臣 願成大藏 以安干塔 冀因密護 法雲廣布 群物咸蘇 福國利民 兵韜世治 萬世永賴 此寡人之願也."

위 두 인용문을 볼 때 태조의 불교 신행 목적은 ①선조를 복되게 하고, ②뭇 중생을 이롭게 하고, ③나라 전체의 복을 기원하며, ④백성이 이익을 받게 하며, ⑤병고 없이 세상을 통치하고, ⑥만세에 길이 국가발전을 기원하는 것으로서, 진호국가의 염원이 서려 있었다.

태조는 고려를 무너뜨리는 과정에서 많은 왕족을 죽이게 되었는데, 새 왕조 개창 후 점차 안정에 이르자 억울하게 희생된 영혼을 기리기 위하여 금분으로써 『법화경』을 사경하여 올렸다.

> 내가 덕이 없는 사람으로서 수많은 백성의 추대에 못 이겨 왕王씨를 대신하여 나라를 얻었으니, 이는 부득이한 일이나 덕이 옛사람에게 미치지 못해 부끄러움이 많다. …… 이미 세상에 같이 살지 못하게 되었으니 마땅히 피안에서 노닐도록 인도하는 것이 옳을 것이다. 이에 서원을 일으켜 금으로 써서 『묘법연화경』 3부를 만들었으니, 왕 씨의 종족과 법계함령法界含靈까지 다 같이 참된 쉴 곳에 의탁하여 빨리 묘과妙果를 징험하도록 하려는 것이다. 또 생각하건대 이 경을 이루는 데 든 비용은 비록 적으나, 모두가 백성의 힘에서 나왔으니 이를 생각하지 않을 수 없다. 남은 은택을 미루어서 신민臣民을 이롭게 하길 바랄 뿐이요, 감히 부덕한 내 몸을 위하여 복을 비는 것은 아니다. 너는 나의 뜻을 써서 책 말미에 기록하라.[397]

397 「別願法華經跋語」, 『陽村集』(『韓國文集叢刊』 7, p.220d), "予以否德 迫於群情推戴 代王氏以有國 玆不獲已 慚德是多 …… 旣不得並生於斯世 宜當道冥遊於彼岸 爰發誓願 俾以金書妙法蓮花經三部 欲令王氏宗族 普及法界含靈 俱仗眞庥 速證

앞서 살펴본 바와 같이 호국삼부경의 하나인 『법화경』을 선택한 것은 진호국가의 염원이라고 볼 수 있으며, 아울러 이 경을 금분으로 사경하여 고려 왕씨 영혼들의 극락왕생을 함께 발원했다. 또 태조는 첨서중추원사僉書中樞院事 정총鄭摠에게 명하여 대장경을 인출印出할 원문願文을 지어 올리게 했다. 이에 정총이 반대 의견을 내자 다음과 같이 말했다.

> "전하께서 어찌 불사佛事에 정성껏 하십니까? 청하옵건대 믿지 마옵소서." 임금이 말하길 "이색李穡은 유학儒學의 종사宗師가 되었는데도 불교를 믿었으니, 만약 믿을 것이 못 된다면 이색이 어찌 이를 믿었겠는가?" 정총이 대답했다. "이색은 큰 유학자(大儒)가 되었는데도 남에게 비난을 받는 것은 진실로 이것 때문입니다." 임금이 말하길 "그렇다면 이색이 그대에게 미치지 못한다는 말인가? 다시 말하지 말라."[398]

불사를 행하는 왕의 태도에 대해 신하들은 불교를 숭상하지 말 것을 요구했다. 신하들의 불교 배척 상소문이 지속적으로 이루어졌다는 것은 태조의 불교 신행이 그만큼 강했다는 반증인 셈이다. 신하들의 반대에 대해 태조는 당대 최고의 유학자인 이색도 불교를 믿었는데,

---

妙果 又念玆經之成 所費雖小 皆出民力 不可不慮 冀推餘澤 以利臣民而已 非敢爲寡躬祈福也 爾筆予之意 以誌卷末."

398 『太祖實錄』 권2, 太祖 1年 閏12월 4일(庚辰), "殿下何拳拳於佛事 請勿信. 上曰 李穡爲儒宗信佛 若不足信 穡豈信哉. 摠對曰 穡爲世大儒, 而取譏於人者, 良以此也. 上曰 然則穡反不及於汝乎 其勿復言."

이색보다 나을 바 없는 신하들은 다시 논하지 말 것을 명하게 된다. 한편 역성혁명에 동참했던 조선의 유신儒臣들은 불교의 인과응보설을 부정하며, 이를 믿는 태조의 믿음이 잘못되었음을 주장한다.

> 불교(佛氏)의 인과응보因果應報의 설은 믿을 것이 못됨이 명백합니다. 삼가 생각하옵건대, 전하께서는 불교의 청정과욕淸淨寡欲을 흠모하려 한다면 선왕先王의 공묵무위恭默無爲 사상을 본받을 것이고, 불교의 자비불살慈悲不殺을 본받으려 한다면 선왕의 능히 관인寬仁하고 능히 호생好生하는 덕을 생각할 것이고, 불교의 인과응보의 설을 두려워한다면 선한 자를 상주고 악한 자를 처벌하고, 죄 가운데 의심나는 것은 경하게 처벌하고, 공 가운데 의심나는 것은 중하게 상주는 것으로 규범을 삼을 것입니다. 이 같이 한다면 다만 백성들만 그 은택을 입을 뿐만 아니라 천지 귀신도 은밀히 돕게 될 것입니다.[399]

이 글은 태조가 정치·사상적으로는 유가적 전통을 조선 건국의 국정이념으로 천명했지만, 불교에 대한 믿음을 여전히 행하고 있었음을 반증하는 내용이다. 그러한 왕의 친불적 태도를 못마땅해하며 불교의 인과응보설을 비롯한 자비불살의 정신 등이 유교의 선왕들에게

---

399 앞의 책, 太祖元年 9月 21일(己亥), "佛氏報應之說 不足信明矣. 伏惟殿下慕佛氏淸淨寡欲 則以先王恭默無爲爲法 效佛氏慈悲不殺 則以先王克寬克仁好生之德爲念 畏佛氏報應之說 則以賞善罰惡 罪疑惟輕 功疑惟重爲範. 如是則非獨生民蒙其澤 天地鬼神亦且陰佑之矣."

도 찾을 수 있으니 굳이 불교를 따를 필요가 없다고 주장한 것이다. 곧 불교 윤리에 편중되어 있는 태조에 대해 신하들은 유가 윤리로의 전향을 촉구하고 있다. 위의 내용에 토대하여 대체되는 윤리를 간략하게 정리하면 다음과 같다.

불교 윤리		**유가 윤리**
청정과욕淸淨寡慾	→	공묵무위恭默無爲
자비불살慈悲不殺	→	관인寬仁, 호생지덕好生之德, 상선벌악賞善罰惡
보응지설報應之說	→	죄의유경罪疑惟輕, 공의유중功疑惟重, 천지귀신天地鬼神

신하들의 반대에도 불구하고 태조에 의해 강력한 국가정책으로 시행된 국가 차원의 불사는 '국행수륙재國行水陸齋'로, 이는 불교의 수륙재[400]에서 유래된다.

우리나라에서 수륙재가 행해진 것은 고려 시대부터이지만 불교 의식에서 유교 의식으로 대체된 조선 시대에는 배불정책에 의해 많이 축소된다. 하지만 국행수륙재는 조선 시대 왕실에서 사찰을 지정하여 개최하는 가장 큰 불교 의식으로, 돌아가신 분들의 극락왕생을 위한 제사와 살아 있는 사람들의 복을 빌기 위해 주로 행해졌다. 이러한

400 수륙재란 물과 육지에서 고통 받는 영혼과 아귀餓鬼를 달래며 천도하기 위하여 불법을 강설하고 음식을 베푸는 의식이다. 이 의식은 중국 양나라 무제武帝에 의해서 시작되었는데, 유주무주有住無住의 떠도는 넋과 고혼들을 널리 구제하면 국가에 장애가 없고 나라가 태평성대할 것이라 생각하고 봉행한 것이 그 시초이다. 『글로벌 세계 대백과사전』 및 위키백과 참조.

의미를 담아 태조는 삼화사(三和寺, 태조 4년, 1395년)와 진관사(津寬寺, 태조 6년, 1397년)를 국행수륙재를 여는 사사寺社로 지정했다.

이러한 수륙재는 '선대先代 왕실의 명복을 빌고 중생이 복되길', '조선 왕실이 불교를 통해 항상 보호받기를' 발원하며 시작된다.[401] 이는 건국 후 나라가 안정되자 옛 고려(선대) 왕실에서 억울하게 죽은 영가[402]를 천도하기 위한 목적으로 봉행되어졌다. 태조는 내신內臣 이득분李得芬과 승려 조선祖禪 등에게 다음과 같이 명한다.

> 내가 국가를 맡게 됨은 오직 조종祖宗의 적선에서 나온 것이므로 조상의 덕을 보답하기 위하여 힘쓰지 않으면 안 된다. 또 신하와 백성 중 또는 국사에 죽고 또는 스스로 죽은 자 가운데 제사를 맡을 사람이 없어 저승길에서 굶주리고 엎어져도 구원하지 못함을 생각하니, 내가 매우 근심한다. 전통 있는 절(古刹)에 수륙도량水陸道場을 마련하고 해마다 재회齊會를 개설하여 조종의 명복을 빌고 또 중생을 이롭게 하려 하니, 너희들은 가서 합당한 곳을 찾아보게 하라.[403]

---

401 『수륙도량진관사』, 「조선 시대의 수륙재와 진관사」. http://www.jinkwansa.org/

402 공양왕과 그의 두 아들이 삼척에서 교살되었기에 그들의 혼을 달래기 위해 매년 2차례씩 왕실 주관으로 봉행했다. 『太祖實錄』 참조.

403 「津寬寺水陸社造成記」, 『東文選』 권78, "予有邦家 惟賴祖宗積慶 圖報先德 靡所不力 又念臣民或死王事 或自殞命 而無主祀 飢餓顚隮於冥冥之中 而莫之救 予甚愍焉 欲於古刹 爲建水陸道場 歲設以追祖宗冥福 且利群生 爾往相之."

태조는 훌륭한 도량을 선정하여 조상의 은혜에 보답하고 또 저승에서 고통받는 혼들을 위로하고자 수륙도량을 세울 것을 발원했다. 아래 글은 태조가 수륙사水陸社를 기념하기 위해 권근權近에게 친히 지시한 내용인데, 「진관사수륙사조성기津寬寺水陸社造成記」에서 권근은 다음과 같이 수륙재의 공덕을 찬탄하고 있다.

> 불씨佛氏의 설說에는 "사람이 죽어도 없어지지 않고, 그가 지은 선악에 따라 윤회하여 태어나는데, 부처님이 자비를 베풀어 고생을 없애고 기쁨을 주며 물에 빠져 들어감을 건져 주시니, 산 사람이 부처님을 섬기고 승려를 대접하여 복리로 인도한다면 죽은 귀신이 주리다가도 배부를 수 있고 괴롭다가도 즐거움을 얻을 수 있으며, 나아가서는 부처가 되어 길이 윤회의 응보를 면하고, 산 사람도 또한 부유와 이익을 얻을 수 있다"고 한다.[404]

권근은 「조성기」에서 불교의 설을 빌어 삼보에게 공양함이 살아 있는 자와 죽은 자 모든 이에게 복전이 된다고 서술하고 있다. 이러한 수륙사水陸社는 태조가 진관사 현장에 직접 네 번[405]이나 참석하고,

---

404 「津寬寺水陸社造成記」, 『東文選』 권78, "佛氏之說 以爲人死不滅 隨其所作善惡 輪轉受生 而佛能以慈悲 拔苦與喜 濟其淪溺 生者若爲事佛飯僧 以導其利 則死者之神 飢可得飽 苦可得樂 以至成佛 永免輪轉之報 而生者 亦蒙饒益."

405 앞의 책, "以其月庚辰 始興其役 二月辛卯 上親臨觀 定其三壇位次 三月戊午 又幸觀之 至秋九月 功乃告訖 三壇爲屋 皆三間 中下二壇 左右又各有浴室三間 下壇左右 別置祖宗靈室各八間 門廊廚庫 莫不備設 凡五十有九間 不侈不陋 以中厥度 是月三十四日癸酉 上又親觀 丁丑 命召臣近 記其始末."

그 규모가 총 59칸에 이르는 것으로 한국 건축사상 그 유례를 찾아보기 어렵다.[406] 진관사는 태조에 이어 조선 전기의 왕실 발원을 중심으로 대규모의 국행수륙재가 설행되었는데, 수륙재 설행을 위한 수륙전[407]도 지급됨으로써 안정적인 설행이 가능했다.[408] 「진관사수륙사조성기」에서 태조의 불교에 대한 신심을 엿볼 수 있다.

> 공손히 생각하니 우리 주상 전하께서는 신무神武하신 바탕과 인효仁孝하신 덕으로 천명을 받들어 국가를 창건하시니 공은 조종에 빛나고 은택은 온 사물에 끼쳤는데, 선조를 받드는 생각이 주야로 더욱 정성스러웠다. 하늘에 배향하는 제사를 이미 극진히 하고 부처에 귀의하는 마음이 또한 간절하여 우리 조종의 하늘에 계신 영혼으로 친히 부처의 복을 받고, 묘한 인과因果를 증험할 수 있게 하며, 주인 없는 귀신까지도 모두 그 이로운 은택을 입게 하시니, 성효誠孝에 감동하는 바가 지극하고 극진하다. 이 마음을 미루어서 만물에 미치되 친한 데에서 먼 곳으로, 어둔 곳에서 밝은 곳으로 하여 금일부터 무궁토록 전한다면 그 공덕의 큼과 혜택의 원대함을 어찌 쉽게 측량할 수 있겠는가.[409]

---

406 계호 스님, 『진관사 국행수륙대재의 조명』, 「1977년의 수륙재의 설행과 진관사 국행수륙재 복원 계획」, (사)진관사수륙보존회, 2010.

407 수륙전水陸田: 나라에서 주관하는 수륙재를 봉행하기 위해서 필요한 재원을 마련하기 위해 경작하는 밭 또는 토지를 말한다.

408 연제영, 『국행수륙대재』, 조계종출판사, 2010, p.17.

409 「津寬寺水陸社造成記」, 『東文選』 권78, "恭惟我主上殿下 以神武之資 仁孝之德 誕受天命 肇建國祚 功光祖宗 澤被群物 而奉先之思 夙夜益虔 配天之祀旣極

권근은 왕의 덕을 찬탄하면서 수륙사의 낙성으로 그 은덕이 국가와 사회에 고루 미쳐 선조들과 백성과 죽은 영혼 모두가 큰 공덕을 누릴 수 있도록 진호국가를 기원했다. 또한 태조는 진관사뿐만 아니라 1395년(태조 4년)에 견암사見巖寺와 석왕사釋王寺 관음굴觀音窟, 관음밀觀音密 등에서 고려 왕 씨의 영혼을 달래주는 수륙재를 베풀었는데, 아래 글은 관음밀에서 권근이 왕명을 받아 지은 것이다.

혁명으로 왕업을 바꾸는 것은 진실로 천도가 언제나 한 사람만을 위하지 않기 때문이요, 중생을 제도하여 이롭게 함에는 오직 부처님의 거리낌 없는 자비를 힘입을 뿐이라. 이에 조그마한 정성을 다하여 자비롭게 덮어 주시기를 감히 바랍니다. 돌아보건대, 천박한 자질로 높은 지위에 처했습니다. 책임이 크고 중하여 반드시 여러 신하들의 계책을 따라야 하겠고, 사세가 급박하여 전조前朝의 왕족들을 보전하지 못하게 된 것입니다. 이는 왕법王法에 있어 부득이한 것이지, 어찌 내 마음이 그렇게 하고 싶었겠습니까. 이미 그들과 함께 살 수는 없게 되었으나, 극락세계로 잘 가도록 힘써 천도하려 합니다. 이에 금자로 『법화경法華經』을 쓰며 해마다 10월이면 또한 수륙재를 베풉니다. 이처럼 약소하게 차렸으나 부처님께선 밝게 감응하소서. 엎드려 바라건대, 왕 씨의 여러 영혼이 모두 원한을 풀고 기쁨을 내어 길이 환생의 길에 나아가 유루연有漏緣을 벗어나

而歸佛之心亦切 使我祖宗在天之靈 親受佛記 獲證妙果 以逮無祀之鬼 咸蒙利澤 誠孝所感 至矣盡矣 推是心以及物 由親而踈 由幽而明 自今日至無窮 其功德之大利 澤之遠 豈易量哉."

고, 극락세계에 올라 무생인無生忍을 깨닫게 하소서.[410]

여기에서 나타나듯이 수륙재를 국가가 주관해서 봉행한 것은 새 왕조 건국 과정에서 안타깝게 희생된 고려의 왕실과 그 측근들이 모두 연고 없는 아귀가 되어, 아난존자가 아귀들에게서 느꼈을 두려움을 이성계를 비롯한 왕실과 측근들이 공감하게 된 데서 비롯되었을 것이다.

그 이후 배불정책에 따른 불교 의식을 대체하기 위해 시행한 유교화 정책은 수륙재를 국행으로 거행하는 문제를 놓고 많은 논란을 벌이게 되나, 오랜 전통으로 계속되어 오던 수륙재를 쉽게 폐지시키지는 못했다. 그리고 수륙사가 건립된 이후 진관사에서는 매년 정기적으로 2번 국가의 공식적인 행사로서 수륙재가 성대하게 열렸으며, 태조 이후에도 조선 왕실의 재를 이곳에서 많이 올리게 되었다. 이러한 수륙재 의식에는 태조의 신심과 함께 조선 왕실이 불교를 통해 나라와 백성의 태평성대를 발원하는 진호국가의 염원이 있었다고 할 수 있다.

이와 같이 여러 차례에 거쳐 시행한 수륙재의 설행 목적을 각종 상소문 자료를 통하여 살펴보면 다음과 같다. 첫째는 무주고혼의 영혼을 위로하기 위함이고, 둘째는 전前 왕조의 왕실 및 측근 세력들의

---

410 「觀音窟行水陸齋疏」, 『陽村集』 권28(『韓國文集叢刊』 7, p.260d), "革命代德 固開天道之靡常 濟物利生 惟賴佛慈之無碍 玆殫卑悃 敢丐眞庥 顧以涼薄之資 獲處崇高之位 任大責重 必當從群下之謀 勢迫事危 不得保前朝之族 在王法之使然爾 豈予心之所欲哉 旣莫遂其並生 惟勤薦於利往 肆將金字 爲寫蓮經 每當孟冬之時 又設水陸之會 倘玆施作 格彼照詳 伏願王氏諸靈 悉釋寃愆 皆生歡喜 永出輪回之路 脫有漏緣 超登極樂之方 悟無生忍."

영혼을 달래기 위함이며, 셋째는 조선 건국 직후 빚어졌던 왕실 내부의 살상으로 피해를 입은 영혼을 천도하기 위함이고, 넷째는 천재지변이 발생하지 않기를 기원하기 위함이고, 다섯째는 태종이 태상왕의 병환 쾌유를 기원하기 위함이고, 여섯째는 백성을 위하는 수륙재였다.[411]

배불정책을 표방한 조선왕조가 수륙사나 수륙전水陸田을 두면서까지 이러한 국행수륙재를 거행하게 되었음은 불교적 자비 사상을 바탕으로 한 태조의 친불 의지가 그만큼 강력했음을 엿볼 수 있다. 하지만 이런 개인적 신행이 두터웠던 태조 역시 고려 말 불교 교단의 타락상을 보면서 승단의 개혁에 대한 의지를 갖고 있었던 것으로 보인다.

> 불교(佛氏)의 도는 마땅히 청정과욕을 근본으로 하는 것인데, 지금 각 절의 주지들은 힘써 산업을 경영하고 여색을 범하는 데에까지 이르러도 뻔뻔히 부끄러운 줄을 알지 못하고, 죽은 뒤에는 그 제자들이 절과 노비들을 법손이 서로 전하는 것이라 하여 서로 소송하기까지 한다. 내가 왕위에 오르기 전부터 이 폐단을 고치기를 생각해 왔다.[412]

여기에 나타나듯이 태조는 왕위에 오르기 전부터 승려의 부패와

411 임호민, 「조선 전기 수륙재 설행목적과 법규정비」, 『삼화사와 국행수륙대재』, 삼화사 국제 아세아 민속학회, 2008, p.99.

412 『太祖實錄』 권12, 太祖 6年 7月 甲寅, "佛氏之道 當以淸淨寡慾爲宗. 今住持各寺者 務營産業 至奸女色 恬不知愧 身死之後 其弟子者 有以寺社及奴婢 稱爲法孫相傳 以至相訟. 予自潛邸 思革此弊."

타락상을 심각하게 인지하고서 그러한 폐습을 어떻게 개선할 것인지를 고민해 왔음을 알 수 있다. 태조는 승려 사회가 청정과욕이 아닌 산업 경영에 힘쓰고(務營產業), 여색을 범하고(至奸女色), 노비와 법손들의 소송(寺社及奴婢 相訟)이 횡행하는 폐습을 개선하고자 했다.

태조의 행적을 종합해 볼 때, 그의 불교정책은 기본적으로 고려왕조의 불교정책을 계승하고 교단의 보호를 기본 원칙으로 하면서도 일부 승단에 나타난 현실적인 폐단을 정화하고자 한 것임을 알 수 있다.

(2) 정종·태종의 효제孝悌 중심적 불교관

태조를 이어 왕위에 오른 정종(定宗, 1398~1400 재위)은 2년 2개월이라는 짧은 기간 통치를 하다 보니 이전 국가체제를 거의 유지하다가 물러났다. 선왕의 국가이념을 이어받아 유교를 숭상하면서도 개인적으로 불교를 신행했다. 유교의 통치관을 지향하며 주로 사서를 즐겨 읽고 유교 사상에 조예가 깊었지만, 결코 불교를 도외시한 것은 아니었다. 정종은 경연經筵에서 『통감촬요通鑑撮要』를 강독하다가 불교 및 유교에 대해 하륜(河崙, 1347~1416)과 다음과 같은 문답을 한다.

> 서역西域에 신神이 있으니 그 이름은 불타(佛)라고 한 데에 이르러서, 한참 있다가 말하기를 "불타를 신神이라고 하는 것은 잘못이다." 지경연사知經筵事 하륜河崙이 대답하기를 "오제五帝·삼왕三王 때에는 불타가 없었고, 한漢나라 명제明帝 때에 이르러 그 경서經書가 비로소 전파되었는데, 그 도道가 적멸寂滅을 종지宗旨로 삼아서 귀신과 다를 것이 없습니다"라고 했다. 임금이 말하기를 "귀신의

> 도는 허虛라고 말할 수 없다. 과인寡人이 옛날에 위조僞朝에 벼슬하여 대언代言이 되어 위주僞主를 따라 장단長湍에 머물렀는데, 기생 5, 6명이 한꺼번에 복통腹痛이 났었다. 곧 술과 고기를 가지고 감악산紺嶽山에 제향하여 기도했는데, 조금 있다가 신神이 한 기생에게 내려 전지도지顚之倒之하고 펄펄 뛰면서 부끄러운 것을 알지 못했으니, 이런 것은 헛된 것이라고 말할 수 없다. 또 불씨佛氏는 자비불살慈悲不殺로 도를 삼는데, 유자儒者의 도에도 또한 살리기를 좋아하고 죽이기를 싫어하는 이치가 있으니, 이것은 비슷하다."[413]

정종은 불타와 신을 분명 다른 것으로 보았다. 그리고 신을 믿는 것을 헛되지 않는 것으로 보았다. 이는 결국 경험을 통해 신의 존재를 인정받아야 함을 강조했다. 정종은 '자비불살慈悲不殺'을 지향하는 불교와 살리기를 좋아하고 죽이기를 싫어하는 유교의 이치가 서로 비슷하다고 보았다. 또 그는 유학자가 불교를 경시하거나 왜곡하려는 배불적 태도와는 달리, 유교와 불교를 함께 보려는 조화론적 입장을 취하려 했다.

따라서 정종은 재위 기간 중 각종 불사를 행했는데, 그 기록은 15회에 이르고[414] 그때마다 신하들이 배불 상소를 올렸지만 그는 묵살

413 『定宗實錄』 권3, 定宗 2年 1月 乙亥, "御經筵 講撮要. 至西域有神 其名曰佛 良久乃曰 佛 謂之神則非也. 知經筵事河崙對曰 五帝三王之時 未有佛 至漢明帝時 其書始播. 其道以寂滅爲宗 與鬼神無以異也. 上曰 鬼神之道 不可謂之虛也. 寡人昔仕僞朝爲代言 從僞主次長湍 有妓五六人 俱發腹病 卽用酒肉享 紺嶽以禱 俄有神降于一妓 顚倒踴躍 不知羞赧. 若此者 不可謂之虛也. 且佛氏以慈悲不殺爲道 儒者之道 亦有好生惡殺之理 此則近似也."

했다.[415] 이러한 행적을 볼 때 부왕인 태조의 뜻을 이어 정종도 불교의 전통을 지키고 보호하려고 노력했음을 짐작할 수 있다.

여기에 비해 왕자의 난으로 등극한 태종(太宗, 1400~1418 재위)은 왕에 즉위하면서 적극적인 배불정책을 하여 최초의 배불군주가 되었다. 그는 숭유억불崇儒抑佛의 방침을 시종 견지하여 많은 변화를 가져왔다. 그러한 방침은 그가 일찍이 고려 말 과거에 급제하고 항상 유생들과 교유하며 유교적 이상 국가를 꿈꾸어 온 데서 기인한다.

태조·정종 대에 조정 유신들이 주장하는 강경한 배불정책을 개국의 초기에 갑자기 실행할 경우 민심이반을 우려하던 때와는 달리, 이러한 배불의 정책이 가능했던 것은 태종 대에 이르러서 정치와 사회가 많이 수습되고 정국이 안정되어 새로운 정책에 대한 집행이 가능했기 때문이기도 했다.

태종의 유교적 정치이념은 배타적 태도로 나타나 신神과 불佛 등 유교 이외의 이념을 없애고자 했다. 태종은 먼저 상왕인 정종이 환관들의 예불 의식을 위해 궁중에 안치했던 인왕불仁王佛을 내원당(內願堂: 대궐 안에 불도를 닦는 절)으로 옮기게 했다.[416] 더 나아가 그는 예조에 명하여 신神과 불佛의 일을 없앨 것을 의논케 했다.

---

414 한우근, 『유교 정치와 불교-여말선초 대불교시책』, 일조각, 1995, pp.55~58.

415 정종은 승도들의 경행 금지를 청하는 예조의 상소를 불허하고, 문하부에서 연등의 금지를 요청한 상소에 대해서도 묵살하고, 순천사와 미륵사에 모여 수강하던 동서부학당 학생들이 삼보를 파염破染한다는 사승의 계문啓聞에 따라 학생들을 내쫓고 파학罷學을 명했다. 이봉춘, 앞의 책, p.130 참조.

416 『定宗實錄』 권6, 定宗 2年 11月 癸酉, "仁王佛 宦官等願佛也 留置宮中久矣. 上卽位 宦官等欲進其佛 不納 置于內願堂."

신과 부처의 일은 내가 감히 알지는 못하나, 징험이 없는 것이 또한 심히 명백하니 무슨 소용이 있겠는가? 그러나 우리 태상왕과 상왕께서 모두 높이고 믿으시니, 비록 다 혁파하지는 못하더라도 없앨 만한 것을 참작하여 아뢰도록 하라.[417]

강력한 배불정책을 펼치면서도 불교에 호의적이었던 태종

오랫동안 우리 민족의 종교적 기능을 해왔던 토속신과 불교에 대하여 현실적 징험이 없다는 이유로 혁파를 논하고 있다. 다만 선왕들이 믿어온 것이므로 모두 다 없앨 수는 없다고 말하고 있는데, 그 고충의 이면에는 유교에서 중시하는 '부자간의 효孝'와 '형제간 우애(弟)'의 덕목이 깊이 작용하고 있음을 볼 수 있다.[418] 앞서 살펴본 태조 대에 국가적 차원의 국행수륙재에 대해 신하들로부터 여러 차례 폐지의 상소문을 받았으나, 대대로 이어온 유풍을 쉽게 폐해서는 안 된다고 하여 국행을 그대로 실시한 행적은 효제의 덕목을 뒷받침해 준다.

국가 경영을 우선했던 태종은 역役의 부담자인 민정民丁의 확보와

---

417 앞의 책, 定宗 2年 11月 癸酉, "神佛之事 我不敢知 然其無驗 亦甚明白 有何益哉. 顧我太上王及上王 皆崇信之 雖不能盡革 其參酌可除者以聞."

418 김용환·조남욱, 앞의 논문, p.338.

공천公賤의 보충이라는 인적·물적 국가 재원의 확보를 위해 의정부議政府에서 고발(上書)한 도징道澄과 설연雪然의 비행[419]을 기회로 불교사원 정리를 본격적으로 하였으며, 사원의 재산을 동결시키고 사전寺田을 몰수했다. 그리고 전국에 남겨둘 공인사찰公認寺刹로 242사寺를 정했고, 여기에 상주할 승려의 정원 수도 책정하여 그 수에 따라 전지田地와 노비를 책정했다.

이러한 일들로 지배층에서는 조세원을 확대할 수 있었고 환속당한 승려들과 사원의 노비들은 양인이 되어 부역과 조세의 부담을 짐으로써 국가 경제의 기반을 단단히 했다. 전국에 242개의 사찰만을 남겨두었고 왕사·국사 제도도 폐지했으며 능사稜師의 제도도 금지했다.

그리고 기존의 11개 불교 종파를 7개로 축소하였는데, 이는 불교 발전을 저해하는 큰 계기가 되었다. 이와 같이 태종은 국가 정책에 있어서는 강력한 통치수단의 일환으로서 배불을 하지만, 불교 자체에 대해서는 호의적이었다.

> 불씨佛氏의 도道는 그 내력이 오래되니, 나는 헐뜯지도 않고 칭찬하지도 않으려 하나, 그 도를 다하는 사람이면 나는 마땅히 존경하여 섬기겠다. 지난날에 승려 자초自超는 사람들이 모두 숭앙崇仰했으나, 끝내 그는 득도得道한 경험이 없었다. 이와 같은 무리를 나는

---

419 『太宗實錄』 권10, 太宗 5年 11月 乙酉, "金山寺住持道澄 其寺婢姜庄 姜德兄弟 土田所出 奴婢貢貨 竝皆私用 臥龍寺住持雪然其寺婢加伊等五名(금산사 주지 도징道澄이 그 절의 여종 강장과 강덕 형제를 간통하고, 토전의 소출과 노비의 공화를 모두 다 사용했으며, 와룡사 주지 설연이 그 절의 여종 가이 등 다섯 명을 간통했다)."

노상路上의 행인行人과 같이 본다. 만약 지공指空과 같은 승려라면 어찌 존경하여 섬기지 않을 수 있겠는가?[420]

여기서 태종은 지공과 같은 훌륭한 승려에 대해서는 존경을 표하고 있는데, 이러한 행적을 비춰볼 때 불교 자체를 비난하기보다는 승려 사회의 현실을 문제 삼고 있음을 알 수 있다. 개인적으로는 태종도 여전히 신앙적인 측면에서 불교를 완전히 거부하기보다는 부분적으로 수용하고 있음을 알 수 있다. 구체적인 예를 살펴보면, 그는 중전의 병환을 이유로 본궁에 약사정근藥師精勤을 설하여 경사經師 21명과 승려 100명으로 하여금 기도법회祈禱法會를 거행하도록 했고, 그 효험이 있자 회암사檜巖寺에 토지와 곡물을 하사했으며,[421] 왕이 직접 개경사開慶寺의 관음전 법회에 참석하려 한 일[422] 등이 있었다.

또 백성들이 오랜 가뭄으로 고통을 받게 되자 기우제를 지내는 것에 대해 신하들 사이에서 논란이 일어났을 때도 태종은 "가뭄이 심하여 반드시 비를 필요로 하니, 만일 불교(釋氏)의 힘으로 비가 온다면 이후 경들은 다시 불교의 허물을 들추지 말라"[423]고 했다.

그 외에 수륙재, 불탑 중수, 사경, 사찰 창건, 대장경 인행, 반승 등 여러 불사를 추진한 것을 확인할 수 있는데, 그러한 불사를 성격적으

---

420 『太宗實錄』, 太宗 14年 6月 20日(辛酉), "佛氏之道其來尙矣. 予欲無毁無譽 然有盡其道者 則吾當尊事之. 往者有僧自超 人皆仰之 卒無得道之驗. 如此輩 吾視之如路人 若指空則其可不尊事耶."

421 앞의 책, 太宗 13年 5月 6日(甲申).

422 앞의 책, 太宗 13年 5月 19日(丁酉).

423 앞의 책, "旱極必雨 若雨則人必以爲釋氏之力 此後卿等 不復詆佛矣."

로 구분해 보면 ①국행불사 ②기신 및 추복 ③사탑의 창건 중수 ④사경·인경 및 전경 ⑤기우·기양·구병 등으로 대별할 수 있다.[424] 이러한 과정을 살펴볼 때, 조선이 비록 유교를 통치 이념으로 하여 개국하였지만 유학만으로는 채울 수 없는 기복과 초월적 힘에 대한 믿음은 결국 불교 신앙에 의지한 것을 알 수 있다. 이는 불교의 초월적 힘에 의지한 것으로 볼 수 있다. 결국 태종 역시 고려에서부터 내려오던 오랜 전통의 진호국가 의식이 마음속에서 작용했음을 짐작케 한다.

(3) 세종의 유·불 가치 인식과 불교관

조선왕조 문화의 최고 전성기를 만든 세종은 국가 경영으로는 유교를, 그리고 개인적 신심으로는 불교를 함께하는 정책을 펼쳤다. 집권 초기는 태종의 배불정책을 계승하는 방향에서 이루어지는데, 전대前代의 배불정책 시행 과정에서 부족한 부분을 완성시키는 등 확고한 유교 국가로서의 체제를 확립하고자 하는 정책을 펴게 된다. 그리하여 강력한 배불정책으로 불교 종단의 축소와 토지 회수를 실행하였는데, 그 결과 태종 때 불교 종단이 11개에서 7개로 통폐합되었던 것이, 세종 때는 더 나아가 선禪·교敎 양종兩宗으로 통합되었다.

또한 전국의 사찰 수도 제한하여 태종 때의 242사寺 법정 사찰에서 36사寺로 축소해 선·교 양종에 배속시켰다. 그리하여 "각 종을 선禪과 교敎 양종으로 합쳐서 산수 좋은 곳에 있는 사사寺社를 분속分屬시키고, 그 나머지 사사로서 촌락에 있는 것은 모두 혁파한 후 그 사사의

424 이봉춘, 앞의 책, p.131.

배불정책을 시행하면서도 개인적으로는 불교를 신앙한 세종

토지는 혁파하지 않은 절에 나누어 주라"[425]고 지시했다.

이러한 행적은 세종이 단순히 불교를 말살하기 위한 것이라기보다는 새롭게 개혁하고자 하는 의도가 내포되어 있었다고 할 것이다. 고려 말엽 불교가 귀족화됨으로써 여러 종파가 형성되고 수많은 사찰이 창건되어 승려는 늘어났지만 불교의 근본 가르침과 계율은 지켜지지 않는 폐단을 시정하기 위한 하나의 조처이기도 했다. 세종의 집권 초 불교 각 종파의 통폐합 명분과 정리 방법에 대해서는 아래 상소문에 잘 나타난다.

> 불교(釋氏)의 도는 선禪·교敎 양종兩宗뿐이었는데, 그 뒤에 정통과 방계가 각기 소업所業으로써 7종으로 나누어졌습니다. 잘못 전하고 그릇됨을 이어받아 근원으로부터 멀어짐에 따라 말단末端이 더욱 갈라지니 실상 그 스승의 도에 부끄럽게 되었습니다. 또 서울과 지방에 사사寺社를 세워 각 종宗에 분속分屬시켰는데, 그 수효가 엄청나게 많으나 승려들이 사방으로 흩어져서 절을 비워두고 거처하는 자가 없으며, 계속하여 수즙修葺하지 않으므로 점점 무너지고 허물어지게 되었습니다. 그러므로 조계曹溪·천태天台·총남摠南 3

425 『世宗實錄』 권7, 世宗 2年 1月 乙丑, "各宗合爲禪敎兩宗 擇山水勝處 寺社分屬之 其餘寺社在村落者皆革 以其田分給不革之寺."

종을 합쳐서 선종禪宗으로, 화엄華嚴·자은慈恩·중신中神·시흥始興 4종을 합쳐서 교종敎宗으로 하며, 서울과 지방에 승려들이 우거할 만한 곳을 가려서 36개소의 절만을 두어 양종에 분속시킬 것입니다. 그리고 전지를 넉넉하게 급여하고 우거하는 승려의 인원을 작정하며, 무리지어 사는 규칙을 작성하여 불도佛道를 정하게 닦도록 할 것입니다. 이어 승록사僧錄司를 혁파하고, 서울에 있는 흥천사興天寺를 선종도회소禪宗都會所로, 흥덕사興德寺를 교종도회소敎宗都會所로 하며, 나이와 행동이 아울러 높은 자를 가려 뽑아 양종의 행수장무行首掌務를 삼아서 승려들의 일을 살피게 하기를 청합니다.[426]

세종은 방만하게 운영되던 불교의 각 종파와 사찰, 그리고 사찰에 부속된 토지(田地)를 축소 정리하여 체계적으로 관리해야 한다는 상소에 공감을 하고 불교개혁에 나섰다. 여기에는 원래 선과 교로 전해지던 불교의 가르침이 여러 종파로 나누어져 난립하게 되고 잘못 전해져 그 근원으로부터 멀어지게 되는 폐단을 바로 잡고자 하는 의지가 나타나 있다. 이는 승려가 엄청나게 많으나 사찰을 비우고 거처하지

---

426 앞의 책, 권4, 世宗 6年 4月 庚戌, "釋氏之道 禪敎兩宗而已 厥後正傳傍傳 各以所業分而爲七宗 傳誤承訛 源遠而末益分 實有愧於其師之道. 且中外多建寺社 分屬各宗 其數猥多 緇流四散 曠廢莫居 修葺不繼 漸致頹毁. 乞以曹溪天台摠南三宗合爲禪宗 華嚴慈恩中神始興四宗 合爲敎宗 擇中外堪寓僧徒之處 量宜置三十六寺 分隷兩宗 優給田地 酌定居僧之額 群居作法 俾之精修其道. 仍革僧錄司 以京中興天寺爲禪宗都會所 興德寺爲敎宗都會所 揀取年行俱高者 以爲兩宗行首掌務 令察僧中之事."

않는 등의 불교의 타락상을 국가 차원에서 더 이상 방관하지 않겠다는 뜻이었다. 이와 같은 개혁 의지는 마침내 불교 억압이라는 강도 높은 제재로 나타났다. 그중 대표적인 것이 한성부 내에 토목공사를 실시하여 수도의 경영을 위해 승려들을 부역에 참여시켰으며, 부모를 찾거나 물건을 사기 위한 특별한 이유 외에는 일체 도성에 출입할 수 없도록 한 조처이다.[427]

이러한 배불과 관련하여 『왕조실록』에는 세종의 '홍기薨記'에서 "거룩한 덕이 높고 높으매, 사람들이 이름을 짓지 못하여 당시에 해동 요순堯舜이라 불렀다. 만년에 비록 불사佛事로써 혹 말하는 사람이 있었으나, 한 번도 향을 올리거나 부처에게 절한 적은 없고, 처음부터 끝까지 올바르게만 했다"[428]라고 전한다. 이는 세종이 평생 유교적 태도를 견지했고 불교에는 기울지 않았다는 의미로 유신儒臣의 관점에서 비롯된 서술임을 알 수 있다.[429]

세종의 불교 제재 정책에도 불구하고 세종의 친형인 효령대군孝寧大君은 불교에 귀의하여 신심이 지극했다. 그는 불교를 숭상하여 천태종 승려 행평行平에게 사사師事, 제자가 되어 노승의 사실師室에 귀의하고 승려들이 하는 모금 운동에 참여하여 탑 등의 사찰 건립이나 중수에

---

427 앞의 책, 권123, 世宗 31年 1月 庚戌, "都城內許僧出入者 只以省親父母 和賣市物 而已 無識僧徒 橫行閭里 累日留宿 汚染風俗. 乞令痛禁 依元典寡婦家出入僧人例論 知情容止者 依律論."

428 앞의 책, 권127, 世宗 32年 2月 17日(壬辰), "聖德巍巍 人不能名 時稱海東堯舜 晩年雖或有以佛事言者 未嘗一燒香禮佛 終始以正云."

429 조남욱, 「세종의 불교수용에 관한 연구」, 『윤리교육연구』 제24집, 한국윤리교육학회, 2011, p.300.

사용할 기부금을 모았다.

세종이 이를 묵과해 준 까닭은 왕실에서 불교 신앙을 하는 대비大妃를 비롯한 여성뿐만 아니라 궁녀들이 삭발하고 승려가 되는 일이 많았기 때문이다. 그리고 당시는 유교를 정치이념으로 하면서도 집안의 복을 위해 재를 올리고, 불교식으로 장례를 치르고 제사 때에는 승려를 초청하는 양반들이 많았다. 또한 민간인 대부분이 초파일 연등행사에 참여하여 연등을 밝히고 기도를 드렸다. 이에 반감을 가진 신하들은 세종에게 연등행사를 폐지할 것을 건의하기에 이르렀다.

> 본조本朝의 풍속에 4월 초파일을 부처의 생신生辰이라 하여 연등燃燈으로 복을 구하며, 남녀들이 떼 지어 모여 밤새도록 놀이를 구경하니, 이는 진실로 전조前朝의 폐습을 그대로 따른 것입니다. 전하께서는 하늘이 내신 성군으로서 밝으신 학문으로 탄망誕妄을 밝혀 아시고 궐내闕內의 연등을 일찍이 폐할 것을 명하셨으니, 그 이단異端을 배척하시는 뜻이 지극했습니다. 그러나 여항閭巷의 불량不良한 무리들이 아직껏 구습舊習을 그대로 따라 기旗를 들고 북을 치며 떼를 지어 큰소리로 떠들어 마을에 구걸하며 다니면서 사람들을 꾀어 재물을 취하여 연등의 비용으로 삼는데, 금년에 더욱 성하니 신 등은 폐법弊法이 다시 행하여질까 두렵나이다. 삼가 바라옵건대, 명령을 내리시어 일절 금해서 구습을 없애소서.[430]

430 『世宗實錄』 권39, 世宗 10年 3月 甲辰, "本朝之俗 以四月初八日 爲佛生辰 燃燈徼福 男女群聚 終夜觀戲 此誠因循前朝之弊習也. 殿下以天縱之聖緝熙之學 灼知誕妄 闕內燃燈 已曾命罷. 其排斥異端之意至. 然閭巷無賴之徒 尙循舊習

세종의 재위 기간은 아직 조선 초기였기에, 수백 년간 내려오던 고려의 불교 신앙이 일반 백성에겐 아직도 만연했음을 볼 수 있는 대목이다. 초파일 행사가 여전히 당시 백성들의 큰 축제인 반면, 유자들은 불교가 이단임을 피력하여 구습舊習을 척결할 것을 적극적으로 주장하고 있다. 세종은 이러한 신하들의 정책 건의에 반대하였는데, 이는 배불정책을 추진하면서도 개인적인 신앙은 앞선 왕들과 같이 했음을 알 수 있다.

세종은 대군 시절 불당에서 연비의식燃臂儀式에 참여한 바 있고,[431] 왕위에 올라서는 세종 2년에 모후 대비가 학질에 걸리자 환관을 개경사開慶寺에 보내 관음 기도를 올렸으며,[432] 그 이튿날에는 약사여래를 비롯한 주위 곳곳에서 구병救病 기도를 행하게 했다.[433] 또 2년 후 태종이 발병하자 역시 구병 기도를 행하도록 했으며, 세종 28년에는 중전인 소헌왕후昭憲王后가 병을 얻자 기불祈佛행사를 행했다. 이후 소헌왕후가 죽자 왕비의 명복을 빌기 위해 수양대군에게 명하여 『석보상절釋譜詳節』을 제작토록 했다.

秉旗擊鼗 成群呼噪 行乞於里 誘取於人 以爲燃燈之費 今年尤盛 臣等恐弊法之復行也. 伏望命令一禁 盡革舊習."

431 『太宗實錄』, 太宗 13年 5月 6日(甲申), "命世子行香 上親臨燃臂 世子及諸王子亦皆燃臂."

432 『世宗實錄』, 世宗 2年 5月 29日(丙申), "上詣樂天亭覲大妃 遂留侍疾. 遣宦官金龍奇 禱于開慶寺觀音 仍飯僧."

433 앞의 책, 世宗 2年 6月 1日(戊戌), "遣淸平府院君 李伯剛 禱于開慶寺 藥師如來 吉昌君 權跬醮北斗于昭格殿. 分遣司謁司鑰 遍禱于松嶽白嶽紺嶽楊州城隍之神 夕聚盲僧七人 設三十品道場于樂天亭內庭. 上不進膳不就寢 盡誠以禱."

『석보상절』은 『법화경』, 『약사경』, 『지장경』, 『석가보釋迦譜』, 『아미타경』 등에서 불타의 가르침을 정리하여 한글로 엮은 책이다. 또 『월인천강지곡月印千江之曲』과 『사리영응기舍利靈應記』라는 찬불가를 짓는 등 집권 중반기에 이르러서는 세종의 불심佛心이 더욱 돈독했음을 엿볼 수 있다. 이러한 불심은 『유문쇄록謏聞瑣錄』에 자세히 기록되어 있다.

> 세종이 말년에 불교 경전을 좋아했다. 당시 준俊 화상이 경율經律에 가장 유명했다. 정사를 돌보는 여가에 친히 강론을 듣는 것이 어려우므로 세조와 안평安平을 보내 강론을 받고 아뢰라 하니, 이로써 안평과 세조가 내전에 깊이 통달했다.[434]

이 글을 통해 세종의 개인적인 숭불의 신심 정도를 확인할 수 있다. 곧 불교 경전을 좋아하고 강론을 듣고자 하는 행적은 불교에 대한 세종의 관심을 단적으로 보여준다. 그리고 세종 30년에는 문소전文昭殿의 내불당 건립을 지시하여[435] 신하들의 격렬한 반대에도 불구하고 불당佛堂을 완성시켰다. 이와 같이 세종의 불심이 깊어지는 점에 대해서 『실록』은 "임금이 두 대군大君을 연달아 잃고, 왕후가 이어 승하하니, 슬퍼함이 지극하여 인과화복因果禍福의 말이 그 마음의 허전한 틈에 들어맞았다"[436]라고 전한다. 이처럼 세종은 대신들의 반대에도

434 『謏聞瑣錄』, "世宗末年 好釋典 時俊和尙最命經律 以萬機之暇 難於觀講 使世祖及安平 往受入啓 由是安平與世祖深通內典."

435 『世宗實錄』, 世宗 30年 7月 17日(辛丑), "今欲於文昭殿西北空地 營構一堂."

불구하고 구병을 위한 기불祈佛 행사를 거행했으며, 영혼의 위안을 위해 불경 간행과 불당을 지었고, 불교음악을 발전시켜 후대에 훌륭한 문화를 창조[437]하는 중요한 기틀을 마련했다. 이처럼 세종의 위대한 문화정책 밑바탕에도 불교가 크게 자리잡고 있었음을 알 수 있다.

세종 집권 중기 이후 불교에 대한 인식 변화와 함께 불교정책은 그 전기와는 크게 다른 양상을 보이고 있는데, 주요한 것은 왕과 왕실을 중심으로 의미 있는 불사들이 이루어졌다는 것이다. 이는 또한 후일 세조 대의 홍불興佛 정책도 세종의 이 같은 변화와 함께 왕실불교의 연장선상에서 그 원인을 생각해 볼 수 있다.[438]

이를 종합해 볼 때 세종의 불교 수용에는 특유의 정신적 기반이 깔려 있음을 알 수 있다. 이는 유교와 불교가 대립의 적대관계가 아닌 서로 공존해 갈 수 있다는 '유·불 화해 의식'이라고 할 수 있을 것이다. 이러한 화해 의식이 작용하게 된 원인으로, 첫째는 유교와 불교 모두 왕조 국가의 기조를 튼튼히 하는 데 긴요했다는 점이고, 둘째는 기도에 대한 감응을 얻으며 안심입명을 가지게 되었다는 점이

---

436 앞의 책, 世宗 31年 2月 25日(丙子), "上連喪二大君王后繼薨 悲哀憾愴 因果禍福之說 遂中其隙."

437 세종의 음악적 업적은 크게 아악雅樂의 부흥, 악기樂器의 제작, 향악鄕樂의 창작, 정간보井間譜의 창안 등으로 나누어 볼 수 있다. 그 뒤 아악은 국가·궁중의례에 연주되었고, 본고장인 중국보다도 완벽한 상태로 부흥시킬 수 있었다. 왕은 또한 기보법記譜法을 창안했으니, 곧 정간보가 그것이다. 정간보는 세조 때 약간 개량된 것을 현재에도 국악에 사용하고 있다. 가마타시게오, 신현숙 옮김, 『한국불교사』, 민족사, 2016 참조.

438 이봉춘, 앞의 책, p.246.

며, 셋째는 인간 평등의 가치관이 중시되고 있었다는 점을 들 수 있다.[439]

세종은 즉위한 뒤 강력한 배불 정책을 시행했으나 소헌왕후의 사망(1446년) 이후 심적 변화를 통해 불교를 신봉한 것으로 보인다. 또한 사대부들이 주체가 되어 건국한 조선왕조에서 공적인 지배이념으로 성리학을 채택할 수밖에 없었으나, 왕의 입장에서는 유학자들의 간섭을 벗어나 왕권 강화를 모색하려 할 때 불교에 대한 매력을 쉽게 떨쳐버릴 수 없었을 것이다. 그리고 위민爲民 정치를 위하고자 하는 성왕으로서 백성들이 여전히 신앙하고 있는 불교를 저버릴 수도 없었을 것이다.

이상에서 살펴본 것처럼, 조선 개국의 정치철학 이념은 유학을 바탕으로 했지만, 조선 초기에 국왕들은 종교적·신앙적 측면에서 여전히 불교를 숭상하는 '외유내불外儒內佛'의 자세를 견지했음을 『조선왕조실록』을 통해 살펴보았다. 결국 태조의 친불교적 태도는 정종과 태종, 그리고 세종으로 이어지는 그의 후계자들에게도 정도의 차이는 있지만 꾸준히 지속되고 있음을 알 수 있다.

3. 배불 사상의 체계화와 확립

1) 정도전의 저술과 배불 사상

정도전(鄭道傳, 1342~1398)은 정권과 병권을 한몸에 가진 조선 개국

439 조남욱, 「세종대왕의 유·불 화해 의식에 관한 연구」, 『윤리연구』 제80호, 한국윤리학회, 2011, pp.24~26.

일등공신으로 조선 초 배불의 중심에 있었다. 그의 불교 비판은 근세 동아시아 유·불 대론에 있어 가장 주목할 만한 평가를 받는다. 앞에서 살펴보았던 고려 말부터 시작된 성리학자들의 불교 비판은 조선 초기 정도전에 의해 집대성되었고, 그의 불교 비판은 본격적이고 종합적인 것이라고 할 수 있어, 일찍이 중국에서도 찾아보기 어려운 것이었다. 양적 측면뿐만 아니라 비판의 강도나 논리적인 면에서도 압권이라고 할 수 있기 때문이다. 또한 그의 비판은 단순히 불교의 사회적 폐단을 지적하는 데 그치지 않고 불교 교리에 대한 본격적인 사상적 비판을 제기했다는 점에서도 주목된다.

고려 말 새롭게 수입된 성리학과 이를 따르는 유생들에 의해 이단론은 확고히 자리잡혀 갔다. 고려 시대의 불교와 유교의 공존적 관계가 대립적 구도로 바뀌게 되는 이러한 변화는 곧 개혁적 유생들에 의해 불교가 '이단'으로 규정되고, 불교를 발판으로 하고 있던 당시 권력층에 대한 전면적 개혁과 왕조교체운동으로 발전하게 되었으며, 그러한 배불의 중심인물이 정도전이었다.[440]

정도전의 불교 비판은 객관적이고 실증적이라기보다는 유학자의 사상적 인식 위에서 이루어진 것이었다. 특히 기존의 지배적 이념을 타도하고 새로운 이념을 확립코자 하는 일종의 개혁가로서의 사명감을 가지고 불교를 비판했다.

정도전은 그의 전 생애에 걸쳐 불교가 사람들을 미혹시키는 것에 대해 근심하며 배불을 필생의 과제로 삼았다. 불교를 비판하고 배척하

440 다카하시도루(高橋亨), 이형성 편역, 『조선유학사』, 예문서원, 2001, pp.66~68.

정도전

여 유교를 융성시키려는 신념 속에서 정치·경제 및 사회 제도를 유교 이념에 따라 체계적으로 건설함으로써 새 왕조의 토대를 마련하고자 했다.[441] 이런 강력한 배불의 의지로 저술된 그의 첫 번째 책은 『심문천답心問天答』으로, 39세(1375년) 때 전라도 나주목羅州牧에서 귀양살이를 하면서 지은 짧은 글인데, 후일 권근이 이단 배척에 대해 칭송하며 훈석을 달아 1394년(태조 3년)에 편찬했다.[442]

불교의 인과응보에 대한 유교적 비판과 변호의 내용으로서, 권근이 주석하기를 "한 물건이란 마음을 가리키며, 상청上淸이란 상제上帝가 거처하는 곳이다"[443]라고 표현하여 마음(心)이 묻고 하늘(天)이 답하는

---

441 高橋亨, 이형성 편역, 앞의 책, p.68.

442 「陽村權近序」, 『三峯集』 권10(『韓國文集叢刊』 5, p.474a), "三峯先生嘗有言曰 辨老佛邪遁之害 以開百世聾瞽之學 折時俗功利之說 以歸夫道誼之正 其心氣理三篇 論吾道異端之偏正殆無餘蘊 愚已訓釋其意矣 先生又嘗作心問天答二篇 發明天人善惡報應遲速之理 而勉人以守正 其言極爲精切 使怵於功利者觀之 可以祛其惑而藥其病矣 故又加訓釋以附三篇之後 夫闢異端然後可以明吾道 去功利然後可以行吾道 此先生之作所以關於世教爲甚重 而吾今日編次之意也 觀者幸毋忽."

443 「心問天答」, 『三峯集』 권10(『韓國文集叢刊』 5, p.470b), "一物 指心而言 上淸上帝之所居也."

형식을 취했다.

마음이 먼저 선악응보善惡應報의 원리(불교의 교리)가 현실과 맞지 않음에 의혹을 품고 하늘에게 질문한다. 여기에 대해 하늘이 답변하기를 "선악응보에 결코 부정不正이 없고 다만 빠르고 더딘 것이 있을 뿐이니, 이는 심기心氣가 그리 시킨 것이다. 그러나 천리天理는 반드시 상도常道를 지켜 최후의 승리를 얻게 되니, 이때 기 또한 리를 따라 바르게 된다"[444]라고 했다. 이는 천(理)과 인(氣)의 상관관계를 해명하여 유교 사상의 기본원리를 밝히고 인간 행위의 도덕적 근거를 제시함으로써 유교가 옳고 이단의 도(불교)가 편벽됨을 주장한 것이다.

『심문천답』에 이어 정도전은 1394년(태조 3년) 『심기리편心氣理篇』을 지었다. 이 책은 「심난기心難氣」, 「기난심氣難心」, 「이유심기理諭心氣」의 3편으로 구성되어 있는데, 「심난기」와 「기난심」에서는 불교와 도교의 그릇됨을 말하고, 「이유심기」에서는 유가의 사상과 불·도의 사상을 비교하고 유교의 정당성을 제시하고 있다. 『심기리편』에서 정도전은 불교·도교·유교의 사상을 대표하는 술어術語로 각기 심心·기氣·리理로 설정하고 이를 이야기의 형식으로 풀어나간다.

먼저 제1편 「심난기」에서는 마음(불교)이 기(도교)를 비판하면서 자신이 가장 우월한 최고의 존재라고 말한다.

---

444 앞의 책(『韓國文集叢刊』 5, p.472c), "帝曰噫嘻 予命汝聽 予賦汝德 在物最靈 與吾並立 得三才名 又當日用之間 洋洋焉開道引迪 使爾不昧其所適 予所以德汝者非一 汝不是思 或自棄絶 風雨寒暑 吾氣也 日月吾目也 汝一有小失 吾之氣乖戾 吾之目掩食 汝之病我者亦極矣 何不自反 而遽吾責歟 且以吾之大 能覆而不能載 能生而不能成 寒暑災祥 猶有憾於人情 吾如彼 何哉 汝守其正 以待吾定."

제2편 「기난심」은 기(도교)가 마음(불교)에 반박하면서 마음은 결국 기로부터 생겨난 이차적 존재에 불과하다고 말한다.

제3편 「이유심기」는 리(유교)가 심(불교)과 기(도교)를 가르친다는 뜻으로, 주자학의 입장에서 불교와 도교를 비판하는 내용이다. 이는 불교와 도교를 서로 논쟁하게 해놓고 마침내 주자학이 그 둘을 동시에 교화하는 식으로 전개하는데, 여기에서 유·불·도에 대한 정도전의 사상 이론인 '리理'에 대해 분명히 알 수 있다. 정도전은 리理가 천지보다 먼저 존재하고, 기氣도 리理에서 생겨난다고 하여 리理가 존재의 궁극적인 근원임(理一元論)을 분명히 했다.

정도전은 리理가 없는 마음은 이익과 손해만을 따지는 존재가 되고, 리理가 없는 몸은 금수와 같다고 했다. 다시 말해 인간다움이란 어떤 형태로든 리理를 반드시 자각하고 실천하는 존재가 되어야 한다는 것이다. 결국 정도전은 리理를 말하지 않는 불교의 심에 대해 비판하는데, 허령불매한 심성을 토대로 하여 불교의 심성론을 곧 이단으로 귀결시키고 있다.

이러한 『심문천답』과 『심기리편』이 배불 이론의 서론이라면, 『불씨잡변佛氏雜辨』은 불교 비판의 본론으로 불교에 대한 비판의 핵심이 담겨 있다. 『불씨잡변』이 저술된 것은 1398년(태조 7년) 무렵으로 추정되지만 같은 해 8월에 왕자의 난으로 죽음을 당하여 간행되지 못했고, 공식적으로 간행되어 일반에게 유포된 것은 1465년(세조 11년)이다.[445]

---

445 한영우, 『정도전 사상의 연구』, 서울대학교출판부, 1999, pp.46~49.

정도전은 지피지기知彼知己 입장에서 불교를 논했다고 평할 수 있다.[446] 『불씨잡변』은 불교에 대한 19편의 비판 논설이 수록되어 있는데 이는 잡변雜辨 15편, 전대사실前代事實 4편으로 구성되어 있다. 이 가운데 '잡변'은 주로 불교의 인과설과 윤회설, 화복설 등 세속의 신앙과 결부된 불교의 교설을 비판했으며, 인간의 마음(心)과 본성本性에 대한 불교적 관점의 오류를 비판하여 주로 '이단의 가르침'이라는 방향으로 서술했다. '전대 사실'은 불교 전래 이후 중국 역대 왕조의 역사적 경험을 들어 불교가 국가에 유해한 종교임을 논하여 주로 '진호국가설의 부정'을 다루고 있다.

『불씨잡변』에서 불교의 교리를 비판할 때 주로 사용한 원리는 성리학적 형이상학이었다. 그러한 형이상학적 원리는 주로 『주역周易』의 자연철학적 방법에 기초를 두고 있다. 그리고 유교적 현실주의 또는 합리주의적 사물 인식의 논리가 많이 동원되고 있는데, 그는 역易의 세계관을 다음과 같이 제시한다.

> 사람과 사물이 생하고 또 생하여 끝이 없는 것은 바로 천지의 조화가 쉬지 않고 운행되기 때문이다. 원래 태극에 동과 정이 있어서 음양이 생겼고, 음양이 변하고 합하여 오행이 갖추어졌다. 여기에

446 高橋亨, 이형성 편역, 앞의 책, p.53. 그의 『불씨잡변』에는 『원각경圓覺經』, 『금강경金剛經』, 『능엄경楞嚴經』, 『화엄경華嚴經』, 『대승기신론大乘起信論』, 『육조단경六祖壇經』 등에서 인용한 경전 구절들과 보조 국사普照國師의 법어法語들이 보인다. 이러한 사항들로 보아 정도전도 고려 말의 학자인 만큼 불교를 혐오하면서도, 한편으로는 불교 경전을 독파하고 또 불교 교리에 대해 알고 있었음을 짐작할 수 있다.

무극과 태극의 참된 모습과 음양과 오행의 정수가 묘하게 합하고 엉겨서 사람과 사물이 무궁하게 생성한다. …… 천지의 조화는 낳고 낳아 무궁하지만, 그러나 모인 것은 반드시 흩어지고, 태어난 것은 반드시 죽는다. 능히 그 시초를 궁리하여 (氣가) 모이는 것이 태어나는 것임을 알면, 그 후에는 반드시 흩어져 죽게 되는 것을 알게 된다. 그 태어나는 것이 기화氣化의 자연한 가운데서 얻어진 것으로서, 애당초 정신이 태허太虛한 가운데 깃들일 곳이 없음을 알게 된다면 그 죽음도 기氣와 함께 흩어져 다시는 형상을 이룰 수 없으니, 아득하고 광막한 가운데 머무를 곳이 없다.[447]

불교의 윤회에 대한 대안으로 그는 정신과 사물의 형성과 변화를 『주역』의 음양오행설에 토대하여 설명한다. 정도전은 기의 모임과 흩어짐에서 사람이 죽고 사는 이치를 쉽게 설명할 수 있다고 본다. 생명은 기가 변하여 탄생하고 기가 흩어지면 죽는데, 이는 자연주의적인 생명론이자 우주론이다. 생명뿐 아니라 사람의 마음 또한 기가 모인 것이다. 그런 점에서 정도전은 사람의 마음도 사물과 생성방식이 같다고 이해한다. 그래서 윤회의 주체로서 순수한 마음, 곧 영혼 따위는 있을 수 없다고 주장한다.

---

447 「佛氏輪廻之辨」, 『佛氏雜辨』, 『三峯集』 권9(『韓國文集叢刊』 5, p.447a), "人物之生生而無窮 乃天地之化運行而不已者也. 原夫太極有動靜而陰陽生 陰陽有變合而五行具 於是無極太極之眞 陰陽五行之精 妙合而凝 人物生生焉. …… 天地之化 雖生生不窮 然而有聚必有散 有生必有死. 能原其始而知其聚之生 則必知其後之必散而死. 能知其生也得於氣化之自然 初無精神寄寓於太虛之中 則知其死也與氣而俱散 無復更有形象尙留於冥漠之內."

정도전이 이해한 윤회설은 윤회전생설輪廻轉生說이다. 그것을 요약하면 '사람은 죽어도 정신(제8식識)은 죽지 않아 다음 생에도 정신은 다른 몸을 받아 생을 이어간다'는 것인데, 정도전은 정신의 소멸성을 주장하고 소멸된 것이 다시 형체를 받는다는 것을 받아들이지 않았다. 그에게 있어 정신이란 인간이 만들어질 때 함께 생기는 것이고 인간이 없어지면 함께 사라지는 것으로, 정신은 육체와 불가분의 관계를 맺고 있다는 것이다. 따라서 사라져 없어진 기는 본래의 상태로 되돌아올 수 없는 일회적인 존재로서 '영혼의 불멸(精神不滅)'을 부정한다.

그는 자연현상의 변화를 화로나 불에 비유하여 설명하는데, 불에 타 소멸한 사물은 본래의 상태로 되돌아올 수 없듯이, 어떤 현상과 사물이 소멸하면 원형의 상태를 회복할 수 없다는 것이다.[448] 이러한 시각은 윤회 재생한다는 불교의 세계관과 전혀 다른 인식이었다.

유교적 관점인 기의 세계관에서 존재는 시작과 끝이 있는 시간 속에서 일어나는 사건일 뿐이고, 개별적 존재가 모두 그러하고 자기동일성을 영원히 갖는 존재는 없다고 본다. 땅의 성질을 갖는 정精과 하늘의 성질을 갖는 기氣가 합하여 살아 있는 생명체가 되지만, 그 둘이 분리되면 기는 변화하여 떠도는 혼이 되어 흩어져 버린다.[449] 존재의 동일성은 시간 속에서 유한하게 존재하는데, 인간의 마음이

---

448 앞의 책(『韓國文集叢刊』 5, p.447a), "火緣木而存 猶魂魄合而生. 火滅則煙氣升而歸于天 灰燼降而歸于地 猶人死則魂 氣升于天 體魄降于地. 火之煙氣卽人之魂氣 火之灰燼卽人之體魄. 且火氣滅矣 煙氣灰燼不復合而爲火 則人死之後 魂氣體魄亦不復合而爲物 其理 豈不明甚也哉."

449 앞의 책(『韓國文集叢刊』 5, p.447a), "精氣爲物 遊魂爲變."

시간 속에서 동일성을 잃는 사태를 일컬어 정도전은 '변變'이라고 부른다.[450] 정도전은 음양의 기운에 따라 자연의 생성소멸과 생명의 혼백 개념을 이러한 방식으로 설명했다.

불교의 윤회설은 인과응보와 불가분의 관계를 가지고 있다. 그렇다면 선업 또는 악업을 행하면 그에 따른 결과로서 선 또는 악의 과보가 행위자에게 주어진다. 이러한 인과응보의 윤리 사상은 고려 시대 일반인 누구나 알고 있었다. 유학자 또한 이러한 인과설에 대해서는 대부분 인정했고, 또한 그것이 사람들을 선으로 인도하는 교육적인 효과가 있다고 믿었다. 앞서 살펴본 고려 말 성리학자 이제현李齊賢의 평가에 의하면 "불교의 인과라는 것은 선을 닦으면 좋은 보응을 받는다는 것인데, 비유하면 뿌리에 물을 주면 열매를 맺는 것과 같다. 그 효용이 능히 몽매한 무리를 공덕으로 인도한다"[451]라고 하여 긍정적으로 인식했다.

그러나 정도전은 자연현상의 변화와 인간의 운명에 있어서 인과응보의 법칙을 믿지 않았다. 그에 의하면 자연현상은 인과의 일정한 법칙에 의해서 움직이는 것이 아니라 음양오행의 기운氣運에 의해 자연스럽게 이루어지는 것으로, 어떤 정해진 법칙이나 의지에 의해 작용하는 것이 아니라고 하여 인간의 운명을 기의 품수로 설명한다.[452] 결국

---

450 앞의 책(『韓國文集叢刊』 5, p.447a), "到得魂氣歸于天 體魄歸于地 便是變了 精氣爲物 是合精與氣而成物 精魄而氣魂也 遊魂而變 變則是魂魄相離 遊散而變 變非變化之變 旣是變則堅者腐存者亡 更無物也."

451 「大都南城興福寺碣」, 『益齋亂稿』 권7(『韓國文集叢刊』 2, p.560b), "佛教之因果修善獲報 猶漑根食實 用能誘掖群迷 以就功德."

452 「佛氏因果之辨」, 『佛氏雜辨』, 『三峯集』 권9(『韓國文集叢刊』 5, p.448b), "得其淸

인과응보에 의해 인간의 운명이 결정되는 것이 아니라 인간이 형성될 때 품수 받은 기에 따라 달라진다는 것이다.

이처럼 기의 품수에 따라 인간의 운명이 결정됨을 주장하는 성리학에서는 자신 고유의 정해진 과보에 의해 운명이 결정된다는 불교의 윤회론을 정면으로 부정하였다. 유교와 불교 모두 마음(心)을 중시하지만, 심의 본체와 작용에 대한 이해는 동일하지 않다. 정도전의 불교비판에 있어서도 이 문제는 중요하게 취급되고 있다.

> 마음(心)이란 것은 사람이 하늘에서 얻어 가지고 태어난 기氣로서 허령하여 어둡지 않아 한 몸의 주인이 되는 것이요, 성性이란 것은 사람이 하늘에서 얻어 가지고 태어난 리理로서 순수하고 지극히 선하여 한 마음 속에 갖추어져 있는 것이다.[453]

이러한 주장에 근거할 때, 마음에는 사물을 구별하고 판단하는 지각知覺과 유위有爲가 있으나 성性에는 지각도 유위도 없는 허령한 것으로 본 것이다. 그런데 불교에서는 마음(心)을 성性이라 본다. 마음이 곧 인간에게 본래 갖추어진 성으로서, 이를 수행의 근거를 삼는 것이다. 이에 따라 불교 수행론의 핵심은 본래 성품을 회복하여 그 성품대로 살아가는 것을 목적으로 삼는다.

者智且賢 得其濁者愚不肖 厚者富而薄者貧 高者貴而下者賤 長者壽而短者夭."

453 「佛氏心性之辨」, 『佛氏雜辨』, 『三峯集』 권9(『韓國文集叢刊』 5, p.449c), "心者 人所得於天以生之氣 虛靈不昧 以主於一身者也 性者 人所得於天以生之理 純粹至善 以具於一心者也."

정도전은 불교에서 말하는 작용作用이 곧 성性이라고 보는 관념에 대해 비판을 제기하면서 "먹을 물과 땔나무를 운반하는 것이 모두 묘용妙用이 아닌 것이 없다"[454]는 방 거사龐居士의 게송을 인용하는데, 이는 본체와 작용의 관계에 대한 선불교의 핵심 설명이다. 그는 이러한 선불교의 설명을 주희의 관점에서 비판했다. 정도전은 심心이란 기가 모여서 된 형이하形而下의 것으로 성性일 수 없고, 심즉리心卽理일 수 없다. 하지만 불교는 인간의 마음 전체를 성性으로 인정함으로써 잘못된 결론에 이른다는 것이다.[455]

정도전은 리理는 형이상形而上의 것이고 기氣는 형이하形而下의 것인데, 불교는 스스로 고묘무상高妙無上하다 하면서도 형이하의 것만 말한다고 주장하면서 불교가 형이상학을 추구했지만 도리어 형이하에 빠졌다고 비판했다. 그가 주장한 사람의 마음은 기의 집합체인 심에 리理가 갖추어지지 않을 수 없으니, 그것이 곧 성性이다. 인성의 구조를 이와 같은 방식으로 이해하면 마음의 인식 작용과 도덕 현상도 명쾌하게 설명할 수 있다고 보았다.

성리학은 기의 집합인 심에 리가 원리로서 갖추어져 있어야 도덕적 존재로서 사람을 비로소 이해할 수 있다고 본다. 인간의 마음에 갖추어진 성이 곧 리이다(性卽理). 인간이 따라야 하고 구현해야 할 도덕적

---

454 「佛氏作用是性之辨」, 『佛氏雜辨』, 『三峯集』 권9(『韓國文集叢刊』 5, p.450b), "龐居士曰 運水搬柴 無非妙用."

455 앞의 책(『韓國文集叢刊』 5, p.450b), "朱子亦曰, 若以作用爲性 則人胡亂執刀殺人 敢道性歟 此理形而上者也 氣形而下者也. 佛氏自以爲高妙無上 而反以形而下者爲說 可笑也已."

의무로서의 법칙은 사람의 마음에 천부적으로 부여되어 있다.[456] 이러한 인성론의 바탕 위에서 정도전의 성리학에서는 명백하게 구분하는 심과 성을 불교는 구분하지 못한다는 것이 계속되는 비판의 요지다. 기와 리, 심과 성은 결코 뒤섞일 수 없다. 그런데도 불교는 그 두 차원의 다름을 알지 못하고 심으로써 종宗을 삼는다는 것이다.[457]

정도전은 불교의 인성론에 대해, 마음이 둘일 수 없으며 마음이 마음을 본다는 주장은 자가당착自家撞着이라고 비판했다. 이와 같은 자가당착은 심과 성을 구분하지 못한 데서 비롯된다고 보는데, 불교는 깨닫지 못한 마음을 '심', 깨달은 마음을 '성'이라 하여 심이 원리상 성과 다르지 않다고 말한다. '심이 곧 성'이라는 불교는 '심을 닦아서 성을 본다(見性)'고 주장한다.

그렇다면 견성하는 주체는 무엇인가? 불교는 심이라고 한다. 그런데 불교의 심은 곧 성이기 때문에 결국 심이 심을 보는 셈이 된다고 하여 이를 비판한다.[458] 그의 불교 인성론 비판은 여러 가지 논변의 형태로 전개되는데, 『불씨잡변』의 다음 구절이 그 요지를 잘 나타내고 있다.

그러므로 "석씨(불교)는 허무이고 우리 유가는 진실이며, 석씨는

---

456 「佛氏心性之辨」, 『佛氏雜辨』, 『三峯集』 권9(『韓國文集叢刊』 5, p.449c), "惟其此心具衆理 故於事物之來 應之無不各得其當 所以處事物之當否 而事物皆聽命於我也."

457 앞의 책(『韓國文集叢刊』 5, p.449c), "彼佛氏以心爲性 求其說而不得 乃曰 迷之則心 悟之則性 又曰 心性之異名 猶眼目之殊稱."

458 앞의 책(『韓國文集叢刊』 5, p.449c), "以心觀心 如以口齕口 當以不觀觀之."

둘이고 우리 유가는 하나이며, 석씨는 단절이 있고 우리 유가는 연속되는 것이다" 하는 것이니, 배우는 자는 마땅히 밝게 분별해야 할 것이다.[459]

이와 같이 불교의 심성관은 모두 일정한 주견이 없고 애매하게 나타내고 있어, 이는 구차한 설명이라고 비판한 것이다. 또 불교는 마음에 구비된 성을 부정하기 때문에 오상(五常: 인의예지신仁義禮智信)을 부정한다고 비판하는데, 이것이 정도전이 불교의 가장 심한 폐단이라며 비판한, 인륜을 훼기毁棄하는 문제였다. 불교는 이러한 인간의 기본적 도리를 저버림으로써 인간과 사회의 기강을 말살시켰다는 것이다. 유가는 인간관계에 대한 행위의 규범을 절대적인 것으로 보고 그 체계를 세우는 것을 지상과제로 삼는 전통을 견지해 왔다.

그리고 도덕적 규범의 절대적 근거를 인간의 심성에서 찾으려 했다. 성리학은 불교가 도덕적 규범의 절대성을 인정하지 않는 태도가 세밀하지 못한 인성론에서 비롯되었다고 보았다. 불교가 사람의 마음에 원리로서의 성性의 존재를 인정하지 않는 까닭에 절대적이고 보편적인 인륜을 가합假合으로 본다고 정도전은 주장했다.

불씨는 인륜을 가합으로 보고, 자식이 아버지를 아버지로 보지 않고, 신하가 임금을 임금으로 여기지 않아서, 은혜와 의리가 쇠퇴하고 각박해져서 자기 어버이를 보기를 길 가는 사람 같이 보고,

---

459 앞의 책(『韓國文集叢刊』 5, p.449c), "故曰 釋氏虛 吾儒實 釋氏二 吾儒一 釋氏間斷 吾儒連續 學者所當明辨也."

공경해야 할 어른 대하기를 어린아이 대하듯 하여 그 근본과 원류를 먼저 잃어버렸다.[460]

불교의 윤리관을 비판하는 정도전의 또 다른 관점은 결국 불교의 윤리가 비현실적이라는 측면이다. 유교 윤리의 핵심은 바로 오륜五倫이며, 이것은 인간관계에 토대를 둔다. 그리고 인간관계에 대한 윤리는 그 친소親疎 관계에 따라 후하고 박한 차별과 선후의 차례가 있다. 불교는 모든 살아 있는 것을 대상으로 자비의 원리를 적용하려고 하지만, 이는 구체성도 현실성도 없다고 보았다.

출가승들은 가장 가까운 인간관계인 부모와 형제와의 관계를 끊는다. 그러면서도 중생 모두를 대상으로 자비를 실현하겠다는 불교의 윤리관은 그래서 허虛이고 실實이 없다고 보며, 유가에서 말하는 친친親親의 원리에 어긋난다고 주장했다.[461]

정도전은 또 불교가 현실을 가假라고 보며, 가와 진의 이분법의 철학을 갖고 있다고 비판한다. 불교에서 말하는 가假는 다른 것에 의존해 존재한다는 것이 일차적인 의미다. 그래서 실체 또는 불변하는 자기동일성이 없다는 뜻이다. 정도전은 가를 실재가 아닌 것, 비존재의 뜻으로 해석한다. 어느 정도는 맞는 해석이기도 한다. 왜냐하면 불교는

---

460 「佛氏慈悲之辨」, 『佛氏雜辨』, 『三峯集』 권9(『韓國文集叢刊』 5, p.452a), "佛氏以人倫爲假合 子不父其父 臣不君其君 恩義衰薄 視至親如路人 視至敬如弁髦 其本源先失."

461 앞의 책(『韓國文集叢刊』 5, p.452a), "若夫至親如父子 至敬如君臣 必浴絶而去之 果何意歟."

'가假이기 때문에 환幻'이라고 가르치는 측면이 있기 때문이다. 하지만 그는 이런 이분법 때문에 불교는 인륜의 문제뿐 아니라 객관적 세계의 실재實在까지 부정하는 독단에 빠진다고 보았으며, 그래서 객관적 천지만물의 존재를 모두 가합으로 보는 비정상적인 결론에 이른다고 보았다.

> 불씨는 심心과 성性을 진상眞常이라 하고, 천지만물은 가합된 것이라 했다. 그의 말에 이르기를 "일체중생과 갖가지 환화가 모두 여래의 원각묘심圓覺妙心에서 나왔으니, 비유컨대 (눈병 때문에 보이는) 허공에 핀 꽃이나 물에 비친 달과 같다" 하고, 또 말하기를 "공空이 대각 가운데서 생겨나는 것은 바다에 물거품이 하나 일어나는 것과 같아서, 유루有漏의 미진국微塵國이 모두 공에 의하여 세워진 것이다"라고 했다.[462]

현실은 둘로 분리되지 않는데, 이는 리理가 결코 기氣를 떠나지 않기 때문이다. 이상은 현실을 넘어서서 존재하지 않는다. 불교에서 현실의 세계는 실재가 비춘 가상이라고 주장하며, 사람과 사람의 관계를 규정하는 도덕적 규정이 가합인 것처럼 물리적 세계도 환화일 뿐이다. 그런데 성리학자와 정도전은 가합의 세계 밖에 초월적인 실재가 존재한다고 주장하는 것으로 불교를 잘못 이해하는 오류를

---

462 「佛氏眞假之辨」, 『佛氏雜辨』, 『三峯集』 권9(『韓國文集叢刊』 5, p.452c), "佛氏以心性爲眞常 以天地萬物爲假合 其言曰 一切衆生種種幻化 皆生如來圓覺妙心 猶如空華及第二月 又曰 空生大覺中 如海一漚發 有漏微塵國 皆依空所立."

범한다. 정도전은 이러한 현상적인 천지만물을 하나의 가합假合 또는 환영幻影으로 보는 불교의 존재론적 시각에 대해서도 비판적이었다.

깨달음을 얻은 불타의 시각에서 보자면 모든 자연현상과 인간의 모습은 실체가 없는 가상에 지나지 않으며 참된 실재가 아님을 보아 이로써 수행의 근거로 삼게 된다. 하지만 성리학은 보이는 세계가 결코 가상일 수 없다고 본다. 만일 가상이라면 세계가 이토록 정연한 질서를 갖고 운행될 수는 없다고 주장하는데,[463] 정도전은 맹자의 구절을 들어서 불교의 실재에 대한 이원론을 비판한다.[464] 즉 우리의 눈앞에 펼쳐지는 세계가 가합이고 환화일 뿐이라면, 그래서 주관적인 현상에 불과하다면 그렇게 정연한 법칙과 질서에 따라 펼쳐질 수 없다는 말이다. 그는 세계가 운행되는 법칙이 정연하기 때문에 미래에 대한 예측도 가능하다고 주장하며, '만일 천지간에서 일어나는 현상들이 실재가 아니라 사람의 마음이 만들어내는 주관적인 현상이라면, 어떻게 수많은 사람들의 마음에 동일하게 드러날 수 있는가'라고 하였다.[465]

---

463 이런 원리의 개념이 신유학에서는 절대화된 리의 개념으로 나타난다. '변하지 않고 실재하는 것'으로 실체의 개념을 이해하는 서양철학의 발상을 따른다면 신유학의 리理는 원리, 법칙의 실체화로 이해할 수 있다. 오하마 아키라, 이형성 역, 『범주로 보는 주자학』, 예문서원, 1997 참조.

464 「佛氏眞假之辨」, 『佛氏雜辨』, 『三峯集』 권9(『韓國文集叢刊』 5, p.452c), "孟子所謂 天地高也 星辰之遠也 苟求其故 千歲之日至 可坐而致者 此也 是亦孰使之然歟 必有實理爲之主張也 且假者 可暫於一時 而不可久於千萬世 幻者 可欺於一人 而不可信於千萬人 而以天地之常久 萬物之常生 謂之可且幻 抑何說歟."

465 정도전의 논변은 관념론에 대한 경험론적 실재론의 비판을 상기시킨다. 그러나

정도전은 정몽주가 『능엄경』을 읽는다는 말을 듣고는 이단 척결의 중대한 책임을 맡은 사람으로서 신중함과 책무를 다하도록 충고하는 편지를 써 보낼 만큼 강한 의지를 보였다. 따라서 그의 불교 비판은 기본적으로 벽이단闢異端에 바탕을 두고 있는데, 이는 다음 글에 잘 나타난다.

> 이단異端이 날로 성하고 우리 도는 날로 쇠잔해져서, 백성들을 금수와 같은 지경에 몰아넣고 또 도탄에 빠뜨렸다. 온 천하가 그 풍조에 휘말려 끝이 없으니 아아, 통탄할 일이다.[466]

정도전은 불교가 성하고 유교는 쇠잔한 것에 대해 매우 애석해하고 있는데, 그는 도학을 밝히고 이단을 물리치는 것을 자신의 평생 임무라고 생각하여 『불씨잡변』에서 다음과 같이 불교를 비판한다.

> 불씨의 말은 고상한 듯 미묘하여 성명性命과 도덕道德을 논하는 데 매우 크게 사람을 미혹하는데, 그것은 양주나 묵적과는 비교할

근대적 관점에서 볼 때 이 같은 논변은 많은 사상적 문제들을 야기한다. 이른바 귀납의 문제가 대표적인데, 경험적 사실의 축적을 바탕으로 논변의 필연성을 보장받을 수 없다. 업 연기설을 채택하는 불교는 이런 문제를 '공업共業'의 개념으로 해결한다. 업이 같으면 인식이 같고, 공동의 인식이라고 하더라도 환幻일 수 있다는 입장이 불교의 입장이다. 민순의, 「정도전과 권근의 불교 이해와 그 의의」, 『보조사상』 제30집, 보조사상연구원, 2008 참조.

466 「上鄭達可書」, 『三峯集』 권3(『韓國文集叢刊』 5, p.328b), "異端日盛 吾道日衰 驅民於禽獸之域 陷民於塗炭之中 四海滔滔 未有紀極 嗚呼痛哉."

> 바가 아니다. 주자는 "불씨의 말은 리에 가까운 듯하지만 참된 리를 크게 어지럽히는 것이다"라고 말한 것이 바로 이를 일컬은 것이다. 내 어리석어 힘이 모자란다는 사실도 모르면서 이단을 물리치는 것을 나의 임무로 삼았다. …… 세상 사람들이 불씨의 학설에 미혹되어 구렁텅이로 빠져 인도人道가 사라질까 두려웠기 때문이다.[467]

이렇게 그는 불교가 교묘한 언설로 세상 사람들을 미혹시키기에 도(道: 유교)가 사라질 것이 두려워 비판한다고 하였다. 결국 정도전은 성리학의 이론에 바탕을 두고 '불교의 업'과 '윤회설', '인륜의 절대성 부정' 및 '객관세계 부정'을 핵심으로 삼아 당시의 불교를 비판했다. 그는 불교의 관점 오류를 유교적 입장에서 비판했으며, 이를 통해 불교를 최종적으로 '이단론'으로 규정하는 이론적 근거를 마련하게 된다.

정도전의 불교 비판은 유학적 관점에서 성리학을 위주로 이루어지는데, 비판하는 대상이 불교 교학의 전체 체계는 아니었다. 불교가 교학을 수천 년 동안 발전시켜 오면서 다양한 종지와 해석이 가미된 거대한 변증법적 체계를 이룬 점을 감안하면, 당시 그가 대상으로 삼는 '불교'는 현실적으로 전체 교학일 수 없었다. 그렇다면 정도전이 비판의 대상으

---

467 「闢異端之辨」, 『佛氏雜辨』, 『三峯集』 권9(『韓國文集叢刊』 5, p.459d), "若佛氏則其言高妙 出入性命道德之中 其惑人之甚 又非楊墨之比也 朱氏曰 佛氏之言彌近理而大亂眞者 此之謂也 以予惛庸 不知力之不足 而以闢異端爲己任者 …… 懼世之人惑於其說 而淪胥以陷 人之道至於滅矣."

로 삼은 '불교'는 무엇이었을까?

그는 교종敎宗이 비록 인륜을 부정하기는 했지만, 권선징악으로서 악을 근절하고자 하는 효과를 거두었다고 평가했다.[468] 하지만 가장 고귀한 수행자의 모습을 추구하는 선종禪宗은 오히려 깨달음이라는 미명하에 도덕과 윤리를 무시하며 일상적인 삶의 도리마저 저버리게 했다고 비판[469]하면서, 불교의 정신적 기능으로서 사회·국가적 역할을 부정했다.

그리고 그가 비판으로 삼는 또 하나의 대상은 당시 고려 백성들 사이에 널리 퍼져 있던 신앙 형태로서의 불교였다. 고려의 불교 신앙은 백성들은 윤회를 믿고 복을 빌고, 나라에서는 사찰을 중수하고 대장경을 판각해 외적으로부터 국가를 지키는 등 진호국가적인 불교가 혼합된 신앙 형태였다. 이에 정도전은 젊은 시절이던 고려 말부터 기회가 있을 때마다 상소를 통해 불교의 폐해가 나라에 끼치는 영향을 지적하며 배불을 주장했다.

> 불교와 귀신의 폐해는 옛적부터 분별하기 어렵습니다. 그 무리들은 말하기를 "이는 좋은 일이요, 선한 일이다. 우리에게 귀의하면 나라는 부유하게 될 것이고, 백성은 장수하게 될 것이다"라고 하니,

---

468 「佛氏禪敎之辨」, 『佛氏雜辨』, 『三峯集』 권9(『韓國文集叢刊』 5, p.455a), "雖以虛無爲宗 廢棄人事 尙有爲善得福 爲惡得禍之說 使人有所懲勸持身戒律 不至於放肆."

469 앞의 책(『韓國文集叢刊』 5, p.455a), "或曰及淫怒癡, 皆是梵行 戒律持身之道失矣. 自以爲不落窩臼 解縛去械 傲然出於禮法之外 放肆自恣 汲汲如狂 無復人理 所謂義理者 至此都喪也."

> 인군人君된 자는 이 말을 듣고 즐거워하며 그 재력을 다하여 부처나 신神에게 아첨하고 섬기게 됩니다. …… 현릉(玄陵: 공민왕)이 불교를 숭상하여 친히 승려에게 제자의 예를 지켰으며, 궁중에서의 백고좌와 연복사에서의 문수회가 해마다 없는 때가 없고, 운암사의 금빛 단청은 산골짜기에 빛나고, 영전影殿의 동우棟宇는 하늘에 높이 솟았습니다. 재물이 다하고 힘이 다하고, 원망과 비방이 함께 일어나도 모두 구휼하지 않았으니 부처를 섬김이 너무 지극하다 하겠습니다. 그런데도 마침내 복을 얻지 못했으니, 어찌 밝은 귀감이 되지 않겠습니까? 주周 말기에 신神이 유신有莘 땅에게 내리니 태사太師 과過가 말하기를 "국가가 장차 흥하려 할 때는 사람에게 듣고, 국가가 장차 망하려 할 때에는 신神에게 듣는다"라고 했는데, 주가 과연 망했습니다. 이로 말미암아 말한다면, 불佛을 섬기고 신神을 섬기는 것은 이익은 없고 해만 있는 것을 알 수 있습니다.[470]

이처럼 그는 이미 고려 말의 젊은 시절부터 불교를 섬겨도 복을 얻지 못함을 주나라 역사를 통해 주장하며, 불교의 폐해와 진호국가설의 그릇됨을 상소하여 배불의 강력한 의지를 나타냈었다. 이러한 의지가 조선 초기의 『불씨잡변』으로 이어진 것이다. 그는 중국 역대

---

470 『高麗史節要』 권35, "然佛神之害 自古難辨也 爲其徒者 曰此好事也 善事也 歸我者 國可富也 民可壽也 爲人君者 聞是說而樂之 殫其財力 諂事佛神 …… 玄陵崇尙佛教 親執弟子之禮於髡禿之人 宮中之百高座 演福之文殊會 無歲無之 雲菴之金碧 輝映山谷 影殿之棟宇 聳于霄漢 財殫力竭 怨讟竝興 而皆不恤 事佛可謂至矣 卒不獲福 豈非明鑑乎 周末 神降于有莘 太史過曰 國家將興 聽於人 國家將亡 聽於神 周果以亡 由是言之 事佛事神 無利而有害."

왕조의 역사적 사실을 예로 들어 배불의 이유를 언급하고 진호국가설을 부정한다.

> 초왕 영英이 비록 불교를 좋아했지만 몸을 정결히 하고 재계를 했으며 불법을 수양하고 제를 지낸 것에 불과했을 따름이었습니다. 그러나 초왕 영은 죄를 지어 사형을 받았는데, 그가 복을 받았다는 소리는 듣지 못했나이다.[471]

> 위진魏晉 이후 불교를 섬긴 군왕 가운데 양무제梁武制만큼 독실하게 한 사람은 없었나이다. …… 신선이 되길 바랐다면 한나라 무제가 신선이 되었을 것이고, 부처가 되길 바랐다면 양나라 무제가 부처가 되었을 것입니다. …… 한나라 무제는 신선이 되려다가 결국 모든 것을 소비하는 재앙을 당했으며, 양무제는 불교에 아첨이나 하다가 마침내 국가가 멸망하는 재앙을 당했습니다.[472]

> 중국의 황제黃帝로부터 우禹·탕湯·문文·무왕武王에 이르기까지 모두가 장수를 누렸고, 백성들도 평안하고 태평하게 지냈습니다. 그때에는 불교가 없었습니다. 한漢나라 명제 때에 처음 불법이 들어왔습니다. 그 후부터 전란과 멸망이 거듭되고 국가의 명운이

---

471 「佛法入中國」, 『佛氏雜辨』, 『三峯集』 권9(『韓國文集叢刊』 5, p.457a), "楚王英雖好之 然不過潔齋修祀而已 英尋以罪誅 不聞福利之報."

472 「事佛得禍」, 『佛氏雜辨』, 『三峯集』 권9(『韓國文集叢刊』 5, p.457b), "魏晉以後人主之事佛 未有如梁武之盛者也 …… 使仙而可求則漢武得之矣 使佛而可求則梁武得之矣 …… 漢武貪仙而終致虛耗之禍 梁武佞佛而卒召危亡之厄."

길지 못했습니다. …… 그 이후에도 부처를 섬길수록 국가의 운명은 더욱 단축되었습니다.[473]

위의 인용문들에서 보듯이 정도전은 '불교를 잘 믿었던 왕이 오히려 사형을 당했다', '부처에게 아첨하다가 국가가 멸망하는 재앙을 당했다', '부처를 섬길수록 국가의 운명은 단축되었다'라고 주장하며 '진호국가설'을 정면으로 비판했다.

이에 대하여 권근은 「불씨잡변후서」에서 정도전을 중국 전국시대에 양주楊朱와 묵적墨翟을 배척하여 유교의 정통을 확립한 맹자에 비유하면서 "선생(정도전) 또한 맹자를 계승하신 분이다. 장재張載가 말한 '독립하여 두려워하지 않고, 정일精一하여 스스로 믿어 남보다 훨씬 뛰어난 재주가 있는 자'에 해당할 만하다"라고 평하면서, "스스로 공경하고 탄복하여 선생의 학문을 배우고자 한다"[474]라고 하며 정도전의 이단 배척 의지를 찬탄했다.

또한 권근은 정도전의 개혁적 운동에 대해 "그가 불교를 비판하고 배척함으로써 죽음도 편안히 여겼던 것은 사람들의 미혹됨을 걷어주려 한 것이니, 그 보여주는 뜻이 매우 절실하다. 맹자는 우禹·주공周公·공자孔子를 계승했고, 그는 또한 맹자를 계승했다"[475]라고 평가했다.

---

473 「事佛甚謹年代尤促」, 『佛氏雜辨』, 『三峯集』 권9(『韓國文集叢刊』 5, p.459b), "自黃帝至禹湯文武 皆享壽考 百姓安樂 當是時 未有佛也 漢明帝時始有佛法 其後亂亡相繼 運祚不長 …… 事佛漸謹 年代尤促."

474 「佛氏雜辯序」, 『佛氏雜辨』, 『三峯集』 권9(『韓國文集叢刊』 5, p.462b), "先生亦繼孟子者也 張子所謂獨立不懼 精一自信 有大過人之才者 眞先生之謂矣 予實敬服而欲學焉."

이는 정도전의 벽불론闢佛論이 지닌 중요성을 강조하고, 한유韓愈를 비롯한 중국 유학자도 이루지 못한 배불에 대해 정도전이 이룬 학문적 실천의 가치를 높게 평가했기 때문이다. 나아가 공자에서 맹자로 이어지는 유학의 근본이념과 정통성을 중국 유학자보다 오히려 조선 유학자가 그 계보를 이어받고 있다는 자부심과 의지가 표출된 것으로 생각할 수 있다.

지금까지 살펴본 정도전의 '이단론'과 '진호국가설 부정'은 그가 배불을 통해 밝히고자 한 궁극적인 내용으로서, 이는 새 왕조 개창에 따른 전前 시대 이념의 척결이 되었다. 여기에서 우리가 주목해야 하는 것은 그의 극도의 비판이 어떠한 역사적 배경에서 나오게 되었고, 당시 사회나 후세에 어떤 영향을 끼쳤느냐 하는 점이다. 그것은 그 시대의 불교가 어떠한 모순을 가지고 있었으며, 유학자들에게 어떻게 받아들여졌는가를 이해하는 것이기도 하다. 결국 정도전의 불교 비판이 중시되는 것은 그것이 개인의 학문적 견해나 불교에 대한 혐오감의 차원을 넘는 성격을 가지고 있기 때문이다.

정도전은 조선왕조 개국의 일등공신일 뿐만 아니라, 새 왕조의 통치이념과 행정체계를 정립하고 국가 운영의 기초를 닦은 정치가였다. 성리학을 관학으로 삼고, 유학을 건립하면서 점차 불교가 사상 및 신앙의 분야에서 유교에 밀려나게 된 것은 정도전의 힘이었다. 그가 온건적 개혁파였다면 태조 이성계의 개인적 신앙과 서로 맞물려, 조선은 그토록 신속하고 철저한 배불양유排佛揚儒 정책을 시행하지

475 앞의 책(『韓國文集叢刊』 5, p.462b), "先生自以闢佛 爲死而安 是欲使人祛其惑也 示人之意亦深切矣 孟子謂承三聖之統 先生亦繼孟子者也."

못했을 것이다. 전 왕조의 지배 이념인 불교의 타파라는 점에서 보면, 건국 초기 가장 큰 공을 세운 이가 정도전이라 할 수 있다.[476] 즉 그의 불교 비판은 조선왕조의 유교적 통치 이데올로기를 정립하는 데 많은 기여를 했다고 할 수 있다. 그리고 불교 중심의 사회에서 유교 중심의 사회로 전환되는 과도기에 이정표가 되었다고도 할 수 있어, '벽이단'으로 일관되는 그의 불교 비판론은 중요한 역사적 의미를 가진다.

정도전의 『불씨잡변』에 나타난 배불 사상의 주요 내용을 정리하면 ①종교적 측면이 6개 항목(윤회, 인과, 지옥, 화복, 사불득화, 사천도이담불과), ②심성론적 측면이 2개 항목(심성, 작용지성), ③사상적 측면이 4개 항목(심적, 매어도기, 진가, 유석동이), ④윤리적 측면이 8개 항목(훼기인륜, 자비, 지옥, 화복, 걸식, 선교, 유석동이, 벽이단), ⑤국가적 측면이 6개 항목(걸식, 불씨입중국, 사불득화, 사천도이담불과, 사불심근년대우촉, 벽이단)이다.

그리고 정도전의 불교 비판 주장 중 주희의 학설에 근거하여 주장한 것은 12개 항목이며, 주희의 학설을 그대로 인용하거나 일치하는 것은 7개 항목이다. 정도전의 배불론은 그의 전체적 불교 비판의 과정을 살펴볼 때, 표면적으로는 주희의 사상을 바탕에 두었음을 알 수 있다. 그러함에도 불구하고 앞 장에서 밝힌 대로 정도전의 학설이 주희 학설의 재인용에 불과하다는 입장인지, 아니면 정도전의 학설이 주희의 학설을 비롯하여 그동안의 불교 비판을 체계화한 독창적 입장인지에 대해서는 「Ⅴ. 여말선초 유·불 철학 논쟁의 특징과

---

476 高橋亨, 이형성 편역, 앞의 책, p.51.

의의」에서 자세히 살펴보고자 한다.

2) 권근의 배불·친불의 이중적 성향

조선 건국에 중심적인 역할을 했으며 개국 후 각종 제도정비에 힘쓴 권근(權近, 1352~1409)은 성리학의 핵심개념을 활용하여 불교를 사상적으로 비판하면서도 친불교적 행적을 동시에 가지고 있는 대표적 인물이다.

먼저 그의 불교 비판은 이미 고려 말에 간간히 찾아볼 수 있는데, 그의 나이 34세(우왕 11년 1385년) 때 「송영암상인유방시서送嬴菴上人游方詩序」에서 불교가 윤리 도덕을 저버리고 사물事物과 절연絶緣한다는 유학의 일반적인 불교 비판을 그대로 주장한다. 그가 유방遊方으로 가는 영암상인嬴菴上人을 전송하면서 지은 시를 살펴보자.

> 우리 유자儒者의 도는 평범한 일상생활에 있어서도 사물마다 각기 법칙이 있어, 친함에 따라 사랑이 생기고 엄함에 따라 공경이 생기는 것이, 마치 구矩에 따라 모(方)가 나고 규規에 따라 원圓이 생기는 것과 같다. …… 노老·불佛의 말이 그 사이에 일기 시작했는데, 불교의 말이 더욱 크게 번성하여 천년을 내려오며 천하를 휩쓸어, 배우는 자가 더욱 많고 받드는 자가 더욱 독실했으니 그 도가 크게 퍼졌다 할 수 있는데, 천하가 잘 다스려지지 않음은 무슨 일인가. 윤리倫理를 끊는 것을 고매高邁하게 여기고 사물事物을 떠나서 도를 구하니, 이는 마치 구矩를 버리고 방정하기를 바라며, 규規를 버리고 둥글어지게 하려는 것과 같으니 될 수 있겠는가.[477]

위와 같이 권근은 천하가 잘 다스려지지 않는 것은 불교가 천년 동안 번성하면서 윤리를 끊고 잘못된 도를 구하는 데에 있다고 보았다. 그러한 비판을 통해 당시의 성리학자들처럼 불교를 이단으로 보았으며, 이러한 이단에 빠질 위험성을 차단하는 것을 그 역시도 큰 사명으로 삼았다. 다음은 그가 명나라 대선大選을 전송하며 적은 시이다.

불씨는 윤리를 도외시하고
우리 유儒는 이단을 배척하거늘
가는 길이 호월(호胡는 북쪽 지방, 월越은 남쪽 지방)인 양
달라 있으니(거리가 멀다는 뜻)
서로가 용납되기 어렵고말고.
다만 진세塵世의 누가 적기에
때로는 내왕이 잦기도 하네.
도연명陶淵明은 혜원과 벗이 되었고
문창은 한퇴지와 알고 지냈네.
피차가 형해 밖에 소요하면서

477 「送嬴菴上人游方詩序」, 『陽村先生文集』 권16(『韓國文集叢刊』 7, p.169b), "嗟夫 道原於天理而著於人倫 堯舜以之而爲君 伊周以之而爲臣 孔孟得之而在下 曾閔得之而事親 隨所遇而各盡其職 此聖賢之所以盡人倫而全天理也 至於禮樂刑政 冠婚喪祭之大 夫婦居室耕農蠶織之細 道無往而不在 亦無微之可畧也 故吾儒之道 卽乎日用事物之常 而物各有則 因親以有愛 因嚴以有敬 操矩也而方生焉 運規也而圓形焉 行之非甚異而驗之爲甚實 施之爲甚理而傳之爲無弊 得之於殷周之上而天下理 失之於秦漢之下而天下亂 老佛之說作於其間 而佛者尤大熾 歷千載 遍六合 學之者益衆 奉之者彌謹 其道可謂大行矣 而天下無善理 何也 絶倫理以爲高 離事物而求道 是猶廢矩而求其方 撤規而欲其圓也 終可得哉."

시와 술로 한가한 세월 보냈지.[478]

도연명은 진晉의 명사 도잠陶潛의 자字이며, 퇴지退之는 당唐 한유韓愈의 자字이다. 이들은 모두 유가의 인물이었지만 불가인 혜원惠遠, 문창文暢 스님과 각각 교유交遊했다는 말로서, 형체(유교와 불교의 틀)를 떠나 마음과 마음으로 서로 사귀는 것을 나타낸다. 하지만 불교는 윤리를 저버리는 것으로서, 유가의 가르침과 거리가 먼 이단으로 배척받아야 할 것으로 표현했다.

그리고 조선 개국 후 권근은 『심기리편』(1394년, 태조 3년)의 서序에서 정도전의 이단 척결에 정당성을 부여했다.

저 노자나 석씨가 '마음을 밝힌다'는 말과 '기운을 기른다'는 말을 훔쳐다가 우매한 세속을 속이고 꾀기 때문에, 사람들은 대개 듣기 좋아하며 믿고 따라간다. 그리하여 가끔 도를 아는 사람들이 극력 말하여 물리치기는 하지만, 다만 우리 도와 맞지 않는 것만 말할 뿐이기 때문에, 듣는 사람들은 오히려 그 어느 것이 옳고 그른지를 알지 못한다. 그런데 오직 선생이 먼저 두 교리敎理를 밝힌 다음, 정당한 우리 도로 들어오기 때문에 듣는 사람들이 누구나 환하여 어둠 속에서 헤어난 것 같았고, 이단의 무리도 또한 따르며 변화되는 자가 있었다. …… 급기야 이치를 들어 형용한 뒤에는 우리 도와

478 「送明大選」, 『陽村先生文集』 권3(『韓國文集叢刊』 7, p.38c), "佛氏外倫理 吾儒排異端 趨向旣胡越 由來相入難 但以寡塵累 時焉相往還 淵明友惠遠 文暢能識韓 逍遙形骸外 詩酒成長閑."

이단의 편벽함과 바름이 변론을 기다리지 않고 저절로 밝아졌으니, 그들이 비록 말하고 싶더라도 장차 어찌할 것인가.[479]

앞서 살펴본 정도전의 배불 전개 방식은 유·불 간의 차이점을 역설하여 일방적인 유교의 우위를 강조한 데 비해, 권근의 전개 방식은 유·불의 사상적 특징을 제시하고 그 공통점을 인정하면서도 배불론의 근거를 정도전과 마찬가지로 불교의 멸인륜성에 두고 있다. '마음을 밝힌다'(불교)와 '기운을 기른다'(도교)라는 표현은 우매한 사람들을 속이기 때문에 이단으로 비판해야 하며, 이는 출세간 위주의 불교와 초월적 삶을 지향하는 도교가 유교적 가치관의 인륜을 없애버릴 수 있다는 현실적 우려에서 비롯한다.

주지하다시피 권근은 불교 국가인 고려왕조와 유교 국가인 조선왕조에서 각각 10년 이상 관직을 맡았고, 특히 역성혁명의 소용돌이 중심부에 있었다. 처음부터 정도전처럼 혁명에 동참하지 않았고, 수난을 당하면서 어쩔 수 없는 다소 이중적인 삶을 살았던 그로서는 명분(의리=충절)의 갈림길에서 스스로 확실한 이념적 선택이 필요했을 것이다. 따라서 성리학적 도통론에 입각해서 볼 때 '우리 도와 맞지 않는 것'(불교)이기에 척결의 대상으로서 배불론을 확립했다고 볼 수 있다.

---

479 「心氣理三篇序」, 『陽村先生文集』 권16(『韓國文集叢刊』 7, p.174b), "彼老釋 竊明心養氣之說誑誘愚俗 故人多樂聞而信從之 往往知道者雖力言以闢之 但斥其不合於吾道者而已 故聞者猶未知其孰爲得失也 唯先生 先明二氏之旨 而後折以吾道之正 故聞者莫不昭然若發矇 異端之徒亦有從而化之者矣 …… 及以理形之然後吾道異端之偏正 不待辨說而自明 彼雖欲有言 其將何以哉."

권근은 이단의 방해로 도가 밝아지지 못함을 한탄한다.

> 도가 밝아지지 못함은 이단이 방해해서다. 우리 유자儒者들이 그래도 선철先哲들의 교훈에 힘입어 이단의 폐해를 알지만, 더러 그 도를 굳게 지키지 못하는 사람이 있음은 또한 공리功利의 사심에 동요되기 때문이다. …… 또한 그 선악보응善惡報應의 공효도 섞이고 어긋나서 일정하지 않은 일이 많기 때문에 선한 사람은 게을러지고 악한 자는 방사放肆해져 온 세상 사람들이 무지하게 이해 속에서만 헤매고 의리가 무엇인 줄 알지 못하는데, 석씨釋氏의 무리가 또한 그들의 인연因緣이란 말을 써먹게 되어 사람들이 더욱 현혹하게 되었다.[480]

선악보응과 인연은 불교의 주요 사상이다. 권근은 바른 도가 펼쳐지지 못하는 것은 바로 이러한 불교 사상이 있기 때문이며, 그래서 자신이 이단의 편벽됨을 훈석하게 되었다고 했다. 또 그는 불교가 세상을 미혹시키는 것을 걱정하며 다음과 같이 불교 교리를 비판한다.

> 내가 일찍이 불씨의 설說이 너무도 세상을 미혹시키는 것을 근심하여 말해주기를 "하늘이 하늘 된 것과 사람이 사람 된 것에 있어서는

---

480 「心氣理三篇後附集序」, 『陽村先生文集』 권16(『韓國文集叢刊』 7, p.175b), "道之不明 異端害之也 吾儒尙賴先哲之訓 以知異端之蔽 而往往有不能固守其道者 亦怵於功利之私而已 …… 且其善惡報應之效 亦多參差不齊 故善者以怠 惡者以肆 而擧世之人 貿貿然淪胥於利害之中 而不知義理爲何物 釋氏之徒又得售其因緣之說 而人愈惑焉."

유儒·불佛의 설說이 같지 않다. 역상(曆象: 천체 운행의 측정)이 있은 이래로 추위와 더위가 오고 가는 것과 해와 달이 둥글었다 이지러졌다 함이 모두 그 도수度數가 있어서, 천만세千萬世토록 사용하여도 틀림이 없는 것은 하늘의 하늘 됨이 정해진 것이니, 불씨의 수미須彌의 설이 틀린 것이다. …… 불씨의 사대四大[481]에 관한 설은 망령된 것이다. 그리고 그 시초를 따져 보아도 사람이 어떻게 해서 생겼다 하는 것을 알 수 없다면, 그 종말을 되찾아본들 사람이 어떻게 해서 죽는다 하는 것을 알 수 있겠는가. 그렇다면 윤회輪廻의 설도 또한 믿을 수 없는 것이다."[482]

위의 글은 배불에 있어 유교의 자연과학적 지식과 음양오행설에 근거하여 불교의 세계관과 사대설은 허망하다고 비판하면서 구체적인 논리와 설득력을 나타내는데, 이러한 주장 역시 불교가 이단이라는 것을 나타내기 위함이다.

권근은 『불씨잡변』에 서序와 주註를 달아 정도전의 주장을 정당화하

---

481 4대종四大種: 범어는 catvāri mahā－bhūtāni. 색법色法, 곧 물질계를 구성하는 지地·수水·화火·풍風의 4가지 원소를 말한다. 불교에서는 모든 색(물질)이 4대종으로 구성된다고 본다. 이러한 사상은 불교 경전에서도 언급되고 있을 뿐만 아니라 인류 사상사 전반에 걸쳐서 널리 발견되는 사상이다. 『불교대사전』, 홍법원, 1998.

482 「佛氏雜辨說序」, 『陽村集』 권17(『韓國文集叢刊』 7, p.181c), "予嘗患佛氏之說惑世之甚 爲之言曰 天之所以爲天 人之所以爲人 儒與佛之說不同矣 自有曆象之後 寒暑之往來 日月之盈虧 皆有其數 用之千萬世而不差 則天之所以爲天者定 而佛氏須彌之說誣矣 …… 而佛氏四大之說妄矣 原其始 不知人之所以生 則反其終 安知人之所以死哉 則輪廻之說亦不足信."

려는 자세를 취함으로써 두 사람은 마치 실과 바늘처럼 이단 배척을 하게 된다. 권근은 말년에 『동국사략론東國史略論』을 지어 불교의 가르침이 백성을 미혹하게 만든다고 한 번 더 강조한다.

> 불교는 인연因緣에 따라 죄와 복을 받는다는 설로써 어리석은 백성을 유혹하여 불법을 믿게 되면 응보應報가 틀림없으며, 살아서는 복을 더 보태고 죽어서도 유익함이 있다고 하는데, 이것이 오랫동안 세상을 미혹하게 하는 원인이다. 백제왕 선이 그의 아버지 계(季: 제28대 혜왕惠王)가 일찍 죽자 진실로 불교를 숭신하면 오래 살 수 있다고 하면서 즉위 초년에 영을 내려 백성들에게 매를 기르지 못하게 하고, 또 민가의 그물과 어렵漁獵 기구를 거두어 불사르고, 병이 들었을 때는 친히 절에 가서 불법의 강연을 듣고, 또한 국가에서 많은 사람들을 승려로 만들었는데, 이로써 수명을 더 얻고 복을 향수하려고 했던 것이다. 그러나 끝내 아무 효력이 없었고 재위 겨우 1년 만에 죽었으니, 소위 그 보응이란 정말 어디에 있는가.[483]

권근은 불교가 죄와 복으로써 백성을 미혹하게 한다며, 결국 불교는 이단이라는 것을 강력히 주장한다. 여기에 한 걸음 더 나아가 역사적

483 「東國史略論」, 『陽村集』 권34(『韓國文集叢刊』 7, p.302a), 二十一年 庚申, "百濟王宣薨, 佛氏以因緣罪福之說 誑誘愚民 以爲崇信其法 則報應不差 生增福壽 死亦蒙益 此其所以久惑乎世者也 百濟王宣見其父季明早死 謂苟崇信佛 可以得壽也 卽位之初 下令禁民畜養鷹鷂 又收民家綱罟漁獵之具而焚之 及其遘疾 親詣佛寺 聽講其法 又多度人爲僧 蓋欲以是得壽享福也 然卒罔效 在位僅一年而死 其所謂報應者果安在歟."

전개를 언급하며 진호국가설을 부정하는데, 이는 정도전의 배불론을 더욱 심화한 것으로 보인다. 또한 불교의 여러 의식이 사람들을 미혹하게 한다고 하는데, 다음은 불교식 장례가 예禮를 무너뜨린다고 비판하는 내용이다.

> 장사 지낸다(葬)는 것은 감추는(藏) 것이다. 신하나 아들이 임금이나 아버지가 죽으면 반드시 예로써 장사지내는 것은 차마 그냥 보지 못하는 마음 때문이다. 그리하여 옷과 이불로써 시체를 염습하고, 관과 곽槨으로써 더 두텁게 하는 등 신체에 붙는 것은 모든 것을 정성껏 하여 흙이 직접 살에 닿지 않게 하여 빨리 썩지 않기를 바란다. 화장의 법은 불교에서 나왔는데, 그 설에 의하면 짐승을 불에 굽는 것도 오히려 죄가 된다고 여겨 그 응보가 참혹하다고 극언하면서, 사람이 죽으면 반드시 불에 태우려고 하여 그 부모(至親) 보기를 짐승보다 더 못하게 보니, 정상을 벗어나고 도리에 어긋남이 심한 것이다. [484]

불교의 화장 풍속은 원래 인도의 전통 장례로서 그 나라의 토양과 기후 등 자연조건과 역사의 다양한 모습이 어울러져 나타난 형태지만, 권근은 이를 예의에 어긋난다고 비판하고 있다. 유자들의 가장 큰

---

484 앞의 책(『韓國文集叢刊』 7, p.303c), 二十年 辛巳 王薨, "葬者藏也 臣子之於君父歿則必以禮葬之者 由其不忍之心也 斂之以衣衿 厚之以棺槨 凡付於身者必誠必信 無使土親膚焉 欲其不速朽也 火葬之法 出於佛氏 其說以焚炙禽獸 猶以爲罪 極言其報應之慘 至於人死 則必欲焚之 其視至親 不若禽獸 其逆理悖常甚矣."

배불론 근거는 멸인륜성으로서, 부모의 시신을 짐승처럼 다루며 예의를 모른다는 것이다. 하지만 권근은 이러한 이단 배척적인 불교관을 가지면서도 동시에 친불교적 성향도 있어 불교에 대한 이중적 관점이 나타난다.

> 깨달으신 부처님은 매우 깊은 서원誓願이 있는 자에게 오직 자비로써 나라를 보호해 주시는데, 이 어리석은 사람은 다스림이 공효가 없는데다가 액운의 해까지 당했음이오. 이에 귀의歸依할 생각이 간절하오니, 만족한 이익을 주시기 바랍니다. …… 엎드려 바라건대, 자비의 힘이 미치는 곳에 바다는 자연 바람이 자고 파도가 가라앉을 것이요, 군사의 위엄이 향하는 곳에 적군은 연기처럼 사라지고 재처럼 날려버릴 것이니, 재앙의 싹을 모조리 제거하고 수명을 더욱 늘려 주소서.[485]

이 글은 인왕법석仁王法席의 소疏에 나타난 글로, 전쟁 중 군선軍船이 바다로 나가는데 파도가 고요해지기를 기원하는 내용이다. 이 외에도 오랜 전통 속의 일반 백성들처럼 국운을 위한 기원을 담은 내용이 많은데, 이런 점에서 권근 또한 전통적인 진호국가적 불교관을 가지고 있음을 볼 수 있다.

---

485 「太一年訂不利 軍船下海 波上安靜願仁王法席疏」, 『陽村集』 권27(『韓國文集叢刊』 7, p.255a), "大覺帝有願甚深 惟以慈而護國 幼冲人爲理罔效 矧當厄於行年 玆切故依 冀蒙饒益 …… 伏願惠力所加 海自風恬浪靜 軍威攸指 賊如烟滅灰飛 災萌頓除 壽筭彌衍."

거룩하도다. 모든 부처께서 나라를 보호하고 세상을 도우사 널리 상교(象敎: 불교와 같은 말. 곧 형상을 만들어 교화한다는 뜻)의 공을 베푸니, 생각건대 이 덕이 적은 몸이 나라의 도읍을 정하여 왕궁을 경영함에 반드시 국운이 영원하기를 빌어야 하겠습니다. …… 엎드려 바라건대, 하늘의 재앙이 모두 풀리고 나라의 운수가 길이 평안하며, 장수하고 건강하기는 기주箕疇의 오복五福[486]을 갖추고, 평안하고 즐겁기는 주고周誥[487]의 억만년億萬年을 누리며, 병란이 영원히 없어지고 종사宗社가 더욱 튼튼하게 하소서.[488]

모든 부처님은 한 마음 진리 그대로이신지라 능히 임금의 덕을 높여 주시는데, 만기萬機를 소홀히 할 수 없는 덕이 적은 이 사람은 더욱 하늘의 재앙을 두려워하는 바입니다. …… 엎드려 바라건대, 요사한 것을 상서로 바꾸어 화기가 온 세상에 가득하게 하며, 장수하고 강녕한 큰 복이 왕궁에 어리어 전쟁이 아주 없어지고 국가의 복이 더욱 번창 하게 하소서.[489]

---

486 오복五福은 수壽・부富・강녕康寧・유호덕攸好德・고종명考終命을 가리킨다. 기자箕子, 「홍범구주洪範九疇」 참조.

487 주서周書 중의 대고大誥・강고康誥・주고酒誥・소고召誥・낙고洛誥를 가리키는데, 이는 모두 주 성왕周成王의 선치善治를 유도한 것이다.

488 「金光經法席疏」, 『陽村集』 권27(『韓國文集叢刊』 7, p.256d), "韙諸佛護國而佑世 普能施象教之功 惟寡躬定都以營宮 必用祈鴻休之永 …… 伏願天災悉釋 國步永康 曰壽曰康 享箕疇之九五福 將安將樂 膺周誥之億萬年 兵革載韜 宗社益固."

489 「一心眞如法席疏」, 『陽村集』 권27(『韓國文集叢刊』 7, p.260a), "諸佛一心之眞如 寔能添崇於后德 寡人萬機之難曠 尤可恐懼於天災 …… 伏願轉妖作瑞 和氣浹於堪輿 俾壽且康 景福凝於宮壼 兵塵永絶國祚彌昌."

불자(浮圖)들도 부처를 칭송하되 또한 옥호금색玉毫金色이라 하는데, 비록 그 도를 알지는 못하나 또한 마음으로써 근본을 삼아 청정淸淨한 보주寶珠에 비하는 것이니, 요컨대 또한 마음에 벗어나지 않는 것을 말하는 것이다. 아, 천天・지地・인人이 삼재三才인데, 삼재의 도가 마음에 갖추어 있고, 불佛・법法・승僧이 삼보三寶인데, 삼보의 묘리妙理가 마음에 근본을 두었으니 마음의 덕이 그 훌륭하지 아니한가.[490]

불씨佛氏의 도는 자비와 희사喜捨를 덕으로 삼고, 인과응보가 틀리지 않는 것을 징험으로 삼는다. 그 말이 몹시 광범위하고 크므로 번역되어 중국에 전하여지고 따라서 사해四海에 파급되어 천 년을 지나오는 동안 오래될수록 더욱 성하여, 위로는 왕공대신王公大臣으로부터 아래로는 우매한 남녀에 이르기까지 복리福利를 바라 존숭하고 믿지 않는 사람이 없으며, 사원寺院과 탑묘塔廟가 우뚝하니 서로 바라보며 온 천하에 가득하다. …… 성군이 만년토록 종석을 받들며 큰 국운 천억 대 연장시켜 모든 창생 혜택 입게 하리이다. 신에게 노래 지어 돌에 새기라 하시나 신의 노래 졸렬해서 읽을 수 없나이다. 다만 이 탑이 무너지지 않아 나라와 더불어 한없이 튼튼하기 바랍니다.[491]

---

490 「寶巖記」, 『陽村集』 권11(『韓國文集叢刊』 7, p.122a), "浮啚稱佛 亦謂之玉毫金色 雖其道不可得而知 然亦以心爲本 比之淸淨寶珠 要之亦不外乎心也 嗚呼 天地人三才 而三才之道具於心 佛法僧三寶 而三寶之妙本乎心."

491 「演福寺塔重創記」, 『陽村集』 권12(『韓國文集叢刊』 7, p.133c), "佛氏之道以慈悲喜捨爲德 以報應不差爲驗 其言極闊大 譯傳中國 覃及四海 綿歷千 愈久而愈熾

> 삼가 생각하건대, 우리 주상 전하께서 신무神武한 자질과 인효仁孝한 덕으로 천명天命을 받아 국가를 창건하시매 공이 조종祖宗에게 빛나고 은택이 만물에 덮였는데도, 조상 받들려는 생각이 낮이나 밤이나 더욱 정성스러워 하늘에 배향配享하는 제사를 이미 극진하게 하고도 부처에 귀의하려는 마음이 또한 간절하여, 하늘에 계신 우리 조상들의 영혼으로 하여금 친히 부처의 복(佛記)을 받아 묘한 인과를 증험하시도록 하고, 제사 못 받는 귀신들에게도 모두 복리와 혜택을 보게 했으니, 성효誠孝에 감동되는 바 지극하고도 극진하다. 이 마음을 미루어 만물에 미치기를 친親한 데서부터 소원한 데로, 그윽한 데서부터 밝은 데로 하여 가되, 이제부터 한없이 하여 간다면 그 공덕의 큼과 혜택의 원대함을 어찌 헤아릴 수 있으랴.[492]

위에 열거한 인용문들을 불교적 관점에서 정리해 보면 ① 하늘의 재앙이 모두 풀리고, ② 나라의 운수가 길이 평안하며, ③ 장수하고 건강하며, ④ 평안하고 즐거우며, ⑤ 병란이 영원히 없어지고, ⑥ 종사宗社가 더욱 튼튼하며, ⑦ 요사한 것을 상서로 바꾸어 화기가 온 세상에

上自王公大臣 下逮夫婦之愚 希冀福利 靡不崇信 寺院塔廟之設 巍業相望 弥天之下 …… 聖君萬年奉宗祏 景祚綿延世千億 普令群生霑利澤 命臣作詞刻諸石 臣詞蕪拙不可讀 但願此塔無顚覆 與國鞏固垂罔極."

492 「津寬寺水陸社造成記」, 『陽村集』 권12(『韓國文集叢刊』 7, p.139c), "恭惟我主上殿下以神武之資 仁孝之德 誕受天命 肇建國祚 功光祖宗 澤被群物 而奉先之思夙夜益虔 配天之祀既極 而歸佛之心亦切 使我祖宗在天之靈 親受佛記 獲證妙果 以建無祀之鬼咸蒙利澤 誠孝所感 至矣盡矣 推是心以及物 由親而疎 由幽而明 自今日至無窮 其功德之大 利澤之遠 豈易量哉."

가득하고, ⑧ 큰 복이 왕궁에 어리어 국가의 복이 더욱 번창하며, ⑨ 조상들의 영혼으로 하여금 친히 부처의 복을 받아 묘한 인과를 증험하도록 하고, ⑩ 제사 못 받는 귀신들에게도 모두 복리와 혜택을 보게 함을 주로 담고 있다.

이러한 행적을 살펴볼 때, 비록 표면적으로는 배불 사상을 주장했다 할지라도 권근 또한 오랫동안 내려오던 현세 이익적 측면의 신앙과 진호국가적 기원의 불교관을 견지하고 있음을 알 수 있다.

3) 조선 초 여러 배불 사상과 후대에 끼친 영향

조선 초 배불의 근저에는 한유의 배불 사상이 자리잡고 있다. 이는 고려 말에 성리학이 도입된 이후, 주희를 비롯한 중국 배불론자들의 사상을 여말선초의 성리학자들이 자연스럽게 익히면서 시작된다.

조선 초 유학자들의 한유에 대한 학습과 관련된 내용을 보자. 먼저 집현전 대제학 이맹균李孟畇 등은 과거시험에 경술을 권면하면서 '유생들이 시법詩法을 알지 못하니 시학詩學을 진흥시키기 위해서는 한유의 시를 공부할 것'을 임금에게 상소했다.(1435년, 세종 17년) 그리고 세종은 한유의 글이 모두 문장이 깊고 글자가 기이하여 많은 사람이 주해를 한 적이 있으므로 그 가운데서 세상에 널리 읽혀지는 책에 주석을 붙여 간행하도록 했다.[493]

이와 같이 세종이 한유의 학문에 관심을 갖게 된 데에는 주희의 영향을 받았을 것으로 보이는데, 그것은 '한유의 글을 익히게 되면

---

493 『世宗實錄』 권83, 世宗 20年 11月 庚戌條, "上命集賢殿, 撰集韓柳文註釋."

문장을 잘 지을 수 있다'는 주희의 글을 세종이 직접 인용한 것에서 짐작할 수 있다. 세종은 한유의 문장을 본받아 표전문表箋文을 지을 때 쓰도록 했고, 당시 경전 위주의 학문이 정숙精熟하지 못함을 느껴 한유의 시를 읽을 것을 권장했다.

또 문장을 잘 지으려면 한유의 글은 필독서이므로 주석본을 간행하도록 지시를 내린다. 한유는 당시唐詩에 많이 유행하던 규칙적인 운율과 고사성어로 가득 찬 변려문을 탈피했고, 옛 학자들처럼 자유롭고 간결한 문체의 사용을 주장했다. 그가 쓴 『원도原道』, 『원성原性』 등은 중국문학의 백미로 간주되며, 그가 주장한 고문체 문장의 대표작이 되었다.

이러한 이유로 시작된 한유의 문장을 장려하는 정책은 배불과는 직접적인 관련이 없었지만 공교롭게도 그의 문장을 익히는 과정에서 그의 배불 사상을 자연스럽게 배웠을 것이고, 이로써 조선 유학자들이 배불론에 많은 관심을 가지게 된 것으로 보인다. 한유의 진호국가설을 부정하는 사상은 중국과 여말선초 배불론자들에 의해 공통적으로 인용되는데, 앞서 살펴본 정도전과 권근 이외에 조선 초기 한유의 배불론에 영향을 받은 주요 인물들은 다음과 같다.

① 권우(權遇, 1363~1419)[494]는 한유가 대궐에서 왕이 불골佛骨을 영접한다는 소식을 듣고 「불골표」를 작성한 것을 인용하여 「의당한유

---

494 본관은 안동安東. 초명은 원遠, 자는 중려仲慮 여보慮甫 호는 매헌梅軒. 어려서는 형인 권근에게서 학문을 배우다가, 자라서는 정몽주鄭夢周의 문하에 들어가 수학했다. 1377년(우왕 3) 진사가 되고, 성균박사·밀직당密直堂·장흥고사長興庫使·군기주부軍器主簿 등을 역임했고 성균관 대사성에까지 올랐다.

청물납불골표擬唐韓愈請勿納佛骨表」를 지었다. 그 내용은 유교의 윤상을 어그러뜨리는 불교가 풍속과 민속을 무너뜨려 인의가 불통하게 되니, 불교를 멀리하여 황극皇極이 세워지고 대도가 행세되어야 한다는 주장이다.[495]

②어변갑(魚變甲, 1380~1434)[496]은 세종에게 한유의 『원도』에 나타난 주장을 인용한 「벽불소闢佛疏」를 지어 배불을 건의했다.[497] 그의 상소에는 한유의 주장처럼 사민四民 위에 도교와 불교가 있어 한 집의 농사에 여섯 집이 먹어야 하고, 공업을 하는 한 집에 여섯 집이 사용해야 하고, 상업을 하는 한 집에 여섯 집이 나누어 사용하니 백성들이 가난해지고 도적이 된다고 하며, 불교가 백성들에게 해로움을 끼치는 무리라고 했다.

③성현(成俔, 1439~1502)[498]은 한유가 「불골표」를 헌종에게 올렸다가 조주로 유배된 내용을 주제로 하여 한유의 「불골표」 내용이 적절하고 충정이 담겨 있다는 시 10수를 남겼다.[499]

---

495 「擬唐韓愈請勿納佛骨表」, 『東文選』 권41.

496 본관은 함종咸從. 자는 자선子先, 호는 면곡綿谷. 1399년(정종1)에 생원이 되고, 1408년(태종 8) 식년문과에 장원한 뒤 교서관부교리校書館副校理·성균관주부를 거쳐, 좌정언左正言·우헌납右獻納 등을 역임했다.

497 「闢佛疏」, 『東文選』 권55.

498 본관은 창녕昌寧. 자는 경숙磬叔, 호는 용재慵齋·부휴자浮休子·허백당虛白堂·국오菊塢. 시호는 문재文載다. 1476년 문과중시에 병과로 급제하여 부제학·대사간 등을 지냈다.

499 「譏佛僧 兼敍韓愈貶潮州 奉教製進」, 『虛白堂補集』 권5(『韓國文集叢刊』 14, p.384c).

④ 대사간大司諫 김수녕(金壽寧, 1436~1473)은 임금이 불경을 간행하려 하자 한유의 주장을 근거로 반대하는 상소문을 올렸는데,[500] 그는 불교가 황당하고 허탄한 표현으로 어리석은 사람을 속이는 것이라고 주장하여 이단론을 폈다.

⑤ 안선(安璿, 1440~1498)[501]은 사원전 개혁에 대해 한유의 주장을 빌려와 상소했는데, 성종의 경연에 참석한 그는 한유의 『원도』 내용을 예로 들면서 사원 소유의 토지개혁을 건의했다.[502] 경제적 측면에서 보자면, 사원전의 개혁은 조선 초기 배불론자들의 가장 중요한 재정확보 수단이었다.

⑥ 이명숭(李命崇, 1443~1484)[503] 등은 안암사安巖寺 중창에 대해 상소했다. 아래 글에 등장하는 부혁傅奕의 소疏, 고영高郢의 서書, 손초孫樵의 주문奏文, 한유韓愈의 표문表文은 배불의 논리를 담고 있는

---

500 『成宗實錄』, 成宗 2年 1月 甲午條.

501 본관은 순흥順興. 자는 국진國珍. 1462년 생원·진사 양시에 합격. 계속 학업에 힘을 기울이고 문장에도 뛰어났으나 여러 차례 대과에는 급제하지 못했다. 후일 외직으로 나아가 통주 군수가 되어 민생을 보살폈고, 다시 조정에 들어가 사헌부 장령으로서 충실히 언관의 임무를 수행했다.

502 『成宗實錄』, 成宗 9年 8月 甲寅條, "御經筵講訖 持平安璿啓曰 昨經筵請革寺社田 不允 不勝缺望 僧徒遊手 而坐蠱民食 已不可 又食公田之入可乎 韓愈云 農之家一 而食粟之家六 若之何民不窮且盜也 臣恐今民不免窮且盜也 請革寺社田 以袪民弊."

503 본관은 전의全義. 자는 거이居易. 작作의 증손으로, 할아버지는 의흡宜洽이고, 아버지는 장예원판결사掌隷院判決事 원효元孝이다. 1462년 생원시에 합격하고, 1472년 오위의 사맹司猛으로 식년문과에 을과로 급제하고 예문관 봉교奉敎에 제수되었다.

대표적인 글이지만, 한유를 제외한 나머지 사람들의 글은 후대의 배불론자들에게 인용되지 않아 잘 알려지지는 않았다.

> 전하께서는 전자에 신 등으로 하여금 역대歷代로 불도佛道를 물리치는 상소가 내전에 들어온 것을 기록하라고 하시었으니, 대개 전하의 처음 마음은 조석朝夕으로 보시고 살피어서 감계鑑戒를 삼으려고 한 것입니다. 부혁傅奕의 소疏와 고영高郢의 서書와 손초孫樵의 주문奏文과 한유韓愈의 표문表文은 모두 천하의 충언忠言이며 격론格論입니다. 지금은 알지 못하겠으나 좌우에 두시고서 살피십니까? 보시고는 케케묵은 말이며 썩은 논설이라고 생각하시어서 손을 휘두르며 버리지는 않으셨습니까? 만약 그렇다면 신 등의 말은 공연한 웃음거리의 자료만 될 것입니다.[504]

도사道士 부혁(傅奕, 555~639)은 『고식전高識傳』을 지어 배불론의 이론적 토대를(이단론) 마련했고,[505] 「청제석교소請除釋教疏」를 왕에게 올려 불교가 국운을 단축한다고(진호국가설 부정) 주장했다.[506] 또 고영高郢은 왕에게 불교의 폐단을(불교유해론) 주장했고,[507] 손초孫樵의 배

504 『成宗實錄』, 成宗 15年 2月 癸未條, "殿下前者 令臣等 書歷代闢佛疏入內 蓋殿下初心 將欲朝夕觀省 而爲之鑑戒也. 如傅奕之疏高郢之書孫樵之奏韓愈之表 皆天下忠言格論也. 今不知猶置諸左右 而觀省之乎. 無乃觀以爲陳言腐說 而揮去之乎. 若然 則臣等之言 空爲戲笑之資也."

505 「傅奕傳」, 『舊唐書』 권79, 列傳29, "魏晉已來 駁佛教者 爲高識傳十卷 行於世."

506 「請除釋教疏」, 『御選古文淵鑑』 권30.

507 「衛州進士高郢上書」, 『資治通鑑』 권224, 唐紀40, 代宗 大歷 2年 秋7月 丁卯條.

불론은 스승인 한유와 비슷하다.[508]

이와 같이 조선의 배불론은 한유의 주장을 그대로 인용하거나 비슷하게 반복하는 것이었다. 조선 초 유학자들은 성리학 체제를 구축하여 새 왕조를 건설하려는 시대적 사명감을 갖고 있었기 때문에 불교를 배척할 이론적 토대가 필요했고, 이에 따라서 한유의 배불론이 자연스레 이용되었다.

한유의 배불론을 본떠 논리를 펴고 있는 조선 유학자들의 배불론의 핵심은, 오랑캐들에게 시작된 불교는 성왕의 가르침이 아니므로 숭상할 수 없다는 데서 출발하고 있다(이단론). 그들의 시각에서 바라본 불교는 군신·부자의 질서를 파괴하고 상생의 도를 어기고, 무위도식하고(불교 유해론), 국가의 수명을 단축시키는 것(진호국가설 부정)으로 이해되었다.

다음은 조선 초기 배불론이 후대에 끼친 영향을 살펴보자. 조선 초기 강력한 배불 정책으로 인해 중기에는 국가와 사회 전반에 걸쳐 유교의 영향력이 확대되어 불교는 거의 소멸 위기에 처하게 되었다. 이미 배불 사상이 고착화되어 유·불 대론에 대한 논의는 더 이상 무의미해지고, 중기 이후의 성리학자들에게 배불은 일방적인 탄압 수준이었다. 이러한 배불에 대한 인식은 한국 사상사를 대표하는 이황(李滉, 1502~1571)과 이이(李珥, 1536~1584)의 불교 인식에도 그대로 나타난다.[509] 이황은 강력한 배불 사상을 근저로 왕에게 불교의

508 『資治通鑑』 권249, 唐紀65, 大中 5年 宣宗 6月條, "進士孫樵上言 百姓男耕女織 不自溫飽 而羣僧安坐華屋 美衣精饌 率以十戶不能養一僧 武宗嗔其然 髮十七萬僧 是天下一百七十萬戶 始得蘇息也."

폐단을 다음과 같이 주장한다.

신이 삼가 보건대, 동방 이단의 가장 심한 폐단은 불교이니, 고려는 이 때문에 나라가 망하게 되었습니다. 비록 아조我朝의 융성한 다스림으로도 오히려 그 뿌리를 끊지 못하여 때때로 틈 타서 치성해지니, 비록 선왕께서 곧바로 그른 것을 깨달으시고 빨리 씻어버리셨지만 그 여파와 찌꺼기가 아직도 남아 있습니다.[510]

이황은 성군이 되기 위해 지녀야 할 6가지 도리를 올린 상소에서 위와 같이 고려의 역사를 통해 봤을 때 불교가 유해有害함을 주장했다. 이황은 '도술道術을 밝혀 인심을 바로 잡을 것(明道術以正人心)'이라는 항목에서 불교를 이단으로 표현하며 진호국가설을 부정하고 있다. 그는 특히 불교의 수양론에 대해서도 강하게 부정한다.

마음을 비우고 이치를 살펴야지 먼저 자기의 의견을 정해버리지 말아야 하며, 차츰차츰 쌓아 가서 완전히 성숙하게 해야지 단시일에 효과를 보려 하지 말아야 합니다. 그리하여 얻지 않고는 그만둘 수 없다는 자세로 평생의 사업으로 삼아야 하는 것입니다. 이치가 무르녹아 이해되고 경敬이 전일한 경지에 이르는 것은 모두 깊이

---

509 오지섭, 「16세기 조선 성리학파의 불교 인식」, 『종교연구』 36권, 한국종교학회, 2004, p.68.

510 「戊辰六條疏」, 『退溪集』 권6(『韓國文集叢刊』 29, p.183d), "臣伏見東方異端之害 佛氏爲甚 而高麗氏以至於亡國 雖以我朝之盛治 猶未能絶其根柢 往往投時而熾漫 雖賴先王旋覺其非 而汎掃去之 餘波遺燼."

나아간 뒤에 저절로 얻을 수 있을 뿐입니다.[511]

불교의 폐단과 수양론을 비판한 퇴계 이황

이황이 비판한 불교 수행은 선종으로, 본성을 발견하거나 구명究明하여 득도하는 돈오점수 및 돈오돈수를 가리킨다. 그는 이러한 선을 통한 깨달음을 어렴풋이 떠오르는 한순간의 영상이라 경계를 하면서, 유교의 수행방법인 경敬 공부의 중요성을 주장했다.[512] 여기에서 이황은 유학의 '정좌靜坐'와 불교의 '좌선'이 비슷해 보이지만, 마음의 원리에 근원한 것으로 보면 전혀 다르다고 주장했다.

이이는 어린 시절 불교와 인연을 맺어 불경을 접했고 잠시 출가하여 불교 수행을 몸소 한 적도 있었다. 따라서 이황에 비해 상대적으로 불교에 대한 관심과 이해를 많이 갖고 있었지만, 이이 또한 중국의 역사를 통해 불교를 철저히 이단시하며 진호국가설을 부정하고 있다.

---

511 「答李叔獻」, 『退溪集』 권14(『韓國文集叢刊』 29, p.371a), "虛心觀理 勿先執定於己見 積漸純熟 未可責效於時月 弗得弗措 直以爲終身事業 其理至於融會 敬至於專一 皆深造之餘自得之耳 豈"

512 「抄醫閭先生集 附白沙 陽明抄後 復書其末」, 『退溪集』 권41(『韓國文集叢刊』 30, p.420b), "滉按靜坐之學 發於二程先生 而其說疑於禪 然在延平 朱子 則爲心學之本原而非禪也 如白沙 醫閭 則爲厭事求定而入於禪 然醫閭比之白沙 又較近實而正."

주로 불교의 심성론을 비판한 율곡 이이

불교가 사람들을 현혹시키고 있음을 물헌웅씨勿軒熊氏의 말을 인용하며 나타내고 있다.

> 후한後漢 때에 중국에 들어와서 처음에는 인과응보를 논하여 어리석은 백성을 유혹하는 데 불과할 뿐이었는데, 그 뒤로 심성心性을 말하여 총명한 선비도 또한 현혹되었다. 배우는 사람이 힘껏 살펴서 밝게 분별하지 않으면 안 된다.[513]

이이는 불교가 중국에 들어온 이후로 그 가르침이 심성을 논하여 현혹시켰다고 비판하면서 이황처럼 불교의 유해성을 주장하고 있다. 또 이이는 불교의 가르침을 윤회인과설과 심성론으로 구분하고 있다. 윤회인과설은 조잡하여 어리석은 백성을 유혹하여 승려들이 이익을 취하기 위한 것이고, 심성론은 총명한 선비도 현혹될 만큼 정묘한 것으로 평가하는데,[514] 이는 조선 초 정도전의 심성론에 기인한 배불

513 「聖學輯要」 2, 『栗谷全書』 권20(『韓國文集叢刊』 44, p.430a), "勿軒熊氏曰 自後漢時入中國 其初 不過論緣業以誘愚民而已 後來 却說心說性 雖聰明之士 亦爲之惑 學者不可不力察而明辨也."

514 앞의 책(『韓國文集叢刊』 44, p.430a), "臣按 佛氏之說 有精有粗 粗者 不過以輪廻報應之說 廣張罪福 誘脅愚迷 使之奔走供奉而已 其精者則極論心性 而認理爲心

사상에 영향을 받았을 것이다. 이이의 불교 비판은 주로 심성설에 집중하고 있다. 곧 '리를 마음으로 보아 만 가지 법칙의 근본'이라고 하는 것은 불교가 심과 성을 구분하지 못하는 점을, '마음을 성으로 인정하여 성을 보고 듣는 작용'이라 하는 것은 작용시성에 대한 비판을, '적멸을 종지로 하여 천지만물을 환망으로 본다'는 것은 허령불매한 마음의 존재를 허虛하게 보는 것으로 비판하였다. 이는 정도전의 불교 비판 내용을 계승한 것이라 하겠다.[515]

결국 불교의 윤리, 도덕, 사상을 비판하여 불교가 이단임을 강조하고 있다. 또 이이는 불교의 수행론에 대해서도 문제점을 제기하고 있다.[516] 그는 불교는 한순간의 어렴풋한 그림자를 보고 활연히 깨달은 줄 안다고 비판하며, 선을 통해 완성된 깨달음을 얻는 것은 불가능하고 허망한 것이라고 주장하여 정도전의 불교 비판과 유사한 모습을 나타내고 있다.

이러한 배불의 흐름을 이어받아 기호학파 송시열(宋時烈, 1607~1689)은 불교의 수양론에 대해 비판하는데,[517] 주로 유교와 불교의

以心爲萬法之本 認心爲性 以性爲見聞作用 以寂滅爲宗 以天地萬物爲幻妄 以出世爲道 以秉彝人倫爲桎梏."

515 柳正燁, 「여말선초 유불 대론에 대한 연구」, 원광대학교 박사학위논문, 2009, p.183.

516 「聖學輯要」 2, 『栗谷全書』 권20(『韓國文集叢刊』 44, p.430a), "其用功之要 則不立文字 直指人心 見性成佛 頓悟之後 方加漸修 若上根之人 則或有頓悟頓修者 達磨於梁武帝時 入中國 始傳其道 所謂禪學者是也 至唐而大盛 其徒遍天下 揚眉瞬目 棒喝大笑 以相印證 …… 遂生大疑 專心窮究 積功不已 靜定之極 略見心性影子於髣髴想象之際 則遂擬之以豁然大悟 猖狂自恣 謂之了事."

불교의 수양론을 비판한 송시열

조심에 대해 설명한다. 그는 불교의 참선은 외경外境을 끊고 생각을 비우는 것(無念)으로 인식하여 현실생활에 적응할 수 없다고 하면서 두보의 시를 예로 들어서 비판하고 있다.

조선 후기의 실학자 연암燕巖 박지원(朴趾源, 1737~1805)은 국가적으로 임진왜란과 병자호란 등 외세의 잦은 침입과 정치적으로는 붕당정치의 폐해가 극에 달하고, 경제적으로는 삼정의 문란으로 백성들의 고통이 심했던 조선 후기 불교계의 동향을 비판했다.[518]

그의 글에서 조선 개국 이래 배불정책을 시행한 지 400년 동안 불교는 급격히 쇠퇴하여 사찰은 황폐화되고 승려들은 하층계급으로 전락하고, 또 불교 스스로가 자멸할 것으로 판단하고 있어, 연암 당시에

517 「經筵講義」, 『宋子大全拾遺』 권9, 孝宗庚寅 12月, "且儒者之操心 與釋氏之操心有異 釋氏所謂念珠者 欲其心之不散也 面壁參禪 而不用耳目 且不用心 故不得應事接物 而付之一石則亂 此皆不以活物看心也 杜詩有仰面耽看鳥 回頭錯應人之句 此善喩也."

518 「黃敎問答」, 『熱河日記』, 『燕巖集』 권13 別集(『韓國文集叢刊』 252, p.231a), "至敝邦立國四百年 士族雖愚者 但知誦習孔子 方內名山 雖有前代所刱精藍名刹 而皆已荒頹 所居緇流 皆下賤無賴 維業紙屨 名雖爲僧 目不識經 不待辭闢而其敎自絶."

는 더 이상 배불이 필요 없을 정도로 불교는 쇠락의 길을 맞는 모습을 살펴볼 수 있다.

불교가 쇠락한 조선 후기 불교계의 동향을 비판한 연암 박지원

그리고 조선 숙종 대의 문장가 신유한(申維翰, 1681~?)[519]은 담 장로湛長老와의 서신 내용에서 다음과 같이 불교를 비판한다.[520] 그는 담 장로가 일본 승려임에도 불구하고 서신에서 '불교는 만법을 공으로 삼아 번다한 내용이 많은 허무적멸虛無寂滅[521]의 종교'라고 주장했다.

---

519 본관은 영해寧海. 자는 주백周伯, 호는 청천靑泉. 출생지는 경상도 밀양, 1705년 진사시에 합격하고, 1713년 증광문과에 병과로 급제했다. 1719년 제술관製述官으로서 통신사 홍치중洪致中을 따라 일본에 다녀왔으며, 봉상시첨정에 이르렀다. 문장으로 이름이 났으며, 특히 시에 걸작이 많고 사詞에도 능했다.

520 「乙亥年 十二月 十三日 辛亥」, 『海遊錄』 권下(『韓國文集叢刊』 200, p.495b), "又問公平居 亦讀佛書否 曰僕坐病懶 不能讀儒家經史 何論佛書 第聞釋氏之學 本以萬法歸空 而及見其書 疏註之繁 倍於儒家 正如多岐亡羊 常欲一洗之西江水耳."

521 '허무적멸虛無寂滅'은 일반적으로 허무와 적멸을 같이 붙여 불교와 도가에서 사용하는데, 엄밀하게 구분하면 허무와 적멸은 그 사용처가 다르다. 즉 허무는 주로 도가에서 사용하는 것으로 '허무의 교'는 도가류의 사상을 의미하며, 적멸은 주로 불교에서의 사용하는 것으로, '적멸의 교'는 불교를 지칭하는 것이다. 李東歡 외 譯解, 『大學·中庸－新譯四書』 1, 玄岩社, 1965, p.117 참조.

조선 후기 성리학자 이규경(李圭景, 1788~1856)[522]은 정도전의 윤회설 비판에 근거하여[523] 주로 쌍계사, 고달사 등 사찰에 거주하면서도 『오주연문장전산고』 「삼봉윤회변변증설」에서 정도전의 불교 비판이 유교의 학문을 되살린 효시라고 주장했다. 또 『불씨잡변』의 내용을 인용하여 정도전의 불교관을 그대로 수용하면서 윤회설에 대해서는 자신의 주장을 보충했다.

조선 후기 성리학자 이항로(李恒老, 1792~1868) 또한 정도전의 불교 비판을 그대로 반복하여 "석씨와 노자의 허무와 적멸은 다만 한 편에 치우쳐 올바르지 못한 것이나, 우리 유학은 그렇지 아니하여 허虛하면서도 유有하고 적寂하면서도 느끼는 것이다"[524]라고 하며, 심성론을 비롯해 대체적으로 조선 초의 불교 비판을 그대로 계승하고 있다.[525] 또 그는 '양묵의 해害'와 더불어 노자의 '현허'와 불교의 '윤회'를 도가

---

522 조선 후기의 실학자. 본관은 전주全州. 자는 백규伯揆, 호는 오주五洲 또는 소운 거사嘯雲居士. 할아버지는 주부 덕무德懋이며, 아버지는 광규光葵이다. 일찍이 정조가 규장각을 열고 명사名士를 검서관에 등용할 때 유득공柳得恭·박제가朴齊家·서이수徐理修와 함께 이른바 '4검서檢書'라 일컬어졌다. 특히 정조의 권우(眷遇: 임금이 신하를 특별히 사랑해 후하게 대우함)를 받아 규장각에 편서編書의 일이 있을 때마다 참여했다.

523 「三峯輪回辨辨證說」, 『五洲衍文長箋散稿』, "而鄭三峯道傳 生於麗季崇佛之世 不入其臼中 超出其外 作佛氏心跡慈悲輪回因果之辨 兼辨昧於道器禍福儒釋同異之辨 正大光明 洞斥不遺 眞儒門之嚆矢也 取其輪回之辨 以續愚所證之未備."

524 「洪在龜錄」, 『華西集』 부록 권7(『韓國文集叢刊』 305, p.458a), "釋老之虛無寂滅 只是邪誠 吾儒不然 虛而有 寂而感."

525 柳正燁, 「려말선초 유불 대론에 대한 연구」, 원광대학교 박사학위논문, 2009, p.193.

아니라고 주장하는데,[526] 불교가 인의를 단절하고 윤회만 주장하니 도가 아니라고 하면서 도가 아닌 불교를 믿는 것은 하늘과 땅이 제 기능을 못하는 것으로 비유했다.

이처럼 조선 후기에 이르기까지 성리학자들의 불교 인식은 주희와 정도전의 관점을 그대로 계승했지만, 때로는 시대적 상황에 따라 배불 사상의 형태도 조금씩 다르게 나타남을 볼 수 있다. 성리학자들의 이러한 배불 형태는 후일 그 배척 대상이 불교에서 양명학陽明學으로 서서히 바뀌게 되는데, 이황은 다음과 같이 평가한다.

> 양명에 이르러서는 선학 같으면서도 선학이 아니고, 또한 오로지 정靜만 주장하지도 않아 정도正道를 해친 것이 심하다.[527]

성리학만이 최고의 학문이라는 관점에서 유학의 같은 뿌리인 양명학이 바른 도를 해치고 있다며 비판하고 있다. 이러한 관점은 이이에게도 그대로 이어지는데, 이이는 양명학이 정도를 잃어버렸다고 비판한다.

> 육상산의 학學은 그렇지 않아서 말했다 하면 공자와 맹자를 일컫고, 행실은 반드시 효제孝悌에 근거했으나, 그 마음을 쓰는 정미한

---

526 「溪上隨錄二」, 『華西集』 권15(『韓國文集叢刊』 304, p.377a), "墨氏 知仁而不知義 非道也 楊氏 知義而不知仁 非道也 老氏 小仁義而尙玄虛 非道也 佛氏 絶仁義而說輪回 非道也 仁義 人之道也 人而廢人之道 猶天不能寒暑 地不能長養也."

527 「抄醫閭先生集 附白沙 陽明抄後 復書其末」, 『退溪集』 권41(『韓國文集叢刊』 30, p.420b), "至於陽明 似禪非禪 亦不專主於靜 而其害正甚矣."

심즉리心卽理의 심성론을 주창해 불교의 선학과 유사하다는 평을 받는 육상산

곳은 선학과 같습니다. 이를 물리치기가 어찌 불씨佛氏보다 열 배나 힘들지 않겠습니까? 불씨의 폐해가 외구外寇의 침략과 같다면 육씨陸氏의 피해는 간신이 나라를 그르치는 것과 같습니다.[528]

이이는 '육상산(陸象山. 본명은 구연九淵, 1139~1192)의 해가 불씨의 해보다 열 배나 크다'라고 강한 표현으로 비판하는데, 조선 중기 유학자들의 배척 의식이 불교에서 점차 양명학으로 옮겨가고 있음을 보여주는 내용이라 하겠다.

성리학자들의 양명학 비판은, 양명학의 심성론이 불교의 선학과 같아 보였으며, 한편으로는 조선 중기에는 불교의 영향력이 쇠퇴하여 더 이상의 배불 의식은 필요하지 않았기 때문이었다. 따라서 성리학자들의 도통 의식에 기인한 이단 배척 의식이 불교보다 양명학으로 집중됨을 알 수 있다. 그리고 이 비평은 후대의 유학자들에게도 이어지는데, 이항로 또한 양명학이 선학과 같다고 주장하였다.[529]

528 「聖學輯要」 2, 『栗谷全書』 권20(『韓國文集叢刊』 44, p.430a), "陸學則不然 言必稱孔孟 行必本孝弟 而其用心精微處 乃是禪學也 闢之之難 豈不十倍於佛氏乎 佛氏之害 如外寇之侵突 陸氏之害 如奸臣之誤國."

529 「異端」, 『華西雅言』 권12(『韓國文集叢刊』 305, p.458a), "陸氏之學 實則沈淫禪會

이렇게 이단 척결의 의지는 불교에서 양명학으로 옮겨갔다가, 조선 후기에는 천주교로 옮겨갔다.

조선 후기 대표적 실학자이며 역사가인 안정복(安鼎福, 1712~1791)은 이익(李瀷, 1681~1763)에게 보낸 글에서 사후세계를 논하면서 유교의 영혼관과 불교·기독교의 영혼관을 비교하여 다음과 같이 설명한다.

> 유자儒者의 주장은 기운이 모이면 생명이 있고 기운이 흩어지면 죽어 아무 것도 없는 상태로 돌아간다고 하고, 서양 사람들은 기운이 모여 사람이 되는데 일단 사람이 되고 나면 또 다른 일종의 영혼이라는 것이 있어 사람이 죽어도 없어지지 않고 그 사람 본신의 귀신이 되어 영원히 존재한다고 하고, 불씨佛氏는 사람이 죽으면 귀신이 되고 그 귀신은 다시 사람이 되고 하여 계속 윤회한다는 것입니다.[530]

조선 후기 서학西學[531]의 전래와 천주교의 유입에 따라 안정복은 유·불과 함께 천주교의 영혼관을 논하고 있다. 또한 그는 불교와

而强竊尊德性之名 以自標幟."

530 「上星湖先生書 戊寅」, 『順菴集』 권2(『韓國文集叢刊』 229, p.372a), "儒者謂氣聚則生 散則死而歸於空無 西士謂氣聚爲人 旣而爲人之後 別有一種靈魂 死而不滅 爲本身之鬼神 終古長存 佛氏謂人死爲鬼 鬼復爲人 輪廻不已."

531 조선 선조 이후 중국에서 도입된 한역漢譯 서양 학술서적과 서양 과학기술 문물과 이를 토대로 연구하던 학문으로 조선서학이라고도 한다. 이 용어가 처음 사용된 것은 명말·청초의 중국에서 포교활동에 종사하던 예수회(耶蘇會, Society of Jesus) 소속의 가톨릭 선교사들이 서양서적을 한문으로 번역 간행하면서부터이며, 이러한 서책들은 한역서학서漢譯西學書 또는 서학서西學書라고 불리었다. 이희승 편, 『국어대사전』, 민중서림, 1982 참조.

천주교의 세계관에 영향을 받아 유교의 전통적인 혼백 개념을 새롭게 해석했다.

> 가만히 생각해 보면, 사람의 생사는 대체적으로 말한다면 실로 기운이 모이고 흩어짐에 달려 있으니, 불이 꺼지면 연기가 흩어져 허공으로 올라가 소멸하는 것과 같습니다. 그리고 그중에는 또 혹 흩어지지 않는 것도 있으니, 서양 사람들 말처럼 마치 순금이 불에 들어가면 전체가 다 녹아버리지만 한 점의 정광精光만은 그대로 존재하는 것과 같습니다. 그리고 또 그중에는 석씨釋氏의 말처럼 윤회의 법칙도 또 있을 수 있습니다. 흩어지지 않은 기운이 만약 있다면 그것이 모여 다시 태어나는 것도 그리 이상한 일은 아닙니다. 사람의 생명체가 기운의 모임이라면 귀신 또한 기운 아니겠습니까. …… 혼魂과 백魄이 합쳐져서 사람이 되었다가 사람이 죽으면 혼은 올라가고 백은 내려온다고 합니다. 혼에는 물론 신神이 있겠지만, 전기傳記에 있는 것을 보면 무덤에도 귀신이 있는 것으로 되어 있는데, 그렇다면 백도 신이 있는 것 아닙니까. 사람은 하나인데 혼과 백이 따로 있으면 그것은 신이 둘 있는 폭입니다. …… 제 생각에는 혼백을 둘로 나누어서는 안 될 일입니다. 좌씨左氏는 마음의 정상精爽을 혼백이라고 한다고 했는데, 서양 사람들이 말하는 영혼이라는 것이 바로 그것입니다. 사람의 신은 하나뿐이지만 그것을 음과 양으로 구별하기 때문에 혼백이라는 이름이 있는 것이지, 그것을 두 물건으로 쪼개 보아서는 안 될 일입니다.[532]

---

532 「上星湖先生書 戊寅」, 『順菴集』 권2(『韓國文集叢刊』 229, p.372a), "竊嘗思之

실학자적인 안목으로 불교와 천주교와 유교를 상호 비교한 안정복

이정복은 둘로 나눌 수 없는 것으로, 언젠가는 흩어지는 것이지만 스스로 정체성을 가지고 있는 존재로 보았다. 이는 불교의 윤회설과 서구적 영혼관, 유교의 전통적 혼백관이 서로 유사함을 나타내고 있다. 이렇게 유연한 관점을 가진 것은 안정복이 실학實學적 시각으로 낡은 이론을 버리고 사실을 추구하여 실생활에 이용할 수 있는 학문을 주장하는 실학자였기 때문이다. 그러면서도 안정복은 결국 성리학 이외의 양楊·묵墨, 천주교, 불교 모두를 이단으로 비판한다.[533]

안정복은 불교를 비롯한 양·묵·노의 무리가 유교와 다르기 때문에 이단이며, 천주교도 불교와 같은 부류로 인식되어 비판을 하면서 스스로 이단 척결의 의지를 가지게 된다. 그는 서양종교가 불교와

人之生死 以大體言之 儘由於氣之聚散 如火滅烟散 騰空而消滅者 其中亦或有不散者 如西士之說 如眞金入火 混體消瀜 而一點精光 猶有存焉 其中亦或有輪廻如釋氏之說矣 若有未散之氣 則其聚而復生 亦不異矣 人之生也 以氣之聚 則鬼神非氣乎 …… 魂魄合而爲人 人死則魂升魄降 魂固有神 以傳記所存言 則墓亦有鬼是魄亦有神矣 是一人而有魂魄之別 其神有二也 …… 竊謂魂魄不可以二之 左氏謂心之精爽 是謂魂魄 西士所謂靈魂是也 人之神一而已 而有在陰在陽之別 故有魂魄之名 不可別爲二物也."

533 「答權旣明書 甲辰」, 『順菴文集』 권6(『韓國文集叢刊』 229, p.462c), "老佛楊墨以其道之不同於吾儒 故其弊也歸於虛無寂滅 無父無君之敎 此所以爲異端也."

비슷하지만, 새롭게 유입된 천주교에 대해서 그동안 줄기차게 비판하던 불교보다 더 해로운 종교라고 주장한다.[534]

여기에서 그는 차라리 불교의 심성론을 따를지언정 도깨비와 해충 같은 천주교는 반드시 배척되어야 할 대상이라고 하고 있는데, 이를 통하여 기존의 성리학자들이 새로운 종교에 대한 위협을 느끼고 있음을 짐작케 한다.

지금까지 살펴본 것처럼, 조선 중·후기 유학자들의 배불은 조선 초 정도전을 비롯한 성리학자들의 배불 사상을 계승하고 있음을 확인할 수 있었다. 또한 조선 중기의 불교 비판이 양명학으로 옮겨졌고, 후기에는 유학자들의 비판의식이 마침내 천주교로 이동되었음을 살펴보았다.

4. 배불론에 대한 불교의 대응

성리학자들의 격렬한 배불 속에서도 불교는 유교와 대론對論을, 때로는 조화를 추구하고자 했다. 이처럼 크게 갈등구조를 가지지 않은 것은 불교의 다원주의적 성격에 기인한 것이라 할 수 있다. 비교종교학에서는 보통 타종교를 인식하는 태도를 크게 네 가지로 구분한다. 배타주의, 포괄주의, 상대주의, 다원주의로서, 자기 절대성의 기준에서 나누어지게 된다.[535]

---

534 앞의 책(『韓國文集叢刊』 229, p.463b), "以愚觀之 西士之言 雖張皇辯博."

535 Leroys Rouner, 『*Religious Pluralism*』, Notre Dame: University of Notre Dame Press 1984.

첫째, 배타주의는 유일신을 믿으며 타종교를 대하는 자세이다. 둘째, 포괄주의는 스스로의 종교가 모든 종교를 포괄하고 있다고 생각하면서 동시에 자신의 종교만이 최고라 여기는 태도이다. 셋째, 상대주의는 자신의 종교가 소중한 만큼 모든 종교가 가치 있음을 인정하고 세상에는 참 종교가 여러 개 있다고 여긴다. 넷째, 다원주의는 상대주의처럼 많은 종교를 인정한다는 것에 대해서는 비슷하나, 타종교를 적극적으로 이해하고 받아들이는 자세에서 차이가 난다. 다원주의의 관점은 결코 자신의 길만 묵묵히 가는 것이 아니며, 자신의 종교나 신념의 절대성을 주장하지 않는다. 이러한 태도는 자신이 지향하는 가치의 완전성을 잠정적으로만 주장하면서 자기 쇄신이나 자기 발전의 가능성을 항상 열어두는, 곧 '열린 종교'의 관점인데 그 대표적 종교가 불교이다.

불교는 열린 종교의 관점으로 유교를 비롯한 다른 사상을 대해 왔다. 이러한 흐름은 중국불교에서 시작되었으며, 우리나라의 경우도 여말선초의 기화己和에 이르기까지 불교도들의 타종교에 대한 태도로 이어졌으며, 이는 또한 유·불 조화론의 초석이 되었다고 볼 수 있다.

1) 원천석의 유·불 귀일론歸一論

고려 말 두문동(杜門洞: 현 개성시 개풍군에 위치) 72현 가운데 한 사람인 운곡耘谷 원천석(元天錫, 1330~1402)은 당시 정치가 문란함을 보고 개탄하면서 치악산에 들어가 농사를 지으며 살았다. 중앙정치와 거리를 두었으며, 많은 승려들과 교유하면서 자연스레 불교에 대한 지식을 지니게 되었다. 『운곡행록耘谷行錄』에 실려 있는 회고시[536] 등을 통해 볼 때, 그가 끝내 출사하지 않은 것은 고려왕조에 대한 충의심 때문이었음을 알 수 있다.

그는 불교의 진호국가 사상을 담은 시를 몇 편 저술했는데, 다음은 영천사 법화산림법회에 참석하여 지은 내용이다.

발원하여 부처님 법당을 다시 새롭게 세우니
우뚝 높은 기와지붕이 구름언덕에 닿았네.
임금님의 천 년 장수를 빌며 나라가 만대창성하기를
향 연기를 피우며 서로 치하하니 시주들의 큰 보시를 우러러 의지하네.
많고 적음을 따지지 말고 모두 따라 기뻐하여
연화세계 큰 도량에 함께 들어가세.[537]

법당 불사를 하면서 임금의 천 년 장수와 나라의 창성을 기원하며 시주자들의 보시를 찬탄하는 내용이다. 또 그는 서방구품도西方九品圖 탱화불사를 앞두고 같은 의미를 담아 다음과 같이 발원한다.

서방구품도를 그리려 하는 까닭은
임금님의 수명(장수)과, 나라를 위해 복을 빌며, 중생을 제도하기

---

536 『韓國文集叢刊』 6, p.166d, "홍망이 유수有數하니, 만월대도 추초秋草로다. 오백 년 왕업이 목적牧笛에 부쳤으니, 석양에 지나는 객客이 눈물겨워 하노라."

537 「靈泉寺法華法席勸化詩」, 『耘谷行錄』 권2(『韓國文集叢刊』 6, p.166d), "發願重新佛法堂 高甍突亢接雲岡 祝釐君主千年壽 裨補邦家萬代昌 欲設香煙因慶讚 仰憑檀越助弘揚 莫論多寡皆隨喜 同入蓮花大道場."

위해서라네.
시주자여, 모두 같이 (극락)왕생할 원을 세우는 데에
털끝만치라도 아끼거나 있고 없고를 따지지 마시게.[538]

두문동 72현의 한 사람이자 유학자이면서 호불을 주창한 원천석

당시 유학자였던 원천석은 승려들과 교유하며 자유롭게 시를 짓고 진호국가 사상을 담은 훌륭한 문체로서 불사 발원을 표현했다. 여기에 한 걸음 더 나아가 고려 말 성리학자들에 의해 불교가 이단시되는 것에 안타까움을 느낀 그는 유자이지만 적극적으로 호불을 한다.

부처님의 발자취가 세상에 계신 지 오래되었지만, 지금까지 남아 있는 것은 부처님의 말씀이다. 그 말씀을 저술한 것이 경經이고, 보태어 이룬 것이 논論인데, 그 도道는 대개 효孝와 경敬에 근본을 두고, 온갖 덕을 쌓아서 무위無爲에 귀결시킨 것이다. 부연해서 가르쳐 세상에 전한 것을 두 가지로 나눈다면 하나는 선禪이고, 하나는 교敎이다. 교는 앞에서 말한 경과 논이고, 선은 (부처께서)

---

538 「願成西方九品圖詩」, 『耘谷行錄』 권3(『韓國文集叢刊』 6, p.171c), "欲畫西方九品圖 壽君福國濟迷徒 禪家各發同生願 毋惜毫毛計有無."

49년 동안 삼백 회가 넘는 법회를 가진 뒤에 최후로 영산靈山법회에서 꽃을 들어 보이셨는데 가섭이 미소를 지은 것이다. …… 지금 스님께서는 일찍이 선도禪道에 뜻을 두고 조계曺溪에 자취를 붙여, 인각麟角 대선사大禪師의 문하에 노닐며 밤낮으로 복습服習 수행修行하여 덕의 근본을 심으셨다. 올해 정월에 서울 보제사普濟寺에 가서 담선회澹禪會를 마치고 돌아가는 길에 어머님께 문안드리기 위해 천릿길을 멀다 하지 않고 찾아오셨으니, 이것이 어찌 효경孝敬에 바탕을 둔 행실이 아니겠는가. 그렇다면 장차 한 마음으로 무위에 돌아갈 것을 의심할 나위가 없다.[539]

이 글은 원천석의 불교에 대한 이해 수준이 상당함을 보여주면서 호불론적 의미를 담은 내용이다. 선불교禪佛敎의 염화시중拈花示衆과 조사선맥祖師禪脈의 전등傳燈, 그리고 경經과 논論을 구분하는 것이 정확하다. 이는 유교에서 공자의 가르침을 경經이라 하고, 경을 주석하여 이룬 것을 전傳이라 하는 것과 같이, 불교에서는 불타의 가르침이 경經이 되고, 이를 후대에 부연하여 이루어진 것을 논論이라 한다. 여기에서 그는 불교의 근본 취지를 효孝와 경敬에 두었는데, 이는

---

539 「送曺溪參學允珠遊嶺南詩」, 『耘谷行錄』 권1(『韓國文集叢刊』 6, p.142d), "佛之跡在乎世久矣 其留而存者佛之言也 言之著者爲經 翼而成者爲論 其道蓋本乎孝敬積以衆德 歸於無爲耳 敷演敎誡 傳於世間者 離爲二門 一曰禪 一曰敎 敎則前所謂逕論是也 禪則四十九年三百餘會 最後靈山會上拈花 而示飮光微笑 自玆以降 …… 今有上人早留心於禪道 寄跡于曺溪 遊於隣角大禪翁之門下 晝夜服習 修而行之 以植德本 越今年正月 赴澹禪會于京師普濟寺 罷會而還 覲於慈堂 不遠千里而來 此其本乎孝敬者歟 若然則將一心歸無爲 到必無疑矣."

유학자가 호불적 관점으로 당시 일반인들에게 불교를 설명하는 방법을 보여준다. 불교가 이단으로 비난받는 이유 중의 하나가 부모를 모시지 않고 인륜을 저버린다는 것이기 때문이다. 그는 또 선사를 같은 유학자의 후신으로 표현하면서 유·불의 근본이 같음을 나타내고 있다.

> 내 들으니 우리 선사禪師께서는
> 같은 유학儒學의 후신이라,
> 교문敎門이야 조금 다르지만
> 본성을 다루는 근본은 마찬가질세.[540]

원천석은 여기서 한걸음 더 나아가 여여如如 거사의 「삼교일리론三敎一理論」을 인용하여 삼교의 가르침을 서술하며 다음과 같이 나타냈다.

> "세 성인은 함께 나서 두루함이 있으니 바른 가르침으로 주장을 삼았다. 유교는 궁리진성窮理盡性으로 가르쳤고, 불교는 명심견성明心見性으로 가르쳤으며, 도교는 수진연성修眞鍊性으로 가르쳤다. 제가치신齊家治身과 치군택민致君澤民은 유교의 일이고, 색정양신嗇精養身과 비선상승飛仙上昇은 도교의 근본이며, 월사초생越死超生과 자리이인自利利人은 석가의 방편이다. 그러나 그 다하는 곳을

---

540 「禪師覺源講法華經 作一頌示予云 孔聖雖菩薩 猶成世諦門 一言金口說 能度海無邊 和成三絶呈似」, 『耘谷行錄』 권3(『韓國文集叢刊』 6, p.173a), "聞說吾夫子儒同之後身 教門雖少異 治性本同倫."

요要하면 처음부터 하나이다"라고 했다. 이로써 본다면 세 성인이 가르침을 베푼 것은 오로지 치성治性으로 했으니, 이른바 진성盡性이라든가, 연성鍊性이라든가, 견성見性의 도가 조금 다르긴 하지만, 그 지극하고 맑고 맑은 곳으로 돌아가면 모두 하나의 성性이니 무슨 막힘이 있겠는가. 다만 세 성인에게는 각각 문호가 있어, 뒤의 문도들이 각각 종지宗旨에 의거하여 모두 자기를 옳게 여기고 남을 그르게 여기는 마음으로 속이고 헐뜯으니, 사람마다 가슴속에 세 교教의 성性이 밝게 있음을 알지 못하는 것이다. 이는 나귀 탄 사람이 다른 나귀를 탄 사람을 보고 웃는 격이니 참으로 안타깝다. 그래서 네 구절을 지어 거사의 뜻을 잇는다.[541]

유교(儒)

사물을 따지고 몸을 닦으며 깊은 이치를 찾아내니
마음을 다해 성품을 알고 또 하늘을 아네.
이로부터 천지의 화육을 도울 수 있으니
개인 달이 밝아오고 맑은 바람이 불어오네.[542]

---

541 「三教一理」, 『耘谷行錄』 권3(『韓國文集叢刊』 6, p.174c), "如如居士三教一理論云 三聖人同生有周 主盟正教 儒教教以窮理盡性 釋教教以明心見性 道教教以修眞鍊性 若曰齊家治身 致君澤民 此特儒者之餘事 若曰嗇精養神 飛仙上昇 此特道家之祖迹 若曰越死超生 自利利人 此特釋氏之筌蹄矣 要其極處 未始不一 由此觀之 三聖人之設教 專以治性 所謂盡之鍊之見之之道雖有小異 歸其至極廓然瑩澈之處 皆同一性 何有所窒礙哉 但以三聖人各有門戶 門之後徒各據宗旨 皆以是己非人之心互相訾謷 殊不知各人胸中 三教之性明然具在也 騎驢者笑他騎驢 良可惜哉 因寫四絶 以繼居士之志云."

542 앞의 책(『韓國文集叢刊』 6, p.174c), "格物修身窮理玄 盡心知性又知天 從玆可贊乾

도교(道)

여러 묘체의 문이 깊고도 깊어
참된 기틀과 신기한 변화가 하늘에 응하네.
그 정기를 닦아서 곧바로 희이希夷의 경지에 이르면
물소리도 산 빛도 모두 함께 고요해지네.[543]

불교(釋)

하나의 원융한 성품이 열 가지 묘리를 갖춰
시방세계에 두루 법이고 하늘에 통하는 기운일세.
저 참다운 본체를 어떻게 말하랴
푸른 바다에 차가운 달이 아울러 해맑구나.[544]

회삼귀일會三歸一

세 가르침의 종풍이 본래 차이 없건만
옳고 그르다고 다투는 소리가 개구리처럼 시끄럽네.
한 가지 성품이라 모두 거리낌 없으니
불교, 유교, 도교가 다 무엇이던가.[545]

坤化 霽月光風共洒然."

543 앞의 책(『韓國文集叢刊』 6, p.174c), "衆玅之門玄又玄 眞機神化應乎天 精修直到希夷地 水色山光共寂然."

544 앞의 책(『韓國文集叢刊』 6, p.174c), "一性圓融具十玄 法周沙界氣衝天 只這眞體如何說 碧海氷輪共湛然."

545 앞의 책(『韓國文集叢刊』 6, p.174c), "三教宗風本不差 較非爭是亂如蛙 一般是性俱無礙 何釋何儒何道耶."

원천석이 불교를 포함하여 당시 유행했던 종교들에 대한 인식을 표명한 것 중 가장 대표적인 것은 유·불·도 삼교일리론三教一理論이다. 세 종교가 각기 표상은 차이가 있을지라도 그 궁극에 이르면 한 이치라는 것이 주장의 요지이다. 그는 유교를 궁리진상으로, 불교는 명심견성으로, 도교는 수진연성으로 가르쳤음을 서술하며, 그 지극한 곳을 요약하자면 하나의 성품을 벗어나지 않는다는 견해를 표방하고 있다.

이러한 관점으로서 그는 세 종교의 궁극점을 본성에의 도달로 삼고, 그곳에 이르고자 함에 방법만 차이가 있을 뿐 궁극은 하나며, 설사 도가 조금 다른 점을 인정하더라도 그 본성의 밝고 맑음은 같은 것이라 했다. 이 세 가지의 가르침은 성품을 다스리는 것으로 '진성, 연성, 견성의 모습이 조금 다르기는 하지만 그 극치에 이르러서는 환히 통하는 곳이 모두 하나의 성품이거늘 무슨 막힘이 있겠는가!'라고 힘주어 강조하고 있다. 이어서 유교, 도교, 불교의 순서로 동일한 운을 사용하여 각 종교들의 개념을 정리했다.

'회삼귀일會三歸一'은 『법화경』의 주요사상으로서, 불타가 가르침을 펼칠 때 중생들의 근기에 맞게 방편으로 설하지만 궁극적으로 일승의 가르침에 귀결된다는 내용이다. 이러한 기법을 바탕으로 유교와 불교와 도교에 대한 깊은 이해를 통해 유교를 더욱 이해하고 불교와 도교에 심도 있게 몰입하여 유교적 의리관義理觀에서 오는 세간적 한계를 승화시키고 있다. 그가 품은 갈등과 번민을 승화시키는 그 과정은 바로 불교와 도교의 출세간적이고 초연적인 세계관을 통해서 가능할 수 있었다.

또한 원천석은 삼교에 대한 시각에서 불교를 상위에 두는 관점을 유지하고 있다.

유儒·불佛은 예부터 사귐이 깊었으니
부디 한가한 틈을 타서 잠시 찾아와 주소.
지둔支遁과 허순許詢도 마음이 잘 맞았고
태전太顚과 한유韓愈는 마음을 전했네.
말씀하신 이 한 편을 훈계 삼을 만하니
천 년에 끼친 유풍遺風을 찾아볼 수 있네.
선옹禪翁의 간곡한 정에 몹시 고마워하며
삼가 이 시를 지어 소식을 전하외다.[546]

원천석은 유·불의 귀결점은 하나로서 그 이치가 같다고 보고, 유자와 불자의 상호 공감대 형성으로 원활한 교섭을 추구한, 유학자 신분으로서 유·불 귀의론자이며 호불론자였다. 이 글을 통해 볼 때 그는 분명 유자로서 유가적 삶을 살았다. 그러면서도 유·불·도 삼교가 모두 인성을 중시한 것으로서 결국 삼교가 같은 이치라고 생각했다.

2) 기화의 유·불 조화론적 대응

기화(己和, 1376~1433)[547]는 조선 초의 사상적 변혁기에 불교적 입장에

---

546 「次山人角之詩韻」, 『耘谷行錄』 권4(『韓國文集叢刊』 6, p.200c), "釋儒交契古來深 須要乘閑肯暫臨 支遁許詢能合意 太顚韓愈亦傳心 一篇所說堪爲誡 千載遺風可復尋 多感禪翁情懇款 敬將詩律以傳音."

547 호는 득통得通. 당호는 함허涵虛. 통상 함허득통이라 부른다. 21세 때 성균관에서 같이 공부하던 벗의 죽음을 보고 세상의 무상함과 몸의 허망함을 느껴 1396년(태

서 유교를 회통시키고자 한 대표적 고승이다. 그의 대표작이라 할 수 있는 『현정론顯正論』은 성리학자들의 배불론 논거들을 질문으로 삼아 그에 대해 불교적인 입장에서 답변을 제시하는 형식으로 되어 있다. 또 『유석질의론儒釋質疑論』[548]은 불교와 유학의 성性 개념 비교, 불교의 오계五戒와 유학의 오상五常 비교 등 총 19개 항목의 문답 형식으로 구성되어 있다. 그 내용의 전체적 흐름은 당시 만연했던 배불에 대응하고 불교와 유교를 조화시키고자 하였다.

기화는 성리학을 통하여 시대 상황에 대한 비판적이고 개혁적인 의지를 키웠던 성균관 유생에서 시작하여, 후일 불교에 입문하여 승려로서 활동했다. 그는 자신의 유·불 사상을 기반으로 여말선초의 혼란기를 주체적으로 대응해 나간다. 특히 유교입국儒教立國을 앞세운 유학자들의 배불 사상과 그에 따른 숭유억불 정책에 대한 근본적인 반론 제기와 함께 유·불 조화론의 방향을 제시했다.

이러한 그의 생애를 성균관 유생으로 성리학에 몰두했던 출가 전과, 승려로서 활동한 출가 이후로 구분하여 살펴보겠다. 먼저 기화의 유교관을 살펴보면, 그는 출가하기 전 성균관에서 『사서집주四書集註』를 중심으로 성리학을 수학했다. 성균관에서 성리학을 통한 실천적 윤리 도덕을 배우고, 당시 정치와 사회의 개혁을 통한 유교적 이상사회

조 5년) 출가했다. 1397년 회암사檜巖寺에 가서 무학 대사를 만나 가르침을 받았다. 선사상과 관련되는 저서로는 『원각경소圓覺經疏』 3권, 『금강경오가해설의』 2권 1책, 『윤관綸貫』 1권, 『함허화상어록涵虛和尙語錄』 1권이 있다.

548 현존하는 『유석질의론』의 판본에는 서문과 발문이 없을 뿐 아니라 저술 의도와 저자까지도 명기되어 있지 않아 저자에 논란이 있으나, 기존 학계의 연구 성과에 따라 기화의 작품으로 전제한다.

도 꿈꾸었을 것이다. 이러한 성균관의 유교 이념의 구현을 위한 의지는 기화의 행장에서도 찾아볼 수 있다.

유교의 배불에 맞선 불교계의 대표적 인물인 함허 득통

> 반관泮官에 들어가 공부할 때는 하루 수천 개의 말을 기억했고, 조금 자라서는 일관一貫의 도道를 통할만큼 명민明敏했으며, 장차 북쪽을 향해 임금의 명을 대양對揚하면 임금에게 충성하고 백성을 윤택하게 하며, 인륜을 세울 때는 반드시 주周·소召에 부끄럽지 않을 것이다.[549]

성리학을 기반으로 한 과거제도를 거쳐 관직에 나아가서는 충효를 수신修身의 근본으로 삼고, 주나라 무왕武王을 도와 덕치德治를 실현시킨 주공단周公旦과 소공석召公奭의 예처럼 유학을 통해 정치와 사회에 기여하고자 한 것이다. 후일 『현정론』에서 "일찍이 경사經史에서 정주程朱의 헐뜯음만 듣고 불타의 옳고 그름은 알지 못했다"[550]라고 회고한

549 野夫, 「涵虛堂得通和尙行狀」(『韓國佛教全書』 7, p.250c), "幼入泮宮 日記千餘言 少長深達一貫之唯 明經講學 擅其嘉聲 制述文詞 理致幽微 百爾出言 鏗鏘婉麗 錦上添花 未足爲喩 人之言曰 將北面而對揚休命 則致君澤民 經緯人倫 必無愧於周召矣."

550 『顯正論』(『韓國佛教全書』 7, p.220a), "素但聞經史 程周毁 未不識浮圖是與非."

것처럼, 성리학 수학 시절에는 일반 유생들처럼 그도 불교계의 폐단과 모순을 집중적으로 비판했다고 짐작할 수 있다.

출가 전에 기화가 성리학의 수학기에 탐독했던 『주역』과 『사서四書』는 이후 『현정론』과 『유석질의론』을 통하여 그의 사상을 전개시키는 과정에서 구체적인 논증으로 활용되었을 뿐만 아니라 불경의 주석에도 인용될 만큼 광범위하게 활용되었다. 기화는 『주역』을 활용하여 출가 이후 무극과 음양오행, 그리고 팔괘의 성상과 기의 운행 등을 불교의 삼신불(三身佛: 法·報·化身佛)과 불보살의 공덕에 배대配對하여 체體·상相·용用의 논리를 전개했다.[551] 뿐만 아니라 불타의 강생降生과 인과론을 『주역』과 비교하여 설명함으로써 유·불의 동이同異를 밝혔다.

한편 『사서』는 실천윤리에서부터 형이상학적인 우주본체론宇宙本體論에 이르기까지 성리학의 핵심 사상을 전반적으로 포괄하고 있다. 기화는 유교 사상의 비합리성을 비판하는 데 『사서』를 활용했다. 유학자들이 주장하는 실천윤리의 모순을 지적하고 화복론과 오계 등의 교리를 중심으로 불교의 정당성을 주장하면서 성리학의 우주본체론, 윤리 도덕론, 그리고 심성론을 인용했다.

요컨대 그가 성균관 유생 시절 수학한 경經·사史·자子·집集은 독자적인 학문관을 성립할 수준으로 발전시키지는 못했지만, 출가 이후 유학자들에 의해 전개된 배불의 부당성을 논리적으로 반박하고 유·불 일치와 조화론을 전개시키는 역할을 했다.

---

551 『儒釋質疑論』(『韓國佛教全書』 7, pp.261b~262b).

이러한 유교관에 이어 기화의 불교관을 살펴보자. 그는 1396년(태조 5년) 21세 때 관악산 의상암에서 출가하는데, 출가 동기에 대해서는 두 가지 설이 있다. 하나는 문인門人 야부野夫의 기록으로 '21세가 되었을 때 성균관 우생友生의 죽음을 통해 삶의 무상함과 육신의 허망함을 알게 되어 출가했다'는 설[552]이다. 다른 하나는 다음 행장의 내용을 통해 추측해볼 수 있는데, 그에게 유교에서 불교로의 사상적 전환을 가져오는 계기를 알 수 있다.

> 내가 출가하기 전에 해월海月이라는 스님이 내게서 『논어』를 배우다가 "널리 사랑과 은혜를 베풀어 뭇 사람을 구제하는 것을 요순堯舜도 부족하게 여긴다"는 대문의 주석에 "인자는 천지만물을 한몸이라고 생각한다"는 말에 이르러 책을 놓고 내게 질문했다. "맹자는 인자仁者입니까?" "그렇소." "닭이나 돼지나 개는 만물입니까?" "그렇소." "인자는 천지만물을 한몸이라 생각한다 하니 이는 참으로 이치에 맞는 말입니다. 맹자가 진실로 인자며, 닭이나 돼지나 개를 만물이라 한다면, 어찌하여 닭이나 돼지나 개를 기르는 데 있어 그 때를 놓치지 않으면 칠십 되는 노인도 그 고기를 먹을 수 있다고 했습니까?" 그리하여 늘 이 의문을 품은 채 오랫동안 답하지 못했다. …… 그러다가 이듬해 병자년(1396)에 삼각산三角山에 놀다가 승가사僧伽寺에 이르러 어떤 노승老僧과 밤에 이야기하던 차에, 그 노승이 "불교에는 십중대계十重大戒가 있으니 그 첫째가 살생하지 않는

---

552 野夫, 「涵虛得通和尙行狀」(『韓國佛敎全書』 7, p.250c), "年之二十一 見同館友生之亡 知世無常 觀身虛幻."

> 것이다" 했다. 그때에 나는 의심이 풀리고 마음으로 복종하여 '이것은 참으로 인인仁人의 행으로서 인도仁道를 깊이 체득體得한 말이다' 하고 그때부터는 유교와 불교의 차이를 의심하지 않았다.[553]

그는 승려 해월海月에게 『논어』를 가르치다가 "천하 만물이 한몸이라 생각하는 맹자가 천하 만물 가운데 하나인 닭과 돼지 등을 죽여 칠십 노모를 공양했는가?" 하는 질문을 받고 오랫동안 이 문제를 고민했다. 당시는 유자와 승려가 자연스레 교유하며 친분을 쌓던 시기였던지라, 그는 삼각산 승가사 노승老僧과의 만남 이후 불교에 불살생不殺生의 계율이 있음을 듣고 의문을 풀게 된다.

기화는 당시 유학자들처럼 불교를 부정하지 않았고, 더 나아가 유교와 불교가 결코 다르지 않다는 것을 깨닫고 출가를 하게 된다. 그는 나옹혜근(懶翁惠勤, 1320~1376)의 영향을 받아 선풍진작禪風振作의 불교관을 가지고 선禪 중심의 교학 연구에도 관심을 갖는다. 또한 그로 인해 독자적인 사상을 형성해 나가며 선종 계통의 소의경전과 그 외 대승경전에 설의說誼와 소疏, 발문跋文 등을 지었다. 이러한 그의 활동은 불립문자不立文字, 교외별전敎外別傳, 직지인심直指人心,

---

553 『顯正論』(『韓國佛敎全書』 7, p.220a), "余未出家 有釋曰海月者 讀論語於予 至搏施濟衆 堯舜其猶病諸 註云仁者 以天地萬物 爲一己之言 置卷而問予曰 孟子仁者乎 曰然 雞豚狗彘萬物乎 曰然 曰仁者以天地萬物爲一己 此眞稱理之談也 孟子苟爲仁者 而雞豚狗彘 又爲萬物 則何以云雞豚狗彘之畜無失其時 七十者可以食肉乎 予於是辭窮而未能答 …… 越丙子許游三角山 到僧伽寺 與一老禪夜話話次 禪云佛有十重大戒 一不殺生 予於是釋然心服 而自謂此眞仁人之行也 而深體乎仁道之語也."

견성성불見性成佛을 종지로 한 여말선초 선종의 일반적인 풍조와는 차이가 있다.

그는 『금강반야바라밀경』에 많은 관심을 가졌는데,[554] 그가 『금강경』에 특별히 주목한 이유는 아마 수행에 있어 이 경이 차지하는 가치와 현실적이고 실천적인 성격에서 찾을 수 있을 것이다. 결국 『금강경』에 대한 그의 관심은 배불적인 시대 상황에 대한 주체적 대응 논리로 연결된다. 『금강경오가해설의金剛經五家解說誼』에서 그는 『금강경』이 상대적이고 대립적인 성격을 지닌 아상我相·인상人相과 같은 번뇌를 반야지혜로써 끊게 하고, 수승殊勝한 지혜로써 무명을 밝힌다[555]는 점에서 다른 경전에 비해 탁월하다고 찬탄한다.

유학자들에 의해 전개된 배불론에 대한 반론으로 저술된 『현정론』과 『유석질의론』의 내용과 논리 구조는 현실 대응과 관련하여 『금강경오가해설의』에서 제시하는 실제적인 반야관과 조선 초 불교계의 실천 지향적인 모습을 보여준다. 곧 『금강경』의 사상과 논리 구조는 조선 초 불교에 대한 사상적 비판과 승단 비판의 위협적인 분위기

554 함허는 1406년에서 1408년까지 3년 동안 공덕산 대승사에서, 1417년 자모산 연봉사, 그리고 1421년 어찰 대자사에서 『금강경』을 강론했다. 이 밖에 『금강경』에 주석을 첨가한 중국의 선종오가禪宗五家의 『금강경오가해金剛經五家解』에 설의를 붙인 『오가해설의』를 저술했으며, 경의 본문과 구성에 대한 의문점을 지적하고 분석한 『금강경륜관金剛經綸貫』을 저술하기까지 했다. 오경후, 「조선 초기 함허당 기화의 유불 조화론 연구」, 동국대학교 석사학위논문, 1995, p.17 참조.

555 「五家解序說」, 『金剛經五家解說誼』 권上(『韓國佛敎全書』 7, pp.11c~12a), "以金剛之堅利 剗我人之稠林 照慧日於重昏."

속에서, 성리학자들의 비판에 대한 불교계의 대응 논리적 의미를 갖는다. 그것은 배불에 대한 기화의 대응 자세와 유·불 조화론이 『금강경』의 반야사상과 긴밀한 상관관계를 맺고 있기 때문이다.

기화는 성리학자들의 배불 이론을 상대적이고 대립적인 편견으로 보고 『금강경』과 맥락을 같이하여 이를 부정의 대상이라고 보았다. 『금강경』의 논리 전개는 '부정의 논리'(A는 A가 아니기에 곧 A이다)라고 할 수 있다. 이 부정의 논리에서 A의 본질은 무엇인가? 『금강경』에서 궁극적으로 표방하고 있는 A의 본질은 경험적이고 상대적인 분별을 떠나서 곧 공空이라고 할 수 있는데, 이때의 공은 부정의 논리 속에 이미 내재해 있다. 따라서 『금강경』 논리 구조의 명확한 이해를 위해서는 부정의 대상을 고찰하는 것이 필요한데, 이 경전의 사상과 논리 구조가 곧 기화의 불교적 대응 논리에 적용될 수 있다.

> 이 모든 중생이 만약 마음에 상相을 취하면 아상·인상·중생상·수자상(我人衆生壽者)에 집착함이 되나니.[556]

> 여래가 제도할 중생이 있다고 한다면 곧 아상·인상·중생상·수자상이 있음이라.[557]

---

556 「正信稀有分」, 『金剛經五家解說誼』 권上(『韓國佛敎全書』 7, p.41c), "是諸衆生若心取相 卽爲著我人衆生壽者."

557 「化無所化分」, 『金剛經五家解說誼』 권上(『韓國佛敎全書』 7, p.90b), "若有衆生如來度者 如來 卽有我人衆生壽者."

중생이 마음에 상을 취하면 집착이 되며, 여래 또한 중생이라고 하는 상과 중생을 제도했다는 상이 있다면 곧 여래가 아닌 것으로서, 이는 『금강경』의 핵심 구절이다. 결국 사상(四相: 아상·인상·중생상·수자상)은 『금강경』에서 부정되고 극복되어야 할 파사破邪의 대상을 보여주는 것으로서 사상四相을 가진 중생, 그리고 중생이 사상을 지닌 채 바라보는 여래조차도 파사의 대상이다.

그러므로 상相의 유무가 중생과 여래의 차이가 되는 것으로, '부정의 논리'는 부정의 논리이면서도 긍정의 논리이다. 이른바 파사즉현정破邪卽顯正의 맥락으로 이해할 수 있다. 이상과 같은 반야사상의 논리 구조에 입각하여 기화는 여말선초 유학자의 배불론에 대해 반론을 제기하고 유·불 사상의 조화론을 전개할 수 있었던 것이다.

이러한 기화의 유교관과 불교관을 바탕으로 유·불 조화론적 관점으로 대응한 내용을 자세히 살펴보자. 그의 호불 이론이자, 유·불 회통에 대한 대표적 저술 『현정론』은 8,600자에 불과한 비교적 짧은 글이다. 원래 『현정론』의 현정顯正이란 '파사현정(破邪顯正: 잘못된 집착을 타파하는 것이 파사이고, 옳은 도리를 드러내는 것이 현정)'의 줄임말로서, 그는 당시 조선 초 급변하는 억불의 큰 시대적 흐름에 맞서 '파사'의 소임보다는 '현정'의 시대적 소임을 맡은 것으로 보인다.

먼저, 인과보응과 윤회를 비판하며 이단 사상이라 하는 배불론자들의 주장은 삼세의 부정과 영혼의 존재 부정으로 이어지고 있다. 이에 기화는 윤회설을 증명하기 위하여, 비록 삼세는 인정하지 않으나 상주하는 개체적 영혼이 존재하는 것을 유교에서도 인정하고 있다고 말한다. 『시전詩傳』에 "문왕의 오르고 내림이 상제의 좌우에 있다"는 구절이 유교에서 영혼을 인정하는 구절이라는 것이다. 이어서 몇몇 일화를 예로 들며 인간의 전생과 후생으로 달리 태어나는 것이 역사적 사실이라고 설명하고 있다.

『현정론』에서는 이와 같이 배불론자들이 비판하는 불교의 가르침을 유교에서도 찾아볼 수 있다는 방식과 함께 역사적 일화를 제시하는 방식을 즐겨 사용함으로써 적의 논리로써 적을 치는 '이이제이以夷制夷'의 전법을 사용하고 있다.

인과와 윤회에 관한 인정 여부가 유교와 불교 사이에 가장 큰 의견 차이를 보이고 있는 문제로 인식한 기화는 먼저 삼세를 부정하는 유학자들의 주장을 『현정론』에서 인용한다. 경험론적 입장을 취하는 유교에서는 전생과 후생의 존재를 증명할 수 없고 이는 사람을 미혹시킨다고 본다.[558] 이와 더불어 배불론자들은 윤회의 주체를 부정함으로써 삼세윤회가 성립할 수 없다는 논리를 제시한다. 이는 앞서 중국의 유·불 대립에서 살펴보았던 유학자들의 '신멸론神滅論'의 입장과 같은 것으로서, 조선 초 배불론자들 또한 이를 계승하여 연속적인 영혼의 존재를 부정했다. 또한 유학자들은 자신들이 지닌 혼백 개념에 의거하여 사후세계를 말하는 불교 사상을 인정할 수 없었다.[559] 유학자들이 사후세계를 부정하는 근거는 전형적인 기氣일원론적 인간관이다.

---

558 『顯正論』(『韓國佛教全書』 7, p.223a), "今浮圖言其前後 而幷其死生之間 謂之三世 夫生前死後 非耳目之所接 孰親視之乎 以之惑人 豈非誕也."

559 앞의 책(『韓國佛教全書』 7, p.221b), "人之生也 陰以稟其質 陽以稟其氣 一陰一陽 配爲魂魄而成形 及其死也 魂昇魄降而就盡 夫人之所以有知覺者 以其心也 心也者 魂魄之合而一身之主也 其死也 與氣俱散 而更無有形 神尙留於冥漠之中 誰更受福受殃."

사람이 태어나는 것은 기가 모이는 것이고, 사람이 죽는 것은 기가 흩어지는 것이다. 따라서 인간이 죽으면 기가 흩어지므로 개체성이나 연속성을 가지고 남아 있는 존재가 없다고 비판한다. 이렇게 윤회를 부정하는 비판에 대해 『현정론』에서는 삼세란 자연의 법칙과 같은 것이라고 대응한다.

> 사람의 생사는 마치 밤낮이 서로 뒤바뀌는 것과 같다. 이미 뒤바뀜이 있다면 저절로 전후를 이룬다. 낮은 지난 밤을 먼저로 하고 오는 밤을 뒤로 하며, 밤은 지난 날을 먼저로 하고 오는 날을 뒤로 한다. 그리하여 밤과 낮들이 각각 전후와 함께 삼제三際가 되는 것이다. 주야가 그렇다면 세월도 그렇고, 세월이 그렇다면 생사도 그러할 것이니, 영원한 과거와 영원한 미래도 이로써 알 수 있는 것이다. 『주역』에서는 "과거를 밝히고 미래를 살핀다" 했는데, 득실의 과보로 왕래의 말을 밝힌 것이니 어찌 전후(전생과 후생)를 말한 것이 아니랴. 삼세의 말을 터무니없다 하는 것은 아직 이를 생각하지 못한 것이다.[560]

기화는 사람의 생사는 주야의 변화와 같은 것이라고 했다. 주야의 변화처럼 분명하게 삼세는 존재하는 것이나, 평범한 인간이 경험적으

---

560 『顯正論』(『韓國佛教全書』 7, pp.223a~b), "人之生死 猶晝夜之代謝 則有代謝 則自成前後 晝則以去 夜爲前 來夜爲後 夜則以去日爲前 來日爲後 幷其晝夜 自成三際 晝夜旣尒 歲月亦然 歲月旣尒 死生亦然 已往之無始 未來之無窮 亦由是而可知也 易云彰往察來 明失得之報 往來之言 豈非所謂前後乎 以三世之說爲誕者 未之思也."

로 인식하지 못할 뿐이라고 주장한다.

여말선초 당시 정도전을 비롯한 유생들의 배불론에서 자주 등장하는 것은, 불교는 인륜을 멸하며 따라서 불교는 이단이라는 논리였다. 당시 배불론자들은 끊임없이 상소를 올려 불교가 임금과 어버이의 윤리를 끊는 사상이기에, 승려를 환속시키고 사찰을 폐할 것을 건의했다. 불교의 출가주의가 불효·불충하다는 비판에 대해 기화는 불교의 계율 정신은 유교의 효와 다르지 않으며, 『원각경』에서 말하는 마음은 밝은 것이어서 만사에 바르게 적용되는 것이라고 대응한다. 불교에도 충·효를 가르치고 있으며, 사물에 바르게 대응하는 원리가 있는 것이 분명함에도 불구하고 유학자들은 그러한 측면을 외면하고 있다고 주장한다.

그러면서 『현정론』에서는 출가를 중심으로 하는 불교가 인륜을 해친다는 유가 측의 주장을 3가지로 정리한다. 첫째, 불효의 가르침이라는 이유로, 승려들이 출가하여 '후사를 잇지 못하는 것', '제사를 지내지 못하는 것'을 들고 있다.[561] 둘째, 불충이라는 가르침에 대해서는 출가를 이유로 '왕을 섬기지 않는 것'을 들고 있다.[562] 셋째, 불교가 유해한 가르침이라는 것에 대해서는 출가자가 '경제생활을 하지 않고 걸식으로 생활하는 것'이 사회에 폐를 끼친다는 것이다.[563]

---

561 앞의 책(『韓國佛教全書』 7, p.218b), "儒之言曰 男有室女有家 以嗣家業 不絶厥祀 可謂孝矣 今浮圖氏 絶婚姻去人倫 長往山林 永絶後嗣 豈可謂孝乎."

562 앞의 책(『韓國佛教全書』 7, p.219a), "人生斯世 當盡忠於君 傾誠輔國 今浮圖氏 不朝天子 不事王侯 高棲遐擧 坐觀成敗 豈可謂忠乎."

563 앞의 책(『韓國佛教全書』 7, p.224a), "尒浮圖輩 逸爲遊民 不蠶不耕 而衣食於人故 民被其惱 屢至於窮 其爲廢也 不亦大哉."

이러한 유학자들의 사회·윤리적 비판은 진호국가설의 부정으로 이어지게 된다. 이러한 주장에 대해 『현정론』에서는 충효에 대해 다소 긍정적인 태도를 취하며 유생들의 의견에 부분적으로 타당성이 있음을 인정하고 있다.[564] 그러나 그것은 원리적으로는 그러하지만 현실적인 실천에 있어서는 한계가 있음을 지적한다. 사람이란 누구나 부모에 의탁하여 태어나며, 사회적으로는 국가에 의탁하여 살아가므로 효와 충은 사람의 당연한 도리임을 인정하면서도 일반 사람들 또한 충효를 제대로 지키기 어렵다는 사실을 제시한다. "신하가 되었다 하여 충효를 다하기는 어려우며, 혼인은 했으나 종신토록 바른 도를 지키고 제사를 받들되 마음을 다해 극진히 하기는 더욱 어려운 일이다"[565]라고 한 것이다.

또한 충효의 실천에 따르는 것이 '살아서는 좋은 이름을 잃지 않고, 죽어서는 인간에 날 수 있을 뿐'이라며, 오히려 '애욕을 끊고 윤회에서 벗어나는 것'이 중요하다고 했다. 윤회를 인정하지 않는 유교 윤리의 한계와 그 세간적 성격을 불교의 출세간적 관점으로 지적하면서 대응하고 있는 것이다. 기화의 이러한 관점은 종교적·사상적 대립을 조화시키고자 하는 의도에 근거한 것으로, 불교의 실천윤리 부재를 비판하는 당시 유학자들의 대립적인 시각과는 차이가 있다. 그리고 윤회를 벗어나려면 애욕을 끊고 출가가 필요하다는 주장을 한다.

---

564 앞의 책(『韓國佛教全書』 7, p.218b), "夫人也 托父母而受生 寄君國以得存 入孝出忠 固臣者所當爲也."

565 앞의 책(『韓國佛教全書』 7, p.218b), "然爲臣者而盡忠孝者難矣. 婚姻而終身守正奉祀而盡心致齋者 又其難矣."

> 윤회를 면하자면 먼저 애욕을 끊어야 하고, 애욕을 끊고자 하면 먼저 처자를 버려야 하고, 처자를 버리자면 모름지기 티끌세상을 벗어나야 한다.[566]

마지막으로 기화는 출가를 통해 윤회를 벗어난 큰 성인이 되는 것이 공자도 말한 효의 완성이 될 수 있다고 역설한다. "덕을 갖추고 도를 행하여 그 이름을 후세에 떨쳐 부모를 빛내는 것이 효도의 마지막이다"[567]라는 공자의 말을 인용하여, 출가하여 불타처럼 부모의 이름을 크게 빛내면 최고의 효가 된다는 논리를 내세워 불교가 이단의 가르침이 아니라는 것을 주장하고 있다.

또 그는 조석예불朝夕禮佛의 축원을 통해 승려가 임금과 나라에 충성하고 있으며, 불타가 행한 부모에 대한 효를 예로 들고, 세간의 사중은四重恩과 관련하여 승려들이 지켜야 할 윤리를 논하면서 불교 또한 사회적 참여를 한다고 주장한다.

> 출가한 이들이 모두 아침에는 향을 사르고 저녁에는 등불을 켜 임금과 나라를 위해 축원한다. 어찌 충忠이라 말하지 않겠는가. 또 임금이 작록爵祿으로써 선을 권하고, 형벌刑罰로써 악을 금지하는 것 외에 우리 불타께서 "선행을 하면 경사를 부르고 악행을 하면 재앙이 온다"고 함을 보이면 듣는 사람들이 저절로 악한 마음을

---

566 앞의 책(『韓國佛敎全書』 7, p.218c), "欲免輪廻 先斷愛欲 欲斷愛欲 先去妻子 欲去妻子 須出塵埃."

567 『孝經』, 「開宗明義」, "立身行道 揚名於後世 以顯父母 孝之終也."

거두고 선한 뜻을 내게 될 것이다. 우리 불타의 가르침은 작상爵償의 권함과 형벌의 위엄을 빌리지 않고도 사람들을 모두 교화에 나아가게 한다. 어찌 임금과 나라에 도움이 없다 하겠는가.[568]

우선 국가의 충에 있어 기화는 '출가한 승려도 아침저녁으로 임금과 나라를 위해 축원하고 있다'고 했다. 곧 조석으로 행하고 있는 의식을 통하여 임금과 신하, 중생과 더불어 천하가 태평하기를 기원하고 있음을 강조하고 있다. 임금이 작록爵祿과 형벌로 백성의 선악에 응하는 것과는 달리, 선행은 경사를 부르고 악행을 하면 재앙이 온다 하여 작상과 형벌을 빌리지 않는 불교가 보다 근본적인 윤리적 교화임을 강조하고 있는 것이다.

기화는 승려들의 사회적 역할과 의무도 강조하는데, 승려로서 진리를 펴서 지혜가 계속 이어지게 하고, 사람을 이롭게 하고, 사람을 올바르게 인도하여 책무를 다했을 때 봉양을 받아도 부끄럽지 않다[569]고 하면서 승려의 도리에 대해 강조하고 있다.

맹자는 "여기 어떤 사람이 있다. 그는 들어오면 부모께 효도하고

568 앞의 책(『韓國佛教全書』 7, p.219a), "又令凡出家者 莫不朝焚夕點而祝君祝國 可不謂之忠乎且君者 爵祿以勸善 刑罰以禁惡之外吾佛示之以爲善招慶 爲惡招殃 人之聞者 自然收其惡心 發其善意 吾佛之敎 不假爵賞之勸 刑罰之威 令人靡然趨化 豈無輔於君國乎."

569 앞의 책(『韓國佛教全書』 7, pp.224a~b), "曰僧之任在弘法利生 弘法而令慧命不斷 利生而使人人自善 是僧之務也 苟能如是 則可無愧於爲人之所奉矣 苟不能然 是其人之罪也."

> 나가면 사람들을 공경한다. 선왕의 도를 지키며 후세의 학자들을 기다리는데도 그대에게 봉양奉養을 받지 못한다면, 그대는 왜 목수나 수레 만드는 사람들은 존경하면서도 인의仁義를 실천하는 사람은 가벼이 여기는가?" 했다. 이것은 도를 지키고 사람들을 이롭게 한다면 남에게 의식을 의탁해도 된다는 말이 아니겠는가.[570]

여기에서는 '목수나 수레를 만드는 사람보다 존경받지 못하는 인의를 실천하는 사람'을 '도를 지키고 사람을 이롭게 하여 남에게 의식을 의탁하는 승려'와 동일시하여 승려의 무위도식을 비판하는 당시 유학자들의 주장을 반박하고 있다. 기화는 배불론과는 달리 유학에 대한 적극적인 배척이나 또는 일방적으로 불교의 우위성을 주장하는 것이 아니라, 세간법으로서 유학의 필요성을 인정하면서도, 유학을 보완하는 기능으로서 불교의 존재 가치를 내세웠다.

이처럼 『현정론』은 당시 '이단'과 '진호국가설의 부정'에 대한 불교의 적절한 대응이었다고 볼 수 있다.

조선 초기 또 하나의 호불 이론서인 『유석질의론』은 『현정론』 분량의 3배가 넘는 26,000여 자의 2권 1책으로 되어 있다. 그 상·하권 각각에 서론이 있고, 상권에 7개, 하권에 12개에 이르는 총 19개의 문답으로 구성되어 있다. 『유석질의론』은 『불씨잡변』에서 보이는 배불론의 영향을 받은 것으로 보고 있다.

---

570 앞의 책(『韓國佛教全書』 7, p.224b), "孟子曰 於此有人焉 入則孝出則悌 守先王之道 以待後之學者 不得食於子 子何尊梓匠輪輿而輕爲仁義者哉 此豈非以守道利人而可衣食於人乎."

『유석질의론』에서는 유·불·도 삼교를 심心·성性·기氣로 그 특성을 요약하여 각각 유교와 도교, 그리고 불교에 배대하여 이를 회통시키고자 했다. 곧 "불교는 진공眞空이어서 성체性體라고 하며, 도교는 곡신谷神이라 말하니 변화를 밝혔다고 하고, 유교에서는 대본大本이라 말하니 사물을 의지해서 말한다"라고 정리하고 있다. 한편 유·불·도의 관계를 나무에 비유하기도 한다. 땅이 나무를 함양하고 있는 것은 불교에, 종자가 싹이 트는 것은 도교에, 가지와 나무가 한 근원의 이치는 유교에 대응시키고 있다. 그러므로 삼교의 어느 하나를 내세워 다른 것들을 배격할 수 없다는 것이다.

이처럼 『유석질의론』은 삼교를 회통하고자 하며, 특히 음양론과 역학, 그리고 출세간의 논리에 바탕을 두고 유교와 불교를 습합시키고자 하는 데 역점을 두고 있다. 『유석질의론』은 유교, 특히 『주역』의 관점에서 불교를 해석한 것이라고도 할 수 있는데, 석존의 일생, 삼신三身, 불교의 역사 등을 상수적으로 해석한 것이 그 단적인 예다.

『유석질의론』에서는 '하도와 낙서'를 유교의 교리에서 가장 수준 높은 것으로 평가한다. 불교의 가르침과 『주역』이 일치함을 증명하기 위해 『유식질의론』의 절반이 넘는 분량을 불교와 상수적 역학의 동일성을 규명하는 데 할애하고 있는데, 이것은 곧 숭유억불의 사회적 분위기에서 불교가 회생하기 위한 전략적 대응이라고 할 수 있다.

또한 『유석질의론』은 유교의 음양론을 깊이 수용하여 자신의 논지를 전개하는 특성을 보이고 있다. 먼저 인과와 보응이 하늘의 태양과 같이 분명히 실재한다고 말한다. 누구나 밤과 낮의 존재를 인정하듯이, 전생·현생·내생은 분명히 존재하기에 인정해야 한다고 하였다. 그리고 밤과 낮을 삼세에 비유하는 또 다른 이유는 삼세의 개념을 유교의 음양론으로 설명하기 위해서였다.

> 이른바 삼세三世라는 것은 밤과 낮의 도다. 낮이 장차 반半이 되면 음기陰氣가 이미 오중午中에서 싹튼다. 그러나 밤이 오히려 이르지 않는 것은 삼시(三時: 미未·신申·유酉)니 이것을 인因이라 말하고, 이미 저물고 나면 음陰의 과果가 이른다. 밤이 장차 반半이 되면 양기가 이미 자중子中에서 싹이 튼다. 그러나 낮이 오히려 이르지 않는 것은 삼시(축丑·인寅·묘卯)니 이것을 인因이라 말하고, 이미 날이 밝아지면 양의 과果에 이른다.[571]

밤과 낮의 변화는 음양의 변화(유교의 진리)를 통해 이루어지며, 음양의 변화란 곧 인과(불교의 진리)와 같은 것이라고 주장한다. 이는 인과와 음양의 관계를 리理와 기氣의 관계로 파악하고, 음양이라는 기의 변화는 인과라는 이치에 의한 것이라는 주장이다. 『유석질의론』의 인과설은 이러한 논리를 채용하여 '음양 인과설'을 주장하고 있는 점이 주목된다.

불교에서는 현재의 행복과 불행이 과거의 결과이며, 현재의 삶이 미래의 원인이라고 하여 도덕적 성찰을 역설한다. 이러한 불교의 인과론을, 예컨대 "착한 과보를 이미 자기에게서 찾았다면 악을 행한

---

571 『儒釋質疑論』(『韓國佛教全書』 7, p.272b), "所謂三世者 晝夜之道也 晝之將半也 陰氣已萌于午中 然夜猶未至者三時 是之謂因也 既昏則陰之果至矣 夜之將半也 陽氣已萌于子中 然晝猶未至者三時 是之謂因也 既曉則陽之果至矣."

과보인들 어찌 다른 사람에게 가겠는가"라고 하며 이를 『역易』의 "착함을 쌓은 집안은 반드시 경사로움의 여유가 있고, 착하지 못함을 쌓은 집안은 반드시 남은 재앙이 있다"고 한 내용과 연결시키고 있다. 이러한 설명은 과거·현재·미래의 상관관계에 따라 틀림없는 법칙이 있다는 것이다. 곧 "선인善因에는 선과善果가 있고, 악인惡因에는 악과惡果가 있다"는 것으로, 이는 "콩 심은 데 콩이 나고, 팥 심은 데 팥이 난다"는 논리다. 이러한 논리로서 한 알의 곡식을 통해 만 알의 결과를 얻어내는[572] 생생生生의 이치를 음양 인과설에서 찾고 있다. 이러한 점은 다음의 인용문에서 잘 알 수 있다.

> 또 음양주야陰陽晝夜가 인과에서 벗어나지 않는다면 중간에서 물物이 된 것이 유독 그것이 없겠는가? 음양주야가 왕복해서 다함이 없는 것은 원기元氣가 주재가 되기 때문이고, 세상의 만물이 생생하여 끊어지지 않는 것은 정신이 주재가 되기 때문이다. 정신이 오음五陰에 처함은 사람이 옥택屋宅에 처함과 같을 뿐이니, 옛 것을 버리고 새로운 곳에 나아가는데 무슨 의심이 있겠는가?[573]

음양주야라는 인과의 변화 속에서 선악 간의 과보뿐 아니라 만물이

572 앞의 책(『韓國佛敎全書』 7, p.272b), "所謂因果者 種菽得菽種麥得麥之謂也 故曰 春種一粒粟 秋收萬顆子."

573 앞의 책(『韓國佛敎全書』 7, p.272b), "且陰陽晝夜 而不出乎因果 則中而爲物者 果獨無之乎 使陰陽晝夜 而往復無窮者 元氣爲之主也 使三世萬物 而生生不絶者 精神爲之主也 精神之處五陰 猶人之處屋宅耳 棄故趣新 何疑之有哉."

생생하여 끊임이 없다는 것이다. 이런 식의 '음양 인과설'은 매우 독특한 주장으로, 상대방의 '음양설'을 장점으로 수용하여 '유·불 조화론적' 모습을 보여주고 있다고 평가된다. 이러한 태도는 상수적인 역학을 수용하는 자세를 통해 다시 확인할 수 있다.

『유석질의론』에서는 『현정론』에 비해 심성에 대한 언급이 자주 나오는 편이나, 『불씨잡변』 등에서 나오는 불교 비판을 염두에 두고 심성설을 제기하지는 않은 것으로 보인다. 왜냐하면 『불씨잡변』에서 지적하는 문제에 대해 정확하게 대응하지 않고, 서로 다른 성性의 개념을 통해 불교의 우위성을 증명하려 하고 있기 때문이다.

기화는 유교와 불교에서 거론하는 성性이 이름은 같으나 내용은 다르다고 파악한다. 『중용』에서 말하는 천명의 성性과 『맹자』에서 말하는 '본성의 착함' 등을 언급하면서 이는 '하늘(天)보다 뒤에 나오는 것으로 사람에게 부여된 것'[574]으로 보았다. 그런데 불교의 성은 천지보다 앞서 있어 천지 외물에 영향 받지 않으며[575] 맑고 원만하다고 『능엄경』의 구절을 인용하여 주장한다.

> 각해覺海의 성품은 맑고 원만하며, 맑고 원만한 깨달음은 크고 오묘하다. 원명元明이 비치어 대상이 생겨나고, 대상이 성립되면 비추는 성품은 없어진다. 미망하여 허공이 있고, 허공을 의지하여 세계가 성립되며 상징想澄이 국토를 이루니, 알고 깨닫는 것이

574 앞의 책(『韓國佛教全書』 7, p.253b), "是則後乎天而賦於人者也."

575 앞의 책(『韓國佛教全書』 7, p.253b), "天地之先 而不隨物生 不隨物變者 是也 此則善惡思議不及之地."

곧 중생이다.[576]

여기에서 알 수 있듯이 불교에서의 성(품)이란 '맑고 원만'하며 그렇기 때문에 그 깨달음은 크고 오묘하다. 그러한 크고 오묘한 밝음(元明)으로 대상이 드러나며 그와 동시에 비추는 성품이 사라진다. 그런데 미망으로 허공이 있고, 이 허공에 의지해 세계가 만들어진다. 또한 생각(想)이 오롯해져(澄) 국토를 이루니, 이처럼 알고 깨닫는 것이 곧 중생이다. 곧 불교에 있어 성(품)이란 깨달음의 본체로서 불성佛性인 것이다. 그러므로 본래 선천적으로 이미 주어져 있다고 보는 불교의 성은 후천적으로 품수한다고 하는 유가의 성과는 엄연히 다른 것이라고 그는 주장한다.

> (불교와 유교의) 두 전통에서 말하는 성이 이름은 같지만 내용은 다른데, 그대는 아직 변별하지 못하고 있으니 다시 그대를 위하여 풀이하여 주겠다. 『중용』에서 말하기를 "하늘의 명령을 일컬어 성性이라 하고, 성에 따르는 것을 일컬어 도道라 한다"고 했고, …… 주자朱子는 인의예지仁義禮智를 사람 본성의 벼리로 삼았다. 그런데 이러한 것들은 마치 "불의 성질은 뜨겁고, 물의 성질은 차갑다"라고 말하는 부류의 것이어서, 불과 물이 말미암아 생겨나는 바는 끝까지 다하지 못한 것이다. 이는 하늘보다 뒤에 나오는 것으로서 사람에게 부여된 것이다.[577]

---

576 앞의 책(『韓國佛敎全書』 7, p.253b), "楞嚴曰 覺海性澄圓 澄圓覺元妙元明照生所所立照性亡 迷妄有虛空 依空立世界 想澄成國土 知覺乃衆生."

『유석질의론』은 유교의 천리天理에서 천을 자연의 천으로 이해하여 물物로 보고 있는데, 유교의 성을 천과 관계를 지닌 인성의 의미로 파악한 것에 반하여, 불교의 성은 선천적이고 보편적인 깨달음의 당체로서의 불성으로 파악했다. 불교는 인간의 본성을 선천적인 것으로 파악하여 결코 자연 외물에 오염되거나 훼손되지 않는, 현상적 세계를 초월한 존재로 이해한다.

그렇지만 유가는 하늘의 명령, 곧 천명天命에 따라 품수된 것으로 파악하여 인간 본래의 것이 아니기 때문에 성은 사람에 따라 다를 수 있다는 것이다. 이러한 유가의 심성론에 대해 『유석질의론』은 불교의 심성론과 차이가 있다고 한다. 곧 심을 육단심肉團心으로만 이해하고 인간을 철저하게 유한한 존재로 인식함으로써 심心 내지 인간의 초월성을 보지 못하는 것이 바로 유가의 한계라는 것이다.

> 그(유가)가 말한 성은 하늘이 명령한 성(天命之性)일 뿐이다. 불타가 말한 원만대각성圓滿大覺性은 아니고, 그가 말한 심은 육단생멸심肉團生滅心일 뿐이어서 불타가 말한 진여청정심眞如淸淨心이 아니며, 그가 말한 도는 성을 따르는 도일 뿐이어서 불타가 말한 생사윤회를 벗어나는 묘한 도는 아니다.[578]

---

577 앞의 책(『韓國佛教全書』 7, pp.253b~c), "二家之言性 名同而實異 子猶未辨 更爲子析之 中庸曰 天命之謂性 率性之謂道 …… 朱子以仁義禮智 爲人性之綱等者 如云火性熱 水性涼之類 而未極乎水火之所由起 是則後乎天而賦於人者也."

578 앞의 책(『韓國佛教全書』 7, p.270b), "然其所謂性 天命之性耳 非佛之謂圓滿大覺之性也其所謂心 肉團生滅之心耳 非佛之謂眞如淸淨之心也 其所謂道 率性之道耳 非佛之謂脫生死免輪迴之妙道也."

위의 내용은 유교와 불교의 심성론을 명확하게 구분했다. 곧 유교의 성은 천명으로 주어진 것(天命之性)이며 심은 육단생멸심肉團生滅心인 데 반해, 불교에서의 성은 원만대각성圓滿大覺性이며 심은 진여청정심眞如淸淨心이다. 따라서 유교의 심성은 하늘(天命)과 신체(肉團)에 의해 명령받고 작용하는 예속적인 존재인 데 반하여, 불교에서의 심성은 세속은 물론이고 생사윤회까지도 초월하여 자재한 것이다. 따라서 불교의 심성론은 한계 지어진 유가의 수동적인 심성론과는 엄연히 구분되는 것으로, 인간의 자율성과 초월성을 최대한 발휘할 수 있는 '무량하고 묘한 도'인 것이다.

이러한 심성론에 바탕을 두고 유가는 인륜을 하늘이 명한 천륜이라고 간주하지만, 불교는 유가적 인륜이란 업에 따라 윤회하는 세간의 원리라고 본다. 천명지성天命之性과 육단심肉團心에 바탕을 둔 유가적 도덕주의는 이를 받아들이고 실행하는 각 개인의 능력에 따라 그 심성이 천차만별로 나누어진다. 그 결과 심성의 정도에 따라 인간이 차등화되고 구분되며, 이에 따라 계층적인 사회가 합리화된다. 그런데 이미 인간의 성(품)으로 주어져 있는 원만대각성圓滿大覺性과 진여청정심眞如淸淨心에 바탕한 불교는 자신의 능력과 상관없이 불성을 지닌 평등한 존재이며 존엄한 인격체이다. 왜냐하면 불성으로서 인간의 성품은 유가에서 주장하는 현상 구성적인 기氣나 리理로부터 완전히 벗어나 있는 절대 자율적 존재이기 때문이다.

따라서 불교적 진여심眞如心의 관점에서 보면 유가적 인간 이해는 인간의 마음을 리·기의 경험적 산물로만 간주하는 경험주의적 한계를 넘어서지 못하고 있다.[579] 결국 유가에 있어서는 인간의 차별성과 계층성만이 강조될 뿐, 인간 모두의 이념적 평등성과 동일성이 설명될 수 없다는 것이다. 이처럼 『유식질의론』에서 보여주고자 하는 것은 불교의 심성론에 비해 유교의 심성론이 많은 한계점을 지니고 있다는 것이다. 곧 불교의 심성론은 유교의 세간적이고 차별적인 윤리규범을 넘어서 일체 평등성과 자율성을 추구하는 자비와 윤리의 밑바탕이 된다.

지금까지 여말선초에 이루어진 배불의 시대 상황에 있어 불교적 입장에서 가장 적극적 대응을 시도한 기화의 사상을 살펴보았다. 그의 논리는 반야의 사상체계를 바탕으로 하고 있다. 반야는 모든 존재에 내재하는 보편자이며, 이 세계의 존재 근거이고, 궁극의 진리이지만, 세간과 출세간의 모든 존재와 진리는 그 사상체계에 따라 다르게 나타난다고 주장한다.

따라서 삼교 또는 유·불의 이름은 서로 다르지만, 보편적 진리로서는 성인들이 처한 시대와 문화적 조건에 따라 가르침을 폈기 때문에 현상적으로 드러난 가르침까지 동일할 수는 없다는 것이다. 이러한 모습을 이해하지 못하는 당시 배불론자들은 자신의 주장이나 사상만을 최고로 여기게 되고, 다른 사상은 이단으로 배척하며 독선적이고 배타적인 태도를 가지게 되었다는 것이다. 여기에서 종교에 대한 다원주의적 관점으로서 기화의 시각을 엿볼 수 있다. 이는 '모두를 인정하면서도 그 차별성을 합리화'하는 유·불 회통會通적[580] 모습으로

579 한자경, 「정도전의 불교 비판에 대한 비판적 고찰－우주 내에서 인간 心의 존재론적 위상에」, 『불교학연구』 6, 불교학연구회, 2003, p.100.

규정지을 수 있다.[581] 그리고 기화는 유·불 양교가 동일한 성격을 지닌 도라는 점도 함께 전제하고, 나아가 무분별지를 의미하는 '유·불 조화론'으로 발전시켰다. 이러한 관점을 토대로 유교 측에서 행하는 불교의 '이단화'와 '진호국가설의 부정'에 대한 기화의 대응이 이루어진 것이다.

앞서 살펴본 조선 초기 유학자들의 배불과 정치권력까지 수반된 공격에 대해 불교 측에서는 기화만 홀로 유·불 회통이라는 기조 아래 불교 교리에 대하여 논했을 뿐, 다른 승려들은 별다른 대응을 하지 못했다. 왕사王師인 무학 대사無學大師라든지 진산 대사珍山大師 같은 고승이 있었음에도 논리적으로 도전하는 자가 없었다. 당나라 때 한유의 배불론에 도전하여 나중에 한유를 굴복시킨 태전 대사太顚大師

---

580 회통은 화회소통和會疏通의 뜻으로, 얼핏 보면 모순되는 듯한 여러 주장을 모아 통석通釋하는 것을 말한다.

581 한국불교사에 있어 회통의 흐름은 원효에서 시작하여 지눌을 거쳐 휴정으로 이어짐을 볼 수 있다. 원효(元曉, 617~686)는 신라의 여러 종파의 이론들이 우열을 다투었던 시기, 화쟁和諍 사상으로써 그 시대의 상반된 이론들을 모아 체體와 용用의 관점으로 회통시켰다. 원효가 한국불교 회통의 흐름에 큰 줄기를 형성한 데 이어 지눌(知訥, 1158~1210) 또한 선종禪宗과 교종敎宗이 대립하는 상황에서 선종의 입장을 버리지 않으면서 교종의 가치를 인정하는 선교일치를 내세워 당시 불교의 회통을 이루었다. 원효의 교학적 전통의 회통으로 시작되어, 지눌의 선종일치의 회통으로 이어진 한국불교의 흐름은 마침내 기화의 유·불 조화의 회통으로 절정을 맺게 되었다. 이러한 회통의 불교적 사유체계는 불교 외의 사상까지도 폭을 넓혔으며, 이후 보우와 휴정으로 이어져 한국불교의 사상으로 굳건히 자리잡았다. 김승동, 『한국철학사』, 부산대학교출판부, 1999 참조.

나, 송나라 때 구양수歐陽修·정호程顥 등의 배불론에 대응하여 『호불론』을 저술한 장상영張商英과 같이 이도 없었다. 기화는 정도전과 거의 동시대를 살았던 승려로 배불론에 의해 날로 불교의 입지가 위축되어 가던 시기에 유교와 불교를 조화시키고 불교의 존재 가치를 역설한 거의 유일한 고승이었다.

3) 조선 초 유·불 조화론의 후대 계승

조선의 유학자들은 '불교의 가르침은 개인의 안녕은 물론이고 사회적 안정에 있어서도 유해하다'[582]고 주장하여 '이단'과 '진호국가설 부정'의 논리로 이어졌고, 여기에 대해 불교 측은 이러한 비판은 불교의 근본 가르침을 제대로 이해하지 못했기 때문이며, 실제 불교의 근본은 유교의 가르침과 서로 반목하는 것이 아니라 조화를 이루는 것임을 논증하고자 노력했다. 조선 초 호불론자들은 유·불·도 삼교가 근원적으로 일체이므로 서로 상통하는 통일된 원리를 찾아내고자 했던 것이다.[583]

이러한 불교 측의 대응은 기화의 유·불 조화론을 기점으로 후대의 여러 승려들에게 지속적으로 이어져 간다.

설잠雪岑 김시습(金時習, 1435~1493)은 어려서부터 신동이라 불리며 유학에 대한 해박한 지식을 갖추었으나, 세조의 왕위찬탈 이후 출가하여 승려가 되어 법호를 설잠이라 하였다. 설잠은 선禪의 토대

---

582 Muller Charles, 金子 奈央 譯, 「高麗－朝鮮における仏教－儒教間の對立の眼目－『仏氏雜論』と『顯正論』の立場に關する比較」, 『思想』 960호, 2004. p.73.

583 Muller Charles, 앞의 논문, pp.77~79.

위에 교학을 접목시키는 선 중심의 선·교 회통적 불교관을 주창했으며, 선을 중심으로 하여 교학, 특히 화엄학을 융섭融攝시키고자 했다. 설잠의 이러한 선교회통의 불교관은 더 나아가 유·불 양교의 회통을 주장하기에 이른다. 당시 배불이 성행하던 시기에 그는 유자들의 배불을 안타까워하면서 유·불을 조화시키기 위해 노력했다.

선교회통의 불교관을 바탕으로 유·불 양교의 회통을 주장한 설잠 김시습

> 고향의 형님 아우 유림儒林에 발탁되었는데
> 등燈 같은 불법 전해 받아 아우는 불심에 합했네.
> 각제(覺帝: 불타를 달리 이르는 말)와 소왕素王[584]이
> 모두 한 궤도軌道를 걸어가니
> 대나무 생황과 오동나무 비파는 같은 음을 갖추었네.[585]

형제간이면서도 각기 가는 길이 유·불로 나뉘어 갈등관계에 놓이게 되었지만 불타(각제)와 공자(소왕)는 모두 교화를 통해 중생을 구하고

---

584 왕위王位에는 있지 않으나 왕자王者의 덕을 갖춘 사람(이희승 편, 『국어대사전』, 민중서림, 1982 참조). 소왕은 여기선 공자를 가리킨다.

585 「洛山丈室座下」, 『梅月堂詩集』 권3, (『韓國文集叢刊』 13, p.135a), "舍兄及弟擢儒林 阿弟傳燈契佛心 覺帝素王同一軌 竹笙桐瑟備諸音."

자 한 점에서 추구하는 바가 같으니, 생황과 비파가 조화되어 아름다운 소리를 내듯이 유교의 편협된 배불적 관점에서 벗어나 유·불이 함께 국가를 위할 것을 나타내고 있다. 또한 그는 「남염부주지南炎浮洲志」에서 다음과 같이 유·불 관계를 나타내고 있다.

> 주공과 공자는 중화中華 문물文物 가운데서 탄생한 성인이요, 석가는 서역西域의 간흉한 민족 가운데서 탄생한 성인입니다. 문물이 비록 개명했다 하더라도 성품이 박잡駁雜한 사람도 있고 순수한 사람도 있으므로, 주공과 공자가 이들을 통솔했습니다. 간흉한 민족이 비록 몽매하다고 하더라도 기질이 날카로운 사람도 있고 노둔한 사람도 있으므로, 석가가 이들을 일깨워 주었습니다. 주공과 공자의 가르침은 정도正道로써 사도邪道를 물리치는 일이었고, 석가의 법은 사도로써 사도를 물리치는 일이었습니다. 그러므로 정도로써 사도를 물리친 말씀은 정직했고, 사도로써 사도를 물리친 말씀은 황탄荒誕했습니다. 주공과 공자의 말씀은 정직했으므로 군자들이 따르기가 쉬웠고, 석가의 말씀은 황탄했으므로 소인들이 믿기가 쉬웠던 것입니다. 그러나 그 지극한 경지에 이르면 모두 군자와 소인들로 하여금 마침내 바른 도리로 돌아가게 하는 것입니다. 세상을 의혹시키고 백성을 속이는 이도異道로써 그릇되게 하려는 것은 아닙니다.[586]

---

586 「南炎浮洲志」, 『金鰲新話』, "周孔 中華文物中之聖也. 瞿曇 西域姦兇中之聖也. 文物雖明 人性駁粹 周孔率之. 姦兇雖昧 氣有利鈍 瞿曇警之. 周孔之敎 以正去邪 瞿曇之法 設邪去邪. 以正去邪 故其言正直 以邪去邪 故其言荒誕. 正直故君子易

여기에서 김시습은 '유교는 정도의 가르침이고 불교는 사도의 가르침'이라는 편협된 내용을 서술했지만, 간흉한 민족에게는 사도의 방법이 필요하다는 식으로 논리 전개를 하고 있다. 이러한 서술은 당시 조선 땅에 중화 중심의 화이론이 자리하고 있었기 때문일 것이며, 따라서 이는 당시 배불이 만연하던 시기에 방편적 차원으로 서술했다고 바라보아야 할 듯하다. 설잠이 이러한 극단적 방편을 쓸 수밖에 없었던 것으로 보아, 당시 불교가 억압받던 사회적·시대적 상황을 엿볼 수 있다.

결국 이 글에서 주장하고자 하는 것은, 유·불 양교가 구체적인 교화의 방법은 서로 다르지만 그 추구하는 궁극점은 바른 도리(正理)에 있음을 들어 서로 다르지 않다고 하는 회통적 의미를 나타내고 있다. 그리고 그는 「송계제사松桂第四」에서 불교의 자비와 애민을 논하면서 일상생활에서 각자의 역할을 나타내기도 했다.

> 불교의 근본 뜻은 비애悲愛를 우선으로 삼는 것이니, 임금이 백성을 사랑할 바를 알게 하고, 아비가 자식을 사랑할 바를 알게 하고, 남편이 아내를 사랑할 바를 알게 하고, 위로는 그릇되고 어긋난 정치가 없게 하고, 아래로는 죽이고 반역하는 생각을 버리게 함으로써 천하의 사람이 다 편안하고 무사하게 살면서 농사와 누에치기를 힘쓰고, 처자를 기르고, 어른을 공경하고, 어린이를 보살피게 하는 것이다. 비록 인仁이니 의義이니 하는 말은 없으나, 죽이지 않고

從 荒誕故小人易信 其極致 則皆使君子小人 終歸於正理 未嘗惑世誣民 以異道誤之也."

> 도둑질하지 않는다는 깨우침이 이미 인과 의의 자취를 드러낸 것이니, 왕실을 복되게 돕고 백성을 길이 편안하게 하는 공이 또한 더할 것이 없다.[587]

설잠은 불교의 비애悲愛를 유가의 근본 덕목인 인의仁義와 동일시하고, 비애를 실천하는 것이 곧 인의를 실천함에 따른 사회·국가적 공을 똑같이 가져온다고 주장하며, 불교가 왕실과 백성을 위하는 진호국가의 의미를 담고 있다고 피력했다. 이 외에도 설잠은 유가의 불교 비판에 대해 『화엄일승법계도주병서華嚴一乘法界圖註幷序』, 『금강경오가해金剛經五家解』, 『조동오위론曺洞五位論』에서 불교와 유교 및 도교가 지향하는 바는 궁극적으로 같을 수밖에 없으며, 단지 삼교는 그 가르침의 방법과 깊이에 차이가 있을 뿐이라고 주장한다.

또 그는 유·불·도 삼교에 대해서 도가는 무위를, 유가는 인의를, 불교는 심心을 설하는데, 무위와 인의는 모두 심의 작용의 한 측면이므로 궁극적으로 불교가 가장 수승하다고 보고 있다.[588] 이는 조선 초 『유석질의론』의 불교 우위적 조화론의 영향을 받은 것으로 볼 수 있다.

조선 중기의 승려 보우(普雨, 1509~1565)는 선교일체론禪教一體論

---

587 「松桂第四」, 『梅月堂文集』 권16(『韓國文集叢刊』 13, p.332a), "而釋氏之本意 以慈愛爲先 使君者知所以愛民 父者知所以愛子 夫者知所以愛婦 上無悖戾之政 下絶弑逆之懷 使天下之人 皆按堵安帖 而務農桑 育妻子 長長幼幼 則雖無仁義之談 而不殺不盜之警 已形仁義之迹 其福祐王祚 永綏生民之功 亦莫加焉."

588 정주동, 『매월당 김시습 연구』, 민족문화사, 1983.

을 주장하여 당시 선과 교의 갈등을 봉합하고 화해시켰다. 또한 그의 저서인 『나암잡저懶庵雜著』에서는 유교의 교리를 바탕으로 하여 불교의 심성원리心性原理를 해설한 학설인 일정설一正說[589]을 주장하여 불교와 유교의 융합을 강조했다. 그리고 그는 「유석권상일치儒釋權常一致」에서 유·불의 관계를 수레의 두 바퀴에 비유하였다.

> 두 신선 모두가 같이 수레바퀴를 밀고 가니, 처지를 바꾸면 언제 일찍이 앞뒤를 비교한 일이 있었던가?[590]

보우는 유교와 불교가 서로 드러난 교리는 비록 다르다 할지라도 수레의 두 바퀴처럼 인식하여 상호간의 이해를 권장하고 있다. 또

---

589 이 학설에서는 일一이 진실하고 헛되지 않은 천리天理라고 정의하고, 그 이치가 깊고 그윽하여 아무런 징조가 없지만 만상을 모두 갖추고 있음을 강조했다. 그리고 그 일기一氣의 유행에 따라 봄에는 싹이 나게 하고, 여름에는 자라게 하고, 가을에는 열매를 맺게 하고, 겨울에는 간직하게 하는 등 삼라만상이 모두 이것을 얻어서 나게 된다고 했다. '정正'은 편벽되거나 삿되지(邪) 않은 사람의 순수한 마음을 뜻하는 것으로, 마음이 밝고 고요하면 천지만물의 일에 응하지 않음이 없다고 했다. 따라서 하늘의 이치인 일과 사람의 마음인 정은 서로 다른 것이 아니라, 사람이 곧 하늘이고, 사람의 바탕이 곧 천지의 바탕이며, 사람의 기운이 곧 천지의 기운이라고 천명했다. 그리고 항상 일정을 생각하면서 욕심을 비우고 마음을 바르게 가지면 재앙은 저절로 소멸되고 복은 자연히 돌아오게 되어 태평스러운 일생을 누릴 수 있다고 했다. 한국철학사연구회, 『한국철학사상사』, 한울아카데미, 1997 참조.

590 「儒釋權常一致」, 『虛應堂集』(『韓國佛教全書』 7, p.535a), "二仙俱是同推轂 易地何曾較後前."

그는 유·불의 옳고 그름을 논하는 자들을 미친 후배(狂後輩)로 표현하면서 다음과 같이 말한다.

여기 한 물건 있으나 잡을 수 없는데
누가 두 갈래로 나눌 수 있겠는가.
물과 파도는 원래 같은 혼기混氣요
얼음과 눈은 본래 같은 한기寒氣로다.
도가 어찌 유석儒釋으로 나뉘겠는가!
사람들이 아마도 창과 방패를 세운 것이리라.
안타깝다, 미친 후배들이여.
그림자만 보고 다투어 따라가고 기어오르니.[591]

보우는 유교와 불교를 물과 파도 또는 얼음과 눈으로 비유하며, 사람들이 도의 본체를 알지 못하고 그림자만 보고서 유·불의 우열을 논하는 것이라고 비판하고 있다. 그는 불교가 이단이라는 논리에 대해 일축하며 조선 초 기화의 유·불 조화 사상을 계승하고 있다.

또 그는 「차화법사축운병서次華法師軸韻幷序」에서 불교나 유교 어느 한 곳으로 빠짐을 경계하면서 다음과 같이 논하고 있다.

대저 세상에서 노老와 불佛에 빠져 군신과 부자의 윤리를 저버린 자는 다만 허무만을 일삼고, 그 군신 부자의 도가 바로 대본의

---

591 「次玉師軸韻幷序」, 『虛應堂集』(『韓國佛教全書』 7, p.540c), "有物沒巴鼻 誰能拆二端 水波元共濕 氷雪本同寒 道豈分儒釋 人應竪戟干 堪嗟狂後輩 認影競追攀."

대용임을 알지 못하는 것이며, 또한 공맹을 스승으로 하고 인의를 근본으로 하는 자는 다만 충서忠恕만을 존중할 뿐이고, 그 진공적멸眞空寂滅의 이치가 대용의 대본임을 알지 못하는 것이다. 저 둘은 모두 도의 체용에 미혹한 것이며, 또 성인이 권도로, 또는 상도로 발자취를 이어 서로 일어나서 저 지극히 정대한 무이無二의 큰 근원을 부지하는 까닭을 알지 못하는 것이다. 그리하여 그 무이無二의 도를 나누어 마침내 한쪽은 유교, 한쪽은 불교로 쪼개 놓고, 서로 우열이 없는 성인이건만 앞뒤를 차별하여 오랑캐라 하고 중하中夏라 한다. 이에 불자들은 인륜의 애정을 원수로 여겨 각자 막고 금하며, 유자들은 이를 인륜이 없다고 금수로 여겨 항상 힘써 배척하고 막는다. 그리하여 정에 따라 자신은 지키고 남은 공격하여 밀치고 배척하며, 법의 같고 다름을 따져서 인륜의 있고 없음으로 하나는 옳고 하나는 그르다고 하니, 누가 저 둘이 아닌(無二) 사실을 알겠는가?[592]

유불 조화론에 입각하여 호불을 주창한 허응당 보우

592 「次華法師軸韻幷序」, 『虛應堂集』(『韓國佛教全書』 7, p.538c), "夫世有淫老佛而舍君父者 徒事虛無 而不知其君臣父子之道 是大本之大用 師孔孟而宗仁義者 但尊忠恕 而不知其眞空寂滅之理 是大用之大本之二者 皆迷道之體用 而又不知聖之所以或權或常 而接武相興以扶持 夫至正至大無二之大源也 肆其無二之道

여기에서 보우는 진공적멸(불교)을 도의 근본으로, 인륜지도(유교)를 도의 작용으로 보아 상호 필요한 존재임을 나타내고 있다. 그는 불자들이 군신 부자의 인륜을 모르는 것이나, 유학자들이 진공적멸의 이치를 모르는 것은 결국 유·불 모두 도의 체용에 미혹함이라고 주장한다. 앞서 『현정론』과 『유석질의론』에서는 유불무이儒佛無二를 유학자들에게만 주장하는 것임에 비해, 보우는 유교뿐 아니라 불교 또한 유불무이를 인식해야 한다고 역설하며, 불자들도 유교에 대한 이해를 통해 적극적인 대응이 필요함을 촉구하고 있다.

그는 우주의 근본을 일一이라는 개념으로, 또 사람의 마음을 정正이라는 개념으로 인식하여, 천지인이 일체一體이므로 일과 정을 반드시 실현해야 함을 주장하고 있다. 그의 이러한 주장은 먼저 일一의 의미를 서술하면서 다음과 같이 나타낸다.

> 일一이란 이二도 삼三도 아니며 성실하여 허망하지 않으니, 곧 천리天理를 말한다. 그 이치는 아무 조짐이 없으나 만상을 벌여 놓아 갖추지 않은 물건이 없다. 그러나 그 본체는 일一뿐이어서 원래 이二니 삼三이니 하는 물건이 아니다.[593]

遂析而一儒一釋 無優劣之聖 乃先後而曰夷曰夏 於是方袍野客 以有愛爲怨敵 各自遮禁 青衿高士 以無倫爲禽獸 力常排闢 情隨函矢而推擠 法逐同異以有無 一是一非 孰知夫無二也."

593 「一正論」, 『懶庵雜著』(『韓國佛教全書』 7, p.581b), "一者 非二非三而誠實無妄之謂也 天之理也 其理冲漠無朕而萬象森然 無物不具 然其爲體則一而已矣 未始有物以二之三之也."

그는 여기에서 일一이란 절대적인 상일常一의 일로서 근원적 원리의 일이며, 세상의 변함없는 상도常道요, 유교에서 나타내는 천리天理를 말한다고 하여, 결국 유·불 양교의 회통을 나타내고 있다. 이러한 일一에 대한 의미에 이어서 그는 정正에 대해서 다음과 같이 설명한다.

> 정正이란 치우치지 않고 삿되지 않으며 순수하여 섞임이 없는 것으로서, 곧 인심人心을 말한다. 그 마음은 고요하여 생각이 없으면서 천지만물의 이치를 모두 갖추었다.[594]

정正은 순수하고 무잡한 사람의 성性으로, 이는 불교에서 일체 만물을 있는 그대로 비추는 맑은 거울과 같이 일체중생의 깨끗한 불성佛性과 같은 의미로 설명하고 있다. 이러한 일과 정의 사상은 유교의 천인합일설과 불교의 화엄법계관을 나타내어 귀결시킨 것이다. 이처럼 보우의 사상은 불교 내에서의 선교무애禪教無碍와 유·불 간의 유석무애儒釋無碍로 요약할 수 있는데,[595] 이러한 보우의 유·불 융합관의 근거와 내용을 정리해 살펴보면 다음과 같다.

①고금을 통하여 천지간에 유교와 불교는 모두 공인公認된 가르침이었지 사사私私로운 것은 아니다.

②공자가 말한 '상常'이나 불교의 '권權'은 한 손이 손등과 손바닥으로 나누어졌으나 같이 움직이는 것과 같이 전후前後가 따로 없다.

---

594 앞의 책(『韓國佛教全書』 7, p.581b), "正者 不偏不邪而純粹無雜之謂也 人之心也 其心寂然無思 而天地萬物之理 無所不該."

595 高橋亨, 「虛應堂集及普雨大師」, 『조선학보』 제14집, 조선학회, 1959, p.67.

③ 일찍이 일체장경一切藏經과 유교의 『주역』까지 논파했지만 도에 있어서 심천深淺과 이성(二城: 중국과 인도)이 다름이 없고, 이것이 성盛하면 저것이 성하는 것이 그림자가 그 물체를 따름과 같다.

④ 유교와 불교를 비롯한 모든 도는 다 일一에서 유래한 것이다.

⑤ 유석儒釋이 비록 분도불매分道不昧하나 옛날부터 승려와 명유名儒는 모두 친구였다.

이상에서 살펴본 것처럼, 보우는 유·불의 회통에 노력했으며, 도교를 포함한 삼교의 조화를 입증하여 호불론을 주장했다. 한편 조선 초기 기화의 『현정론』과 『유석질의론』에서는 삼교의 상통성을 확보한 이후 불교의 우월성을 주장했으나 보우는 주로 유·불이 둘이 아니라고 강조하고 있는데, 이는 조선 초기부터 극심한 탄압을 받아온 불교가 중기 이후가 되면서 더 위축되어 그 대응 측면에서 더 낮아진 자세를 보였으리라고 생각된다.

임진왜란 당시 의승군義僧軍을 창설한 청허휴정(淸虛休靜, 1520~1604)도 삼교의 조화를 주장했다. 당시는 사림士林의 등장으로 성리학적 질서에 의해 사회체제가 재편되고 불교에 대한 탄압이 강화되면서 불교가 국가 제도권에서 탈락하여 산간총림으로 겨우 명맥을 유지하고 있던 시절이었다. 이러한 시대 상황에서 휴정은 불교의 입장을 적극 변론했다.

그는 『선가귀감禪家龜鑑』에서 일물一物에 대해 서술하면서[596] 그 절

---

596 『禪家龜鑑』(『韓國佛敎全書』 7, p.619a), "有一物於此 從本以來 昭昭靈靈 不曾生 不曾滅 名不得狀不得."

대성과 영원성을 주장하는데, "삼교의 성인이 이 구절을 따라 출현했다(三敎聖人 從此句出)"라고 강조하였다. 곧 삼교의 사상은 하나의 이치에서 나왔다는 것이다. 또 『유가귀감儒家龜鑑』에서는 도에 대해 다음과 같이 설명한다.

> 하늘이란 것은 엄숙히 그 마음에서부터 난 것이니, 『서전書傳』의 서문에서 말한 마음이 아주 자세하고 한결같아 중용中庸의 도를 지킨다는 것은 요堯·순舜·우禹가 서로 전한 마음의 법이요, 중도를 세우고 표준을 세운다는 것은 상商의 탕왕湯王과 주周의 무왕武王이 서로 전한 마음의 법이다. 덕德이니 인仁이니 경敬이니 성誠이니 하는 말은 다르나, 이치는 하나로서 모두 이 마음의 오묘함을 밝힌 것이다.[597]

그는 도란 마음에서 비롯한 것이고, 중용의 도와 유가의 성性인 마음의 법이 불교의 마음(一物)과 서로 다르지 않으며, 모든 이치는 하나로 연결된다고 하여 유·불의 조화를 주장했다. 그리고 휴정은 『도가귀감道家龜鑑』에서 『도덕경』을 인용[598]하면서 물物에 대해 설명하는데,[599] 노자의 도道를 심心의 다른 표현이라 보고, 도라는 용어를

---

597 『儒家龜鑑』(『韓國佛敎全書』 7, p.616a), "天者嚴其心之所自出 此卽周茂叔 所謂無極而太極也 書傳序 曰 精一執中 堯舜禹 相傳之心法也 建中建極 商湯周武 相傳之心法也 曰德曰仁曰敬曰誠 言雖殊而理則一 無非所以明此心之妙也."

598 『道德經』, "有物混成 先天地生 寂兮寥兮 獨立而不改 周行而不殆 可以爲天下母 吾不知其名 字之曰道 强爲之名 曰大."

599 『道家龜鑑』(『韓國佛敎全書』 7, p.617c), "有物渾成 先天地生 至大至妙 至虛至靈

유불도 삼교 회통을 통해 호불을 주창한 서산 휴정

심으로 대비하였다. 곧 도교의 도와 덕을 심의 본체와 작용으로 본 것이다.

휴정은 당시 극심한 배불의 상황에서 불교를 보호하려는 한 방편으로 삼교회통론을 주장한 것으로 보인다. 앞서 살펴본 조화론자들의 서술이 삼교의 사상에 대해 분명히 나누어 서술하면서 회통의 의지를 보인 것에 비해, 그는 삼교를 명확히 비교 분석하지 않는 저술 방식을 통해서 삼교 조화의 방법을 찾았다. 즉 삼교 각각의 사상이 겉으로 드러난 모습을 밝히기보다는 그 본질을 밝혀 유·불·도가 궁극적으로 추구하는 바가 동일하다는 것을 증명하고자 우선 일물一物이라는 차원에서 회통을 시도한 것이다. 또 삼교가 모두 본래심本來心의 실현[600]을 본질로 삼고 있으므로 서로 회통할 수 있다고 보았다.

『선가귀감』에서는 본래심의 본체와 작용이 공적영지심空寂靈知心으로, 『유가귀감』에서는 도의 본원本願으로서의 성性과 도의 공용功用

浩浩蕩蕩 歷歷明明 方隅不可定其居 劫數不能窮其壽 吾不知其名 强名曰心."

600 본래심이 발현되어 완성된 자를 불교에서는 부처라 하고, 유교에서는 성인이라고 한다. 그리고 도가에서는 도의 실현이라고 한다. 한국철학사연구회, 『한국철학사상사』, 한울아카데미, 1997 참조.

으로서의 교敎로, 『도가귀감』에서는 도의 본체를 허명虛名으로, 도의 작용을 영묘靈妙로 나타내고 있다. 이처럼 본래심은 유·불·도 각각의 사상에 따라 다르게 표현되고 그 특성도 다르지만, 각 사상이 추구하는 것과 그것의 본체와 작용이라는 측면을 살펴보면 서로 회통할 수 있다는 것이다. 이러한 논리를 통해 그는 『삼가귀감』에서 삼교의 사상을 요약 정리하며 유가나 도가의 이해를 통한 조화를 시도했다.

또 삼교의 사상을 병을 치료하는 약에 비유하여 설명하면서,[601] 각각의 병의 특성을 살펴 적절한 약을 처방하여야 하며, 자신의 처방만 옳다고 고집해서는 안 된다고 했다. 불교의 가르침이 필요한 이에게는 불교로, 유교의 진리가 필요한 이에게는 유교로 다스리는 것이 사람들에게 더 효과가 있다는 것이다. 이는 자신의 사상만이 옳고 다른 사상은 그르다며 배척해서는 안 된다는 것을 강조한 것이다. 이를 통해 그가 불교 이외에 다른 사상도 인정하는 학자적 포용성을 가지고 있었음을 알 수 있다.

또한 이렇게 다른 사상에 대해 포용성을 가지고 유·불 간의 조화에 자신감을 가진 것은 그의 평소 불교관을 통해 볼 수 있다. 그는 "선禪은 부처님의 마음이고 교敎는 부처님의 말씀이다(禪是佛心 敎是佛語)"라는 표현으로 불교 내에서 선교의 관계에 대해 명확히 하고, "말 없음으로써 말 없는 데에 이르는 것이 선이요, 말로써 말 없는 데에 이르는 것이 교이다(以無言至於無言者禪也 以有言至於無言者敎也)"라고 하며 선과 교의 중요성을 함께 인정했다.

601 『道家龜鑑』(『韓國佛敎全書』 7, p.618b), "君子 博取衆善 以輔其身 書不必孔子之言 藥不必扁鵲之方 合義者從 愈病者良."

그러나 그는 선교의 차이를 지적하고 선과 교를 통합하려고 애쓰면서도, 부분적으로 선을 교보다 우위에 두는 사교입선捨教入禪의 선교관을 취했다. 곧 불교는 선이 으뜸이며 교는 이에 이르는 입문入門의 방편임을 주장한 것이다. 그러면서도 선교가 결코 둘이 아님을 강조했다.

휴정은 이러한 선교관에 바탕하여 유·불의 관계를 동일한 맥락으로 보았으며. 이는 조선 초기 기화의 유·불 조화 사상을 계승했다고 볼 수 있다. 하지만 그의 조화론은 유·불·도가 결코 동일하다는 것은 아니고, 그렇다고 삼교가 서로 이단이라고 비판할 것도 없다는 것이다. 휴정의 삼교 사상은 삼교가 서로 별개로 성립되어 각기 다른 형태를 가질지라도 궁극적인 면에서는 서로 회통할 수 있다는 '종교 다원주의적' 사상이라 볼 수 있을 것이다.

조선 중기에 이어 후기의 대표적인 호불론자는 현종顯宗 대에 활동한 백곡처능(白谷處能, 1617~1680)이다. 현종 대에 나타난 강력한 배불정책[602]으로 승려들의 삶이 더욱 혹독해지자, 그는 「간폐석교소諫廢釋教疏」를 올려 억불정책의 잘못됨을 주장했는데, 당시 불교와 관련해

602 현종 대의 불교정책은 탄압의 연속이었다. 전란 이후 붕괴된 주자학 부활의 기치 아래 실천철학으로서의 예학禮學을 강화시키고 발전시켜야 했기 때문이다. 현종 원년(1659)에는 왕실의 안녕을 기원하는 사찰을 철폐하고 출가자의 환속을 명했다. 아울러 대동법 실시 이후 부역에 동원된 일반 백성들은 그 대가를 받았지만, 승려들은 대가 없이 광범위하고 혹독한 국역國役에 동원되어야 했다. 이와 같은 현종이 단행한 대불교시책은 이 시기 불교정책이 탄압 일변도로 진행되었음을 인식시키기에 충분한 것이다. 오경후, 「顯宗代의 佛教政策과 佛教界의 動向」, 『한국선학』 통권 제17호, 한국선학회, 2007. 8월, p.321 참조.

가장 많은 분량의 상소를 올렸다. 「간폐석교소」에 나타난 호불 이론은 『현정론』 및 『유석질의론』과 비교하면 사상적 측면보다는 현실적인 문제에 대해 주로 논하고 있는데, 그 논조가 시종일관 당당하고 논리성을 갖추고 있다. 이와 같은 처능의 호불론은 조선왕조 오백년 동안 전개된 배불에 대해 가장 적극적으로 불교의 입장을 나타낸 것으로 평가된다.

처능의 호불론은 승려와 사찰의 사회적 유익성을 강조하는 한편, 불교의 존재 의의를 다음과 같이 두 가지로 밝히고 있다.

첫째, 중국과 우리 역사 속에 불교도들이 나라와 정치를 위해 유익한 역할을 하고 있었음을 강조함으로써 유교에서 주장하는 불교 무용론을 비판했고, 임금과 백성의 숭불 사례를 들어, 불교를 숭상했지만 그것이 국가에 해독을 끼치지 않았음을 주장했다.

둘째, 배불의 역사를 살펴보면 불교를 탄압했더라도 국가에 해害를 끼치지 않았음을 주장하여 불교 유해론을 정면으로 반박하였다. 오히려 "수행력이 높은 승려들을 국사나 왕사로 받들 경우, 이들은 적극적으로 임금을 도왔고 민심은 단합되었기 때문에 결국 그 나라는 흥했다"[603]는 진호국가 사상을 여러 차례 강조했다. 그리고 불교를 탄압했던 임금 중에서 과연 성군聖君은 몇이나 되며, 불교를 숭상하고 장려하여 국사國事를 실패했던 임금이 몇이나 되느냐[604]며 조목조목 지적하면서, 배불정책이 잘못되었으며 당장 철회해줄 것을 왕에게 강력히 주장했다.

---

603 「諫廢釋敎疏」, 『大覺登階集』 권2(『韓國佛敎全書』 8, p.337b).

604 앞의 책(『韓國佛敎全書』 8, p.337b).

이처럼 조선 중·후기의 배불에 대한 불교적 대응은 조선 초기의 조화론을 계승하여 발전시킨 것이다. 그리고 앞서 살펴본 대로 조선 중기 성리학자들의 불교에 대한 배척 의식이 양명학과 서학으로 옮겨가는 모습을 보이는 등 시대적 상황에 따라 유학자들의 배척 의식에도 변화가 생겼다. 또한 중·후기의 불교계는 성리학적인 관점을 일부 수용했으며, 유불도 삼교의 조화성을 초기 때보다 더 강조하는 모습을 보였다.

이런 일련의 노력도 있었지만 불교계 전체적으로는 배불에 대한 적극적인 사상 대응이나 구체적 실천 방안을 내놓지 못한 채 왕실의 부분적 비호와 민간신앙의 형태로 명맥을 겨우 유지해 나갔다.

Ⅴ. 여말선초 유·불 철학 논쟁의 특징과 의의

고려 말 성리학의 전래와 형성은 이 땅에 철저한 배불론의 주체가 등장했음을 의미했다. '도통 의식'과 '벽이단론'으로 무장한 주자학자들이 전면에 등장함으로서 본격적이고 철저한 배불론이 체계를 갖추게 된 것이다. 이렇게 무장된 배불론과 이에 대한 불교적 대응으로 이루어진 조선 초의 유·불 대론은 서로 간에 모든 이론을 집대성하여 전문적이고 체계적으로 이루어진 대론이었다는 점에서, 그 이전에는 결코 찾아볼 수 없는 독자적인 의미를 가지고 있다.[605] 이 장에서는 그 특징과 의의를 정도전과 기화를 중심으로 살펴보도록 하겠다.

---

605 Muller Charles, 앞의 논문, p.75. 뮬러는 동아시아 유·불 대론의 전체 역사를 고찰하면서 정도전과 기화의 유·불 대론은 그 이전의 어떤 문서(저서)와도 비교할 수 없는 전문적이고 종합적인 것으로, 동아시아 유·불 대론의 정점으로 평가하고 있다.

1. 정도전 배불 사상의 핵심요소

정도전은 고려 말에 들어온 성리학이라는 새로운 사상으로 조선 건국의 이념을 수립한 사상가였다. 그는 유교 이념에서 통치자의 권위를 확고히 할 수 있는 사상을 찾았고, 이를 통해 기존 사회를 사상적으로 지탱해 온 불교를 대체하고자 했다. 아마도 정도전은 불교 사상과 유교 사상 중에 최고 권력자의 통치 입장에서 볼 때 어떤 것이 유리한가를 판단해 보았을 것이다.

또한 정도전은 고려 말 혁명기의 인물로서 그의 정치사상은 맹자의 혁명론 사상에서 크게 영향을 받았을 것이다.[606] 이러한 혁명론적 사상은 배불론에도 영향을 미치는데, 이를 혁명 이전과 혁명 이후로 구분해 볼 수 있다. 다소 온건한 내용으로 서술된 『심문천답』은 혁명 이전의 사상을 담았다고 볼 수 있으며, 상대적으로 강경한 사상적 내용으로 서술된 『심기리편』과 『불씨잡변』은 혁명 이후라고 볼 수 있다.

여기서 정도전의 배불에 영향을 끼친 주희의 불교 비판론을 잠시 살펴보자. 주희는 성리학의 기본 이념, 특히 세계와 인간의 궁극적 실재이자 도덕적 실재이기도 한 리理에 대한 인식을 철저히 했다. 주희의 설명에 의하면, 우주의 궁극 근원으로서의 태극太極이 천리天理로서 만물에 내재해 있는 것이 리理다. 리는 가장 궁극적인 원리이면서 인간과 이 세상의 모든 이치를 갖추고 있는 현실적인 원리이기도

---

606 조남욱, 「여말선초 주자학파의 정치의식에 관한 연구」, 『철학논총』 5, 영남철학회, 1989, p.48.

하다. 주희는 특히 리가 도덕적 실재이기도 하다는 사실을 강조하는데, 형이상학적인 궁극 원리를 도덕적으로 연결시킴으로써 이 세상과 인간에게 있어서 도덕과 윤리의 정당성과 필연성을 확고히 하고자 했다. 따라서 주희가 제시한 리는 철저한 구체성과 현실성을 지니고 있는 실리實理인 것이다.

주희가 불교에 대해 지적하는 가장 근원적인 문제점은 바로 불교가 이러한 실리實理로서의 리 개념에 어긋나고 있다는 점이다. 즉 불교는 엄연하게 실재하는 궁극 원리로서의 리를 전적으로 부정하거나 공허한 것으로 인식하기 때문에 현실에 대한 적극적인 관심과 노력이 결여되고, 마땅히 정립되고 널리 떨쳐져야 할 이 세상의 도덕과 윤리가 문란해진다고 본 것이다. '유교는 실實이요, 불교는 허虛다'라는 것이 주희의 불교 비판론에 있어서 일관된 기본 입장이었고, 동시에 이것이 송대 성리학자들의 불교에 대한 기본적인 인식이었다.

이러한 주희의 사상을 토대로 하여 성립된 정도전의 배불론은, 불교가 국가에 유해한 이유로 불교는 이 세상을 둘로 나눈다는 점을 든다. 즉 유교는 지금 살고 있는 현세적 논리이지만, 불교는 이 세상을 세간世間과 출세간出世間으로 나누어 본다는 것이 허황된 논리라는 것이다. 이런 논리는 새 왕조 개창에 따른 정치적 계산으로도 볼 수 있다. 즉 불교에서는 출세간을 지향하기에 현실을 덧없는 것으로 규정하고 있어 실제 이루어지는 정치적인 노력에 대해선 소홀하게 된다. 따라서 통치자의 권위와 정치, 제도에 대해서 관심을 갖지 않기 때문에 부처를 믿을수록 국가와 통치자에 대해서 충성심을 갖지 않게 된다. 이에 반해 유교 이념에서는 인간의 삶을 실제적으로 보기 때문에 현실에 가치를 부여하고 국가와 통치자에 대해 충성심을 유도할 수 있다.

정도전은 국왕의 수양과 수신론을 말하고 재상 중심의 정치론을 피력한다. 곧 혈연에 의해 보장되는 국왕(자연인)은 혼명混明·강약의 차이가 있으므로 성인·군자가 되도록 끊임없이 노력해야 한다고 주장하고, 군주 한 개인보다는 사대부 중심의 정치가 운영되기를 기대했다. 그는 민본정치론의 입장에서 군주보다는 국가가, 국가보다는 백성이 우위에 있으므로 민民은 국가의 근본인 동시에 군주의 하늘이라고도 표현했다.

따라서 통치자나 통치권이 민을 위해서 존재하고 민을 위해서 기능할 때 비로소 통치자나 통지권이 정당화될 수 있다고 했으며, 나아가 군주나 관리는 민을 지배하는 권력자라기보다는 민을 위해 일하는 봉사자라는 의미를 강조하기까지 했다. 그리하여 민심의 반영인 천명天命이 떠나면 통치권은 소멸되고, 다른 유덕한 자에게 천명이 옮겨가서 그가 새로운 통치자로서 통치권을 부여받는다는 역성혁명易姓革命의 논리까지 표방했다.[607] 백성을 위하는 이런 정치관을 가진 그에게 있어 불교는 이단의 논리였으며, 따라서 그는 불교의 진호국가설이 부당함을 주장했다.

그가 불교의 사상이 이단이라고 주장한 것 중에는 불교가 인륜人倫을 망각한 채 모든 사람이나 사물에도 평등하게 대하려고 하는 것도 포함된다. 불교의 이런 사고방식은 현실적으로는 어려운데, 막연한

607 채상식, 「성리학과 유불교체의 사상적 맥락」, 『역사비평』 24호, 역사문제연구소, 1994, p.255.

대상에게 똑같이 사랑을 베풀려고 함으로써 부모와 가족을 비롯한 자기와 가장 가까운 사람들에 대한 사랑의 감정마저 놓치게 된다는 것이다. 곧 자식이 아버지를 아버지라고 여기지 않게 되고, 신하가 임금을 임금으로 여기지 않게 되어, 만인과 만물을 사랑하려다가 결국 가장 가까운 사람들을 함부로 대하게 되어 큰 혼란을 가져오게 된다는 것이다. 불교의 이런 차등 없는 사랑 방식은 자기 자신의 근본(근원)으로부터 시작하는 것이 아니기 때문에 마치 뿌리 없는 나무처럼, 또 근원이 없는 물이 쉽게 마르는 것처럼 쉽게 그만두게 된다고 보았다. 하지만 자기 근본이 충실한 바탕에서 만들어진 유교는 더욱 자기 아버지에게 효도를 하도록 하고 임금에게 충성을 하도록 한다는 것이다. 반면 천지만물을 평등하게 대한다는 불교의 사고방식으로는 임금에 대한 충성이 희석될 수밖에 없다고 귀결시킨다.

이와 같이 불교를 강도 높게 비판한 정도전은 유교와 불교의 특징을 다음과 같이 정리했다. 유교는 마음에 만물을 바로 잡는 이치가 들어 있어 작동하니, 이런 마음을 갖고 있는 한 개인으로부터 가족과 국가, 더 나아가 이 세상이 하나로 유기적인 연결을 이루고 있다는 것이다. 이를 정도전은 일원론적으로 나타냈다.

반면 불교는 이 세상을 세간과 출세간으로 나누고 마음과 이치는 별개라고 보는 관점이라고 보았다. 그리하여 나와 가족, 사회, 그리고 이 세상이 각각 분절적으로 나뉘어 있다고 보았다. 곧 유교는 일원적一元的이고 연속적連續的인 데 비해, 불교는 이원적二元的이고 간단적間斷的이라는 것이다. 정도전에 의한 유교와 불교에 대한 이러한 도식적인 귀결은 곧 불교 배척으로 나타났으니, 이는 사실 새 왕조의 정치권력을 강화시키기 위한 정치적 목적에서 이루어졌음을 알 수 있다.

정도전은 오로지 새로운 정치권력의 이념 정립 차원에서 유교를 중시했을 뿐, 내세관과 보편적인 사랑, 그리고 초월적인 존재에 대한 인간사회의 필요성 등과 같이 종교가 인간 생활에 제공해 주는 순기능적 측면은 거의 주목하지 않았다. 따라서 정도전은 종교의 필요성을 인정하지 않았고, 불교는 분명히 이단이며 이를 믿을수록 국가 존속 기간이 단축된다는 논리로 진호국가설을 적극 부인했다. 이러한 그의 편파적인 사고는 지배층 권위에 대한 충성심과 복종을 확보하기 위한 이데올로기로서 유교만 허용하는 사상적 경직성을 초래했다.

배불을 목적으로 저술된 『불씨잡변』은 성리학의 토대로서 『근사록』·『주자어류』 등 주희의 학설을 인용하거나 주희 사상의 대부분 계승하고 있지만, 그 뜻과 의미를 그대로 적용한 것은 아니고 자신의 관점에서 새롭게 변형하여 인용하는 경우가 많았다. 하지만 이에 대한 기존의 대부분의 연구들은 이러한 점을 간과하고 그대로 인용한 것으로 평가하고 있다. 주희는 『주역』 「계사繫辭」의 "적연부동寂然不動 감이수통感而遂通"의 문장을 마음의 리理가 동정動靜하는 것으로 해석하고 있는데,[608] 정도전은 이 글을 인용하면서 리理의 동정을 기氣의 동정으로 파악하고 있다. 동정動靜·감응感應의 주체를 리理로 보느냐 기氣로 보느냐 하는 것은 마음을 리와 기의 합으로 보느냐 아니면 기로 보느냐 하는 문제이고, 측은지심惻隱之心을 리발理發로 보느냐 기발氣發로 보느냐 하는 문제로 이어지는데, 이러한 차이를 간과

608 「答張欽夫」, 『晦菴集』 권32.

하고 많은 학자들은 정도전 철학을 정주 성리학 범위에 속한다고 해석했다.[609]

또한 그 시대 유학자들이 공유하고 있던 명제여서 별도로 인용 표시를 하지 않던 간접인용문을 정도전의 글로 오해하는 경우도 많이 나타난다. 단적인 예를 들면, "태극太極에 동정動靜이 있다"라는 말은 『태극도설』의 "태극太極이 동動하여 양陽을 낳는다"에 대한 주희의 해석으로,[610] 생성의 의미를 '논리적 선재'의 의미로 전환하는 것인데, 대부분의 연구자들이 이 구절을 리理가 기氣를 낳는다는 의미로 해석했다.

즉 리理와 태극 양자는 모두 천지만물보다 앞서 있는 존재이고, 아울러 리는 기氣나 심心을 생한다고 하여 기보다 리를 우위에 두고 있음을 보면 본체로서의 태극은 기의 성격을 지니고 있지 않았음을 알 수 있다.[611] 그렇다면 여기서 우리는 정도전이 태극을 하나의 원리로서 리로 규정한 것이 아닌가 하는 의문을 갖게 된다. 또 모든 존재의

---

609 장성재는 "心中原有此理 方其靜也……"에서 "心中原有"를 빠뜨리고 "此理 方其靜也……"로 인용하며 動靜의 주체를 리로 설명했다. 장성재, 「三峯의 성리학 研究」, 동국대 박사학위논문, 1991 참조.

610 '태극생동정太極生動靜'은 '리理가 기氣를 낳았다'는 의미가 아니라 이것을 부정하는 말이다. 「답양자직答楊子直」, 『회암집晦菴集』, "태극이 동정을 포함하고 있다고 해도 좋고, 태극에 동정이 있다고 해도 좋다. 그러나 태극이 동動하고 정靜한다고 하면 형이상形而上과 형이하形而下가 구분될 수 없으니 '역유태극易有太極'이라는 말도 불필요한 말이 된다."

611 장성재, 「三峰의 '太極'에 대한 理解와 그 性格」, 『大學院研究論集』 Vol.20, 東國大學校 大學院, 1990, pp.50~53참조.

근거가 되는 리의 본체를 적寂으로 표현함으로써 운동 작용을 지니지 않는 '정靜'의 상태, 즉 무위無爲의 성격을 지닌 것으로 보고 있다. 그렇게 되면 도道와 동격의 의미로 사용된 리에 대한 내용은 '무형無形'·'무위無爲'의 성격을 지니고 시공을 초월한 추상적인 원리로서 항상恒常된 불변의 존재임을 나타낸다. 리가 무형 내지 무위의 성격을 갖고 있음은 이미 주희가 주장했다.

주희는 주렴계의 '무극이태극無極而太極'이라는 용어를 통해서야 무극이 본체로서의 태극이며, 태극이 동動하여 양陽을 낳는다고 했던 것이다. 그러므로 주희에 따르면, 무극과 태극은 서로 다른 본체가 아니라 무극이 다름 아닌 태극인 것이다. 그리고 그것은 "형이상학적인 것으로서 형체가 없고 모양이 없는 것으로 그것이 바로 리理이며, 형이하학적인 것은 정기를 갖고 형태를 지니는 것으로 그것이 바로 기器이다."[612]

정도전 역시 이러한 주희의 견해를 이어받아 만물의 본체로서 태극이 최고의 유로서 존재이고 또한 무극의 무형·무위한 태극의 성질을 나타낸 것이 아닌가 하는 주장을 하는 학자도 있다. 이들 학자의 입장을 종합해 보면, 태극을 움직이는 힘, 즉 동정動靜이 이미 태극 속에 잠재해 있거나 아니면 태극 그 자체가 동정의 힘이라는 것이다. 그 결과 정도전의 사상을 정주 성리학의 범주에 속하는 것으로 규정하여 그 아류로 간주함으로써 사상의 독자성을 무시하는 결과를 낳기도 하였고, 정도전이 단순히 주희의 학설을 재인용한 것으로 평가하기도

---

612 『朱子語類』 卷74, "形而上者 無形無影是此理 形而下者 有情有狀是此器."

한다.

그 대표적인 학자가 일본의 다카하시 토오루(高橋亨)이다. 다카하시는 정도전의 배불론이 주희의 배불론을 그대로 옮긴 것에 지나지 않는다고 비판한다. 그는 '(정도전이) 조선 학자의 배불론 가운데 더욱 정체가 있는 것으로서, 조선유학사상사 중에 비로소 학적으로 배불을 논변한 자라고 볼 수 있다고 하였고, 후일 선조 때의 이이, 숙종 때의 김창협 두 사람의 배불론과 같은 경우도 결국 정도전의 앞선 모범을 따른 것에 지나지 않는다'[613]라고 평가는 하지만, 정도전에 의해서 본격적으로 제시된 조선 유·불 대립의 독창성은 부정한다.

그러나 이기론에 대한 정도전의 철학적 관점은 분명 주희와는 다르다. 즉 주희와는 달리 정도전은 천지만물이 생성되기 이전에 태극이 있었다고 할 뿐, 그것이 바로 만물의 궁극적인 본체라고는 명시하지는 않았다.[614] 특히 만물의 최고 원리인 리를 무형 또는 무위의 존재로 파악하였지만, 삼라만상에 변화의 형태로 작용하는 '유有'로 표현하고 있다. 이때 유는 허한 것이지만 만물의 변화를 추동한다는 점에서 실재하는 힘인 것이다. 정도전이 이러한 실재하는 힘으로서 태극을 해석한 것은 형이상적적인 무형·무위의 본체로서 리를 규정한 주희와는 견해를 달리한 것이다. 무엇보다 정도전이 리를 작용으로서의 유로 파악한 점은, 그가 불교의 세계관을 허무하고 실재하지 않는 무로 파악하여 이를 비판했다는 점에서, 유교와 불교의 차별성을 강조하기 위한 의도에서 비롯되었다고 볼 수 있다.

---

613 高橋亨,『李朝佛教』, 寶蓮閣, 1971, p.59.

614 장성재, 앞의 논문, p.52.

이에 따라 주희와 정도전의 불교 비판은 거시적인 관점에서는 맥락을 같이하고 있다 할지라도, 구체적인 내용에 입각해서는 중요한 차이를 보여주고 있다. 그중 가장 차이가 나는 것은 윤회에 관한 두 사람의 견해이다.

불교의 이해에 있어 정도전이 주희와 달리하는 결정적인 지점은 윤회와 인과에 대한 설명이다. 주희가 형이상학적인 측면에서 불교를 비판했다면, 정도전은 형이하학적인 입장에서 불교를 비판한다. 즉 주희는 만물의 원리로서 리가 합법칙성을 갖고 있는 데 반해, 불교의 연기설은 그렇지 못하다는 것이다. 그런데 정도전은 현상학적인 측면에서 인간은 사후에 변화하여 그 본체를 계속 유지할 수 없기 때문에 연기설의 불변성을 인정할 수 없다는 입장이다.

그러면 유학자들이 불교를 비판하는 핵심 내용이라고 할 수 있는 윤회와 인과에 대한 정도전과 주희의 입장을 좀 더 구체적으로 살펴보자. 정도전은 윤회에 대해 다음과 같이 말하고 있다.

> 천지 음양의 기가 교합交合하여 바로 사람과 만물을 이루었다가, 혼기魂氣는 하늘로 올라가고, 체백體魄은 땅으로 돌아가는 데 이르러서는 바로 변變이 되는 것이다. 정기가 물物이 된다는 것은 정과 기가 합하여 물이 되는 것이니, 정은 백魄이요, 기는 혼魂인 것이며, 유혼游魂은 변이 된다는 것은, 변變이란 바로 혼과 백이 서로 떨어져 유산游散하여 변하는 것이니, 여기서 말하는 변이란 변화의 그 변이 아니라, 이 변은 단단한 것이 썩음이요, 있던 것이 없어져 다시는 물物이 없어지는 것이다. 하늘과 땅 사이는 홍로烘爐와

> 같아, 비록 생물이라 할지라도 모두 다 녹아 없어진다. 어찌 이미 흩어진 것이 다시 합하여지며, 이미 간 것이 다시 올 수 있으랴?[615]

정도전은 물物의 썩음과 소멸을 통해 인간의 생사를 논하고 있다. 곧 물이 썩고 흩어지는 천지간의 현상은 인간의 기질과 종류(類)가 같으며, 사물도 생명(生)을 지닌다는 의미에서 인간과 같다. 다시 말해서 개별적 인간은 생명을 지니고 있고 인간 '류'에 속하며 또한 기질과 체질을 갖고 있는데, 기질과 체질이 개별적 인간을 특징짓는 근본이고, '류'와 생명은 그보다 포괄적인 개념이라 할 수 있다.

결국 정도전은 자연현상의 변화를 인간의 생사와 같은 종류로 봄으로써 인간의 죽음을 물物의 소멸과 본질적으로 다름이 없는 것으로 파악하고 있는 것이다. 정도전이 인간의 생사를 자연현상의 변화 원인인 기氣의 성쇠盛衰로 파악하고 있다는 것은 다음 글에서도 잘 알 수 있다.

> 이제 불씨의 윤회설을 살펴보자. "혈기血氣가 있는 모든 것은 스스로 일정한 수數가 있어, 오고 오며 가고 가도 다시 더하거나 덜함이 없다" 하는데, 그렇다면 하늘과 땅이 물物을 창조하는 것이 도리어

---

615 「佛氏輪廻之辨」, 『佛氏雜辨』, 『三峯集』 권9(『韓國文集叢刊』 5, p.447a), "天地陰陽之氣交合 便成人物 到得魂氣歸于天 體魄歸于地 便是變了 精氣爲物 是合精與氣而成物 精魄而氣魂也 游魂爲變 變則是魂魄相離 游散而變 變非變化之變 旣是變則堅者腐存者亡 更無物也 天地間如烘爐 雖生物 皆銷鑠已盡 安有已散者復合而已往者復來乎."

저 농부가 이익을 내는 것만 같지 못하다. 또 혈기의 등속이 인류로 태어나지 않으면 조수鳥獸·어별魚鼈·곤충昆蟲이 될 것이니, 그 수에 일정함이 있어 이것이 늘어나면 저것은 반드시 줄어들고, 이것이 줄어들면 저것은 반드시 늘어나며, 일시에 다 함께 늘어날 수도 없고, 일시에 다 함께 줄어들 수도 없을 것이다. 그러나 이제 살펴보건대 왕성한 세상을 당하여서는 인류도 늘어나고 조수·어별·곤충도 함께 늘어나는가 하면, 쇠한 세상을 당하여서는 인류도 줄어들고 조수·어별·곤충도 또한 줄어든다. 이것은 사람과 만물이 모두 천지의 기氣로써 생기는 까닭이다. 그러므로 기가 성하면 일시에 늘어나고 기가 쇠하면 일시에 줄어듦이 분명하다.[616]

위의 내용에서 드러나듯이 정도전은 불교의 윤회설을 자연현상의 변화 원리인 기의 성쇠라는 관점에서 비판했다. 그는 불교에서 말하는 부증불감不增不減의 논리를 반박했는데, 사람과 만물의 근원인 천지의 기에는 성쇠가 있기 때문이다. 결국 정도전은 불교의 윤회를 자연현상에 나타난 물리적 작용의 한 측면으로 파악하고 있는데, 인간의 생사를 자연현상의 물리적 변화로 파악하는 정도전의 입장은 다음 글에서도 잘 드러난다.

---

616 앞의 책(『韓國文集叢刊』 5, p.447a), "今以佛氏輪廻之說觀之 凡有血氣者 自有定數 來來去去 無復增損 然則天地之造物 反不如農夫之生利也 且血氣之屬 不爲人類 則爲鳥獸魚鼈昆蟲 其數有定 此蕃則彼必耗矣 此耗則彼必蕃矣 不應一時俱蕃 一時俱耗矣 自今觀之 當盛世 人類蕃庶 鳥獸魚鼈昆蟲亦蕃庶 當衰世 人物耗損 鳥獸魚鼈昆蟲亦耗損 是人與萬物 皆爲天地之氣所生 故氣盛則一時蕃庶 氣衰則 一時耗損 明矣."

불이 나무를 인연하여 존재하는 것은 혼과 백이 합하여 사는 것과 같다. 불이 다 꺼지면 연기는 하늘로 올라가고 재는 떨어져 땅으로 돌아가게 되나니, 이는 사람이 죽으면 혼기는 하늘로 올라가고 체백은 땅으로 내려가는 것과 같다. 불의 연기는 곧 사람의 혼기이며 불의 재는 곧 사람의 체백이다. 또 화기火氣가 꺼져버리게 되면 연기와 재가 다시 합하여 불이 될 수는 없는 것이니, 사람이 죽은 후에 혼기와 체백이 다시 합하여 생물이 될 수 없다는 이치는 또한 명백하지 않은가?[617]

정도전은 불과 나무의 관계를 통해 인간의 삶과 죽음을 설명한다. 하지만 자연의 물리적 변화라는 측면에서 생명현상을 파악할 뿐 정신적 측면을 고려하지 않고 있다. 이러한 불과 나무의 이치는 단지 육신의 현상은 설명이 가능할지 모르지만 마음과 같은 정신작용은 설명이 불가능하다. 불교의 윤회설은 오온五蘊의 작용, 곧 정신적 현상과 물질적 현상을 총체적으로 설명한 것으로 이것은 결국 우주만상의 생성변화의 원리를 설명한 것이다. 따라서 정도전은 이러한 불교의 윤회설의 한 면만을 파악하여 비판했다고 볼 수 있다.

정도전은 음양오행의 생생生生의 도道와 역易의 원시반종原始反終, 유혼위변遊魂爲變 등의 개념을 동원하여 정신 불멸설을 부정하고 불교

617 앞의 책(『韓國文集叢刊』 5, p.447a), "火緣木而存 猶魂魄合而生 火滅則煙氣升而歸于天 灰燼降而歸于地 猶人死則魂氣升于天 體魄降于地 火之煙氣 卽人之魂氣 火之灰燼 卽人之體魄 且火氣滅矣 煙氣灰燼 不復合而爲火 則人死之後 魂氣體魄 亦不復合而爲物 其理豈不明甚也哉."

의 윤회설을 비판했다. 다시 말해 정도전은 음양오행설에 따른 혼백설을 가지고 불교의 마음이 죽지 않고 변전한다는 설을 영혼 허무설로 대체하려 했다. 정도전의 이러한 불교 윤회설 비판은 귀신을 음양이기陰陽二氣의 양능으로 보아 사람이 죽으면 혼귀魂鬼는 하늘로 올라가고 체백體魄은 땅으로 돌아간다고 보는 유학의 입장을 대변하고 있다. 철저히 인간의 삶과 죽음을 물리적 자연현상으로 보아 현세주의 입장에서 정신(마음·영혼)의 윤회를 부정한 것이다.

이러한 정도전의 입장과는 달리 송대의 주희는 불교의 윤회설이 인간 생명현상에 위배된다는 것을 강조했다. 정도전은 윤회설을 자연현상의 물리적 변화와 상위相違하다는 측면에서 비판한 것에 반하여, 주희는 인간의 몸과 마음이 하나라는 심신 일원론적 관점에 근거하여 불교의 윤회설을 비판했다. 곧 주희는 인간이 육체적 생명을 떠나 그 육체와는 다른 신식神識이 존재할 수 없다는 입장이다.

> 선가禪家에서 말하는 구차하게 살아남아 몸을 훔치는 것이란, 사람이 아기를 배면 저절로 그 안에 하나의 신식神識이 있게 되는데 내가 뜻하지 않게 속에 들어가서 그를 쫓아내버리고 도리어 내가 그 피와 몸을 받는다는 것이다. 예컨대 그들이 말하는 이것을 저것에다 옮겨 놓는다고 하는 것은 깨어져 못 쓰는 한 물건이 태양 아래 놓이면 그 밑에 여러 가지 모나고 둥글고 크고 작은 그림자들이 생기는데 이 그림자를 옮겨서 저 그림자로 삼고자 하는 것과 같다. 그들이 말하기를 '사람이 태어나면 자루 속에 한 덩어리 물건이 싸여 있는 것과 같으며, 그것이 죽게 되면 그것이 다시 정 아무개가

되고, 장 아무개가 되었다가 다시 또 왕 아무개가 될 수 있다'는 것이다. 마치 어떤 사람이 관리가 되었다가 임기를 다하면 다른 자리로 옮겨 가는 것과 같으니, 결국 이런 도리는 없다.[618]

여기에서 알 수 있듯이 주희는 육신을 물건에 비유하고 영혼을 그림자로 비유해서 불교의 윤회설을 비판하고 있다. 예컨대 불교의 윤회설은 둥근 물건의 둥근 그림자를 떼어내고 네모진 물건의 네모진 그림자를 옮겨 붙일 수 있다는 것으로 설명한다. 어떤 물건의 그림자는 오로지 그 물건의 그림자일 뿐 다른 물건의 그림자가 될 수 없는 것처럼 사람의 영혼이 이리저리 옮겨 다닐 수 없다는 것이다.

또한 주희는 윤회설에 대해 비판하길, 육신이 형태를 이루면 이미 신식이 들어 있으므로 윤회를 해야 하는 영혼이 신식을 몰아내고 육체를 차지하는 것으로 보아, 이러한 과정이 생명과 몸을 훔치는 것으로 이해하고 있다.

이러한 심신 일원론적 관점에 입각한 주희의 윤회설 비판은 다음과 같은 요자회廖子晦[619]의 물음과 그에 대한 답변의 과정에서 보다 분명하

---

618 「釋氏」, 『朱子語類』, "禪家言偸生奪陰 謂人懷胎 自有箇神識在裏了 我卻撞入裏面 去逐了他 我卻受他血陰. 他說傾此於彼 蓋如一破弊物在日下 其下日影自有方圓大小 卻欲傾此日影爲彼日影. 它說是人生有一塊物事包裹在裏 及其旣死此箇物事又會去做張三 做了張三 又會做王二. 便如人做官 做了這官任滿 又去做別官 只是無這道理."

619 송宋나라 때 관리 요덕명廖德明을 가리킨다. 자가 자회다. 순창順昌 사람으로 주희의 제자이며, 벼슬은 이부 좌선낭관吏部左選郎官에 이르렀다. 저서에 『문공어록文公語錄』, 『춘추회요春秋會要』, 『사계집槎溪集』 등이 있다. 「廖德明列傳」,

게 드러나고 있다.

천지와 사람과 사물은 통체通體이니 하나의 성(一性)일 따름입니다. 탄생할 때 이 성性이 생겼는데, 죽는다고 해서 어찌 금방 없어지겠습니까? 물이 장애물에 부딪치면 물거품이 생기는 것과 같이, 두 기틀(二機: 陰陽二氣)이 상호 작용하여(開闔) 끊임없이 교합交合하여 사람과 사물을 완성하는 것입니다. 물은 물론 물이지만 물거품 또한 물이라고 하지 않을 수 없습니다. 다만 기氣의 형체가 물거품이지만 꺼지면 다시 본래의 물로 돌아갑니다. 사람과 사물이 생길 때도 하나의 형체에 하나의 성性이 갖추어진 것이지만, 기氣가 흩어져 없어지게 되면 다시 통체通體로 복귀하여 하나가 될 따름이니 어찌 다시 사람의 성性, 사물의 성性으로 분별되겠습니까? …… 제 생각에 사람은 죽으면 비록 지각은 없더라도 지각의 근원은 여전히 존재한다고 봅니다. 그렇기 때문에 (제사할 때) 자손이 지성으로 감동시키면 조상은 경우에 맞게 응해 오는 것입니다. 만약 전혀 지각의 근원이 없다고 한다면 다만 한 조각 태허적太虛寂이 되어 단멸되는 것처럼 되어 다시 실제로 감응해 오는 이치는 성립할 수 없게 되니 온당하지 않을 것 같습니다.[620]

『宋史』 권437 참조.

620 『朱熹集』, 四川教育出版社, 1996, p.2164, "蓋天地人物 統體只是一性 生有此性 死豈遽亡之 夫水有所激與所礙則成漚 正如二機闔闢不已 妙合而成人物 夫水固水也 漚亦不得不謂之水 特其形則漚 滅則還復是本水也 人物之生 雖一形具一性 及氣散而滅 還復統體是一而已 豈復分別是人是物之性…竊謂人雖死無知覺 知覺之原仍在 此以誠感 彼以類應 若謂盡無知覺之原 只是一片太虛寂 則似斷滅

요자회는 사람의 '성과 육신'의 관계를 '물과 물거품'의 관계에 비유하여 육신은 죽어도 그의 성은 없어지는 것이 아님을 주장한다. 그리고 그는 인간의 성性과 지각의 근원이 인간의 사후에도 존재하는 것이 아니냐는 의문을 주희에게 제기하고 있다. 그러나 주희의 입장에서 보면 성은 개별적 인간의 기질이 아니라 보편적인 리理이다. 따라서 생멸하는 것은 개인의 정신혼백精神魂魄이지 성性이 아니다. 이러한 논의는 다음에 살펴볼 「요자회에게 답하는 글」에 잘 나타나 있다. 이에 대해 주희는 다음과 같이 답하였다.

그대의 견해에 잘못이 없지 않다. 바로 나를 (우주의) 주인으로 여기는 것과 각覺(지각)을 성性으로 여기는 것이 그것이다. 무릇 성이란 리理일 따름이다. 건곤乾坤이 변화하여 만물이 수명受命함에, 비록 품수된 바는 나에게 있으나 그 리理는 내가 사사로이 얻은 바(내 개인적인 소유물)가 아니다. 성性은 리理일 뿐이니 그 취산聚散을 논할 수 없다. 모여서 생명이 되고 흩어져 죽는 것은 기氣일 따름이다. 이른바 정신혼백情神魂魄이 지知를 소유하고 각覺을 소유하는 것(지각활동을 하는 것)은 모두 기氣가 하는 바이다. 따라서 모이면 생기고 흩어지면 없어진다. 그러나 리理의 경우는 처음부터 취산에 따라 생기거나 없어지는(有無) 것이 아니다.[621]

無復實然之理 亦憑未安."

621 『朱熹集』, p.2165, "蓋賢者之見所以不能無失者 正坐以我爲主 以覺爲性爾 夫性者 理而已矣 乾坤變化 萬物受命 雖所稟之在我 然其理則非有我之所得私也…性只是理 不可以聚散言乾 其聚而生 散而死者 氣而已矣 所謂精神魂魄 有知有覺者 皆氣之所爲也 故聚則有 散則無 若理則初不爲聚散而有無也."

성은 내가 태어날 때 주어지는 것이다. 그러나 이 말은 내가 태어날 때 성이 나의 사적인 소유물로 내게 주어진다는 뜻이 아니다. 성은 내게 주어진 어떤 것을 지칭하는 것이 아니라, 내가 태어나면서 어떻게 살도록 하늘로부터 명령받은 바의 내용(所命)을 말한다. 따라서 주희의 입장에서는 사람의 성과 그 육신은 물과 물거품으로 비유될 수 없다고 보고 있으며, 물거품처럼 뭉치고 흩어지는 것은 기일 따름이지 성이 아니라고 했다. 성은 리理이니 개인의 정신혼백과는 아무 상관이 없다.

또 요자회는 주희도 인정하는 제사감격(祭祀感格: 제사를 모시면 조상의 혼백이 흠향하러 옴)의 설을 내세워, 사람이 죽으면 생시의 지각 같은 것은 없어지더라도 '지각의 근원' 같은 것은 사후에도 계속 존재한다고 인정해야 하지 않겠느냐고 의문을 제기했다. 이에 대해 주희는 '윤회의 주체'가 존재하는 것이 아니라 '지각 기능을 하는 생명체'가 있을 뿐이라고 보고 있다.

생명체는 생이 다하면 그 기능도 다한다. 그러므로 윤회를 주장하는 불교의 입장은 단지 자기 정신혼백상精神魂魄上에서 하나의 지각知覺 있는 것을 인취認取하여 굳게 잡고 희롱하여 죽을 때까지 놓으려 하지 않는 경우에 불과하다는 것이다. 인간 정신의 지각작용으로서 성을 추구하고 그것을 다시 생사윤회의 주체와 연결시키는 불교의 견해를 주희는 누차 비판한다.

> "사람의 몸은 생사가 있지만 성性은 생사生死가 없기 때문에, 귀신의 정精이 곧 사람의 정이다."(는 주장에 대해 주희는 이렇게 말했다.)

사생死生·귀신鬼神의 리理는 깊이 궁구窮究하지 않으면 쉽게 깨닫지 못한다. 그런 식으로 논의하면 불교의 설에 빠지기 쉽다. 성性은 본디 사생이 없다. 그러나 '성性'이란 글자는 깊이 이해해야지, 정신지각을 성性으로 간주해서는 안 된다.[622]

"성을 알면 생사의 이치를 이해할 수 있으니, 성은 마치 물과 같다."
(는 주장에 대해 주희는 이렇게 말했다.)
성性은 곧 리理이고, 성의 항목은 인의예지仁義禮智일 따름이다. 이제 이 사실을 살피지 않고 '성을 알면 생사의 이치를 이해할 수 있다'고 말하는 것은 성을 일물一物로 여겨 생과 사의 중간에서 왕래 출몰하는 것으로 여기는 것이니, 불교의 사상이 아니고 무엇이겠는가?[623]

여기서 '성을 일물一物로 여겨 생과 사의 중간에서 왕래 출몰하는 것으로 여긴다' 함은, 생시에 견성見性하느냐 못하느냐에 따라 사후 생사윤회의 반복 여부가 결정된다는 불교의 주장을 염두에 둔 표현이다. 또 '죽어서 귀신이 되는 것은 태어나 사람이 되는 것과 같다', '이승이 있고 저승이 있다'라는 표현은 바로 윤회재생을 전제로 한 말인데, 주희가 부인한 '영원히 존재하며 변하지 않는 어떤 존재(一物)'

622 앞의 책, p.1915, "身有死生而性無死生 故鬼神之情人之情也. 死生鬼神之理非窮理之至未易及 如此所論 恐墮於釋氏之說 性固無死生 然性字須子細理會不可將精神知覺做性字看也."

623 앞의 책, pp.3683~3684, "愚謂性卽理也 其目則仁義禮智是已 今不察此 而曰知性卽明死生之說 是以性爲一物而往來出沒乎生死之間也 非釋氏之意而何哉."

는 곧 윤회의 주체를 지칭한다.

이상 정도전과 주희의 윤회설 비판을 살펴보았다. 정도전이 윤회설 비판의 근거를 '기의 성쇠에 따른 자연현상의 변화에 두고 있는 것'에 비해, 주희는 '심신 일원론적 관점에 근거'하여 불교의 윤회설을 비판하고 있는 것을 확인할 수 있었다.

조선 성리학의 최고봉이던 퇴계가 고봉과의 논의에서 고백한 것에서 알 수 있듯이, 오늘날 우리가 생각하듯 조선의 유학자들이 그렇게 쉽게 주희의 모든 저작을 입수하여 통독한 것은 아니었다. 정도전이 주희의 어떤 저작을 어느 정도 보았는지 우리가 정확하게 확인할 수 있는 방법은 거의 없다. 따라서 정도전이 어떻게, 그리고 어느 정도 주자학에 정통했는지는 알 수 없지만, 그의 배불 논리에 나타난 많은 내용이 주자학에 바탕하고 있음을 알 수 있다.

그러나 그 내용을 분석해 보면, 주자학의 잘못된 이해에서 비롯된 것인지, 아니면 조선 성리학의 이해를 토대로 독자적으로 해석한 결과인지는 명확하게 알 수 없지만, 정도전의 배불 논리는 분명 주희의 관점과는 다른 시각이 존재한다. 즉 주희가 본체론적이고 형이상학적인 측면을 강조하였다면, 정도전은 현상학적이고 존재론적인 측면을 강조하였다. 즉 성리학의 핵심 주제가 되는 이기론理氣論에 있어 주희가 기氣보다는 리理에 우위를 두고 리理의 법칙성과 보편성을 확립하려고 한 반면, 정도전은 리理의 지선至善의 상태를 현실에서 실현하고자 하는 기氣의 작용을 중시하여 리의 가치적인 면보다는 사물의 생성과 변화를 실제 현실 생활에 적용하고자 하였다. 그 결과 리의 작용을 존재론적인 입장에서 파악하여 기를 생한다고 하는 '리선기후理先氣後'

를 단지 이론적인 측면에서뿐만 아니라 실제상의 작용으로서 설명하고 있다.

그러나 기의 차별상에 의해 나타나는 현상계의 여러 모습이 리의 법칙에 따라 '분수지리分殊之理'로서 나타난다는 '기선리후氣先理後'를 주장하였다는 점에서 분명 주희의 이기론과는 차별성을 갖는다. 이러한 차별성이 주희의 학설을 잘못 이해하여 나타난 것인지 아니면 정도전의 독자적인 관점에 의한 것인지는 명확하지 않지만, 학설상으로는 분명 다른 관점이다. 아마도 이러한 정도전의 리에 대한 현상적인 이해는, 불교의 윤회설과 인과설이 지닌 형이상학적인 측면을 공격하기 위해 성리학의 이기론을 현상론적으로 파악하고자 하는 의도가 강하게 전제되어 있었기 때문일 것이다.

따라서 관념적이고 형이상학적인 측면이 강하게 나타나는 주희의 이기론은 정도전에 의해 현상론적인 실제로서 파악되어, 리의 작용은 본체뿐만 아니라 현상 속에서도 끊임없이 작용하여 항상 순수한 성질을 드러내고자 하는 것이 되었다. 그러나 그것은 어디까지나 실제상에서는 기의 작용과 관계를 통해서만 지선을 실현할 수 있다는 의미에서, 리를 중시하였던 중국 성리학과는 달리 후대 조선 유학의 기氣를 강조하는 독자적인 기 우위론적 성리학의 새로운 관점을 제시하였다는 평가를 내릴 수 있다. 따라서 기존의 연구에서 정도전의 불교 비판이 단순한 주희의 재인용 내지 아류라는 평가는 시정되어야 할 것이다.

2. 여말선초 유·불 조화론의 특징 및 한계

고려 말 이색은 앞서 살펴본 대로 유학자의 입장에서 당시 신진 사류에 의해 유행하던 배불적 태도와 함께 조화론적 시각도 함께 가진 이중성을 보였는데, 이러한 그의 사상적 특징을 좀 더 살펴보도록 하겠다. 그는 리理보다는 기氣를 중시한 유기론자唯氣論者라고 할 수 있는데 「훤정기萱庭記」에서 다음과 같이 서술하고 있다.

> 천지는 기다. 사람과 사물은 이 기를 받아서 생한다. …… 밖으로는 비록 어지러운 것 같으나 안으로는 질서가 정연하고 윤리가 찬연하다. …… 사군자士君子가 어려서 독서하고 격물한즉 천하의 사리가 밝음에 이를 것이요, 자라서 임금을 섬기고 사물을 다스린즉 천하의 사리가 공평함에 돌아갈 것이다. 탕탕蕩蕩할진대 무엇이 나의 기를 번거롭게 할 것이며, 유유愉愉할진대 무엇이 나의 심을 상傷하겠는가? 이연리순怡然理順하고 환연빙석渙然氷釋할진대 어찌 추호라도 그 사이에 어긋남이 있겠는가?[624]

이색은 천지는 기로 인해 생성 변화하고, 그 기가 만물에 내재함으로써 조화로운 질서가 형성되며, 결국 천지만물은 기의 작용으로 인한

---

624 「萱庭記」, 『牧隱文藁』 권2(『韓國文集叢刊』 5, p.15a), "天地氣也 人與物受是氣以生 …… 外若紛揉 而內實秩然粲然 倫理未嘗紊也 …… 士君子少也讀書而格物 則天下之事理致其明 壯也事君而理物 則天下之事理歸于平 蕩蕩也何累於吾氣 愉愉也何傷於吾心 怡然理順 渙然氷釋 夫豈有一毫之齟齬於其間哉."

것으로 보았다. 따라서 이색의 리는 실체적 리理이기보다는 기氣 속에 깃들어서 기의 유행流行이 그 정正을 잃지 않도록 해주는, 이른바 기에 소속된 리의 의미가 강하다.

그렇기에 이색은 "천지의 근본은 일기一氣다"[625]라고 하여 은연중 기가 곧 실체라는 표현을 하고 있고, 기의 유행과 기의 호연을 말하면서 주기론자主氣論者들이 직감하는 대심철학大心哲學의 경지를 열었다.[626] 일반적으로 주리론자主理論者들이 분석적이고 규격적이고 이원론적이라면, 주기론자들은 직관적이고 융합적이고 일원론적이다. 이색이 성리학자로서 불교 교단의 폐단을 비판하면서도 극단적인 태도를 취하지 않은 것은 아직 성리학이 주리론主理論 쪽으로 기울지 않았고, 또 이색의 사람됨이 원융광대圓融光大하기 때문이라고 생각된다. 그의 성품은 관대하고 원만했으며 그의 생애 또한 유학자답게 순결하고 올곧았다.

백설이 잦아진 골에 구름이 머흘레라
반가운 매화는 어느 곳에 피었는고
석양에 홀로 서 있어 갈 곳 몰라 하노라.[627]

---

625 「菊澗記」, 『牧隱文藁』 권3(『韓國文集叢刊』 5, p.21b), "天地本一氣也."

626 「直說三篇」, 『牧隱文藁』 권10(『韓國文集叢刊』 5, p.77a), "心之用大矣 經綸天地而有餘力 無絲毫之或漏於其外也 是天地亦不能包其量矣"라고 한 것은 이색의 대심철학의 일단一端을 말해준 것이라 하겠다. 김충렬, 『고려유학사』, 고려대출판부, 1984, p.184 참조.

627 『청구영언靑丘永言』.

그가 남긴 이 한 편의 시조를 통해, 고려와 조선의 역사적 전환기에서 사라져가는 고려의 운명을 바라보며 안타까워하는 우국충절의 모습을 엿볼 수 있다. 험한 구름(급진적 개혁파)을 바라보며 반가운 매화(온건적 개혁파-고려 수호)를 기다리지만 기울어져 가는 석양(고려의 멸망)을 잡지 못하는 안타까움을 짧은 시에 담았다. 이러한 급변하는 당시 시대와 사회에 있어 오랫동안 내려오던 불교사상과 성리학의 사회이념(그중에서도 수구파와 개혁파의 갈등)에 대해서 의리의 선비인 이색은 분명 스스로도 많은 갈등과 고민이 있으리라 짐작되며, 이러한 시대를 살아온 그였기에 후대에는 이중적이라는 평가를 받게 되고, 유교 이상주의자이면서도 당시 불교 교단의 폐해에 대해서만 비판을 하는 온건적 자세가 가능했을 것이다.

다음으로 기화의 사상적 특징을 살펴보자. 앞서 여말선초의 배불상황 속에서 불교의 사상적 대응을 기화의 『현정론』과 『유석질의론』으로 살펴보았다. 중국에서는 모자의 「이혹론理惑論」, 계숭契嵩의 『보교편輔教篇』, 유밀劉謐의 『삼교평심론三教平心論』, 장상영張商英의 『호법론護法論』 등의 호불서가 저술되었으며, 한국에서는 『현정론』이 최초로 저술된 호불 이론서다.

그런 이유만으로도 『현정론』이 한국 사상사에서 차지하는 위치는 과소평가할 수 없다. 최초의 호불 이론서임에도 불구하고 기화의 『현정론』에서 제시했던 호불의 이론은 매우 수준 높은 것이었다. 『현정론』보다 훨씬 후대에 나온 연담유일(蓮潭有一, 1720~1799)의 『상한능주필수장서上韓綾州必壽長書』나 백곡처능白谷處能의 「간폐석교소諫廢釋教疏」 등에 비해 『현정론』이 훨씬 다양한 문제를 체계적으로 다루고 있는 점에서도 그 가치를 인정할 수 있다.

그것이 가능했던 이유는, 기화가 성균관에서 체계적인 교육을 받은 인물이어서 유학 사상의 문제점과 한계를 잘 파악하고 있었다는 점과 조선 초기에는 승려의 사회적 지위와 불교계의 위상이 후기에 비하여 더 높았기 때문[628]일 것으로 생각된다.

『현정론』에서는 매우 세련된 방식으로 호불 이론을 제시하고 있다. 많은 논점에 있어 기화는 배불론에 대해 일방적으로 불교의 입장만을 주장하지 않는 특징이 있다. 이러한 점은 기화가 불교의 '불살생'과 '자비'의 문제에 대해 변론하는 방식에서 잘 드러나고 있다. 기화는 불살생과 자비를 옹호하는 호불론적 논변을 4단계에 걸쳐 제시하고 있다.

1단계로 "어진 사람은 천지만물을 자기와 한몸으로 여긴다"는 유교의 인仁이 불교와 같은 가르침이라고 하여 유교의 원리를 전제로 삼는다. 유교의 경전을 통해서 그들이 비판하는 불교의 가르침이 유교에도 있음을 주장한다.

2단계에서는 유학의 가르침이 한계가 있다고 지적한다. 유교가 인仁을 실현하기 위해 『논어』처럼 '고기를 낚기는 하여도 그물을 치지는 않으며, 주살로 자는 새를 쏘지 않는' 것은 원리에 철저하지 못한 가르침이라 한다. 살생을 줄이라고 하는 것은 인仁의 원리와 살생이 서로 충돌하는 것을 인식하는 것인데, 유교에서는 단지 현실적인 이득을 위해서 살생을 허락하고 있다는 주장이다.

---

628 김기영, 「조선 시대 호불론 연구」, 동국대 박사학위논문, 1999, p.289.

3단계에서는 인仁의 원리와 살생이라는 현실이 충돌한다면, 불교의 불살생이 유교의 최고원리인 인仁을 바르게 실현할 수 있는 방법이라는 것을 주장한다.

그리고 마지막 4단계로 다시 『주역』의 "옛날의 총명하고 슬기로우며, 신무神武하여 살생하지 않는 사람일 것이다"라는 구절을 인용하며, 인仁의 원리를 실현하기 위해서는 살생을 아예 그쳐야 한다는 주장이 유교에도 있음을 입증하고 있다.

이런 방식의 호불 이론을 도식화하면 ①문제에 있어 유교의 진리를 전제로 함 → ②유교의 상충되는 이론을 인용함 → ③불교의 교리가 유교의 진리를 실천으로 완성함을 논변함 → ④유교의 전적에 근거하여 입증함의 네 가지 순서로 논리가 전개되고 있다.

기화는 음주와 출가의 비판에 대한 대응에서도 이와 비슷한 방식을 취하고 있다. 이러한 논리는 유교가 불교를 비판하는 화살을 유교에게 다시 돌려주는 방법이라 할 수 있다. 앞서 기화의 사상을 살펴보면서 유학자들의 윤회 비판에 대해, 삼세란 자연의 법칙과 같은 것이라고 하였다. 그리고는 불교에서만 삼세를 주장하는 것이 아니고, 유교의 경전인 『주역』에서도 삼세를 말한다고 결론내리고 있다.

> 더구나 보응의 학설에 있어서는 어찌 유독 우리 불교뿐이겠는가? 『주역』에 "선을 쌓으면 남은 경사가 있고, 악을 쌓으면 남은 재앙이 있다"고 하며, 『홍범洪範』에서 "사람이 황극皇極에 합하면 하늘이 오복五福으로 응해주고, 그것을 어기면 육극六極으로 응해준다" 했다. 이것이 보응이 아니겠는가? 몸이 살았을 때는 그 응함이

이미 그러하며, 죽은 뒤에는 몸은 뒤바뀌나 사후 생존의 주체(神)만 은 그대로 존재한다. 선악의 감응이 어찌 그렇지 않으랴.[629]

인과보응을 부정하는 주장에 대하여 기화는 보응의 학설을 유교에서도 찾을 수 있다고 한다. 이렇게 삼세가 자연의 법칙이며 보응이 그 가운데 진행되고 있다는 논리가 성립하려면 기화의 입장에서는 자연히 윤회의 주체가 상정되어야 한다고 본 듯하다. 그런데 만일 이와 같은 기화의 논리에 따르게 되면, 그것은 오히려 불타가 부정한 인도 전통사상인 유아有我론적 윤회론에 통하는 듯이 보이고, 무아론적 윤회론을 주창한 불교의 기본 교리는 오히려 부정되는 듯이 이해될 수도 있다. 기화는 또한 과거·현재·미래라는 삼세의 시간적 흐름에 전생·현생·내생을 살아가는 동일한 정신적 주체가 있어야 한다고 본 듯하다. 이처럼 기화가 일종의 유아론적 윤회론을 상정했다면 그 이유를 살펴보아야 한다. 그것은 아마도 불교에 대한 이해가 부족했던 시기에, 방어적 차원의 교리로 불교를 수호해 온 중국 남북조 시대의 신불멸론자들의 영향이 있었기 때문일 것이다. 즉 기화는 중국 신불멸론자들의 음양론을 수용하여 윤회의 문제를 해결하고자 했던 것이다.

음양은 진실로 사람이 의지하여 태어나는 것이다. 음양이 합하면

---

629 앞의 책(『韓國佛敎全書』 7, pp.221a~b), "至於報應之說 則豈獨吾敎乎 易云積善有餘慶 積惡有餘殃 又如洪範 人合乎皇極 則天應之以五福 違則應之以六殛 此非報應歟 形存而其應已然 及其死也 形雖謝而神存 善惡之應 豈不然乎."

> 생을 받고 음양이 흩어지면 죽음으로 나아가나, 가령 고유한 진명眞明은 몸을 따라 나지 않으며, 몸을 따라 뒤바뀌지도 않는다. 비록 천변만화하나 담연히 홀로 존재한다. 대체로 마음에는 두 가지가 있으니 하나는 견실심堅實心이요, 다른 하나는 육단심肉團心이어서 육단심은 혼백의 정기이며, 견실심은 진명이다.[630]

기화는 윤회의 주체를 설명하기 위하여 육단심肉團心과 견실심堅實心의 개념을 사용하고 있다. 이렇게 마음을 육단심과 견실심으로 나누는 것은 앞에서 살펴본 중국의 종밀宗密이 바라본 분류다. 『현정론』에서는 육단심은 기로 이루어진 혼백이므로 육체와 함께 소멸하지만, 견실심은 육체의 소멸과 관계없이 사후에도 존재한다고 보고 있다. 기화는 견실심을 진명眞明이라고 정의하고 있는데, 진명에 대한 상세한 설명은 찾을 수 없다.

그러나 육단심과 견실심을 이렇게 정의하는 것은 배불론의 범주에 빗대어 삼세 윤회를 설명하다 보니 약간의 무리가 없지 않아 보인다. 이러한 논리적 구조는 심군心君과 형신刑臣으로 양자의 관계를 설명하고 있는 부분에서도 나타난다.

> 지금 말하는 마음이란 진명眞明을 말하는 것이지 육단심을 말하는 것이 아니다. 마음이란 몸의 주인이며, 형체란 마음의 심부름꾼이

---

630 앞의 책(『韓國佛教全書』 7, p.221b), "陰陽 固人之所賴以生者也 陰陽合而受生 陰陽散而就死 若固有之眞明則不隨形生 不隨形謝 雖千變萬化 而湛然獨存也 夫心有二 曰堅實心 曰肉團心 肉團心者 魂魄之精也 堅實心者 眞明之謂也."

다. 선악 등의 일은 심군心君이 명하여 형신刑臣이 지은 보응에 이른다. 살았을 때에는 임금과 신하가 함께 받으며, 죽어서는 형신이 사라졌으므로 심군이 홀로 받는다.[631]

『현정론』에서는 육단심이 마음의 심부름꾼으로 행위의 주체가 아니라 말하며, 죽은 뒤에는 육단심은 흩어지고 견실심만 홀로 남아 선악의 과보를 받는다고 하였다. 기화는 육단심의 개념을 이용하여 음양의 화합에 의하여 취산하는 혼백의 개념을 수용하고, 혼백보다 우위에 있는 불변의 본체를 견실심으로 제시한다.[632]

기화는 유교와 불교의 두 사상을 비교하면서 자신의 논지를 전개하고 있는데, 배불론자들의 음양론과 귀신론을 일부 수용한 상태에서 불교에 입각한 새로운 논점을 제기한 것이라 볼 수 있다. 영혼과 관련해서 살펴보아야 할 것 중 하나가 지옥설이다. 기화는 지옥설을 영혼설과 분리하여 마음의 감응으로 설명하고 있다.

---

631 앞의 책(『韓國佛教全書』 7, p.221b), "今所謂心者 眞明也 非肉團也. 夫心者 身之主也 形者 心之使也 善惡等事 心君命之 形臣作之 至於報應 生則君臣等受 死則形臣已謝 而心君獨受."

632 중국의 남북조 시대 불교계 내에서도 배불론자들과 마찬가지로 영혼이 멸함을 주장하는 의견도 있었다. 예컨대 「백흑론白黑論」의 저자 혜림慧琳은 영혼의 소멸을 주장했다. 또한 범진(范縝, 450~515)은 정신이 육체와 상즉하여 소멸한다고 주장한다. 이처럼 중국불교 전래 초기부터 신멸神滅·신불멸神不滅의 논쟁이 계속되었고, 이러한 분위기는 국내에도 영향을 끼쳤던 것이다. 鎌田茂雄 저, 정순일 역, 『중국불교사』, 경서원, 1985 참조.

선하거나 악한 습관과 기뻐하거나 싫어하는 감정은 정신에 쌓여 있다. 그러므로 그 꿈에서도 영예와 치욕을 본다. 그 정신이 갔다가 돌아오지 않으면 그것은 곧 내생이다. 이것이 선한 사람은 천당이라 느끼며, 악한 사람은 지옥이라 느끼는 원인이 된다.[633]

천당과 지옥이라는 것은 인간의 감정과 행위로 느껴지는 것이지 따로 존재하는 것은 아니라고 보고 있는 듯하다. 이러한 견해는 천당·지옥설에 대한 공리적 해석으로 이어진다. 천당과 지옥설이 헛되고 공허하다는 비판에 대해 "설사 그것이 실재하지 않다고 하더라도 백성을 교화하는 것에는 큰 도움이 된다"[634]라고 말하고 있다. 젊은 시절 유학자였으며, 출가 이후로 줄곧 선승으로 살았던 기화는 지옥설을 실재가 아닌 일종의 방편으로 인식했음을 짐작할 수 있다.

기화의 『현정론』에 나타난 호불 이론과 유교에 대한 대응의 측면에서는 분명 뛰어난 점이 있지만, 아쉬운 점들도 보인다.

우선, 『현정론』에서는 심성론의 비판에 대한 대응 논리가 부족하다는 점이다. 정도전은 『불씨잡변』에서 인과론, 윤회론과 함께 불교의 심성론과 수양론을 비판하는 데 많은 노력을 기울이고 있다. 불교가 심心과 성性을 구분하지 못하고 있다는 비판과 작용시성作用是性의

633 『顯正論』(『韓國佛教全書』 7, p.222a), "善惡之習 忻厭之情 蘊在情神故 其於夢也 亦見營見辱. 其神往而不返 則便是來生. 此善者之所以感天堂 惡者之所以感地獄者也."

634 앞의 책(『韓國佛教全書』 7, p.222a), "天堂地獄 設使無者 人之聞者 慕天堂而趨善 厭地獄而沮惡 則天獄之說之於化民 利莫大焉."

문제를 지적하는 것은 주희 이후 불교 비판의 핵심이었다. 기화는 청년 시절 성리학을 깊이 있게 공부했으며, 출가 이후로는 홍주종의 법맥을 이은 선사였다. 기화의 다른 저술을 통해 살펴보면 그의 심성론에 대한 이해는 낮은 차원이 아님에도 불구하고 『현정론』에서는 그러한 문제를 다루고 있지 않다. 『현정론』뿐 아니라 조선 시대 호불의 논서 대부분에서 불교의 심성론을 옹호하는 상세한 논의는 찾기 어렵다.

성리학은 그 성립에서부터 불교에 대한 대립의식을 가지고 출발했다. 성리학의 발전은 공자와 맹자의 사상을 계승하는 한편, 불교의 교리를 극복하는 과정 속에서 이루어졌다. 그렇기에 성리학을 공부한다는 것은 곧 체계적으로 정리된 불교 비판을 학습하는 과정이기도 하다. 그에 비해 불교도들은 개인적 신념과 사유에 의해 호불 이론을 정비해야 하는 난점을 가지고 있었다. 심성론에 대한 대응이 약한 것은 그러한 이유 때문이리라 짐작된다.

따라서 『현정론』은 『불씨잡변』과 같은 체계적인 배불론에 대한 대응이라기보다는 당시의 사조였던 일반적인 배불론에 대한 답변으로 보인다. 이와 같은 사실은 정도전의 『불씨잡변』이 기화의 사후인 세조 2년(1456년)에 세상에 유포된 점을 보아 기화는 아마 『불씨잡변』을 보지 못했을 가능성이 높고, 따라서 그의 『현정론』은 『불씨잡변』에 대한 직접적인 대응이라 보기 어렵다. 또한 여말선초의 유학자들이 주희의 체계적인 비판보다 한유의 『원도』과 『논불골표』 등에 바탕을 둔 비판을 되풀이하여 수준 높은 사상적 답변이 필요치 않았던 탓이기도 할 것이다.

그리고 기화는 『현정론』에서 배불에 대응하여 좀 더 효율적으로 논변을 전개하기 위해 유교적 입장을 수용했는데, 이 과정에서 유교의 표현방식을 사용하거나 유교의 전적을 인용하면서 배불론자들을 지나치게 의식한 나머지 몇 가지 문제가 발생하게 된다.

먼저 『현정론』에서는 오계五戒와 오상五常을 직접적으로 같은 것이라 주장하여 불교의 계율 수행과 유교의 기본적인 덕성(덕목)을 같은 범주로 묶는 오류를 보이고 있다. 또한 자신의 주장을 증명하기 위해 유교의 전적을 자의적으로 인용하는 부분도 찾을 수 있다. 예를 들면 기화는 『논어』의 "자조이불망子釣而不綱 익불사숙弋不射宿"을 인용하여 유교의 생명 존중에 대한 문제점을 지적한 바 있다. 그러나 공자가 "고기를 낚기는 하여도 그물을 치지 않으며, 주살로 자는 새를 쏘지 않는다"고 한 것은 생명 존중 이외에도 절제의 덕을 주장하는 구절로 보는 것이 타당하다.

기화가 '자조이불망 익불사숙'에 대해 서술한 부분은 유교의 입장에서 받아들이기 어려운 답변이 될 수 있다. 이러한 점에서 기화의 호불 이론에 한계가 있음을 부인할 수는 없다. 그러나 『현정론』은 불교에 대한 본격적인 배불정책이 시행되고 유학자의 불교 비판이 본격화되던 시기에, 불교가 자신의 정체성을 분명히 입증한 호불 이론서라는 점에서 충분한 의미가 있다.

한편 『유석질의론』을 『현정론』과 비교해 본다면, 『유석질의론』이 다루는 문제가 비교적 제한적이며 논리가 거칠지만, 이후 찾기 어려울 정도로 독창적인 이론을 보여주고 있다. 그것은 기화가 의도했던 방향 때문이다. 그는 불교 우위의 호불 논리를 바탕으로 하여 『주역』 이론과 음양론을 대폭 수정하여 『유석질의론』을 저술한 것으로 보인다.

『유석질의론』에서는 삼세와 인과의 개념이 성립한다면 반드시 그 주재가 되는 정신의 존재가 필요하다고 하였다. 그리고 '정신'이 단斷·상常의 견해를 넘어선 중도의 진리라고 주장하고 있다.

> 만약 '정신이 일생에 그치고 진멸한다'고 말하는 것은 단견短見이니, 이는 생생의 이치에 어두운 것이다. '사람은 항상 사람만 되고 축생은 항상 축생만 된다'고 하는 것은 상견常見이니, 이는 음양변역의 이치에 어두운 것이다. 단斷·상常의 두 견해는 불타가 꾸짖은 것이다.[635]

단견短見과 상견常見은 초기불교의 중요한 가르침으로, 단견은 세간과 자아가 사후에 없어진다는 견해며, 상견은 세간과 자아가 사후에도 없어지지 않는다는 견해다. 『유석질의론』에서 주장하는 단견은 자아가 사후에 없어진다는 주장과 일치하나, 상견에 대한 해석은 다소 문제가 있어 보인다. 상견에 대해 '사람은 항상 사람만 되고, 축생은 항상 축생만 된다'는 주장은 상견을 정신의 '불멸성'이 아닌 '불변성'을 중심으로 이해하고 있는 것이다. 또한 상견을 가지고 있는 이들이 음양변역의 이치를 모르고 있다는 주장을 보면 역시 상견을 '불변성'으로 이해하고 있는 것으로 보인다. 불멸성과 불변성이 모두 상견에 속한 견해이지만, 『유석질의론』에서는 불변성은 부정하고 있으나

635 앞의 책(『韓國佛教全書』 7, p.272b), "若言精神 止一生而殄滅者 斷見也 是昧生生之理也 人恒爲人 畜恒爲畜者 常見也 是昧陰陽變易之理也 斷常二見 佛之所訶也."

불멸성은 인정하는 듯하다. 기화가 불교의 윤회를 비판하는 배불론에 상응시키기 위해 역易 등 유교의 관점을 빌려다 윤회를 설명하다 보니 영혼의 불변성을 인정하는 관점을 가지게 된 듯하다. 이러한 시각은 불교 이해에 다소 문제가 있는 듯 보이기도 한다.

또한 『유석질의론』에서는 유교와 불교의 보응 개념의 차이에 대해 명확히 하지 않으며, 오히려 유교의 보응 개념에 가까운 것으로 서술하고 있다.

> 세상에서 훌륭하게 정치를 한 자는 삼대三代이다. 그러나 삼대의 조짐은 당우唐虞의 즈음에 일어났는데, 이것이 이른바 인因이다. 삼대라는 것은 하夏·상商·주周이며, 삼대의 임금은 우禹·탕湯·문무文武이다. 탕의 조상은 설契이고, 문무의 조상은 후직后稷인데, 모두 우禹·익益·고요皐陶와 더불어 요순의 신하가 되어 백성들에게 덕을 떨치며 그 직분의 근로함에 있어서는 애초에 다르지 않았는데, 공업의 효과는 애초에 같지 않았다.[636]

『유석질의론』에서는 하·상·주 3대의 평화를 요순시절에 지은 적덕積德의 인因으로 보고 있다. 이처럼 조상이 지은 덕을 후인이 받는 것을 『유석질의론』에서는 인과에 대한 보응이라고 한다. 물론 선악인

---

636 앞의 책(『韓國佛敎全書』 7, p.272b), "世之稱善治者 三代也 而三代之兆 起於唐虞之際 是其所謂因也 三代者 夏也商也周也 三代之君者 禹也湯也文武也 湯之祖曰契 文武之祖曰后稷 皆與禹益皐陶 爲臣於堯舜 而振德於斯民 其勤於職分則未始不同 而功業之效 則未始不異也."

과의 주체가 후손이 된다는 것을 부정하는 것은 아니다. 선조의 적덕을 자손이 다시 받는 것은, 가족의 인연이 지중하기에 조상이 다시 그 후손의 몸으로 태어날 수 있다는 관점은 인정이 되지만, 단순히 조상이 지은 인因에 대해 자손이 과果를 받는다는 관점은[637] 불교적 해석으로 보기 어렵다.

『유석질의론』에서 가족과 국가 차원의 보응을 논한 것은, 인과설에 대한 비판에 대응하면서 인과설이 백성을 교화하여 국가와 사회에 도움이 된다는 논리를 강화하기 위한 것으로 생각된다. 이러한 『유석질의론』의 '음양 인과론'은 조선 초에 벌어진 '유·불 조화'의 한 전형을 보여준다. 그렇지만 결국 논점의 핵심은 유교에 비해 불교의 가르침이 뛰어남을 강조하고 있으며, 전체적으로 기화의 유·불 조화론은 포괄주의임을 알 수 있다.

그러나 이처럼 유·불 조화론이 갖는 제약성은 그가 극심한 배불 상황 속에서 불교 나름대로의 입지를 강화해야 하는 호불론적 입장에 설 수밖에 없었던 상황을 고려하면 어느 정도 이해할 수도 있는 부분이다. 문제는 이러한 호불론적 입장이 한 발 더 나아가 유교에 대한 공격으로까지 이어지고 있느냐 하는 점이다. 호불론이 유교에 대한 공격으로까지 이어져 유교 자체의 가치와 의미를 평가절하한다고 본다면 자연히 유·불 인식 자체에 대해서도 문제 제기를 해야 할 것이다. 하지만 기화는 시대적인 상황을 고려한 호불론적 입장에서

637 앞의 책(『韓國佛教全書』 7, pp.272b~c), "抑又安知祖宗精神 沒於彼而出此 遺於前而受於後哉 矧人之爲族也 愛以相聚 恩以相結經六趣而不離 歷塵劫而不解 固也 則其精神之來 豈捨自己之骨肉 而適于他姓哉."

어느 정도 불교의 뛰어남을 애써 강조하였으며, 유교 자체를 공격하고 부정하려는 모습보다는 자연스럽게 상대방의 장점을 수용하며 상생하고자 하는 모습을 보였다.

『유석질의론』에는 두 가지 특징이 나타나는데, 첫째는 '유·불 조화'이고, 둘째는 '출세간 우위'의 사고방식이다.

첫째로 유·불 조화의 경우, 『유석질의론』은 앞 장에서 살펴본 바와 같이 불타의 일생, 3신三身, 불교의 역사 등을 상수적 역학으로 해석하고 있다. 또한 인과와 음양을 동일한 것으로 보아 '음양 인과설'을 주장했으며, 보응을 유교의 개념에 가깝게 사용하고 있다. 『현정론』에서는 유교의 표현방식을 빌려온 것에 머물렀다면, 『유석질의론』에서는 유·불 조화가 본격적으로 이루어지고 있다. 따라서 시기적으로 『유석질의론』은 성리학이 이미 통치이념으로서 자리를 잡은 이후 철저한 학습을 바탕으로 하여 저술한 것으로 보인다.

문제는 이런 방식의 호불 이론이 불교 교리의 정체성에 영향을 줄 수 있다는 것이다. 앞에서 논한 바와 같이 『유석질의론』에서는 인과론과 음양론을 융합하여 '음양 인과설'을 주장하고 있다. 전통적으로 불교는 선과 악의 업에 의한 인과설을 말하고 있는데, '음양 인과설'은 인과율을 설명하는 것이다. 그러나 『유석질의론』이 제시한 '음양 인과설'은 불교의 인과설보다 오히려 유교의 세계관에 바탕한 인과설에 가까운 것으로 보인다.

『유석질의론』의 의도와 노력에 대해 후일 조선 중기의 문신 임숙영(任叔英, 1576~1623)의 평가는 냉정하다.

> 오른쪽의 글은 『유석질의론』으로, 누가 지었는지 모른다. 그 말이 어리석고 허탄하기가 이것과 견줄 것이 없다. 스스로 불타의 위치를 높인다고 여기나, 불타를 천박하게 만들 뿐이다. 아는 이들에게 웃음이 되는 소견이니 불타에게 불충함이 심하다. 그중 이치에 맞는 말이 적게라도 있으나 모두 이것은 유교의 찌꺼기를 훔친 것이다.[638]

임숙영은 『유석질의론』이 의도했던 불교 우위와 유교의 수용을 모두 부정적으로 평가한다. 불교의 우위를 주장하려는 노력은 오히려 어리석고 천박한 이론이라고 보고 있으며, 『주역』을 수용한 것에 대해서는 적게라도 이치에 맞는 말이 있지만 그것은 유교에서 훔쳐간 것이라 말한다.

『유석질의론』에서 '하도河圖와 낙서洛書'를 유교의 교리에서 가장 수준 높은 것이라 말하고 있으나, 조선 중기 이후는 오경五經보다 사서四書를 중요하게 여겼으며 상수적 역학에 대한 관심은 매우 약해졌다는 점이 이러한 평가와 연관된다. 아마도 '유교의 찌꺼기'라는 폄칭의 대상은 『유석질의론』이 과제로 삼았던 '상수적 역학'이라고 짐작된다.

역사에서 살펴보면 서로 다른 사상과의 충돌 속에서 새로운 조류가 싹트고 사상적 발전을 초래한 경우는 어렵지 않게 볼 수 있다. 중국에서 화엄 사상과 성리학 등은 서로 다른 이질적인 문화의 충돌과 융합

---

638 「書儒釋質疑論後」, 『疎菴集』(『韓國文集叢刊』 83, p.488d), "右儒釋質疑論 不知何人所作 其言鄙俚虛誕 無與爲比 而猶自以爲尊佛之地 不亦待佛之薄乎 是不惟見笑於識者 其不忠于佛 亦甚矣 其中稍合理之語 皆是剽竊儒之糟粕."

속에서 이루어진 예라 할 수 있다. 그러나 『유석질의론』에서 시도한 유·불 조화는 그러한 단계까지 나아가지 못했던 것으로 보인다. 음양론을 수용함으로써 오히려 자신의 정체성이 변하고 있기 때문이다. 또한 기화가 자부심을 갖고 내놓은 '불타의 강생이 십이지十二支의 질서에 맞춘 것'이라는 주장과, '지권인智拳印'이 태극을 상징하며 '전법륜인轉法輪印'이 각각 오행의 생성수生成數에 배대된다는 주장 등은 오늘날에도 수용되기 어렵다.

둘째로 『유석질의론』에서는 출세간 우위의 사고방식이 강화되고 있는 특징을 볼 수 있다. 대부분의 호불 이론은 먼저 삼교의 상통성을 확보한 이후에 다시 불교의 우월성을 논하고 있다. 그러나 불교 우위를 주장하는 태도에는 많은 차이가 있다. 승려의 타락을 지적하는 질문에 대해 『현정론』에서는 잘못을 저지르는 승려에게 개인적 책임이 있다고 하는 데 비해, 『유석질의론』에서는 "기우제를 받드는 자가 물고기와 자라를 요리하지 않는 것은 그것이 용이라 생각하기 때문이라며, 불타의 제자(승려)라면 마땅히(타락한 승려라 할지라도) 불타처럼 받들어야 한다"고 주장한다.

또한 『현정론』이 충효 등의 윤리가 필요함을 인정하며 호불 이론을 전개하고 있는 데 비해, 『유석질의론』에서는 불교는 세간법에 구애를 받지 않는다는 주장을 펴고 있다. 세간의 윤리적 기준으로 불교의 진리를 가늠할 수는 없다는 것이다. 호불론을 펴는 데 있어, 조선 초에는 가혹한 억불정책이 진행된 시기였기에 매우 수세적인 입장이었음에도 불구하고 『유석질의론』의 호불 이론은 철저히 출세간 우위의 입장에 서고 있다. 물론 불교는 출세간을 지향하는 가르침이며 현세의 속박에서 벗어나 진여의 세계에 합하는 것을 목적으로 하는 종교다. 그러나 호불 이론으로서 『유석질의론』이 주장하는 방향은 한계가 있다고 생각된다.

불교 비판에 대한 대응의 방향에서 출세간의 성향이 강해진다면, 불교는 현실을 떠나 민중과 유리될 수밖에 없기 때문이다. 이미 지배층에 의해 승려들의 도성 출입이 금지되는 등 산중 불교화되는 과정에도 불구하고 불교 스스로 출세간적 성격을 강화하는 것이 되기 때문이다.

3. 여말선초 유·불 교체의 의의

불교는 삼국 시대에 전래된 이래 천여 년 간이나 종교와 사상은 물론 정치, 경제, 사회, 문화 등 모든 면에서 중심 역할을 담당해 왔다. 하지만 고려 말 불교는 외부로부터의 격렬한 비판을 받게 되고, 급기야는 역성혁명과 더불어 그 중심적 위치를 유교에 넘겨주었다. 새로운 사상이 일어나 종래에 우세하던 다른 사상을 배격하고 그 위치를 대신 차지함에는 그것을 가능케 한 원인과 배경이 있었을 것이다.

그것을 불교계 내부적인 요인과 외부적인 요인으로 나누어 살펴볼 수 있다. 전자로는 고려불교의 지나친 세속화와 사원경제의 과도한 팽창 그리고 승단의 폐단에 따른 사회적 비판 등이 있고, 후자로는 배불론자들이 새롭게 권력의 중심에 서게 된 역사적 사실을 들 수 있다.

전자의 원인 가운데 하나로 태조 왕건의 유훈을 들 수 있다. 태조는 고려의 건국이 부처님의 은덕으로 이루어졌음을 믿고, 고려 사회 전체에 많은 불사를 일으키고 사원과 탑 그리고 불교문화를 장려하며 많은 승려들의 출가를 권장했다. 이러한 역사적 사실은 초세간적 수행으로서 해탈 열반을 지향하는 불교 교단이 후일 국가권력 집단과 밀착하게 되는 계기가 되었다. 왕실의 불교 외호는 불교 교단과 문화의 엄청난 융성과 발전에 기여했지만, 결국 승단이 타락하고 부패하게 되어 교단의 세속화를 초래하는 데 원인을 제공했다.

『고려사高麗史』와 『고려사절요高麗史節要』에는 불교 폐해의 내용이 자주 등장하는데, 이러한 기사들은 주지하다시피 후일 고려의 역사를 서술한 조선의 배불론자들에 의해서 불교의 긍정적인 측면보다는 부정적인 측면을 더 많이 부각시킬 의도로 저술되었을 가능성이 크다. 다시 말해 배불론적 분위기 하의 조선에서 고려의 불교 상황을 가치중립적인 측면에서 쓰기는 어려웠을 것이며, 이에 따라 불교를 비판하기 위해 곡해된 기사로 왜곡시켰을 위험성이 있는 것이다.

설령 역사적 사실로서 고려의 불교계가 부패하고 타락했다 하더라도, 이것이 배불론자들의 주장처럼 불교 교리 자체에 대한 비판으로 합리화될 수는 없다. 불교의 교리가 잘못되어 불교 교단이 타락했다는 주장은 당시 배불론자들의 억지 논리였다. 인간은 유교 사회에서도 얼마든지 부패할 가능성이 있으며, 또한 불교의 교리를 신봉하는 국가만 타락하고 부패했다고 볼 수 없기 때문이다. 이러한 내부적 문제인 승단의 타락상은 불교계 자체의 문제도 있지만, 외부에서 비롯된 측면도 많이 작용했음을 알 수 있다. 즉 불교 교단을 종교적 기능으로서가 아니라 권력의 통치 수단으로 이용한 결과라고도 생각해 볼 수 있다.

그리고 조선 초기의 극심한 배불 분위기 속에서도 불교 측의 대응은 맹목적인 호불로 기울지 않고 유교의 입장을 반영한 다소 합리적이고 객관적인 방향으로 펼쳐지고 있었다. 배불은 승려의 입장에서는 분명 가혹하기 그지없는 것이었으나, 그에 대한 저항의 흔적은 그다지 많지 않다. 다만 극소수의 승려들에 의한 저항과 호불의 노력이 있을 뿐이었다. 조선 초기 승려인 성민省敏은 신문고를 두드려 1402년(태종 2)에 시행된 배불정책의 완화와 사원·전토·노비의 복구를 호소했고,[639] 조선 중기의 승려인 처능(處能, 1619~1680)은 현종顯宗의 억불정책에 대하여 전국 승려를 대표하여 억불정책의 잘못을 주장하는 장문의 상소인 「간폐석교소諫廢釋敎疏」를 올렸다.

지금까지 여말선초 유·불 간의 철학 논쟁을, 배불의 선두에 섰던 정도전과 여기에 맞서 호불의 선두에 선 기화를 중심으로 살펴보았다. 또한 이 외 당시 사상계를 대표하는 당대의 학자들을 함께 검토하였다. 배불과 호불의 그 사상적 맥락을 볼 때 이미 중국불교의 역사 속에 이루어진 유·불 대론의 여러 형태에 영향을 받았음을 알 수 있었다.

마지막으로 중국과 한국의 역사 속에 나타난 유·불 철학 논쟁의 특징을 정리해 보면 다음과 같다.

중국에서는, 전혀 이질적인 중국과 인도 두 나라 간 사상이 처음부터 대립적인 구도로 시작되며, 황실과 지배층의 정치적인 탄압과 유교와 도교의 배불이 있었던 것에 비해, 우리나라는 삼국 시대에 중국을 통해 불교와 유교가 유입되었고, 배불·호불 모두가 중국에서 선행된

639 『太宗實錄』 권11, 太宗 6年 2月 丁亥, "曹溪釋省敏擊申聞鼓 僧徒以減寺額削民田 日訴于政府 求復古."

대론의 영향을 받았기에 보다 정비된 내용으로 다듬어졌다. 결국 한국에서는 유교와 불교 두 사상이 모두 중국이라는 당시 선진문화 유입의 거대한 틀 속에서 이해되었을 것이다. 이에 따라 중국에 비해 배불의 역사가 늦게 시작되었음을 볼 수 있었고, 또한 중국은 전통사상으로서 유교와 더불어 도교 세력까지 배불을 한 것에 비해, 우리나라의 도교는 큰 정치적 세력이 없었기 때문에 대부분 유교 측 대응으로 이루어짐을 볼 수 있다.

또한 중국에서 선행되었던 '중화사상'에 근거한 유·불의 차이에 대해서는 양교가 시대와 사회·정치적 환경의 이질성으로 인식되고 있었지만, 유·불 조화에 있어서는 양측에서 근거로 활용되는 내용을 구체적으로 제시하지 못하고 불가피하게 대립적 구도로 이어졌다.

하지만 배불 과정에서 유교 측에서는 형이상학론, 수양론, 심성론, 우주론과 같은 여러 방면에서 불교 교리체계를 활용하여 오히려 '성리학' 발전의 밑바탕으로 활용하였다. 또한 불교 측에서는 배불 과정 속에서도 중국불교 토착화에 기여했고, 또한 청정한 승단의 정립과 교단 내부 발전의 기틀도 마련했다.

조선의 경우 배불의 강경한 정책 속에서도 불교는 백성들의 민간 신앙으로서 면면히 이어져 왔는데, 이는 유교의 현실주의적 관념만으로는 충족되기 어려운 종교적 믿음이 발현한 것이라 할 수 있으며, 그 중심에 불교가 있었던 것이다.

조선에서 이루어진 유교 입국정책은 매우 성공적이어서 지배계층은 물론 일반 백성까지도 국가통치에 알맞은 유교적 사상을 가지게 되었다. 이는 종교적 신념으로 분산될 수 있는 사회 혼란을 잠재우고 왕권에 대한 복종심으로 자연스럽게 수렴되어 통치자들의 정치는 안정될 수 있는 장점은 있었지만, 다양한 종교적 자유를 인정하지 않기에 발생되는 문제 또한 많이 나타났다. 그것은 자칫 위정자들의 정치 형태가 극단으로 잘못되어 가는 것에 대한 균형추 역할로서의 종교적 기능을 극도로 약화시켰다. 사실 종교는 사회와 국가의 경영에 있어 적정한 거리와 규제 장치가 있어야 정치적 부패와 타락으로부터 균형을 잡아줄 수 있다. 하지만 여말선초 이루어진 배불과 숭유에 따른 일방적 정책은 향후 500여 년간 사상적 다양성이 사라지고 유교 일변도의 경직된 국가 경영으로 점철되는 결과를 가져왔다.

역사적으로 볼 때 유·불 철학 논쟁은 한국 사상사에만 한정되는 것이 아니라 중국을 비롯한 동아시아 역사 전체에 걸쳐 일어났던 사건이었다. 그리고 이는 동아시아 전체가 사상적·문화적·종교적 발전을 구축하는 발판으로 이어졌다. 특히 조선의 경우는 그러한 유·불 대립에 있어 '진호국가설' 부정과 '이단'의 문제는 가장 중요한 핵심 주제가 되었다. 이러한 명분으로 조선 초기에는 사찰의 창건을 금지하고, 사원에 소속된 토지를 환수하고, 사찰 노비와 승려의 증가를 억제하였다. 그리고 부녀의 산사 왕래를 경계하고, 궐문을 임의로 출입하지 못하게 하고, 승려의 도성 출입도 금지시킨 것이다. 이는 정치적으로 볼 때는 신왕조의 개국에 따른 국가 재원을 확보하는 데 있어서 사찰의 재정을 흡수할 필요에 따른 것이라 볼 수 있으며, 불교 쪽의 입장에서는 신왕조를 건설한 혁명세력들에게 불교가 지닌 인적·물적 자원 등을 희생당한 것이라고 볼 수 있다.

Ⅵ. 나가는 글

불교는 인도에서 탄생하였지만 중국을 거쳐 한국에 전래되면서 한국인의 삶과 정신세계에 지대한 영향을 끼쳤다. 그 결과 불교는 우리 민족에게 수준 높은 문화와 사상을 향유하면서 살아갈 수 있는 세계관과 가르침을 제공하면서도 우리 고유의 문화는 물론 유교와 도교 등 다른 사상과 융화를 꾀하며 토착화되었다. 역사적으로 불교는 다른 어떤 사상·종교·문화든 그것을 배척하지 않고 통섭하면서도 불법 자체의 전통을 계승해 왔듯이, 한국불교 역시 많은 역경과 비판 속에서도 불법의 맥을 지고하게 이어왔다. 그리고 그러한 역경과 비판은 한국불교의 독자성과 창의성을 일깨우는 밑거름이 되기도 하였다. 즉 한국불교는 인도불교와 중국불교의 자취를 갖고 있으면서도 한국불교 고유의 주체적 모습으로 재탄생한 것이다. 이 책은 그러한 한국불교의 주체적 형성 과정에 나타난 여말선초의 유·불 대립에 관해 철학적인 관점에서 종합적으로 연구한 것이다.

어느 시대이든 사상과 정치는 서로 뗄 수 없는 불가분의 관계를 맺고 있다. 때론 사상과 정치가 일치되어 궤를 같이하는 경우도 있지만, 경우에 따라 서로 반목하는 불화의 시대도 있다. 한국의 여말선초는 유교가 전면에 등장함으로서 유교를 등에 업은 정치권력과 종교와 사상의 구심점에 있던 불교가 서로 충돌하는 불화의 시대였다. 이 시대는 사상의 중심이 불교에서 유교로 교체되면서 한국 사회 전체가 전환되는 새로운 문화 패러다임의 이행기였던 것이다. 여말선초에 단행된 불교에서 유교로의 통치이데올로기 전환은 성리학 수용과정에서 형성된 새로운 정치세력의 결집과 이단異端에 대한 대안적 패러다임의 모색이라는 공통적 기반을 토대로 이루어졌다. 물론 여말선초 유학자들의 성리학에 대한 공통된 인식이 정치적 지향까지도 반드시 함께하는 동질성으로 이어졌던 것은 아니다. 즉 사상적으로뿐만 아니라 정치적으로도 불교에 대한 유학자들의 입장이 서로 나누어졌는데, 성리학과 불교의 조화를 시도하는 학자가 있는 반면 불교를 철저히 부정하는 학자 등 다양한 관점이 나타났다.

여말선초의 유학자들은 자신의 사상과 정치권력에 대한 선택에 따라 역사적 소명의식과 사상적 입장을 달리하였다. 이는 성리학을 수용하는 정치적 입장의 차이에 따라 기존의 정치적 권위에 대한 순응을 강조한 이색의 왕권론王權論, 상징적 권위와 실질적 권력의 분할을 통해 새로운 권력관계의 수립을 모색한 정도전의 신권론臣權論, 왕권과 신권 사이의 도덕적 균형을 모색한 권근의 군신공치론君臣共治論으로 유형화할 수 있다. 이들은 자신들이 추구하는 사상적 지형도에 따라 정치적 진로를 모색하였으며, 그 과정에서 불교와의 관계를 어떻게 할 것인지를 결정하였다. 예컨대 이색은 불교와의 조화를 꾀하고자 하였지만 정도전과 권근은 불교 척결에 앞장서게 된다. 그 결과 성리학과 불교의 공통점과 동질성을 찾는 학문적 경향이 나타나기도 하지만, 주류를 형성하며 전체적 흐름을 이끌었던 경향은 불교를 적극 비판한 배불론이었다.

따라서 이 책은 삼국 시대에 불교가 도입된 이래 사상적·문화적 중추로서 지위를 누려왔던 불교가 고려 말 성리학의 도입으로 인해 그 권위와 세력이 점차 약화되면서 나타나는 불교와 유교의 철학 논쟁의 원인과 배경, 그리고 그 양상에 대해 살펴본 것이다. 새로운 국가가 건설된다는 것은 새로운 통치철학과 이념이 구현됨을 의미한다. 새로운 왕조로서 조선을 건국할 때 국가의 통치이념으로 받아들인 사상이 유교이다. 이에 따라 그동안 국가권력의 중심을 차지했던 불교는 척결 대상이 된 것이다. 이처럼 여말선초에 단행된 국가 통치이념의 전환은, 성리학의 수용과정에서 형성된 새로운 정치세력의 결집과 기존의 진호국가설에 대한 비판으로서 불교를 이단異端으로 배격하는 것이었다. 그러나 이러한 진호국가설과 이단의 문제는 비단 여말선초에만 한정되는 것이 아니며, 그 사상적 연원은 중국불교는 물론이고 인도불교에까지 연계되어 있다.

『세기경世起經』과 『아간나슈탄타』 그리고 『라타나숫타』 등과 같은 불교 초기경전을 보면, 사람들의 필요에 의해 국가가 건설되고 국가의 평안과 수호를 위해 제사를 지내는 호국 사상이 나타난다. 인도 대승불교에서도 '호국삼부경'으로서 진호국가 사상을 담은 대표적인 경전인 『인왕경』과 『금광명경』 그리고 『법화경』이 있었다. '호국삼부경'을

'진호국가삼부경'이라고도 하는데, 위난危難과 재액災厄을 소멸케 하여 국가를 태평하고 부강하기 위한 진호의 위력을 갖춘 경전이라는 의미다.

특히 이 호국삼부경은 중국에서 크게 유행한 경전으로, 이 경전들을 바탕으로 한 중국의 진호호국설은 한국과 일본 등 동아시아 불교국가에 지대한 영향을 끼쳤다. 이 책의 중심 과제 중의 하나가 여말선초 유·불 대론에서 진호국가설이 어떻게 작용했는지를 살펴보는 것인데, 이 문제는 기존의 연구에서 제대로 다루어지지 않았다. 기존의 연구 대부분은 한국불교의 특징을 호국불교로 내세우며 그 독자성을 강조해 왔는데, 이 책에서는 호국불교의 연원이 불교의 탄생지인 인도에서부터 비롯되었으며, 중국을 거쳐 한국에까지 전래된 것임을 밝히고 있다. 따라서 호국불교와 관련한 한국불교의 독자성은 호국불교를 지향하는 그 특징에 있는 것이 아니라 호국불교를 어떻게 이해하여 국가의 통치이념으로 수용하는지와 같은 호국불교의 실제 쓰임새에 있는 것이다. 이러한 쓰임새는 국가별로 차이가 나는 것인데, 여말선초에는 국가의 평안과 부강을 위한 수단과 이데올로기로서 불교를 숭상하는 이른바 진호국가설에 대한 논쟁의 성격을 띠고 있다. 그러므로 왕조가 교체되는 여말선초의 사상과 정치 지형도에서 진호국가설은 유·불 대론의 핵심 쟁점이 되었던 것이다. 이와 같은 지적은 기존의 연구에서 제시되지 않은 새로운 주장으로, 그동안 간과되어 왔던 문제이다.

여말선초의 사상적 지형도는 정치적 상황과 맞물려 전개되었다. 고려 왕조에서 절대적 지위를 차지하며 정치·문화·사상 등 모든 분야에서 권위를 발휘하였던 불교는 결국 그 과도한 권세로 인해 불법佛法의 순수성과 자정력을 잃게 됨으로써 쇠퇴를 자초하게 된다. 고려 말에 이르러서는 기도와 수행처로서의 사찰의 본래 기능이 약화되면서 음주와 상품 판매, 그리고 고리대의 행위까지 자행함으로써 새로운 사회 개혁 세력으로 부상하던 성리학자들의 척결 대상이 되었던 것이다.

불교의 쇠락은 두 가지 관점, 즉 불교계 내부적인 요인과 외부적인 요인으로 나눌 수 있다. 전자는 고려불교의 지나친 세속화와 사원경제의 과도한 팽창 그리고 승단의 폐단에 따른 사회적 비판 등이고, 후자는 배불론자들이 새로운 권력의 중심을 차지함으로써 국가 경영의 실세로 등장했다는 사실이다. 이러한 불교 내부적 폐단과 외부적 정치 상황은 서로 연동되어 불교 쇠퇴를 가속화시켰다. 즉 고려 왕실의 불교 외호는 불교 교단과 문화 융성에 지대한 기여를 했지만, 지나친 밀착으로 인해 오히려 승단이 타락하고 부패하게 되어 교단이 세속화되는 폐단을 초래한 것이다. 그런데 이와 같은 사상적·정치적 전환을 단지 한반도라고 하는 고정된 지형의 동향으로서만 파악하는 것은 한계가 있다. 당시 한반도의 사상적·정치적 상황은 동아시아, 특히 중국의 절대적 영향 아래 있었기 때문이다. 따라서 여말선초의 유·불 대론 역시 이미 중국에서 행하여진 중국의 유·불 대론의 연장선상에서 이해해야 한다. 여말선초의 유·불 대론에 관한 연구의 대부분이 이러한 관점에서 이루어졌다. 그런데 이 책에서 주안점을 둔 유·불 대론의 핵심은 단순히 중국의 연장선만이 아닌, 한국의 독자적인 철학적 논쟁으로 새롭게 접근했다는 점이다. 동아시아 사상계에서 보기 힘든

철학적 논쟁이 여말선초 한국에서 벌어졌는데, 그 논쟁의 시초는 인도와 중국에서 이미 발아되어 전개되었으며, 그러한 논의의 최종 결과로서 가장 심화된 종합적 대론이 여말선초의 유·불 대론이라는 점을 이 책에서 밝히고자 하였다. 그리고 이러한 여말선초 유·불 대론의 대표자로서 정도전과 기화의 사상을 중심으로 살펴본 것이다.

정도전이 제시한 배불론의 사상적 근거는 중국 송학宋學 전통의 산물로서 당나라의 한유와 송나라의 정이·정호 형제, 특히 주희의 사상적 계보를 잇고 있다. 그리고 고려 말에 전래되어 새로운 정치이념으로 추구된 성리학이 특히 불교 비판의 도구가 되었다. 그런데 여기서 우리가 주목해야 할 사항은, 중국 송학 전통과 고려 말의 성리학에서 비판의 대상이 되었던 불교 교파(종파)는 선종이었다는 사실이다. 선종은 불교 교파 중에서도 가장 초탈적인 성격이 강하다. 선종은 경전 공부와 사회적 규범의 거부를 구체적으로 명시함으로써 일상적·세속적 삶을 부정하였다. 따라서 일상적·세속적 삶의 질서와 평안을 중시하는 성리학적 입장에서 불교(선종)는 당연히 거부의 대상이 되었던 것이다. 이처럼 여말선초의 유·불 대론은 송학의 전통을 이은 성리학과 절대적 출세간을 지향하는 선종의 대론이었다. 이러한 사실은 여말선초의 유·불 대론이 일반적인 유·불 이론에 토대한 것이 아닌, 매우 전문적이고 독자적인 관점에서 이루어졌음을 보여주는 것이다.

특히 정도전이 불교 비판으로 내세우고 있는 교리적 개념이 불교 사상의 본래적 의미를 그대로 반영한 것이라기보다는 성리학적 관점에서 이해하여 수용한 유교식 개념이었기 때문에, 그의 불교 비판은 출발 자체가 정합적이지 못한 한계성을 갖고 있다. 예컨대 불교(인도) 개념인 까르마(업)를 유교적 개념인 기氣 내지 정精으로 이해하거나 윤회를 음양오행과 혼백으로 이해하여 비판한 것이 대표적이다. 정도전은 송학의 전통과 성리학, 그리고 이와 연관된 역경 등에 입각하여 중국의 우주론적 도식과 이기론으로 불교의 까르마와 윤회를 비판하였는데, 불교의 업설과 윤회설은 그러한 우주론적 원리가 아닌 철저한 인과응보와 이에 따른 재생 원리이다. 따라서 정도전의 불교 비판은 엄밀한 학적 개념과 논리에 근거한 것이라기보다는 당시의 정치적 지형도에 따른 필요성에 의거한 것임을 알 수 있다. 이에 반해 기화의 반론은 학술적으로 매우 정교하다.

기화는 정도전의 불교 비판 하나하나에 대해 답변을 제시하고 있는데, 그 답변은 단지 정도전의 불교 비판뿐만 아니라 한유에서부터 시작된 송학 전통과 주자 성리학으로부터의 비판 그 전체를 염두에 둔 것이라 할 수 있다. 성균관의 가장 뛰어난 유생으로서 승려가 된 기화는 불교는 물론 유교(성리학)에 대해서도 깊은 이해를 갖고 있었다. 기화는 업과 윤회는 유교적 개념으로 설명하는 것에 한계가 있음을 강조하며, 그것이 근본적으로 지향하는 바가 무엇인지를 파악하는 것이 중요하다고 하였다. 즉 업과 윤회설이 지향하는 근본적 가르침은 인간이 선을 행하고 악을 피하는 것으로, 이것은 유교의 인仁과 다를 바 없다는 것이다. 또한 유교의 공동체주의와 인간관계의 중시는 불교의 연기설과 상호 인연을 소중히 여기는 것과 동일한 가르침이라는 것을 강조한다. 그러한 면에서 유교의 인과 불교의 자비는 선을 행하기 위한 동일한 이타적 개념이라고 하였다. 이처럼 기화는 개념의 어의적 분석보다는 그 개념이 지향하는 근본 의미를 파악하여 불교와 유교의 가르침이 궁극적으로는 서로 융화할 수 있음을 밝혀내고자 하였다. 기화는 불교의 화쟁 논리를 유·불 대론에 적용하여 유·불 융합을 시도했던 것이다.

정도전과 기화로 대표되는 여말선초의 유·불 대론은 동아시아에서 전개된 유교와 불교의 상호 인식과 철학적 체계, 그리고 그 공통점과 차이점까지도 명확하게 대별할 수 있는 중요한 사상적 지형도이다. 이 책에서는 이러한 유·불 대론의 전개 과정 속에서 나타나는 사상과 정치, 종교와 사회, 철학과 이념 등 인간이 추구하는 가치와 현실의 패러다임과 양상을 제시하려고 하였다. 한국 전통 사상의 두 축이 되는 불교와 유교는 여말선초의 유·불 대론을 통해 불화의 극점에 도달하였지만, 그 대립이 상호 이해를 거쳐 지양됨으로서 오히려 두 사상의 깊이와 폭을 넓히는 기제가 되었다. 동아시아 사상사에서 여말선초의 유·불 대론과 같이 불교와 유교가 치열하게 전면적으로 철학적 논쟁을 벌인 적이 없었다. 그러한 면에서 여말선초의 유·불 대론은 동아시아 사상계에서 이루어진 가장 대표적인 철학 논쟁이며, 한국 지성사의 수준을 한 차원 끌어올린 발판이 되었다고 할 수 있다. 나아가 한국 사상사에만 한정되는 것이 아니라 중국과 동아시아 전체에 걸쳐 사상적·문화적·종교적 발전을 구축하는 계기로 작용했다고 평가할 수 있다. 이처럼 이 책에서는 여말선초 유·불 대론의 시원과 과정, 그리고 그 결과를 종합적으로 규명함으로써 여말선초 유·불 대론에 함의된 그 역사적·철학적·문화적 의의를 살펴보았다.

참고문헌

1. 경사집류經史集類

1) 불교 원전

『Jataka』 V
『廣弘明集』
『究羅檀頭經』
『金光明最勝王經』
『起世界經』
『金剛經五家解說誼』
『金剛經』
『論佛骨表』
『大正藏』
『卍續藏經』
『卍續藏』
『妙法蓮華經』
『白雲和尙語錄』
『佛說仁王般若波羅蜜經』
『釋迦如來行蹟頌』 卷下
『原人論』
『祖堂集』
『太古集』
『韓國文集叢刊』
『韓國佛敎全書』
『顯正論』
『護法論』

2) 역사 원전

『成宗實錄』

『世宗實錄』

『宋史』

『吳志』

『日本書紀』

『正祖實錄』

『定宗實錄』

『太祖實錄』

『太宗實錄』

3) 유교·도가 원전

『近思錄』

『論語』

『孟子』

『書經』

『宋子大全拾遺』

『詩經』

『禮記』

『陸象山全集』

『朱子語類』

『朱熹集』,

『中庸』

『孝經』

『古文眞寶』

『道德經』

『原道』

『正蒙』

『通書』

『河南程氏遺書』

『弘明集』

『嘉梧藁略』

『居士分燈錄』

『高麗史節要』

『高麗史』

『舊唐書』

『郡齋讀書志』

『金鰲新話』

『道家龜鑑』

『東國李相國全集』

『東文選』

『懶庵雜著』

『栗谷全書』

『梅月堂詩集』

『牧隱文藁』

『佛氏雜辨』

『三國史記』

『三國志』

『三峯集』

『西厓集』

『西河集』

『疎菴集』

『宋元學案』

『順菴先生文集』

『新增東國輿地勝覽』

『陽村先生文集』

『陽村集』

『御選古文淵鑑』

『燕巖集』

『五洲衍文長箋散稿』

『耘谷行錄』

『雲臥紀談』

『儒家龜鑑』

『諛聞瑣錄』

『儒釋質疑論』

『益齋亂稿』

『資治通鑑』

『拙藁千百』

『竹下集』

『太虛亭集』

『退溪先生文集』

『圃隱集』

『海遊錄』

『虛白堂補集』

『虛應堂集』,

『華西先生文集』

『華西雅言』

『晦菴集』

2. 단행본

계호 스님,「1977년의 수륙재의 설행과 진관사 국행수륙재 복원 계획」,『진관사국행수륙대재의 조명』, (사)진관사수륙보존회, 2010.

국사편찬위원회,『한국사』30, 개요, 1998.

금장태,『한국유교의 인성론 연구』, 서울대출판부, 2011.

______,『한국유학의 탐구』, 서울대출판부, 1999.

김길상,『불교대사전』, 홍법원, 1998.

김동화,『불교문화의 과거와 장래』, 사상계, 1958.

김득황,『韓國宗教史』, 한국사상연구소, 1973.
김상현,「한국불교의 역사적 성찰」,『한국불교사 산책』, 우리출판사, 1995.
김승동 편저,『불교 인도사상사전』, 부산대학교출판국, 2001.
김승동,『한국철학사』, 부산대학교출판부, 1999.
김용옥,『도올 선생 중용 강의』, 통나무, 1995.
김충렬,『고려유학사』, 고려대출판부, 1984.
대한불교조계종교육원 불학연구소,『曹溪宗史-고중세편』, 대한불교조계종교육원, 2005.
『발원』, 국립중앙박물관, 2015.
연제영,『국행수륙대재』, 조계종출판사, 2010.
이봉춘,『조선 시대 불교사 연구』, 민족사, 2015.
이병도,『한국사대관』, 보문각, 1975.
이병주,『韓國儒學史』, 아세아문화사, 1987.
이운구,『중국의 비판사상』, 여강출판사, 1987.
장윤수 편저,『정주철학원론』, 이론과 실천, 1992.
정병조,『韓國宗教思想史』, 연세대출판부, 1991.
정주동,『매월당 김시습 연구』, 민족문화사, 1983.
정태혁,『正統密教』, 경서원, 1991.
조남욱,『현대인의 유교읽기』, 아세아 문화사, 2005.
채상식,『고려 후기불교사연구』, 일조각, 1991.
______,「최해의 사상적 경향과 불교 인식」,『고려시대연구 I』, 한국정신문화연구원, 2000.
한국사상사연구회,『조선유학의 개념들』, 예문서원, 2002.
『한글대장경』 권197,『一字佛頂輪王經 外』, 동국역경원, 1995.
『한글대장경』 권199,『守護國界主陀羅尼經 外』, 동국역경원, 2009.
『한글대장경』 권206,『大乘理趣六波羅蜜多經 外』, 동국역경원, 1997.
한영우,『정도전사상의 연구』, 서울대학교출판부, 1983.
한우근,『유교 정치와 불교』, 일조각, 1991.
한우근·이태진,『사료로 본 한국문화사:조선 전기편』, 일지사, 1987.

황인규, 『고려 말·조선 전기 불교계와 고승 연구』, 혜안, 2005.
한국철학사연구회, 『한국철학사상사』, 심산, 2003.
______________, 『한국철학사상사』, 한울아카데미, 1997.
中村 元, 『宗教と社會倫理 : 古代宗教の社會理想』, 東京: 岩波書店, 1959.
나라 야스아키 지음, 정호영 옮김, 『인도불교』, 민족사, 1990.
밍군 사야도 저, 최봉수 역주, 『대불전경』 VI, 한언, 2009.
江田俊雄, 「朝鮮仏教と護國仏教」, 『朝鮮』, 1935.
謙田茂雄, 정순일 옮김, 『中國佛敎史』, 경서원, 1985.
高橋亨, 『李朝佛敎』, 寶蓮閣, 1971.
高橋亨(다카하시 도루), 이형성 편역, 『조선유학사』, 예문서원, 2001.
高雄義堅, 『中國佛敎史論』, 平樂寺書店, 昭和 27年.
溝口雄三・丸山松幸・池田知久, 김석근・김용천・박규태 옮김, 『中國思想文化事典』, 민족문화문고, 2003.
久保田量遠(구보타 료온), 최준식 옮김, 『中國儒佛道 三敎의 만남』, 민족사, 1990.
吉津宜英, 정순일 역, 『華嚴思想』, 경서원, 1988.
大濱皓(오하마 아키라), 이형성 옮김, 「리기합리의 사유방법」, 『범주로 보는 주자학』, 예문서원, 1997.
賴永海, 김진무 역, 『불교와 유학』, 운주사, 2010.
木村清孝, 장휘옥 옮김, 『중국불교사상사』, 민족사, 1989.
呂徵, 각소 옮김, 『중국불교학 강의』, 민족사, 1992.
呂澂, 『中國佛學原流略講』, 上海: 中華書局, 1979.
耿静波, 「佛敎影響邵雍理學思想」, 中國社會科學網, 2915.12
북경대학교 철학과연구실 지음, 홍원석 옮김, 『중국철학사 Ⅲ』, 간디서원, 2005.
E. Zrcher, 『*The Buddhist Conquest of China*』, Leiden: E.J. Brill, 1972.
Gregory, Peter N, 『*Tsung-mi and signification of Buddhism*』, New Jersey: Princeton University Press, 1991.
K.S. 케네쓰 첸, 박해당 옮김, 『중국불교(*Buddhism in China, A Historical Survey*)』, 민족사, 1991.
Leroys Rouner, 『*Religious Pluralism*』, Notre Dame: University of Notre Dame

Press 1984.

3. 논문류

금장태, 「유교의 천·상제관」, 『유학 사상의 이해』, 한국학술정보, 2007.
김강녕, 「고려시대 호국불교의 정치적 함의」, 『민족사상』 제1집, 한국민족사상학회, 2007.
김기영, 「조선 시대 호불론 연구」, 동국대 박사학위논문, 1999.
김기주, 「朝鮮佛教에 대한 性理學의 영향」, 『東亞人文學』 제23집, 2012.
김동화, 「불교의 호국 사상」, 『이병도 박사 화갑 기념 논문집, 일조각, 1976.
김명희, 「회창폐불의 사회사적 의미」, 『호남대논문집(인문사회)』 제17집, 1996.
김상현, 「고려시대의 호국불교 연구-『금광명경』 신앙을 중심으로」, 『학술논총』 제1집, 단국대학교, 1976.
김용환·조남욱, 「조선조 초기 王室의 儒·佛意識 연구」, 『한국민족문화』 제9집, 부산대 한국민족연구소, 1997.
김재욱, 「牧隱 李穡의 佛教觀-그의 記文을 중심으로」, 『동양한문학연구』 제23집, 2006.
김종만, 「호국불교의 반성적 고찰」, 『불교평론』 통권 3호, 2000.
김종명, 「'호국불교'개념의 재검토-고려 인왕회의 경우」, 『종교연구』 21호, 2000.
김충렬, 「화랑오계와 삼교의 현실적 실현」, 『화랑 문화의 재조명: 신라문화제 학술발표회 논문집』 12호, 1991.
김희정, 「한국유교의 근본주의」, 『한국종교연구』 10, 서강대학교 종교연구소, 2008.
류인희, 「신유학의 발전과 이색의 역할」, 『동서철학연구』 제38호, 한국동서철학회, 2005.
민혜진, 「朝鮮 前期의 異端觀과 陽明學 비판 연구」, 『한국민족문화』 21, 2003.
박해당, 「중국초기 불교의 인간이해」, 『백련불교논집』 제1집, 1991.
박현규, 「이제현을 둘러싼 불교환경에 대한 연구」, 『順天鄕語文論集』 2, 1993.
서윤길, 「고려의 호국법회와 도량」, 『불교학보』 제14집, 1976.
송갑준, 「우리 도를 어지럽히는 자들」, 한국 사상사연구회, 『조선유학의 개념들』,

예문서원, 2002.

송창한,「최해의 척불론에 대하여－송승선지유금강산서를 중심으로」,『대구사학』 제38집, 1989.

신광철,「고려시대의 종교지형과 유불관계」,『종교연구』 제18집, 1999.

양승무,「정명도의 철학사상 연구」, 유교사상연구, 1993.

오경후,「朝鮮初期 函虛堂 己和의 儒佛調和論硏究」, 동국대학교 대학원 석사학위 논문, 1995.

______,「顯宗代의 佛敎政策과 佛敎界의 動向」,『한국선학』 통권 제17호, 한국선 학회, 2007.

오지섭,「16세기 조선 성리학파의 불교 인식」,『종교연구』 36권, 한국종교학회, 2004.

유정엽,「麗末鮮初儒佛對論에 대한 硏究」, 원광대학교 박사학위논문, 2010

이기백,「삼국 시대 불교수용과 그 사회적 의의」,『신라 사상사 연구』, 일조각, 1981.

이기영,「인왕반야경과 호국불교: 본질과 역사적 전개」,『동양학』 5호, 1975.

이봉춘,「조선 초기 배불사 연구－조선왕조실록을 중심으로」, 동국대 박사학위논 문, 1990.

이봉춘,「조선 개국 초의 배불추진과 그 실제」,『한국불교학』 15, 한국불교학회.

이용주,「朱熹의 문화적 정통의식 연구」, 서울대학교 박사학위논문, 1999.

이정주,「麗末鮮初 儒學者의 佛敎觀: 鄭道傳과 權近을 中心으로」, 高麗大學校, 1998.

이준식,「韓愈 散文에 나타난 道統論과 排佛論」,『대동문화연구』 27집, 1992.

임호민,「조선 전기 수륙재 설행목적과 법규정비」,『삼화사와 국행수륙대재』, 삼화사국제 아세아 민속학회, 2008.

장성재,「三峯의 성리학 硏究」, 동국대 박사학위논문, 1991.

______,「三峰의 '太極'에 대한 理解와 그 性格」,『大學院硏究論集』 Vol.20, 東國大 學校 大學院, 1990.

정병조,「원광의 보살계사상」,『한국불교학연구논총』 40권, 불함문화사, 2003.

______,「여말선초 배불론의 사상적 성격」,『현대불교의 향방』, 민족사.

정영식, 「호국불교와 불교의 국가관-청담대종사의 호국 사상과 관련해서」, 『마음사상』 제4집, 2006.

조남욱, 「세종대왕의 유불화해 의식에 관한 연구」, 『윤리연구』 제80호, 한국윤리학회, 2011.

_____, 「세종의 불교수용에 관한 연구」, 『윤리교육연구』 제24집, 한국윤리교육학회, 2011.

_____, 「여말선초 주자학파의 정치의식에 관한 연구」, 『철학논총』 5, 영남철학회, 1989.

조명제, 「려말선초 선승들의 현실인식과 성리학에 대한 대응」, 『한국중세사연구』 제9호, 2000.

조준호, 「경전 상에 나타난 호국불교의 검토」, 『大覺思想』 제17집, 大覺思想硏究院, 2012.

_____, 「인도에서의 종교와 정치권력-세간과 출세간에 있어서의 정교분리를 중심으로」, 『불교와 국가권력』, 대한불교조계종, 2010.

조현걸, 「고려초기 유교 정치이념에 관한 연구」, 『대한정치학회보』 제12집, 1985.

채상식, 「성리학과 유불교체의 사상적 맥락」, 『역사비평』 24호, 역사문제연구소, 1994.

_____, 「의천의 불교통합 시도와 그 추이」, 『한국민족문화 57』, 부산대학교 한국민족문화연구소, 2015. 11.

_____, 「최해의 사상적 경향과 불교 인식」, 『고려시대연구 I』, 한국정신문화연구원, 2000.

최승희, 「양반유교 정치의 진전」, 국사편찬위원회 저, 『한국사』 9, 탐구당, 1981.

한자경, 「정도전의 불교 비판에 대한 비판적 고찰-우주내에서 인간 心의 존재론적 위상에 대한 논의」, 『불교학연구』 6호, 불교학연구회, 2003.

한정길, 「유학에서의 정통과 이단」, 『율곡학연구』 21, (사)율곡연구원, 2010,

_____, 「儒學에서의 正統과 異端 -朱子學的 道統論에 대한 陽明學의 대응을 중심으로」, 『율곡사상연구』 제21집, 2010.

황의동, 「정통(正統)과 이단(異端), 그 역사와 본질 -율곡을 중심으로」, 『율곡사상연구』 제21집, 2010.

高橋亨, 「盧應堂集及普雨大師」, 『조선학보』 제14집, 조성학회, 1959.

Muller Charles(金子 奈央 譯), 「高麗－朝鮮における仏教－儒教間の對立の眼目－－『仏氏雜論』と『顯正論』の立場に關する比較」, 『思想』 960호, 2004.

4. 기타

위키백과 https://ko.wikipedia.org/wiki/

국립문화재연구소 https://www.nrich.go.kr/

한국민족문화대백과사전 https://encykorea.aks.ac.kr/Contents/Index

네이버지식백과 https://terms.naver.com/

찾아보기

【ㅅ】

【ㅈ】

지은이 도웅

대한불교천태종 구인사에서 출가하였다. 부산대학교 인문대학 철학과에서 석사 및 박사학위를 취득하였다.
논문으로 「불교 효사상의 전개-유교의 효사상과 관련하여」(석사, 2007), 「여말선초 불교와 유교의 상호대응에 관한 연구-진호국가설과 이단의 논란을 중심으로」(박사, 2017)가 있고, 저서로 『효사상과 불교』(2017), 역서로 『인도불교의 역사』(2018)가 있다.

불교와 유교의 철학 논쟁사

초판 1쇄 인쇄 2020년 10월 26일 | **초판 1쇄 발행** 2020년 11월 4일
지은이 도웅 | **펴낸이** 김시열
펴낸곳 도서출판 운주사
(02832) 서울시 성북구 동소문로 67-1 성심빌딩 3층
전화 (02) 926-8361 | **팩스** 0505-115-8361
ISBN 978-89-5746-623-0 93150 값 25,000원
http://cafe.daum.net/unjubooks 〈다음카페: 도서출판 운주사〉